英美概况学习指导

（第二版）

张奎武　王　玲　周皓昕　主编

吉林科学技术出版社

图书在版编目（CIP）数据

英美概况学习指导/张奎武主编．—2 版．
—长春：吉林科学技术出版社，2008．9
ISBN 978-7-5384-2456-0

Ⅰ．英… Ⅱ．张… Ⅲ．英语-阅读教学-高等学校-教学参考资料
Ⅳ．H319．4

中国版本图书馆 CIP 数据核字（2008）第 122520 号

责任编辑：李红梅　　装帧设计：吴文阁

英美概况学习指导（第二版）

张奎武　王　玲　周皓昕　主编

*

吉林科学技术出版社出版发行
吉林省吉新月历制版印刷有限公司印刷

*

880×1230 毫米　32 开本　16.5 印张　650 千字
2008 年 9 月第 2 版　2010 年 9 月第 2 次印刷
定价：29.00 元
ISBN 978-7-5384-2456-0

社址　长春市人民大街 4646 号　邮编　130021
发行电话、传真　（0431）85635177　85651628　85651759　85677817
编辑部电话　（0431）85610611
网址　www.jlstp.com
实名　吉林科学技术出版社

第二版前言

新的《英美概况学习指导》（第二版）是专门为《英美概况》第四版而编写的。2008 年出版的《英美概况》第四版做了比较大的删节、补充和修订，因此《英美概况学习指导》（第二版）也相应做了修订和补充。

修订、补充的主要内容是：

1. 把原《学习指导》的四个部分扩充为六个部分，增补了“英国、美国历史大事年表”和“学习指导各章知识巩固练习”两个部分。

2. 原《学习指导》的第一部分“词语与注释”改为“知识要点与注释”。原来的词语，一部分编写成注释，另一部分归入“专有名词”。对原注释部分做了大量补充。

3. 第一部分中的“知识要点”是本次修订新加的内容，目的是让读者对《英美概况》的每一章的知识要点都有个宏观的了解，以便能有针对性地学习和阅读。

4. 原《学习指导》中的注释部分，有些章节省略了，这次修订把原来省略的章节完全补充上，使《学习指导》的内容更加系统、完整。

5. 原《学习指导》只有英国概况和美国概况的专有名词，这次补齐了加拿大、澳大利亚和新西兰的专有名词。

6. 第四部分“学习指导各章知识巩固练习”是指在《学习指导》中新编的针对各章知识的巩固练习。另外，增加了两套有一定难度的综合自测题，放在第六部分中。

本次《学习指导》的修订，在总量上增加了一倍多，使得内容更加充实、丰富，更具有资料性、参考性和实用性。我们相信，新的《英美概况学习指导》会给教师、学生和广大读者带来更多方便和更大的帮助。

张奎武

二 00 八年夏

第一版前言

《英美概况》于1988年出版，先后印刷20次，发行百余万册。作者对本书进行过两次修订。第一次是1994年，对某些章节、段落做了必要的修改。第二次是2000年，增加了加拿大、澳大利亚和新西兰的内容。就教材而言，这恐怕是最后一次修订，本应到此打住。可是深埋在心里的一个遗憾时时浮现出来。七八年前，我的同事和一些读者希望我编一本该教材的辅导书。由于当时教学、科研任务十分繁重，心有余而力不足，此事一拖就是几年。现在想起来怠慢了读者，这是我最感歉疚的事。幸好目前时间宽松了许多，我该弥补这一缺憾。应出版社和部分读者的要求，最近完成了《英美概况学习指导》这本书，心里松了一口气，总算为这套教材画上了句号。

现在越来越多的人认识到学习英语国家背景知识的重要生。只要你学习或者使用英语，你就必须了解英语国家的文化、历史和社会，这已经形成了人们的共识。语言有其自身的规律，但同时语言又是文化的载体。任何一种语言都深深地浸透着使用这一语言的民族的文化和历史。尤其在高度发达的文明社会和信息时代，语言无时无刻不在散发着使用该语言的民族的文化气息。在语言交际中，能否准确地传达和接受信息，文化背景知识起着举足轻重的作用。这个道理，读者在学习和使用英语时，会逐渐体会出来。

还有一个问题，需要向读者说明，或者说消除一种误解。不能期望学习了《英美概况》这套教材就具有了英语国家所有的文化背景知识，那是不切实际的，也是不可能的。不要说60万字的书，就是600万字，也不可能包容那么多的文化背景知识。但这套教材至少可给读者提供英语国家文化、历史、社会、风俗习惯等的最基础知识。有了这些基础知识，你在语言交际中，各种英文阅读中会减少许多障碍。反过来，在大量的语言实践中，你会吸收更多的文化背景知识，这样就形成了良性循环。《英美概况》的这些基础知识，对英语教师、学生，外事外贸工作人员，涉外旅游、饭店的从业人员等都有很大益处。

《英美概况学习指导》这本书共分四个部分，第一部分是“词语与注释”；第二部分是“练习参考答案”；第三部分是“综合自测题及参考答案”；第四部分是“附录”。

在“词语与注释”部分中，普通词汇一般不收录。读者在阅读中遇到生词，可在词典中查找。这里只收录专有名词或名词词组，并给出汉语释义。“注释”是本书的重要内容。《英美概况》具有很强的资料性和知识性。因此在注释中，也遵循资料性、知识性这一原则，并用中文加以注释，目的是让读者读注释本身就会增加更多的背景知识。如在“God Save the Queen”条目中，除说明这是英国国歌之外，还把国歌的英文歌词注出来。在“Gothic edifice”条目中，注释内容更为详细。读者如果查一般英汉词典，只知道是“歌特式”大厦。至于什么是“哥特式”，“哥特式”建筑有何特点，就很难在一般词典中查到。这里对“哥特式”建筑做了较详细的介绍，这就扩展了读者的知识层面。

第二部分“练习参考答案”是指对《英美概况》教材中的各章练习所做的参考答案。其答案内容，基本上是从原书章节中摘出的。有的答案非常简单，只是些词语、词组或不完整的句子。目的是“画龙点睛”，只给读者提供些回答问题的素材。要回答得更详细、更完满，读者需要进一步构思和组织好语言材料。但有些较为复杂的问题，或三言两语难以回答全面的问题，编者尽量给出较丰满、完整的答案。

在第三部分中，读者可对学习的知识、内容进行自我测试。“自测题一”和“自测题二”是分别针对“英国概况”和“美国概况”的内容。主要测试知识点和事实性的问题。这两套题较容易。“自测题三”包含了英国、美国、加拿大、澳大利亚和新西兰五个国家的内容，题的形式、内容的深度与广度都远远超过了前两套题。如“自测题三”中的第Ⅴ题，其中第一小题要求写出英国封建主义的兴起和衰亡的“提纲”。400 多年的封建王朝更迭，400 多年的重大事件，都要在一个简洁的“提纲”中体现出来。这里测试的就不是单纯的知识点问题，而是要求读者对知识有高度归纳、梳理和总结的能力。第二小题则要求读者对英、美两个国家的政治制度的异同加以分析和比较，同时还要做出评论。这三套题的编写是为了给读者提供阅读《英美概况》和如何回答有关问题的思路和方法。

本书第四部分“附录”，按字母顺序列出部分专有名词，以使读者查阅方便。

希望《英美概况学习指导》一书能给读者带来方便，并使读者获得更多的文化背景知识。

张奎武

2001年7月30日

目 录

第一部分

知识要点与注释

Britain（英国）

Part One Geography

Chapter Ⅰ A Brief Introduction to Physical Geography

知识要点:

1. The location of Britain 英国的地理位置
2. Four political divisions 行政区划
   - England
   - Scotland
   - North Ireland
   - Wales
3. Topography 地形
4. Climate 气候
5. Rivers 河流

注释

1. Bristol Channel —— 布里斯托尔海峡,英国西南部的三角湾。位于威尔士和康沃尔半岛之间。长137公里,宽869公里。东端有塞文河注入。北岸有煤矿,是重工业区;南岸为农业区。主要港口有布里斯托尔、斯旺西和加的夫等。湾口有兰迪岛。
2. Dee estuary —— 迪河河口,是迪河入海口。
3. *the Act of Union* ——《合并法》。在英国历史上,1707年的《合并法》使苏格兰、英格兰和威尔士合并成"大不列巅王国"(the kingdom of Great Britain)。1801年的《合并法》把爱尔兰并入"大不列巅王国",英国的名称改为"大不列巅及爱尔兰联合王国",(the United Kingdom of Great Britain and Ireland)。1921年英,爱协议,除北爱尔兰6个郡外,其他26个郡建立爱尔兰自由邦(The Irish Free State),为英联邦(The British Commonwealth of Nations)的独立成员国,就此英国的名称也随之改为今日的名称"大不列巅及北爱尔兰联合王国"(the United Kingdom of Great Britain and Northern Ireland)。
4. Celtic —— 凯尔特族的;凯尔特语。凯尔特人是公元前2000年活动在 的一些有着共同的文化和语言特质的有亲缘关系的民族的统称。主要分布在当时的高卢、北意大利、西班牙、不列颠、爱尔兰,与日尔曼人并称为蛮族。现代的凯尔特人,或称其后裔,仍坚持使用他们自己的语言(譬如,爱尔兰的),并以自己的凯尔特人血统而自豪。详见第二编,第一章“Pre-Feudal Society”。

5. Gaelic ——盖尔语或凯尔特语,是凯尔特人及其后裔的语言。现在的威尔士语、苏格兰语言和爱尔兰语均出自凯尔特语。
6. Protestant ——新教,属基督教的一支。详见第四编,第六章“Religion in Britain”。
7. Roman Catholic ——罗马天主教,属基督教的一个派别。详见第四编,第六章“Religion in Britain”。
8. the Scottish Highlands ——苏格兰高地,也可简称为 the Highlands。
9. the Grampian Range —— 格兰扁山脉,苏格兰山区的主要山脉,在苏格兰北部,包括整个中央高地。从西海岸向东北延伸约 240 公里,是苏格兰北部高地与苏格兰中部低地之间的天然界限。
10. Ben Nevis —— 本尼维斯山,海拔 1343 米,是格兰扁山脉的主峰,也是英国最的山。
11. Clyde —— 克莱德河,是苏格兰最重要的河流,发源于苏格兰南部高地的洛塞山,向西注入克莱德湾,全长约为 171 公里。克莱德河下游沿岸造船工业发达,河口区为游览地。
12. Forth —— 福斯河,位于苏格兰中南部,全长约为 47 公里,是英国重要的内陆水运河之一。
13. Edinburgh —— 爱丁堡,是苏格兰的第二大城市,也是苏格兰的首府,位于苏格兰中部低地、福斯湾的南岸。
14. Glasgow —— 格拉斯哥,是英国第三大城市,苏格兰最大的工商业城市和港口,位于苏格兰中部低地,跨克莱德河,西距河口 32 公里。
15. Cheviot Hills ——切维厄特丘陵带,是位于位于苏格兰和英格兰之间延伸 50 多公里的高地,北部为苏格兰南部高地,南部为奔宁山脉,最高点为切维厄特山,海拔 816 米。同时此地区是英国著名养羊区,并建有国家森林公园,为诺森伯兰国家公园的一部分。
16. Tyne River ——泰恩河,英格兰北部河流。由北泰恩河和南泰恩河汇成,注入北海,全长 100 公里。
17. Pennines —— 奔宁山脉,英国英格兰北部的主要山脉和分水岭,又称“英格兰脊梁”(the Backbone of England)。从北部的南泰恩河谷地到南部的特伦特河谷地,南北延伸 257 公里,东西平均宽度为 48 公里。最高峰克罗斯山,海拔 893 米。
18. Vale of Eden —— 伊登河谷,由英格兰西北重要河流伊登河冲刷形成,位于湖区和北部奔宁山脉之间。
19. Lake District—— 湖区,位于英格兰西北海岸、奔宁山脉西侧,靠近苏格兰边界,方圆 2243 平方公里,大小湖泊约有 15 个。这里风景优美,是英国著名旅游胜地，19 世纪以来就成为许多诗人墨客的旅居地，因此产生了英国文学史上著名的一批“湖畔诗人”（Lake Poets）。1951 年被划归为国家公园，是英格兰和威尔士的 11 个国家公园中最大的一个。

20. Scafell —— 斯卡菲尔山，位于英格兰湖区内，最高峰丝卡菲尔峰海拔 978 米，是英格兰最高峰。
21. Helvellyn —— 哈尔威林山，位于英格兰湖区内，海拔 950 米。
22. Mt Snowdon —— 斯诺登山，威尔士最高山，海拔 1085 米，以风景秀丽而著名。
23. Aberystwyth —— 阿伯腊斯特威思市，位于威尔士西部的卡地根海湾，是英国夏季主要旅游区之一，也是重要的文化中心。
24. Belfast Lough —— 贝尔法斯特湾，位于北爱尔兰东海岸拉根河入海口，是大型天然的潮汐海湾。
25. Lough Neagh ——内湖，不列巅群岛的最大的湖，位于贝尔法斯特西部，以游艇娱乐著称。“Lough”在爱尔兰语中为“湖”。
26. Giants Causeway ——巨人石岬。位于北爱尔兰的北海岸，有几千个五边形或六边形的石柱，每年吸引无数游客。据传说，曾有两个巨人在此格斗，都向对方抛掷五边形或六边形的石头，因而形成这一片石柱林。
27. the Thames —— 泰晤士河，英国第二大河，也是英国最重要的河，全长 332 公里。
28. River Severn —— 塞汶河，英国最长的河流，流经英格兰西南部，注入布里斯托尔湾全长约 355 公里。
29. English Channel—— 英吉利海峡，位于英国和法国之间，长 560 公里，平均宽为 180 公里。西通大西洋，东北经多佛尔海峡连北海，是国际航运要道。潮差较大，有丰富的潮汐动力资源，也是重要的渔场，历史上曾在此发生多次军事冲突和海战。

Chapter Ⅱ Natural Resources

知识要点：

1. Natural resources in Britain 英国的自然资源
2. Water 水资源
3. Fuels 燃料资源
   - Natural gas
   - Oil
   - Nuclear Power Station
4. Metal Ores 金属矿石
   - Iron ore
   - Tin ore
   - Lead ore
   - Copper
5. Other Resources 其它自然资源

◈ Saline Deposits
◈ Useful Rocks

注释

1. Cumbria——坎布里亚郡，位于英格兰西北部。著名的湖区（the Lake District）就位于该郡。
2. Nottingham ——诺丁汉，既是诺丁汉郡的名字，又是该郡首府诺丁汉市的名字。诺丁汉市是英国英格兰的重要工业城市。
3. the North Sea ——北海，欧洲大西洋的边海。在大不列岛和欧洲大陆之间。
4. the Atomic Energy Authority ——英国原子能管理局，全称 The United Kingdom Atomic Energy Authority（UKAEA）。始建于 1954 年，当时是英国合法监管并研发核能源的组织。现在是英国贸易工业部管辖下的一个非部门性的公共行政单位。
5. Cleveland Hills——克利夫兰山，位于英国北约克郡的北部边缘的一个丘陵带。
6. Yorkshire—— 约克郡，位于英格兰东部，是英格兰最大的郡（county）。
7. Cornwall ——康沃尔，在本章指康沃尔郡，在英国英格兰西南端，北和西濒大西洋，南临英吉利海峡。康沃尔也可指英国西南部长约 120 公里，宽 72 公里的半岛。康沃尔也可指加拿大安大略省东南部的康沃尔市和美国纽约洲东南部的康沃尔镇。
8. Pre-Roman times ——指公元前 6 世纪以前。
9. Somerset ——索美塞得郡，位于英国英格兰西南部。东、南、西三面为丘陵所环绕，中部为开阔的平原，有大面积的森林和草地，乳用畜牧业和乳酪业发达。

Chapter Ⅲ Economy

知识要点：

1. The characteristics of the Britain Economy 英国的经济特点
   ◈ Privatization
   ◈ Nationalization
2. Industry 工业
   ◈ Coal mining
   ◈ Chemicals
   ◈ iron-ore mining
   ◈ Iron and steel
   ◈ Textiles
   ◈ Shipbuilding
   ◈ Motor vehicles
3. Agriculture 农业
   ◈ Crops（Wheat, Barley, Oats, rye and corn）
   ◈ Livestock（Cattle, Sheep, Pigs and poultry）
4. Trade and finance 贸易和财经
   ◈ Imports and exports
   ◈ Finance（role,Two financial policies）
   ◈ Invisible trade
   ◈ Economic problems

注释

1. pound sterling —— pound, 英镑; sterling, 英国货币。pound 亦可写成 pound sterling, five pounds sterling, 英币 5 镑, 略作£ 5stg。
2. per capital income—— 亦作 per capita income, 人均收入。
3. development areas—— 经济开发区, 指英国北部及西部, 经济相对欠发达地区。
4. Midlands—— 英国中部, 也是英国高度工业化的地区。
5. four large groups—— 指英国四大汽车垄断集团: 福特(Ford), 罗孚(the Rover Group), GM 福克斯豪尔(GM-Vauxhall)和波昂特(Peugeot)。
6. capital-intensive—— 资本密集型的, 指在生产设备上需要投入大量资本。
7. craft industry——手工业。
8. yard ——造船厂。
9. the Roman occupation ——指公元 1 世纪至 5 世纪罗马帝国对英国的占领。
10. net surplus ——纯剩余。
11. the Continent——欧洲大陆。
12. grist——磨碎的谷物。
13. horticulture——园艺(学)。
14. invisible trade ——无形贸易, "有形贸易"的对称, 主要指服务业, 资本投资, 劳务或其他非实物商品的进出口而发生的收入与支出。无形贸易不经过海关办理手续, 其金额不反映在海关统计上, 但显示在一国国际收支表上。
15. visible trade——有形贸易, 是"无形贸易"的对称, 指商品的进出口贸易。由于商品是可以看得见的有形实物, 故商品的进出口被称为有形进出口或有形贸易。有形贸易因为要结关, 所以其金额显示在一国的海关统计上。
16. holder of assets ——资产拥有人。
17. Bank of England ——英格兰银行, 是英国的中央银行, 建于 1694 年。它直接控制利率和整个银行系统。
18. bank rate —— 银行贴现率。贴现指票据持有人在票据到期之前以贴付一定利息的方式向银行转让票据兑取现金, 是银行放款的一种形式。票据贴现相当于贴现行对未到期票据持有人提供的短期借贷。贴现行收取的利息又称贴息, 利率称为贴现率。
19. rediscount rate——再贴现率, 即各成员银行将已贴现过的票据作担保, 作为向中央银行借款时所支付的利息。
20. interest rate—— 利率。
21. adverse payments balance——支付逆差, 指一国的国际收支帐(balance of payments)中支出大于收入, 或是贸易收支帐(trade of balance)中, 进口总额大于出口总额, 相对者为顺差(favorable balance)。
22. The British Chancellors ——英国上议院议长。

Chapter Ⅳ The People

知识要点:

1. Basic information of British people 英国人口概况
   - Constitution
   - Formation
   - Number of the population
2. Features of British people 英国人口的特点

注释

1. Saxon——萨克森人,又译撒克逊人,日耳曼民族的一支,早期分布于现在德国境内的尼德萨克森。5世纪中期,和盎格鲁人及朱特人经由北欧入侵大不列颠群岛,经过长期的混居逐渐成为现今英格兰民族。详见第二编,第一章"Pre-Feudal Society"。
2. Viking—— 北欧海盗,生活在1000多年前的北欧,今天的挪威、丹麦和瑞典。当时欧洲人更多将之称为Northman,即北方来客。维京是他们的自称,在北欧的语言中,这个词语包含着两重意思:旅行和掠夺。他们远航的足迹遍及整个欧洲,南临红海,西到北美,东至巴格达,但他们在当时就是以海盗的身份进行抢劫掠夺。
3. Norman—— 诺曼人,征服英格兰的诺曼人原是北欧维京人的一支,他们与公元8世纪入侵不列颠的丹麦人属于同一个民族。诺曼人于9世纪入侵法国,841年洗劫法国重要城市里昂(Rouen),4年后洗劫巴黎,后来又在诺曼底建立永久殖民地。10世纪初法国国王查理三世(Charles Ⅲ the Fat,即胖子查理839—888)同诺曼人签订条约,承认诺曼底为公国,和法国形成附庸关系。诺曼底的维京人在911年至1066年之间接受法国的宗教,语言和各种社会习俗,到他们征服英格兰时,他们几乎和法国人毫无差距。
4. Iberian—— 伊比利安人,泛指生活在当今伊比利亚半岛上的所有常住民族,特别是其中的两大主体民族:西班牙和葡萄牙人。属于地中海人种。他们公元前3000年在不列颠登陆,当时他们处于原始社会末期,文明程度较高。详见第二编,第一章"Pre-Feudal Society"。
5. Gael—— 盖尔人,公元前750年入侵不列颠的欧洲凯尔特民族的一支。详见第二编,第一章"Pre-Feudal Society"。
6. Briton—— 大布列颠人,公元前500年入侵不列颠的欧洲凯尔特民族的一支。详见第二编,第一章"Pre-Feudal Society"。
7. Germanic tribe——日耳曼部族。日耳曼民族指使用印欧语系中日耳曼诸语言的任何一个民族,所以日耳曼人是一些语言、文化和习俗相近的民族的总称。这些民族从前2千年到约4世纪生活在欧洲北部和中部。日耳曼人不称自己为日耳曼人,在他们的漫长历史中他们可能也没有将自己看作是同一个民族。民族大迁徙后从日耳曼人中演化出斯堪的纳维亚民族、英格兰人、弗里斯兰人和德国人,后来这些人又演化出荷兰人、瑞士的德意志人、加拿大、美国、澳大利亚和南非的许多白人。在奥地利也有许多日耳曼人后裔。许多这些新的民族今天都是与其它民族混合而成的。

8. Angle—— 盎格鲁人,来自日德兰半岛南部和邻近地区日耳曼民族的一支,5世纪中期与朱特人(Jute),撒克逊人(Saxon)一起侵入英格兰。同时他们与撒克逊人形成入侵不列颠的主体。在罗马人从不列颠退出(410年)之后两个世纪内,盎格鲁撒克逊人征服了大部分后来的英格兰,并使其殖民地化。8世纪前盎格鲁人统治者占有显著优势,因而英格兰的民族、语言和姓名大多得自盎格鲁人。详见第二编,第一章"Pre-Feudal Society"。
9. Jute—— 朱特人,5世纪中期入侵不列颠的日耳曼民族的一支,也是现代英格兰民族的祖先之一。详见第二编,第一章"Pre-Feudal Society"。

Chapter Ⅴ The Main Cities

知识要点:

1. London 伦敦
   - ◈ Function
   - ◈ Constitution(the city of London and Greater London)
   - ◈ Industries
   - ◈ Places of interests
2. Birmingham 伯明翰
   - ◈ Second largest city in England
   - ◈ Industries
   - ◈ Function
3. Glasgow 格拉斯哥
   - ◈ Function
   - ◈ Industries
4. Liverpool 利物普
   - ◈ Second largest port of England
   - ◈ Industries
5. Manchester 曼彻斯特
   - ◈ Function
   - ◈ Industries
6. Cardiff 卡第夫
   - ◈ Function
   - ◈ Industries
7. Edinburgh 爱丁堡
   - ◈ Capital of Scotland
   - ◈ Industries
9. Belfast 贝尔法斯特
   - ◈ Capital of North Ireland
   - ◈ Industries

注释

1. the Commonwealth ——这个词有两个含义,一是指"英联邦",全称为"the

Commonwealth of Nations",1931 年正式成立。1947 年,印度、巴基斯坦各自宣布独立并加入英联邦。1984 年时,共有 49 个国家参加了"英联邦",其中包括加拿大、澳大利亚,新西兰、印度、乌干达、肯尼亚等国家,其成员分布五大洲。各成员国都承认英女王为"英联邦""元首",有些国家承认英女王为国家元首。第二次世界大战之后,许多"英联邦"成员国纷纷独立,目前"英联邦"已成为非常松散的联邦。the Commonwealth 的另一个含义是"共和政府",指英国 17 世纪资产阶级革命中克伦威尔建立的"共和政府"。

2. Greater London ——大伦敦,指伦敦市(City of London)及其周围的内伦敦(Inner London)和外伦敦(Outer London)的总共 32 个卫星城。人口共计 1 千多万。
3. St Paul's Cathedral—— 圣保罗大教堂,坐落于英国伦敦,位于伦敦泰晤士河北岸,巴洛克风格建筑的代表,以其壮观的圆形屋顶而闻名,是世界第二大圆顶教堂,它模仿罗马的圣彼得大教堂,是英国古典主义建筑的代表。圣保罗大教堂最早在 604 年建立,后经多次毁坏、重建,由英国著名设计大师和建筑家克托弗·雷恩爵士(Sir Christopher Wren) 在 17 世纪末完成设计。详见第三编,第七章"Scenic Spots and Historical Sites"。
4. The Port of London—— 伦敦港,位于英国东南沿海泰晤士河下游的南北两岸。港口始建于公元前 43 年,到 18 世纪时伦敦港已发展成为世界大港之一,19 世纪成为全国贸易和金融中心,而且是世界航运中心,集中了世界各地的船舶和船公司的代表机构及世界上最大的保险组织——劳合社(Lloyd's)。
5. The Tower of London—— 伦敦塔,位于泰晤士河北岸的塔山(Tower Hill)上,是一个占地达 18 英亩,由城堡、炮台和箭楼等组成的庞大建筑群。伦敦塔史建于 1078 年,当时是由外族入侵者"征服者威廉"(William the Conqueror)建造的一个军事城堡。12 世纪起,历代国王在这里修建王宫、教堂。其中的血塔(the Bloody Tower)被国王用来专门囚禁政治要犯及国王的死敌,是一座死牢,被关进这座塔里的人大多被处死,因此伦敦塔又充当了国家监狱。如今,伦敦塔已经成为收藏文物珍宝的博物馆,保存有古代武器、历代王冠和王室珠宝,还有一根镶有大宝石的皇杖。此外,伦敦塔的东侧附近还有一座塔桥(Tower Bridge),是一座吊桥。详见第三编,第七章"Scenic Spots and Historical Sites"。
6. the West End—— 伦敦西区,伦敦的繁华的商业区,政府机关大楼、宾馆、大商场等多在西区,因此也是富人区。
7. Westminster ——指伦敦市内的威斯敏斯特区(the City of Westminster),是英国议会所在地,因此 Westminster 一词也常用来代指"英国议会"。详见第三编,第七章"Scenic Spots and Historical Sites"。
8. the East End—— 伦敦东区,伦敦东部、港口附近地区。这里曾是一个拥挤的贫民区,居住的大多是非技术的工人阶层,街道狭窄、房屋稠密,多为 19 世纪中期建筑。第二次世界大战中，大部分遭受轰炸破坏，后来重建。这里也是伦敦传统工业区，有服装、制鞋、家具、印刷、卷烟、食品等工业。

9. The British Museum——大英博物馆，又名不列颠博物馆，位于新牛津大街北面的大罗素广场，是世界上规模最大、最著名的博物馆之一，成立于1753年。它收藏了世界各地的许多文物和图书珍品。藏品之丰富、种类之繁多为全世界博物馆所罕见。大英博物馆和纽约的大都会艺术博物馆、巴黎的卢浮宫同列为世界三大博物馆。详见第三编，第七章“Scenic Spots and Historical Sites”。

10. the National Gallery——国家画廊，位于伦敦市中心特拉法加广场北面。国家画廊始建于19世纪初期，当时的创建者在1824年投资5.7万英镑购买了38幅作品，成为博物馆收藏的核心。如今国家画廊永久收藏时间跨度大约从1250年到1900年，以西欧的油画为主，是美术爱好者到伦敦的必游之地。

11. the Covent Garden Opera House ——科文特花园皇家歌剧院，歌剧院建于1732年，坐落在伦敦弓箭大街，因这里曾经有历史悠久的科文特修道院，并得到皇家特许而创建，故有此名。通常也叫做 the Royal Opera House。现在的科文特花园是皇家歌剧院和皇家芭蕾舞团共有的领地，是世界著名的文化活动中心之一。

12. Royal Festival Hall—— 伦敦皇家节日音乐厅，坐落于泰晤士河南岸，于1951年5月开放。

13. the Black Country—— 黑乡，是位于英格兰中部的西面的重工业区，由于炼铁工业集中，烟囱密布，天空中经常弥漫着黑色的煤灰粉尘，因此得名。

14. the Manchester Ship Canal—— 曼彻斯特通海运河，英国英格兰西北部的运河，从东哈姆到曼彻斯特，由默西河(River Mersey)和伊尔韦尔河(River Irwell)供水。长58公里，宽14~24米，深约9米，有5个船闸，可通海轮。1887年开始修凿，1894年通航，就此将曼彻斯特变成了海港。

15. Lothian ——洛锡安，苏格兰西南部行政区，1975年设立，行政区政府机关设在爱丁堡市。

Part Two History

Chapter Ⅰ Pre-feudal Society

知识要点

1. Early Settlement 早期居民
   - ◈ Before the great Ice Age：cave men or stone age men
   - ◈ 3000B. C.：the Iberians　　◈ 750B. C.：The Celtic tribes
2. The Roman Occupation (55B. C. - 410) 罗马人对英国的占领(公元前55年—

410 年）

- Nominal conquest between 55 and 54 B. C.
- The real conquest in 43A. D.
- Roman Civilization to Britain：(architecture, class formed, religion)

3. Anglo-Saxon Times（410-871）安格鲁－撒克逊时代(410－871)
   - Time：about the middle of the 5th century
   - Reason
   - Heptarchy
   - Unification of Britain
   - The introduction of Christianity (time, function)
4. The invasion of Vikings and the Danish Rule 北欧海盗的入侵和丹麦人对英国的统治
   - Time：around the turn of the 8th century
   - Invaders：Vikings
   - Results
   - Significance

注释

1. Ice Age ——冰期，又叫冰川期。指大面积陆地被巨厚冰层所覆盖的地质时期。大规模冰川作用可以持续数百万年，可以使整个大陆的面貌发生剧烈改变。在地球的历史上出现过多次大冰期，最早的冰期发生于距今 5 亿多年。此处指 5 亿多年以前，英国与欧洲大陆相联。
2. Scandinavia—— 斯堪的纳维亚，欧洲最大的半岛。
3. Gaul—— 高卢，古代西欧地区名，相当于现在的法国、比利时以及荷兰、卢森堡、瑞士和部分德国这一地区。
4. Julius Caesar ——尤里西斯·凯撒(公元前 100 年—公元前 44 年)，威震欧、亚、非三大陆的古罗马统帅，杰出的政治家和军事家，充满传奇色彩的英雄人物，以其卓越的才能建立了古罗马帝国，改变了希腊-罗马世界的历史进程。在世人眼里，凯撒是一种统治力量的象征，代表着强势、权威、成功、荣耀。凯撒一生的名言是“我来过，我看见，我征服！”公元前 58—公元前 50 年他率军征服了高卢，直抵莱茵河左岸。公元前 55 年和公元前 54 年凯撒从高卢渡过英吉利海峡两次侵入不列巅。第一次入侵遭到凯尔特人的强烈抵抗，加上海峡的风涛阻止了运兵的舰队，凯撒不得不又撤回到了欧洲大陆。在第二次入侵中，凯撒征服了不列颠的南部。他在得到了当地酋长们向罗马纳贡的许诺后回到了高卢。所以两次入侵严格意义上仅能算是军事侦查。但是凯撒率军入侵不列颠时写有日记，这是有关英国历史的最早的文字记载。
5. Glamorgan—— 威尔士的格赖摩根区。

6. Pict—— 皮克特人，罗马人把当时居住在苏格兰的人称为皮克特人，因为这些人在脸上涂画（picture）。
7. Scot—— 盖尔人，他们当时是居住在不列颠北部的盖尔人的部落。
8. Hadrian Wall ——哈德林城墙，公元2世纪在罗马皇帝哈德林的指使下建立，主要是保护英格兰北部边境，以防凯尔特族入侵。
9. Roman Empire ——罗马帝国，通常指公元前30年到公元476年的罗马奴隶制国家。古罗马时代，在其物质和精神文化方面获得许多成就，对后世的西方文化有较大影响。
5. Old English ——古英语，指5世纪中叶日耳曼人入侵英国到11世纪初法国诺曼人征服英国（449—1066）这一时期英国人使用的语言，和现代英语比起来，古英语在拼写、语音、词汇、语法等方面差别很大。
10. King Arthur ——公元6世纪英国历史上传说中为统一英格兰而战斗的亚瑟王。亚瑟王是出现在一组中世纪传奇故事中的凯尔特人的英雄，不列巅国王。他的主要追随者被称为"圆桌骑士"（round table knights），"圆桌"表示骑士们彼此平等。这些传奇故事最初如何产生，源自何处，均不可考，但亚瑟王的传奇却在欧洲流传很广。中世纪作家，特别是法国作家，对亚瑟王的出生，他的骑士们的奇遇，他的骑士朗斯洛和亚瑟的王后圭尼维尔的奸情，以及寻找圣杯（耶稣基督在最后的晚餐中用的器皿）的故事都有不同的描述。
11. Erse—— （特指爱尔兰及苏格兰高地使用的）盖尔语，或称为厄尔斯语。
12. Heptarchy ——七国争雄。在盎格鲁-萨克森人入侵的过程中，英格兰被分割成上百个小王国，经过争夺吞并，到公元7世纪初至9世纪初，英国出现7个小国（small kingdoms）混战的局面，他们都想取得霸权，统一英国。当时萨克森人定居在英格兰南部，按区域可分为南撒克逊（Sussex，又被译成苏塞克斯），西撒克逊（Wessex，又被译成韦塞克斯）和东撒克逊（Eessex，又被译成伊塞克斯）。最后在公元829年，韦塞克斯的国王（king of Wessex）打败其它小国，统一了英格兰。因此，韦塞克斯国王艾格伯特（Egbert）在英国史上被看作第一个英国国王。
13. Alfred ——继艾格伯特之后的著名的阿尔弗烈德大王（Alfred the Great of Wessex），公元871—899年在位，也是盎格鲁-萨克森时代最伟大的历史人物。他成功地消除了割据并建立了统一的盎格鲁-萨克森人的统一王国。他还领导了抵抗丹麦人入侵的斗争，为此他整编军队，加固要塞，制造船只，首创了英国海军，因而被称为英国海军之父（the Father of the British Navy）。他利用游击战和阵地战相结合的策略使丹麦人大败，作为缓兵之计，他于878年迫使丹麦人签订了《埃丁顿和约》（*Peace of Edington*），根据条约，萨克森人和丹麦人划分地区，将东盎格利亚和诺森布里亚的一部分划分为丹麦区（Danelaw），即施行丹麦法的地区，把丹麦占领区限制在英格兰的东北部。公元892年一支丹麦大军由欧洲大陆进攻英格兰,弗烈德大王予以迎头痛击。公元896年丹麦军停战,撤回大陆。以后弗烈德大王的威塞克斯王朝(House of Wessex)逐步收复了丹麦区。因此阿尔弗烈德大王除了武功之外还注重文化建设,他曾制定法典,治国井井有条。将欧洲大陆的学者请到宫廷中建立贵族子弟的学校。他自修拉丁文,把拉丁语著作译成英文。因此阿尔弗烈德是英国古代的英明君主。由于有了阿尔弗烈德大王的文治武功,公元973年阿尔弗烈德大王的孙子埃德加(Edgar, 943—975)加冕,成为统一的英格兰国王,也开始了英格兰历史当中的韦赛克斯王朝的统治。

14. Christianity—— 基督教。基督教约在公元6世纪末,也就是"七国"时期传到了不列颠。罗马教皇格列高利一世(Pope Gregory I) 于公元596年派圣奥古斯丁(St Augustine) 率领40名修士组成的传道团到英格兰。圣奥古斯丁等一行于597年到达肯特的坎特伯雷(Canterbury)传教。他后来就任英格兰大主教,建造了坎特伯雷大教堂。基督教的传播得到了盎格鲁-萨克森国王的支持,因为他们认为基督教能巩固他们的王权,并能为他们早就有学问的朝臣和顾问。

15. Archbishop of Canterbury ——坎特伯雷大主教。在英国圣公会体制中坎特伯雷大主教是全英格兰的首席主教和坎特伯雷大教区大主教。坎特伯雷大主教除在当地有官邸外,在伦敦的兰帕斯宫设办公处。

16. Bede——比得 (673—735),英国古代盎格鲁-萨克森时期神学家,历史学家。

17. *Beowulf*——《贝奥伍夫》,英国著名古代英雄史诗。诗歌歌颂了坚韧不拔,永不衰竭的强烈的英雄气概,被认为是一部气势恢宏的英国民族的史诗。

18. Dane—— 达因人,北欧丹麦人,也是北欧维京海盗的一支,公元8世纪左右入侵英格兰。

19. Guthrum ——格思鲁姆,9世纪丹麦人入侵英格兰的领袖。曾与阿尔弗烈德国王作战,后自封东英吉利国王(880—890在位)。865年丹麦大举入侵时,他到达英格兰,878年1月袭击并蹂躏了阿尔弗烈德的韦塞克斯王国,后被阿尔弗烈德击败并签订《埃丁顿和约》(*Peace of Edington*)。

Chapter Ⅱ The Growth of Feudalism

知识要点:

1. The Norman Conquest (1066-1071) 诺曼人对英国的占领(1066-1071)
   - The Norman Dukes
   - Fuse: the Battle of Hastings
   - Consequences(feudalism, establishment of monarchy, changes in church, French)
   - William the Conqueror's Rules(land policy, baron system, Doomsday book)
2. The Consolidation of Monarchy 封建制的巩固

❖ Henry Ⅱ' s reforms

❖ Conflict between Henry Ⅱ and Thomas Becket

3. The Great Charter 大宪章

❖ Reasons

❖ Contents

❖ Nature

❖ Significance

4. The Beginning of Parliament 英国议会的开端

❖ origination: the Great Council

❖ Development: beginning of parliament in 1265

❖ Accomplishments: All Estates Parliament in 1295 and reforms of Edward

注释

1. knight —— 骑士，在欧洲封建时代骑士从封建领主那里得到一些土地，因此他们的社会阶级是属于地主阶级。欧洲中世纪的骑士一般出身名门，从十几岁就开始师从已成名的骑士，先做侍从（page）和扈从（squire），经过若干年的严格训练才能取得骑士称号。骑士善于骑射，剑术超群，战时替领主或国王打仗，平时云游八方，崇尚冒险。骑士往往还要除暴安良，保护妇女儿童，忠于爱情和友谊，不求私利并捍卫荣誉。因此骑士是中世纪浪漫文学的主角，是封建道德和封建秩序的捍卫者，被称为"封建主义之花（flower of Feudalism）"火药出现后骑士阶层开始在欧洲衰落。
2. Edward—— 英王爱德华，他是个忠实的天主教教徒，史称 Edward the Confessor（忏悔者爱德华），还有一些史料将其称为 Edward the Faithful（忠信王爱德华）。他于 11 世纪初下令重修扩建威斯敏斯特教堂（Westminster Abby），但是因病未能参加威斯敏斯特教堂的封圣典礼。他死后无子女继承，这给诺曼人入侵英格兰提供了一个借口。
3. Harold —— 哈罗德二世（1020—1066），他是英格兰韦赛克斯伯爵，同时也是英王爱德华统治时期最有权势的国王顾问和将军。1066 年在抗击诺曼人的黑斯廷斯战役中战死沙场并且全军覆没，成为韦为赛克斯王朝的最后一位国王，也是最后的一位盎格鲁-萨克森人的国王。
4. The Battle of Hastings—— 黑斯廷斯战役。1066 年 10 月 14 日诺曼公爵威廉与哈罗德国王在黑斯廷斯两军激战，战斗只持续了一天。威廉用骑兵冲锋，并命令弓箭手向英军万箭齐发，而哈罗德的英军都是使用战斧的步兵。英军逐渐不支，哈罗德和他的两个弟兄及其他将领全都阵亡，最后全军覆没。于是威廉进军伦敦，沿途劫掠破坏，制造恐怖，英格兰主要的贵族纷纷投降。
5. William the Conqueror—— 征服者威廉（1028—1087），英格兰第一位诺曼人国王，同时他还是英王忏悔者爱德华的表兄。8 岁时他继承父亲诺曼底公爵爵位，15 岁时被封骑士，开始在领地执政。1066 年 10 月，在黑斯廷斯战役中他击败了英格兰国王哈罗德的抵抗。同年圣诞节，他在威斯敏斯特大教堂加冕为英格兰国王，开始了诺曼王朝的统治。他是第一位在威斯敏斯特大教堂加冕的英国君主，史称威廉一世。

6. manor system—— 庄园制度。封建庄园是英国封建社会的基本经济单位，封建领主是庄园里握有全权的最高统治者。庄园土地通常分为三部分，即领主直接所有地（demesne），农奴以向领主提供劳役而占有份地和森林、牧场、池沼等公用土地。劳役地租是主要的剥削形式。农奴必须依附于领主，终年束缚在土地之上，没有人身自由，不能擅自离开庄园。
7. *The Domesday Book* ——《末日审判书》。1086 年征服者威廉一世对英格兰全国土地，财产和农民人口所进行的调查的原始记录或提要。当时人们把整个调查称为“对英格兰的描述”，但到 12 世纪中叶通常都使用“末日审判书”这一俗称，Domesday 来自基督教中的 Doomsday，意思是世界的“最后审判日”，以示人们在这次调查记录面前无可求告。这次调查内容详细，时间迅速，是中世纪最卓越的政治成就之一。《末日审判书》具有不可估量的价值，现藏于伦敦的公共档案馆中。
8. lay society ——世俗社会。
9. William's next two successors—— 威廉一世的两位继任者。威廉一世于 1087 年死于诺曼底，威廉有三个儿子，他死后长子罗伯特（Robert，1054—1134）继承了父亲诺曼底的公国，成为诺曼底公爵。次子威廉继承了英国王位成为威廉二世（William Ⅱ，1056—1100），第三个儿子亨利（Henry）继承了父亲的一大笔财富。然而威廉认为自己应该拥有父亲全部的领地，于是他和罗伯特自 1089 年至 1096 年之间一直交战不休。威廉二世 1100 年在一次狩猎中被流箭射中身亡，他的弟弟亨利继承了王位，成为亨利一世（Henry I，1069—1135）。亨利一世于 1106 年于 1066 年战胜他的长兄罗伯特，并将他终生囚禁在英国。因此亨利一世像他的父亲征服者威廉一样，统治者英格兰和诺曼底。
10. Henry Ⅱ—— 亨利二世（1113—1189）。亨利一世于 1135 年去世，但无子嗣继承其王位，威廉一世的外孙斯蒂芬（Stephen，1097—1154）继承王位。1154 年斯蒂芬去世后，王位由亨利一世的外孙，也就是玛蒂尔达公主和法国安茹伯爵的儿子亨利继承，成为历史上的亨利二世。
11. House of Plantagenet —— 金雀花王朝，由亨利二世继承王位之后开始的英国封建王朝。王朝名称的由来，一种说法是亨利二世的父亲安茹伯爵经常在帽子上饰以金雀花枝；另一种说法是亨利二世家族的徽章以金雀花为图案，故有此名。该王朝除了拥有英国本土，在法国的安茹、诺曼底、布列塔尼等地拥有大量领土，又称安茹王朝。
12. Common Law—— 普通法，又称习惯法，不成文法，又称英美法系，与大陆法系相对应，是当代世界上两大法系之一，其成员主要是讲英语的国家。英国的习惯法又称为“法官制定的法（judge-made law）”。英国法官出现早于法律条文，

12 世纪亨利二世开始向各地派出巡回法官，但是当时法官判案尚无法律依据，因此他们就参照盎格鲁-萨克森人的传统判案习惯，曾经的判决就成为“先例(precedent)”。法官在判决类似案件时必须参照或援引这些先例，因此这些先例就构成了习惯法。与普通法同时出现的就是陪审团制度，在法庭上由公民代表组成的陪审团断定被告是否有罪，法官进行宣判。

13. *Assize of Arms*——《武器法》。

14. Thomas Becket—— 托马斯·贝克特(1118—1170)，自亨利二世 1154 年即位以来一直担任司法大臣一职，是国王的好友，1162 年被任命为坎特伯雷大主教。由于与国王政见不和于 1164 年被流放至欧洲，1170 年被允许返回英国。但是贝克特回国后立即将他不在英国期间擅自加冕亨利二世为太子的几名主教开除了教籍。当时亨利二世在诺曼底，他得知后十分震怒，并说：“难道没有人能替我除掉这个讨厌的教士?”四名骑士听到后立即返回英国，在坎特伯雷大教堂内将贝克特杀害。贝克特惨遭杀害的事件震惊了基督教世界，迫于教会和民众的压力，亨利二世不得不在贝克特的墓前忏悔并且做出了两点让步：僧侣犯重罪者由教会法庭进行审理，但犯重罪以下罪行的僧侣在世俗法庭上审理；不阻碍人们向罗马教皇申诉。贝克特死后被尊为殉教的圣徒，他在坎特伯雷的陵墓成为香客们最爱拜谒的圣地。20 世纪英国诗人艾略特(T. S. Eliot)以贝克特之死为题材写了悲剧《大教堂谋杀案》(*Murder in the Cathedral*)。

15. Richard—— 理查德一世(1157—1199)，历史上被称为狮心王(the Lion Heart)，亨利二世的次子，于 1189 年继承其父的王位。理查德一世经常对外征战，国事由重臣把持。他在位 10 年间仅有 5 个月在英国，他把英国看成是筹集对外军事冒险费用的财源。他即位后立即参加第三次十字军东征。1192 年他从耶路撒冷撤回国的途中在维也纳附被其仇敌奥地利公爵利奥波德(Leopold)捕获。1193 年利奥波德将理查德作为囚犯交给德国皇帝亨利六世。英国向德国皇帝付 15 万银马克，于 1194 年赎回理查德，此后他又出国征战，于 1199 年在交战中受伤身亡。

16. the Third Crusade ——第三次十字军远征。十字军指远征是西方基督教徒组织的反对穆斯林国家的几次军事远征，其目的是控制圣地(Holy Land)耶路撒冷并夺取与耶稣基督尘世生活有联系的一些地区。在 1095—1291 年之间总共有 8 次主要的远征。第三次十字军远征是在 1189—1192 年之间。参加者有德意志皇帝腓特烈巴巴罗萨、英王理查一世和法王腓力二世。因英法两国争执领地，长期不和，未能夺取耶路撒冷。英文中的 Crusade 中的 crus 意为 cross(十字)，凡参加这一东征的士兵的上衣上都有红色的大十字，故此称为十字军。由于伊斯兰教的标志是新月(crescent)，所以这场战争也叫做十字对月亮的战争。十字军东征最后以失败告终，犹太人只得继续过着“有民族无国家”(a nation without country)的生活。

17. John—— 约翰国王(1167—1216)，亨利二世最小的儿子。由于亨利二世给儿子们分封土地时约翰国王当时没有分到任何领地，因此又称其为"无地王(the Lackland)"；还有一种说法是因为在他统治期间英国失去了诺曼底，因此得名。由于他缺乏治国才能，一些史学家评价他是"英国历史上最糟糕的国王(the worst of English Kings)"。在他统治之下，他与社会各阶层关系紧张，矛盾深刻，特别是下层人民对他的统治极其不满，因此在他统治期间产生了传说中的劫富济贫的绿林好汉罗宾汉(Robin Hood)。
18. the see of Canterbury—— 坎特伯雷大主教职位。
19. Pope Innocent Ⅲ—— 罗马教皇英诺森三世。
20. *Magna Carta* ——《大宪章》。1215 年英王约翰因惧怕内战而给予臣民自由的宪章。宪章就是以文字的形式规定一个人或一个组织有权做什么和不能做什么。1215 年英国的《大宪章》就是英国宪法和法制试验的萌芽，他明确规定了国王、贵族和自由民的权利和义务。因此自颁布之日就成为英国人民反抗压迫的战斗的号角，在其自由受到威胁时都把《大宪章》作为他们反抗压迫的护身之宝。《大宪章》对后来西方资本主义国家的政治、民主、法律等起了重大作用。英国的《权利请愿书》(1628)和《人身保护法》(1679)直接来源于大宪章第 39 条；美国的联邦宪法和各州宪法都包含有大宪章的思想，甚至直接袭用大宪章的词句。
21. Great Council—— 大咨询会，英国议会的起源。在七国时期，各王国的国王与贵族代表组成"贤人会议(Witan)"，共同治理国家。贤人会议的主要职能就是根据世袭的原则选举王位继承人，辅助国王决定王国及其他内外大事。以后，诺曼王朝在贤人会议的基础上建立起了"大咨询会"制度。那时，一般情况下，王室的费用，无论是用于私人还是公务，都要从国王的收入中支付。而国王征收封建捐税实际上是受限制的，其数量不得超过习惯所许可的限度。如遇紧急情况比如战争需要额外的财源时，国王就得寻求封建贵族们的大笔捐赠，其渠道就是"大咨询会"。
22. Henry Ⅲ—— 亨利三世(1207—1272)，于 1216—1272 年之间在位，虽然他的在位时间相当长，他是英格兰历史上最无作为的国王之一。亨利三世即位时只有九岁，由参加起草《大宪章》的威廉·马歇尔(William Marshall)主持朝政。到 1234 年他开始亲理朝政。亨利三世缺乏治国才能而且刚愎自用。一些史学家对于他和他父亲的评价是：chips off the same block (同一块木料上砍下的两片木屑，形容两个人几乎没有差别)。1236 年他和法国的普罗旺斯的埃莉诺公主(Eleanor of Provence)结婚后，他妻子的法国亲戚纷纷来到英国获得权势和财富，引起了英国贵族的不满。他又和罗马教皇英诺森四世的关系密切，以至许多意大利人在英国教会占据要职，引起了教会的不满。1254 年他听从了教皇的劝告，为他的还是婴儿的次子埃德蒙德(Edmond)接受了西西里的王位。当时教皇正在攻打西西里，这个行为主要是要亨利来承担教皇的战争军费。亨利于是增加赋税来筹集军费。由于自1255年起英国连续3年歉收，增加赋税激起了人民的愤怒。1258年贵族迫使亨利放弃了西西里的王位并接受了他们的《牛津条款》(*The Provisions of Oxford*)，即设立一个有贵族们选出的15人组成的枢密院，向国王提出建议并监督整个政府的工作。不久贵族内部发生内讧，亨利趁机推翻了《牛津条款》。1264年爆发内战，亨利和他的长子爱德华统帅政府军，西蒙·德·蒙特福特领导反政府军在英格兰东南部和政府军作战。1264年8月西蒙·德·蒙特福特以亨利的名义统治英格兰。

23. Simon de Montfort—— 西蒙·德·蒙特福特(1165—1218)，亨利三世时期英国政治家和军事家，出身法国贵族，亨利三世的妹夫。他反对国王的专制行为，支持《大宪章》。举兵击败亨利三世后，于1265年首次召开了议会，出席者除了贵族和教士外，还有骑士和市民代表，历史上成为“各等级议会（All Estates Parliament）”。
24. Edward—— 爱德华一世(1239—1307)，亨利三世的长子，金雀花王朝最重要的代表人物之一，在英格兰历史上他是一位英武的开明君主，他能征善战，为英国掠夺了许多土地和财富。他奉行的内外政策都十分积极，使英格兰成为当时欧洲的重要大国。爱德华身材高大有一双极长的腿，因此他被称为“长腿王”(Longshanks)。在征服苏格兰的过程中因他对苏格兰人民的镇压和屠杀他又被称为“残忍的爱德华”或 “苏格兰之锤”。1284年爱德华颁布《威尔士法》(*The Statute of Wales*)，正式将威尔士纳入英格兰的统治，同时爱德华将他新生的长子冠以“威尔士王子(Prince of Wales)”的封号，从此英国王位的男性继承人都冠以这个封号相沿成习，因此“威尔士王子”或“威尔士亲王”成了英国王储的同义词。
25. Model Parliament—— 模范议会。

Chapter Ⅲ The Decline of Feudalism in England

知识要点：

1. Hundred Years War (1337-1453) 百年战争(1337－1453)
   - Rival countries：France and Britain
   - Factors：partly territorial and partly economic
   - Fuse：French throne succession
   - Three outstanding stages
   - Two decisive reasons for French to win
   - Significance
   - Effects of the war
2. The Economic Changes：from natural economy to money economy 经济的转

变:从自然经济到商业经济

3. The Black Death 黑死病
   - Time: in the summer of 1348
   - Effect: It killed between 1/2 and 1/3 of the population of England.
4. The Peasant Uprising (1381) 农民起义
   - Reasons: Statutes of Laborers
   - Fuse: collection of the poll taxes
   - Course
   - consequences: far-reaching
5. The Wars of the Roses (1455—1485) 玫瑰战争(1455—1485)
   - Rival groups: the House of Lancaster & the House of York
   - Nature of the war: feudal civil war
   - Reason
   - Result: beginning of a new important dynasty
   - Consequence

注释

1. Hundred Years' War—— 百年战争(1337—1453)。1066 年诺曼人的征服之后,英国在法国仍占有大片领地,后来英国约翰国王丢失大部分在法国的领地。英国和法国之间的百年战争就是为了争夺领土和商业利益而进行的一场长达一百年的断断续续的战争。战争是在法国的领土上进行的。第一阶段(1337—1360),法国大败,大片领土被英国占领;第二阶段(1369—1396),法国扭转了战争的局面,收复了大片的土地。第三阶段开始于 1415 年,英军节节败退,最终在 1453 年英国惨败,法国胜利。百年战争结束之后,诺曼人失去了他们在法国境内的祖传的地盘,这促进了英国民族的融合,也促进了英语语言和英国民族文化的发展。
2. Edward Ⅲ—— 爱德华三世(1312—1377),其母伊莎贝拉公主是法国国王查理四世的妹妹。1328 年查理四世去世后没有子嗣,爱德华以其外甥的身份要求继承法国国王的王位,遭到拒绝后就以此为借口向法国宣战,率领英军在诺曼底登陆,攻入法国,拉开了百年战争的序幕。
3. Flanders ——法兰德斯旧地区名,位于今法国东北部,临加来海峡(多佛尔海峡),是 13 至 14 世纪欧洲最发达的毛纺织中心。14 世纪被法国占领,后来英法两国为争夺此地导致"百年战争",最后以法国胜利告终。
4. House of Commons—— 平民院,下议院。详见第五编,第二章"Parliament"。
5. House of Lords—— 贵族院,上议院。详见第五编,第二章"Parliament"。
6. the cabinet—— 内阁。详见第五编,第二章"The Government"。
7. Calais—— 法国加莱,位于法国北部,是法国重要的经济区,港口。
8. Black Prince ——黑色王子,指英格兰爱德华三世的长子、威尔士王子爱德华(1330—1376),因为他喜欢穿一身黑色的铠甲所以被称为"黑色王子"。在英法百年战争中黑色王子率军英勇奋战,在普瓦蒂埃(Battle of Poitier)中击败并活捉法国国王。

9. Richard—— 理查德二世(1367—1400),黑色王子爱德华的儿子。
10. Bordeaux—— 波尔多,法国西南部城市,港口
11. Yorkist—— 约克家族的人,这里指的是后来的约克王朝的统治。
12. manorial system——采邑,庄园制。
13. the Black Death—— 黑死病,指 1348—1349 年间欧洲遭受的一场死亡率很高的传染病,因被感染者皮肤发黑而得名。黑死病是一种淋巴性鼠疫病菌,是由外国船舶上的黑老鼠身上的跳蚤带来的。这种病首先发生在意大利,后来传染到欧洲的其他国家。据估计英国在这场瘟疫中人口减少了一半,导致劳动力短缺。
14. *Statues of Laborers*——《劳工法令》,爱德华三世于 1351 年颁布的法令,其目的是为了限制英国劳动力的价格和流动。这部法令是导致 1381 年农民起义的重要因素。
15. John Wycliff ——约翰·威克里夫,英格兰神学家、哲学家、宗教改革运动的先驱者之一。他一生批判教会中的贪婪与邪恶。1380 年 8 月至次年夏,他在牛津大学女王学院组织学者翻译《圣经》,以便传播《圣经》真理。后来他的信从者罗拉德派(Lollards)积极宣传他的理论。对瓦特·泰勒农民起义,他一直抱同情态度。他曾撰写《论神权》的 3 卷本著作和《论政权》两篇论文。他是反对中世纪邪恶的著名宗教改革家,他的非正统教义和社会理论是 16 世纪宗教改革运动的先声。
16. Lollards ——罗拉德派。1382 年以后英格兰人对牛津大学哲学家、神学家威克里夫一派人的戏称,意思为"喃喃祷告者",loll 的意思就是"懒洋洋的"。该派主张以《圣经》为基督教教义的首要根据,否认教皇的权威。该教派 1380 年在牛津大学形成,以此也被称为牛津大学的改革者(Oxford Reformers)。后来他们的主张被新教徒(Protestants)所接受,成了亨利八世宗教改革的舆论基础。
17. When Adam delved and Eve span, Who was then the Gentlemen? ——"当亚当耕种夏娃织布时,那是哪有贵人?"这是当时英国农民要求人人平等的名言。罗拉德派人认为当时英国的社会结构是违背上帝的意志的,因此应该对此改革实现人人平等。
18. the Poll Tax—— 人头税。
19. Wat Tyler —— 瓦特·泰勒,英国 1381 年农民起义领导者。
20. John of Gaunt—— 约翰·冈特(1340—1399),爱德华三世的第四个儿子,理查德二世的叔叔,兰开斯特公爵,英国历史上的军事家,政治家。
21. Merciless Parliament—— 残酷议会,召开于 1388 年 2 月。在此次议会中由于以理查德二世为首的"宫廷派"和以其叔叔约翰为首的"议会派"矛盾激化,"议会派"占上风并宣布"宫廷派"犯了叛国罪,此后理查德二世的支持者多数被处死。

22. Henry—— Henry Bolingbroke，亨利·博林布鲁克(1367—1413)，约翰·冈特的独子，他废黜了理查二世，自立为国王，称亨利四世，同时他是兰开斯特王朝的第一位君主。
23. Tower ——London Tower，伦敦塔。
24. House of Lancaster—— 兰开斯特王朝，统治英格兰 60 年，曾经出现过亨利四世、亨利五世和亨利六世。
25. Henry V—— 亨利五世(1387—1422)，英国兰开斯特王朝国王，在位仅九年，但他在百年战争中取得了辉煌的军事成就。1422 年，在万塞讷附近的一次战斗中，亨利五世死于斑疹伤寒。
26. Henry VI—— 亨利六世(1422—1471)，兰卡斯特王朝的最后一位国王。由于他的软弱，英格兰在亨利五世时代取得的丰硕战果丧失殆尽，而且且陷入血腥的玫瑰战争之中。亨利六世是亨利五世唯一的儿子，出生后九个月即位。他的两位叔父分别在英国和法国摄政，格洛斯特公爵汉弗莱在英国；贝德福公爵约翰在法国。前者死于 1435 年，后者一直摄政至 1437 年。亨利六世对政治不怎么感兴趣，但他却为英格兰的教育事业做出了很大贡献。1440 年，亨利六世创建了伊顿公学和剑桥大学国王学院。百年战争之后，亨利六世的精神病间歇发作。约克公爵理查德抓住时机发动叛乱，企图为亨利六世摄政并取代亨利六世的儿子的继承人地位。兰开斯特家族对此不能容忍，双方的长期混战从此开始，这就是英国历史中的玫瑰之战。最终约克家族于 1471 年获胜，亨利六世被爱德华四世俘获并被处死在伦敦塔内，兰开斯特王朝结束，约克王朝开始。
27. Joan of Arch—— 圣女贞德(1412—1431)，法国历史上的民族女英雄。百年战争的最后阶段时，贞德在民族存亡的生死关头，率领农民军队和英国军队奋勇作战，法国军队士气大振，英国军队节节败退。但是后来她被法国贵族出卖，她被英国人抓去，由英国控制下的宗教裁判所以异端和女巫罪判处她火刑，骨灰被投入到塞纳河中。20 年后英国人被彻底逐出法国时，贞德年老的母亲说服教皇卡利克斯特三世重新审判贞德的案子，最终于 1456 年为她平反。贞德死后成为了西方文化中的一个重要角色。从拿破仑到现在，法国的政治人物都曾以她的伟大形象进行宣传。主要的作家和作曲家，都创作了有关她的作品，而大量以她为题材的电影、戏剧、和音乐也一直持续发展直到今天。
28. Wars of the Roses—— 玫瑰战争(1455—1485)。1453 年英法百年战争结束之后，参战的英国贵族和军队撤回英国，战争的失败加剧了英国统治阶级在国内权利的斗争。约克家族(the House of Lancaster，家族徽章为白玫瑰)于 455 年首先挑起战端，与兰开斯特家族(the House of Lancaster，家族的徽章为红玫瑰)争夺王位，战争爆发。车场战争持续 30 年，双方势均力敌，都有各自的支持者，贵族就此分为两派。由于战争的目的是为了争夺王权所以许多贵族在战争中失去了大量的财富。英国贵族之间的这场自相残杀大大削弱了地主阶级的力量,为后来的资产阶级革命扫除了许多障碍,促进了资本主义的发展。玫瑰战争结束于 1485 年,一般认为这一年标志着英国中世纪历史的结束。

29. Duke of York—— 约克公爵,理查德(Richard Plantagenet,1411—1460)。1453 年亨利六世精神病间歇发作时,贵族集团推举他摄政。于是两个家族之间的斗争表现为王后玛格丽特(Margaret,法国人)和约克公爵之间的斗争。1460 年 12 月约克公爵在威克菲尔德(Wakefield)遭到玛格丽特皇后的军队袭击并被杀害。

30. Edward—— 爱德华四世(1442—1483),约克公爵理查德的长子。其父在 1460 年战死后他成为约克家族的首领,于 1461 年 2 月 26 日先于玛格丽特皇后到达伦敦,3 月 4 日加冕为国王,成为约克王朝(House of York)的第一个国王。

31. Earl of Warwick—— 沃里克伯爵,理查德(Richard,1428—1471)。在爱德华四世取得王位之后,他和爱德华的弟弟克拉伦斯公爵,乔治(Duke of Clarence, George 1449—1478)挑起了约克家族的内讧。他们二人于 1470 年废黜爱德华四世,把王位还给了亨利六世。爱德华逃亡到尼德兰(Netherland)求援,1471 年 3 月回国。4 月 14 日在巴尼特(Barnet)沃里克被爱德华彻底打败。

32. Margaret—— 玛格丽特皇后,亨利六世的妻子,法国安茹公爵的女儿。1448 年出资创立剑桥大学的皇后学院(Queen's College,在 1465 年爱德华四世的皇后伊丽莎白·伍德威尔也出资捐赠过这所学校,因此这所学院被命名为皇后学院)。在 1471 年 5 月 4 日蒂克斯伯里之战中玛格丽特皇后被爱德华四世的军队生擒,后来被法国赎回。

33. Duke of Gloucester—— 格罗斯特公爵,理查德(Richard 1452—1485),爱德华四世的弟弟,也就是后来的理查德三世,同时他是约克王朝的最后一位君主。爱德华四世去世后由他的长子爱德华五世(1470—1483)即位,但不久之后爱德华五世和他唯一的弟弟约克公爵理查德一起被格罗斯特公爵秘密杀害。因此他因为杀害自己的两个侄子而在历史上臭名昭著

34. Henry Tudor—— 亨利·都铎(1457—1509),都铎王朝的第一位君主。他是亨利六世同母异父的弟弟里士满伯爵(Earl of Richmond)爱德华·都铎和兰开斯特公爵约翰·冈特(John of Gaunt)的孙女玛格丽特之子,因此他被视为兰开斯特家族的首领。他曾流亡法国,1485 年在法国援助下在博斯沃斯战役中(the Battle of Boswoth)杀死理查三世,宣布继承英格兰王位,成为历史上的亨利七世。1486 年他同约克王朝的爱德华四世之女伊丽莎白公主结婚,宣布约克和兰开斯特两大家族合并,结束了红白玫瑰之战。亨利能够登上王位正是因为他得到了资产阶级化的新贵族和资产阶级的支持,亨利在位期间也积极鼓励工商业的发展,因此他是英国历史上非常有作为的一代君主。

35. House of Tudor—— 都铎王朝,又被称为新王朝(the New Monarchy),开始于玫瑰之战的结束持续到 1603 年伊丽莎白一世去世。都铎王朝时期英国经历了

各个方面重大的历史变化，新生资产阶级进一步发展，对于英国宗教进行了改革，脱离了了罗马教皇对英国教会的统治。文艺复兴运动进入英国，人文主义兴起，英国产生了一大批学者，思想家和文学巨匠。经济和文化的发展又推动了英国的海外扩张。所以说都铎王朝时期是英国从封建主义向资本主义过度时期，是后来的大英帝国（the British Empire）的奠基时期。

Chapter Ⅳ Growth of Capitalism and the Rule of Tudors

知识要点：

1. The reflection of economic development 经济发展的表现
   - ◈ Manorialism declined ◈ vileinage declined
   - ◈ Money rents replaced labor services and dues.
   - ◈ Manufacture woolen cloth became important.
2. The Enclosure Movement 圈地运动
   - ◈ Reason and definition ◈ The results of Enclosure Movement
3. Foreign Trade 海外贸易
   - ◈ In early 13th century ◈ In the 15th century
   - ◈ In the 14th century
4. Adventurous voyages and well-known navigators 海外探险和著名航海家
   - ◈ Italian Marco Polo
   - ◈ The Portuguese, Diaz, Vasco da Gama
   - ◈ Columbus
   - ◈ John Kawkins, started the slave trade in the part of the 16th century.
   - ◈ Francis Drake, set sail on a voyage round the world in 1577.
5. Colonial plunder 殖民掠夺
   - ◈ The three aims in commercial activities of England in the 16th century
   - ◈ English trade organizations
6. The strengthening of the Centralized Monarch 君主集中制的加强
   - ◈ Measures ◈ Consequence
   - ◈ Steps
7. The Reformation 宗教改革
   - ◈ Reasons ◈ Effects
   - ◈ Course ◈ Nature
8. The English Renaissance 英国文艺复兴
   - ◈ The meaning of Renaissance ◈ Distinguished Representatives

注释

1. yeomen class—— 自由民。在英国封建社会，农奴没有人身自由，自由民通常是少量土地的拥有者。这个阶曾包括达官显贵的侍从,警卫或是小官吏。这些人一般受过一定的教育,有一定的文化知识,他们是英国资产阶级的先祖,他们当中的很多人后来成了清教徒。美国新英格兰的移民多数来自这个阶层,因此他们成为后来美国主流文化的代表和捍卫者。

2. the “Commons”—— 公用土地。
3. the Enclosure Movement—— 圈地运动。15 世纪末叶至 19 世纪中期,西欧新兴资产阶级和新封贵族使用暴力剥夺农民土地的过程。这种情况在英、德、法、荷、丹等国都曾先后出现过,而以英国的圈地运动最为典型。所谓圈地,即用篱笆、栅栏、壕沟把强占的农民份地以及公有地圈占起来,变成私有的大牧场、大农场。当时著名人文主义学者托马斯 · 莫尔在《乌托邦》的书中写道:“绵羊本来是很驯服的,所欲无多,现在它们却变得很贪婪和凶狠,甚至要把人吃掉,它们要踏平我们的田野、住宅和城市”。他把圈地运动称为“羊吃人的运动(Sheep-devouring-men Movement)”。大批丧失土地和家园的农民成为一无所有的雇佣劳动者。这是英国资本原始积累的最重要手段之一。
4. The Enclosure Acts——《圈地法案》。
5. the Low Countries—— 低地国家,指荷兰、比利时、卢森堡三个国家。
6. the Lower Rhineland—— 下莱茵河地区。
7. western Christendom ——指整个西方基督教世界。
8. The Middle and Far East—— 中东和远东。所谓近东,中东,远东,都是西方国家(主要是西欧各国)以他们所在地区通向亚洲的海上路径——西地中海一带为基点,对东方广大地区的称呼。“东”是指地中海东部与南部区域,从地中海东部到波斯湾的大片地区,“中东”地理上也是非洲与欧亚大陆地区,也就是指阿拉伯地区、中亚。至于“远东”,有些西方国家称为“极东”,范围更大,一般指亚洲东部太平洋沿岸各国、各地区(包括通常所说的东亚、东南亚各国以及西伯利亚东部地区等)。
9. Constantinople ——君士坦丁堡,伊斯坦布尔的古称。位于巴尔干半岛东端,是欧亚交通要道,战略地位十分重要,是古希腊的移民城市,称“拜占庭”,公元前 660 年为希腊人所建。公元 330 年罗马帝国皇帝君士坦丁大帝迁都至此,改名“君士坦丁堡”。
10. Marco Polo ——马可 · 波罗(1254—1324),世界著名的旅行家、商人。他生于意大利威尼斯一个有地位的商人家庭。他的父亲尼科洛和叔叔马泰奥都是威尼斯商人。马可 · 波罗 17 岁时跟随父亲和叔叔,途经中东,后来到过阿富汗,历时四年多来进入今中国新疆喀什,在中国游历了 17 年,曾访问过中国的许多名城,到达西南部的云南和东南地区,此后走上丝绸之路。回国后出了一本《马可 · 波罗游记》,记述了他在东方最富有的国家——中国的见闻,激起了欧洲人对东方的热烈向往,对以后新航路的开辟产生了巨大的影响。同时,西方地理学家还根据书中的描述，绘制了早期的"世界地图"。因此这部游记对沟通中西方文化，和以后新航线的开辟都有巨大影响。

11. the Moors ——摩尔人。一般指 11 ~ 17 世纪创造了阿拉伯安达卢西亚文化，随后在北非作为难民定居下来的西班牙穆斯林居民或阿拉伯人、西班人的混血后代。

12. Diaz ——Partolomeu Diaz 巴尔托洛梅乌·迪亚斯（1450—1500），15 世纪葡萄牙航海家和探险家。1487 年，他被葡萄牙国王约翰二世选派去非洲南端探险，因此他成为绕好望角航行的第一位欧洲人。

13. Vasco da Gama—— 达·伽马（1460—1524），15 世纪末和 16 世纪初葡萄牙航海家和冒险家，从欧洲绕好望角到印度航海路线的开拓者。他生于葡萄牙锡尼什，卒于印度科钦。青年时代他参加过葡萄牙与西班牙的战争，后到葡萄牙宫廷任职。1497 年 7 月 8 日受葡萄牙国王派遣，他率船从里斯本出发，寻找通向印度的海上航路，船经加那利群岛，绕好望角，经莫桑比克等地，于 1498 年 5 月 20 日到达印度西南部卡利卡特。同年秋离开印度，于 1499 年 9 月 9 日回到里斯本。伽马在 1502—1503 年和 1524 年又两次到印度，后一次被任命为印度总督。伽马通航印度，促进了欧亚贸易的发展。在 1869 年苏伊士运河通航前，欧洲对印度洋沿岸各国和中国的贸易，主要通过这条航路。这条航路的通航也是葡萄牙和欧洲其他国家在亚洲从事殖民活动的开端。

14. Columbus——克里斯托弗·哥伦布（Christopher Columbus, 1451—1506），意大利航海家。生于意大利热那亚，卒于西班牙巴利亚多利德，他一生从事航海活动。先后移居葡萄牙和西班牙。他相信大地球形说，认为从欧洲向西航行可到达东方的印度和中国。在西班牙国王支持下，先后 4 次出海远航（1492—1493，1493—1496，1498—1500，1502—1504）。开辟了横渡大西洋到美洲的航线。他先后到达巴哈马群岛、古巴、海地、多米尼加、特立尼达等岛。在帕里亚湾南岸首次登上美洲大陆，考察了中美洲洪都拉斯到达连湾的 2000 多千米的海岸线；认识了巴拿马地峡；证明了大地球形说的正确性，促进了旧大陆与新大陆的联系。他误认为到达的新大陆是印度，并称当地人为印第安人。

15. John Hawkins—— 约翰·霍金斯（1532—1595）。英国海军将军，他是第一个向西班牙挑战的英国人。1562 年，他第一次将一船非洲黑人走私贩卖到美洲的西班牙殖民地，收益巨大。1564 年，他再次重复其航行，一举成为英国最富裕的人。1567 年，他第三次率船队贩卖黑奴到美洲，在墨西哥的委拉克鲁斯港遭到西班牙舰队伏击，4 艘船受伤被俘，霍金斯与表弟弗朗西斯·德雷克逃脱。此后，霍金斯、德雷克等英国船主的海盗船长期打击掠夺西班牙船只和殖民地。霍金斯加强英国海军建设，他改进了英国战舰，使之更适应航行和战斗。1588 年西班牙"无敌舰队"入侵英国，霍华德任英国舰队司令，霍金斯和德雷克任副司令，海军中将。此战，英国舰队打败了强大的西班牙舰队，英国从此成为海上强国。霍金斯的战斗和对战舰的改进对胜利起到了重要作用。

16. Francis Drake—— 弗朗西斯·德雷克(1545—1595),英国海军名将,海盗王,约翰·霍金斯的表弟。他出生于英国德文郡一个贫苦农民的家中,从学徒干到水手,最后成为商船船长,而赞助人就是当时的伊丽莎白女王。1577 年,他从英国出发,乘着旗舰"金鹿"号直奔美洲沿岸,一路打劫西班牙商船。1579 年 7 月 23 日,他到达了马里亚纳群岛,8 月 22 日穿过北回归线,9 月 26 日回到了普利茅斯港,成为"民族的英雄",这次航行是继麦哲伦之后的第二次环球航行。德雷克带回了数以吨计的黄金白银,更重要的是德雷克为英国开辟了一条新航路,大大促进了英国航海业的发展,而且他还发现了宽阔的德雷克海峡,自此以后,海洋上不只是西班牙称霸。1587 年,英国女王伊丽莎白处死了亲西班牙的苏格兰女王玛丽,西班牙对英宣战,积怨已久的两国终于拔剑相向,但当时,英国海军还非常弱小,仅有三十四艘战舰,根本无力与西葡联盟作战。危机时刻,德雷克带领着 25 只海盗船赶到。他沿着西班牙海岸击沉舰船无数,抢得 11 万英镑的财富,由于这一系列的行动,战争至少延后了一年,从而为英国争取到了宝贵的时间。1588 年 5 月 20 日,由 10 个支队,130 条船舰组成的西班牙"无敌舰队"从里斯本起航前去攻打英国,7 月 19 日,开始在英吉利海峡步阵。英方的总指挥是霍华德勋爵,前锋是由 34 艘战舰组成"德雷克支队",德雷克的表兄霍金斯也赶来帮忙,西班牙损失了近一半的船只死伤 1400 人,英军则一船未沉且死伤不足百人,这就是史上著名的英西大海战。自此以后,西班牙一蹶不振,英国逐渐取代其成为海上的霸主,而德雷克则被封为英格兰勋爵,登上海盗史上的最高峰。

17. Chartered Company—— 特许公司,在都铎王朝时期,商人和冒险家在海外进行活动的组织通常是特许公司。国王颁发特许状授予公司在指定地区进行探险、贸易或移民的垄断性的特权。由于这些活动具有很大的风险性并需要大量资本,任何个别商人都无法筹集到所需要的现金,因此这些公司是新型的股份公司,业务由公司经营,盈利或亏损由股份持有人分摊。

18. The East India Company—— 东印度公司,是一个特许公司,成立于 1600 年。它拥有强大的陆军部队和海军舰队可以支配。该公司长期独占对印度的贸易,而且不断扩大其侵占的印度领土,最终使印度沦为英国的殖民地。同时它还掠夺和侵占亚洲其他国家和地区,是中英鸦片战争的挑动者。引起美国独立战争的导火线之一的"波士顿茶叶党事件",也是东印度公司在北美殖民地享有的茶叶专卖权所引发的。

19. the Court of the Star Chamber ——星室法庭。该法庭由亨利七世设立,由大臣、律师和教士组成,代表国王的权威,用简单的手续处理地方法庭难以使之就范的有权势的犯罪者。该法院于 1641 年被长期议会废除。

20. the Reformation ——指 16 世纪欧洲和英国的宗教改革运动。宗教改革打击了罗马天主教会神权和封建专制，在历史上具有进步意义。

21. Middle Ages—— 中世纪，（约公元 476 年—公元 1453 年），是欧洲（主要是西欧）历史上的一个时期，由西罗马帝国灭亡（公元 476 年）开始计算，直到文艺复兴时期（公元 1453 年）之后，资本主义兴起的时期为止。"中世纪"一词是从 15 世纪后期的人文主义者开始使用的。这个时期的欧洲没有一个强有力的政权来统治，封建割据带来频繁的战争，宗教势力腐朽而且黑暗，造成科技和生产力发展停滞，人民生活在毫无希望的痛苦中，所以中世纪或者中世纪的早期在欧美普遍称作"黑暗时代"，传统上认为这是欧洲文明史上发展比较缓慢的时期。

22. Henry Ⅷ—— 亨利八世，（1491—1547）是英国都铎王朝的第二位国王，亨利七世次子。他自 1509 年 4 月 22 日开始在位，这时英国已经逐渐从一个欧洲偏远蛮荒及以暴政著称的小国发展成为有影响的专制极权国家。

23. Henry Ⅷ's divorce case—— 亨利八世的离婚案。亨利八世原来娶了他的寡嫂，西班牙公主凯瑟琳为妻，以来维护英国与西班牙的互利关系。后来英国要疏远西班牙而和法国联盟，他和西班牙公主的婚姻会给联盟带来不便，加之凯瑟琳公主与亨利八世结婚多年没有子嗣，亨利八世想要和凯瑟琳公主离婚。当时他的理由是他与寡嫂的婚姻违反了上帝的旨意，儿子的夭折就是上帝对他的惩罚，因此只有离婚才能得到上帝的宽恕。因此亨利八世向教皇提出了离婚的申请，以便另娶倾向宗教改革的 16 岁的贵妇安妮 · 博林，也就是凯瑟琳的侍女，但是遭到了罗马教皇的拒绝。亨利八世随后就命令坎特伯雷大主教废除了他与凯瑟琳的婚约，并迫使议会宣布他再婚合法，于是亨利八世的离婚案就成为英国历史当中宗教改革的导火线。

24. *Act of Supremacy* ——《至尊法案》，由英国议会于 1534 年通过，宣布英王为英国国教的首脑，有权处理英国教会的一切事务。该法案通过后，英国教会不再受罗马教皇的控制，而改革后的天主教变成了英格兰国教。

25. Protestantism ——新教，基督的一个分支，与天主教、东正教并列的基督教三大派别之一，是 16 世纪宗教改革运动中脱离天主教而形成的各个新宗派，以及从这些宗派中不断分化出来的众多宗派的统称。详见 Part Four, Chapter Ⅳ "Religion in Britain"。

26. Bloody Mary ——"血腥的玛丽"，指英格兰女王玛丽一世（1553—1558 在位），玛丽生于格林威治宫，国王亨利八世与西班牙公主凯瑟琳之女。玛丽信奉天主教，在位时她强迫英格兰人信奉天主教，承认罗马教皇的权威。她恢复天主教之后，大肆屠杀新教教徒，估计作为异教徒被烧死的多达 300 人以上，妇孺老幼都不能幸免，故被称"血腥的玛丽"。1553 年她和西班牙的飞利浦二世（Philip Ⅱ, 1527—1598）结婚，参与西班牙对法国的战争（1557—1558），丧失了英国在法国剩下的唯一的领地加莱。1558 年 11 月玛丽病死，王位由她的同父异母的妹妹伊丽莎白一世继承。

27. Elizabeth—— 伊丽莎白，也就是英国历史上的伊丽莎白一世（1533—1603）。亨利八世和第二任妻子安妮·博林之女，3 岁时，其母因通奸罪名被处决，于是与亨利八世的婚姻关系也被撤销，伊丽莎白的出生也因此成了非法，曾一度被囚禁在伦敦塔。伊丽莎白天资过人，不但逃过了在“血腥玛丽”时代的被害的危险，还学会了十多种外语，其中由六七种既能说又能写。伊丽莎白一世支持宗教改革，但方式较为温和，尽量不激化矛盾。对外政策是利用矛盾，保持欧洲的均势，同时支持英国新兴资产阶级的海外扩张，批准成立了一批特许公司，英国迅速发展，并于 1588 年打败了西班牙的无敌舰队，从而使英国成为海上强国，为建立北美殖民地打下了基础。伊丽莎白时期英国文化也呈现了繁荣发展的局面，出现了一批伟大的文学巨匠。伊丽莎白一世为了不使自己的国家因为自己的婚姻卷入任何政治和外交纷争之中，因此她终身未嫁，因操劳过度她的晚年十分凄凉，甚至精神失常，她的去世标志都铎王朝的结束。

28. Renaissance—— 文艺复兴，指 14—15 世纪欧洲从封建社会向近代资本主义社会转变时期的思想文化运动，以主张复兴希腊、罗马古典文化和艺术而得名。文艺复兴起始于意大利，后传播到英国及欧洲其他国家。当时的主要思潮是人文主义，主张以人权反对王权，以人性反对神权，以个性解放反对禁欲主义，以理性和科学反对愚昧和神秘。文艺复兴时期，欧洲产生了一批前所未有的科学家，思想家，文学家和艺术家，他们成绩斐然，至今为人们赞扬。

29. Thomas More —— 托马斯·莫尔（1478—1535）。英国人文主义学者，空想社会主义奠基人之一。他出身英国官僚家庭，曾任英国议会议长，枢密院大臣，因为拒绝承认英国国王是英格兰教会的最高领导者于 1535 年被亨利八世处死。他于 1516 年用拉丁文写成了《乌托邦》一书。Utopia 意为“乌有之乡”，该词后来成为“空想”的同义词。该书以对话的形式描写了作者心目中的理想社会，在这个社会里没有私有制，人人参加劳动，产品合理分配，人人拥有受教育和宗教信仰的自由，和睦相处，丰衣足食。后来在开发北美殖民地时，曾经有人按照《乌托邦》的模式做过实验，但这些乌托邦的农场都因为懒汉太多而垮掉了。

30. Christopher Marlow —— 克里斯托弗·马洛（1564—1593），英国戏剧最伟大的先驱者之一，出生于坎特伯雷的一个鞋匠的家庭。曾经在剑桥学习 6 年，获得了学士和硕士学位。由于他在文学创作上显示的才华，被称为是“最有天赋的大学才子”。一生中曾著有戏剧《帖木儿》（*Tambulaine*，1587）、《马耳他的犹太人》（*The Jew of Malta*，1592）、《博士浮士德》（*Doctor Faustus*，1588）等剧本。详见第三编，第六章“Literature”。

31. Ben Johnson —— 本·琼森（1572—1637），英国著名剧作家。他是一个瓦匠的儿子，但受过良好的教育，成为了一名卓越的拉丁语和希腊语学者。后来他为伦敦剧院创作剧本，并成为主要的剧作家之一。他一生中创作的剧本很多，包括悲剧、喜剧和假面具。主要作品有：《席阶纳斯》（*Sejanus*，1603）、《个性互异》

（*Every Man in the Humor*,1598）、《炼金术士》（*The Alchemist*,1610）。详见第三编,第六章“Literature”。

32. William Shakespeare—— 威廉·莎士比亚(1564—1616),英国文艺复兴时期杰出的戏剧家和诗人。1564 年生于英国中部瓦维克郡埃文河畔斯特拉特福。其父约翰·莎士比亚是经营羊毛、皮革制造及谷物生意的杂货商,1565 年任镇民政官,3 年后被选为镇长。莎士比亚幼年在当地文法学校读书。他 13 岁时家道中落,此后辍学经商。在 22 岁时他前往伦敦,在剧院工作,后来成为演员和剧作家;1597 年重返家乡购置房产,度过人生最后时光。他虽受过良好的基本教育,但是未上过大学。代表作有四大悲剧《哈姆雷特》《奥赛罗》《李尔王》《麦克白》,喜剧《威尼斯商人》等和一百多首十四行诗。莎士比亚的作品从生活真实出发,深刻地反映了时代风貌和社会本质。详见第三编,第六章“Literature”。

33. Chaucer——杰弗雷·乔叟(Geoffrey Chaucer, 1343—1400)英国诗人。他十几岁起进入宫廷当差。1359 年随爱德华三世的部队远征法国,被法军俘虏,不久被赎回。乔叟与宫廷往来密切,当过廷臣、关税督察、肯特郡的治安法官、郡下议院议员。他曾因外交事务出使许多国家和地区,到过比利时、法国、意大利等国,有机会遇见薄伽丘与彼特拉克,这对他的文学创作产生了很大的影响。乔叟早期的创作受意大利和法国文学的影响。他把法国文学中的骑士传奇、抒情诗和动物寓言故事等引入英国文学。其早期作品《特罗勒斯和克莱西德》(1385),人物性格塑造生动细腻,语言机智幽默。从 1377 年开始,乔叟多次出使欧洲大陆,接触了但丁、彼特拉克和薄伽丘等人的作品。这些作家反封建反宗教的精神和人文主义思想,使乔叟的创作思想发生了深刻的变化,开始转向现实主义。根据薄伽丘的一部长诗改写的叙事诗《特罗勒斯和克面西德》摈弃了梦幻和寓言的传统,代之以对现实社会中的人物和生活细节的描写,这是乔叟的第一部现实主义作品。乔叟在他生活的最后 15 年进行了《坎特伯雷故事集》(*The Canterbury Tales*,1387—1400)的创作,这是他一生中最杰出的作品。详见第三编,第六章“Literature”。

34. Edmund Spenser—— 埃德蒙德·斯宾塞(1552—1599),英国文艺复兴时期著名诗人。他出生于二流的贵族家庭,父亲是伦敦的一名商人,他开始就读于商人裁缝学校,后来就读于剑桥大学,在那里他阅读了古典的和意大利诗人的作品,自己开始创作诗歌。1576 年他获得了学士学位,1580 年他充任了女王在爱尔兰的勋爵代表,葛雷勋爵的私人秘书。此后许多年他都在爱尔兰担任秘书、文员,后来当上了郡治安官吏。但是在 1599 年爱尔兰起义中,他的房子被烧毁,他随即到了伦敦并在饥饿中死去。他被安葬在威斯敏斯特教堂乔叟的墓地旁。斯宾塞的诗歌以其十四行诗著名,被称为英国文艺复兴时期“诗人中的诗人”主要代表作品有《牧羊人日历》(*The Shepherd's Calendar*),《仙后》(*The Faerie Queen*),《结婚曲》(*Epithalamion*)。详见第三编,第六章“Literature”。

35. Philip Sidney—— 飞利浦·西德尼(1554—1586),英国文艺复兴时期著名诗人和诗歌评论家,同时他是名大臣、学者和军人,因他的俊美、勇气、智慧、学识和高贵的品质而著名。1586 年,他到法兰德斯作战,在苏芬特战役中身负重伤。临死前有人把一杯水送到他发烧的嘴边,他吩咐把水传递给他身旁的一名士兵,并且说"你比我更需要它",这是他生前的最后一句话。西德尼和他同一时期的其他诗人一样,把古典的和国外的,特别是意大利作家作为自己的楷模。代表作品有《爱星者和星星》(*Astrophel and Stella*),《为诗辩护》(*Apology for Poetry*)。详见第三编,第六章"Literature"。

36. John Donne—— 约翰·邓恩(1572—1631),17 世纪英国玄学派诗人。他出生于罗马天主教家庭,他的母亲与托马斯·莫尔爵士沾亲。邓恩曾就读于牛津和剑桥两所学校,但未获任何学位。邓恩的诗歌与其前人和同龄人的作品迥然不同。邓恩通过使用一种更注重智力的比喻,使激情与推理融为一体,而给诗歌重新注入了活力。他创造了极为凝炼意象,这些意象通常包含着一种戏剧性对比的因素。他在诗中嘲笑传统的爱情诗的陈词滥调。邓恩不仅在意象和观念上作大胆的实验,而且在诗的节奏和诗节形式也作了创新。本·琼生曾经说到:"邓恩在很多方面是世界上第一诗人。"到 19 世纪末 20 世纪初,读者对他的作品重新迸发出巨大兴趣,仿佛发现了一块埋藏在地下的宝玉,并且立即对现代诗歌产生了深刻的影响。TS 艾略特对他的诗歌情有独钟,并且二者的诗风有颇多的相似之处。邓恩的主要作品有《歌与十四行诗》(*Songs and Sonnets*),《挽歌》(*The Elegies*),《一周年与二周年》(*The First and Second Anniversaries*),《圣十四行诗》(*Holy Sonnets*),《突发事件的祷告》(*Devotions upon Emergent Occasions*)。详见第三编,第六章"Literature"。

37. John Milton—— 约翰·弥尔顿(1608—1674),17 世纪中期英国最伟大的诗人。他出生于伦敦一个中产阶级的清教徒家庭,从小受过良好的教育,16 岁进入剑桥大学基督学院学习神学,先后获得学士、硕士学位。毕业后他没有遵从父命从事教职,而是隐退乡间,研读古典文学。1638 年他游历意大利,次年英国国内政治局势严峻,弥尔顿返回祖国参与宗教和政治论战。1649 年资产阶级革命成功后,他被任命为共和国秘书。斯图亚特王朝复辟时,他遭受政治迫害,一度被关进了监狱。获释后,他在双目失明的情况下全力投入了诗歌的创作,直至因病去世。弥尔顿的文学声誉主要决定于他晚年时在坎坷的处境中创作的长诗《失乐园》(*Paradise Lost*)、《复乐园》(*Paradise Regained*)、《大力士参孙》(*Samson Agonistes*)。《失乐园》是弥尔顿的清教主义思想与他的人文主义美学修养结合所产生的鸿篇巨制,全诗长达一万多行,分为 12 卷。故事源自《圣经·创世纪》,主要情节是:撒旦率领一些天使欲反叛上帝,还来不及就被打入了地狱。撒旦不甘心失败,复仇心切,便引诱了上帝所造的人亚当和夏娃偷食了智慧树的果实。震怒的上帝将人类的始祖逐出了伊甸园,人类从此将要经受各种灾难和考验。详见第三编，第六章“Literature”。

Chapter Ⅴ The Bourgeois Revolution

知识要点：

1. The Economic and Political Background 经济和政治背景
   - ◇ Capitalism grew rapidly.
   - ◇ The conflict between the bourgeoisie & the feudalists
   - ◇ Peasants uprising
2. The Absolutist Rule of the Stuarts 斯图亚特王朝的专制统治
   - ◇ James I insisted on the Divine Right to Kings.
   - ◇ Charles I's rules（short and long parliaments）
3. The Civil Wars（1642-1649）内战（1642-1649）
   - ◇ Background of the war
   - ◇ Rival groups of the war（Roundheads & Cavaliers/Royalists）
   - ◇ Course
   - ◇ Consequence
4. The Commonwealth and Protectorate 共和政府和护国制
   - ◇ Conditions of the new Commonwealth
   - ◇ Lord Protector and Oliver Cromwell
5. The Restoration and the Coup D' Eat 复辟和政变
   - ◇ Reason and result of the Restoration
   - ◇ Tories & Whigs
   - ◇ The Glorious Revolution
   - ◇ Bill of Rights（1689）
   - ◇ The effect of the revolution

注释

1. James I —— 詹姆士一世（1566—1625），他出生于爱尔兰，是苏格兰女王玛丽和思达利勋爵的独子，其母玛丽因卷入暗杀英格兰女王伊丽莎白一世的阴谋而被处死。1岁时他继承了苏格兰王位，1603年伊丽莎白女王逝世后，应邀前往英格兰继承王位，由詹姆士六世改称为詹姆士一世。詹姆士一世受过良好的教育，知识渊博，研究过很多学科，著作很多，但是在政治上保守，固执已见，不能适应英国当时的改革潮流，鼓吹君权神授论（Devine Right of Kings），因此他被戏称为“欧洲最聪明的傻瓜（the wisest fool in Europe）”。此外詹姆士一世施行严厉的宗教政策，他要迫使清教徒信仰英格兰国教，否则就把他们赶出英国。许多清教徒当时受了很多苦难，最后被迫移民北美殖民地。最著名一次移民是在1620年201名清教徒乘坐“五月花号（Mayflower）”漂洋过海到达北美大陆。詹姆士一世精力过人，在议会和众人都反对的情况下，他几乎全靠自己的力量统治英国，但是在他死后不久，英国就爆发了大规模的资产阶级革命。

2. Presbyterian Church ——长老会，英国基督教会的一个支派，1876 年成立，由联合长老会和英格兰境内一批英格兰人长老会和苏格兰人长老派教会合并而成。在英格兰，长老宗同公理宗一样，起源于圣公会内部的清教徒运动。主张实行长老制的清教徒要求实行会督制的圣公会在行政组织上改行长老制，在 16、17 世纪女王伊丽莎白和国王詹姆斯一世统治时期，他们的主张难得实现。查理一世统治时期(1625—1649)英格兰发生内战，此时这些清教派的势力达到极盛时期。1648 年克伦威尔军队将主张长老制的全部议员 140 人逐出议会，只保留信奉公理会的独立派议员，因而此时的国会亦称"残缺国会（the Addled Parliament）"。
3. Charles I —— 查理一世(1600—1649)，詹姆士一世的次子，1612 年其兄威尔士亲王亨利去世后成为王储，1625 年，即位为不列颠国王。查理一世未能适应社会潮流做出变革，仍然坚持过时的观念和体制，拒绝和议会合作，并采取高压政策，对外发动战争，人民苦不堪言。加之当时英国连年遭受自然灾害，农业歉收，饥荒严重，因此很多人被迫向美洲殖民地移民。这些问题最终导致了资产阶级革命的爆发。查理一世在革命中被俘，1653 年被议会处死于伦敦白厅前，成为英国历史上唯一一位被处死的国王。
4. Short Parliament —— 短期议会。查理一世为了筹集军费，于 1640 年 4 月召开了已经停止 11 年的议会，但是议会拒绝了国王的要求，被国王解散。这届议会仅仅存在两个星期，因此被称作"短期议会"。
5. Long Parliament—— 长期议会。查理一世解散了短期议会后，苏格兰起义军再次进攻英格兰，查理一世为了紧急筹集军费再次召开了议会。这次议会从 1640 年 11 月开始长达 13 年之久，在大革命期间是资产阶级革命的领导机构和立法机构，史称"长期议会"。
6. Pym—— John Pym 约翰·皮姆(1583—1643)，是英国资产阶级革命的发动人和领导者，他是典型的资产阶级和新贵族的代表人物。
7. Oliver Cromwell —— 奥利弗·克伦威尔(1599—1658)，英国资产阶级革命时期重要的领袖人物之一，军事家，政治家。他出身于清教徒的乡绅世家，1640 年当选为国会议员。他签署了处决查理一世的命令，随后就任"护国公"，在共和制的旗号之下进行个人的军事独裁。
8. Strafford and Land—— 斯特拉夫伯爵(Earl of Strafford, 1593—1641)和劳德大主教(Archbishop Laud, 1573—1645)，查理一世反动政策的推行者，迫害清教徒活动家，成为人民深恶痛绝的人物。因此在长期议会一开始就提出了要求审判斯特拉夫的议案。1641 年 3 月通过这一议案并判斯特拉夫犯叛国罪，5 月 12 日斯特拉夫在 20 万群众围观下在塔山(Tower Hill)被处决。劳德大主教后来也被捕，于 1645 年以叛国罪被处以死刑。
9. the High Commission—— 最高法院(the Court of High Commission)。

10. Roundheads——圆颅党，英国内战（1642—1651）和战后时期的国会派。他们一反英国绅士的留长发的传统，头发都剪得很短，近似无发的圆头，因此得名。

11. Cavalier—— 骑士党，英国17世纪资产阶级革命时期效忠于英王查理一世的保皇党（Royalists）成员。

12. New Model Army—— 新模范军，英国资产阶级革命时期，由"长期议会"建立的新型革命军队。1642年8月内战爆发后，议会军掌握在长老派手中，指挥不一，作战不力。战争形势表明，议会只有建立一支新型正规军才能战胜保皇党。1645年2月在克伦威尔倡议下，议会通过《新模范军法案》，决定组建一支由国家统一控制和指挥的新型军队。新模范军总兵力约2.2万人，编有11个骑兵团，每团600人，下辖6个骑兵连；1个龙骑兵团，下辖10个连，约1000人主要执行侦察搜索等任务；12个步兵团，每团1200人，下辖人数不等的10个连。新模范军采用募兵制，实行统一指挥、统一纪律、统一军服。总司令全权处理军队事务，不受任何外来干预。士兵主要来自信仰清教的自耕农和城市平民；军官多数是独立派乡绅代表，部分从士兵中提拔。由费尔法克斯（Fairfax）任总司令，负责组织训练；克伦威尔作为《自抑法》的特别例外任副总司令并统率骑兵，不久成为事实上的最高统帅。新模范军纪律严明，指挥统一，装备先进，英勇善战，在1645年6月内斯比之战和1648年8月普雷斯顿之战中战胜王党军，并逐步发展为议会的常备军。但随着军队内部特别是高级军官的腐化，在1649年5月克伦威尔镇压平等派士兵起义和远征爱尔兰后，蜕变为维护大资产阶级和大土地占有者利益的工具。1660年英国斯图加特王朝复辟后被解散。

13. Ironside —— 铁甲军，克伦威尔领导下的骑兵，头戴钢盔，前胸和后背有护甲，所用的武器为两支手枪和一把剑。

14. Newbury—— 纽伯里市。

15. Marston Moor —— 马斯顿荒原。1644年7月初，查理一世的保皇党军队和以克伦威尔为首的议会派军队在马斯顿荒原展开了内战以来首次大规模会战，最终议会派的军队取得全胜。马斯顿荒原之战是英国内战的转折点，它扭转了国会军连连失利的局面，从此掌握了战争主动权。同时，这次会战也是克伦威尔一生的转折点，他的指挥对取得会战的胜利起了决定性作用，他的部队从此闻名全国。

16. Presbyterians—— 长老派，指议会中主战派的右翼势力，他们代表上层新贵族和大商业、金融资产阶级的利益。

17. Independents—— 独立派，代表中等新贵族和资产阶级的利益，属于资产阶级革命的左派势力，要求建立资产阶级民主制。

18. Levellers—— 平均派，英国内战与共和时期的共和民主派，被称为极端的平均主义者，"想要平分人们的财产"。平均派要求给予所有的男子选举权，并提出了社会和经济改革的纲领。

19. Cornet Joyce—— 科奈特·乔伊斯,议会军队骑兵的掌旗官,1647 年 6 月率领 500 名骑兵到囚禁国王的霍姆比城堡(Holmby House)劫持国王,把他押到军队的驻地纽马克特(Newmarket)附近。
20. Hampton Court—— 汉普顿宫,始建于 1515 年,英国都铎式王宫的典范,素有"英国的凡尔赛宫"之称。
21. Isle of Wight—— 威特岛。
22. Colonel Pride—— 普赖德上校(Thomas Pride,? —1658),英国资产阶级革命时期的重要人物之一。1648 年 12 月 6 日在克伦威尔不知情的情况下带领军队占领议会的各个出入口。他手拿名单宣布不准进入议会的议员的名字。次日继续进行清洗,一共逮捕或驱逐约 140 名议员。清洗后的议会被称为"残缺议会(the Rump)"总共有 200 人,主要为独立派议员。克伦威尔事后表示对于"普赖德清洗"的这一行为表示支持。
23. Commonwealth—— 共和制或共和国。指英国从 1653 年至 1660 年实行的共和制。克伦威尔下令处死英王查理一世,又废黜了上议院,并建立了以独立派为支柱的共和国,直至 1660 年斯图亚特王朝复辟。现在的英联邦仍称为 the British Commonwealth。
24. Diggers—— 掘地派。1649 年春,平均派活动在英国不断发生,在很多地区还发生了自称"真正平等派"即掘地派的运动。4 月在杰勒德·温斯坦利(Gerrard Winstanley, 1609—1660)等人的领导下二三十名贫困的农民集中在伦敦附近的圣乔治山(St. George)附近,占领那里的公用地和荒地进行开垦。温斯坦利的理想是土地公有,人民生活在有组织的公社当中,"共同劳动,共同吃饭"。他把理想的实现全都寄托在克伦威尔等当权人物的身上,几个月后各地纷纷响应,掘地派人物迅速增加,引起了地主和当局的恐慌。地主武装破坏了他们的开垦区。政府也派军队驱散掘地派。1650 年春,掘地派运动瓦解。
25. *Navigation Act*——《航海条例》,指的是英国历史上第一部《航海条例》。在资产阶级革命后,这一时期的荷兰航运业非常发达,欧洲国家大多租用荷兰的船只从事海外贸易。残余议会于 1651 年针对荷兰颁布了这一法案。规定一切输入英国的货物必须由英国船只或其产地的船只运来英国。荷兰要求废除这一法案遭到英国的拒绝。1652 年 6 月两国发生了战争。战争给荷兰的商业带来了巨大的破坏,到 1653 年 6 月荷兰不得不向英国求和。1654 年 4 月双方缔结和约,荷兰承认《航海条例》,从而确立了英国在海上的贸易的优势地位。
26. Lord Protector—— 护国公。英国资产阶级革命后,1653 年 12 月,由高级军官组成的军官议会提出了一个新的宪法草案《施政约法》(*Instrument of Government*),根据这个文件于 1653 年 12 月 6 日宣布克伦威尔为终身护国公。护国公的权利超越于议会之上,同时掌握军权,是军队和国民军的总司令。就此英国的共和制变成了护国公制,克伦威尔也开始了他的军事独裁统治。

27. Charles Ⅱ——查理二世(1653—1685),查理一世的长子,早年因其父在内战中失败,生活孤独贫困,颠沛流离。1660 年,他在多佛登陆,回到伦敦。1661 年 4 月,加冕为不列颠国王,复辟了斯图亚特王朝。查理二世意志坚定,随机应变,知人善任,在充满教派冲突的危机时仍能操纵大局,但他死后没有留下合法的后嗣。

28. Restoration—— 王朝复辟。英国资产阶级推翻了斯图亚特王朝,处死了查理一世后建立了共和国,但是很多的社会矛盾并没有真正的解决。克伦威尔死后,其子无力克服政局的混乱,被迫放弃了护国公的职务。为了稳定局势,资产阶级和新贵族们决定与旧王朝妥协,重建秩序,遂与流亡在法国的查理一世之子达成协议。议会于 1660 年 5 月宣布查理一世之子为国王,史称查理二世。王朝复辟后,查理二世残酷迫害革命的积极参加者,许多人被监禁、处死,克伦威尔等人的尸体业被掘出坟墓处以绞刑。

29. Royal Society ——(英国)皇家学会。成立于 1660 年,是大不列巅最早的科学学会,也是欧洲最早的学会之一。到 18 世纪,皇家学会的成就在国际上享有盛名。许多著名科学家、发明家,如牛顿、哈雷等都是该会会员。

30. Christopher Wren—— 克里斯托弗·列恩(1632 —1723)是英国科学家和建筑师,英国皇家学会早期的会员。他最重要的作品是在 1666 年伦敦大火后主持重建圣保罗大教堂。他去世后被安葬在这座教堂内的地下室,他的墓碑上镌刻着墓志铭:“如果要找他的纪念碑,请环顾四周(If you seek his monument, just look around)。”

31. St. Paul Cathedral——圣保罗大教堂。详见第三编,第七章“Scenic Spots and Historical Sites”。

32. Tory—— 托利党,Tory 一词之意原指“爱尔兰歹徒”、“反英游击队”。17 世纪 70 年代形成英国的政党,代表大土地贵族、大金融贵族和高级教士的利益,坚决拥护王权,维护英国国家制度中的保守和腐败体制,惧怕社会动荡,反对国内民主改革,渴求社会稳定以求发展。1832 年改组为保守党。

33. Whig—— 辉格党,Whig 一词之意原指苏格兰强盗,后又指顽固的长老派教徒。作为政党,它是 1679—1682 年之间在国会中形成的。主要代表工商业资产阶级与新贵族利益,与托利党对立。辉格党党员来自大地主、银行家、商人。19 世纪中叶改称为自由党。

34. *Habeas Corpus Act*——《人身保护法》,颁布于 1679 年,规定在逮捕之前应先公布被捕人的罪状,被捕人有权要求立即依法审讯。

35. James Ⅱ—— 詹姆士二世(1633—1701),查理一世的次子,他是最后一位天主教的英国国王。他的臣民不信任他的宗教政策,反对他的专权,在光荣革命中他被剥夺王位。他的天主教的儿子詹姆斯·弗朗西斯·爱德华·斯图亚特在他被迫退位后也没有获得王位,王位落到了他新教的女儿玛丽二世和女婿威廉三世手中。认为他的儿子是合法国王的人则被称为詹姆斯派。詹姆斯二世退位后受到法国国王路易十四的保护。一直到他死后，路易、他的儿子詹姆斯·弗朗西斯·爱德华和孙子查尔斯·爱德华·斯图亚特还继续策划恢复詹姆斯派的王位，但最后也没有成功。

36. The Glorious Revolution——光荣革命是指 1688—1689 年英国资产阶级和新贵族发动的推翻詹姆斯二世的统治、防止天主教复辟的非暴力政变。西方资产阶级历史学家因为这场革命未有流血，故称之为“光荣革命”，又称为“白色革命(the White Revolution)”。支持议会的辉格党人与部分托利党人推翻詹姆士二世后，邀请詹姆士二世的女儿玛丽和时任荷兰奥兰治执政的女婿威廉。威廉带兵进入英国，未发一枪，使詹姆士二世仓惶出逃。议会重掌大权，而威廉亦即位成为威廉三世，玛丽成为二世，共同统治英国。至此，英国议会与国王近半个世纪的斗争以议会的胜利而告结束。

37. *Bill of Rights* ——《权利法案》，全称《国民权利与自由和王位继承宣言》(*An Act Declaring the Rights and Liberties of the Subject and Settling the Succession of the Crown*)。光荣革命后的英国议会为了避免当年 1660 年邀请斯图亚特王朝复辟的前车之鉴，决定以法律形式限制国王的权力，于是在上、下两院共同召开的全体会议上，向威廉和玛丽提出了一个“权利宣言”，要求国王以后未经议会同意不能停止法律的效力，不经议会同意不能征收赋税，今后任何天主教徒不得担任英国国王，任何国王不能与罗马天主教徒结婚等。威廉和玛丽接受了这些要求，随即继承国王位。1689 年 10 月，议会通过了“权利宣言”并制订为法律，就是《权利法案》。《权利法案》在英国起宪法作用，属于宪法性质文件，但它并不是成文宪法，是英国历史上自《大宪章》以来最重要的一部法案之一，英国的《权利法案》可以被认为是美国宪法的前身。它改变了人类历史，对英国对世界都产生了巨大而深远的影响。

38. *The Mutiny Act*——《反哗变法》。

39. *The Triennial Act*——《三年法案》或《议会选举保障法》。

40. *The Act of Settlement*——《王位继承法》，颁布于 1701 年。这部法案被看作是《权利法案》的补充，这两个法案确立了英国“议会至上”原则，是迈向君主立宪制度(Constitutional Monarchy)的重要一步，议会逐渐成为国家的最高权力机关。

41. House of Hanover—— 汉诺威家族，也就是后来的汉诺威王朝。光荣革命后，玛丽女王和安妮女王陆续继位，但二人驾崩后都无存活子嗣可继承王位。在安妮女王长子夭折后，英国国会为避免英国王位再次落入天主教徒手上，通过 1701《王位继承法》，规定：若 1689 年《权利法案》中所规定的继承人全部无子而亡后，王位由英王詹姆士一世的外孙女，远在德国的汉诺威家族的苏菲亚和她的新教后代继承。因此乔治一世(George I)，于 1714 年继位为大不列颠国王及爱尔兰国王，开始了汉诺威王朝的统治。

Chapter Ⅵ The Development of Britain after the Revolution （1702—1706）

知识要点：

1．Foreign Affairs 海外事物
 ◈ Foreign trade was further developed.
 ◈ the victory over Spanish Armada
 ◈ War with France(1702—1714)
 ◈ The Seven Years' war
 ◈ The French/Indian War（1754—1763）
2．House of Hanover 汉诺威王朝
 ◈ Time of succession　◈ Effects
 ◈ Feature of the succession
3．Parliamentary Politics 议会政治
 ◈ Short comings of the parliament　◈ the first Prime Minister
4．Economy 经济
 ◈ The economy further developed
 ◈ The consequences of the agricultural revolution

注释

1. the Spanish Armada—— 西班牙无敌舰队，在 1588 年英国和西班牙的海战中全军覆没。
2. Grand Alliance ——大同盟。指在大同盟战争(the War of Grand Alliance)中，为反对法国与西班牙而由英国、奥地利和荷兰组织起来的联盟。
3. John Churchill—— 约翰·丘吉尔，因在他在“光荣革命”中支持威廉三世，而且又在对西班牙和法国的战争中做为军队总司令取得胜利而于 1702 年被安妮女王封为马尔博罗公爵(Duke of Malborough)，他是后来英国著名首相温森顿·丘吉尔家族的祖先。
4. Holy Roman Empire ——神圣罗马帝国，传统的欧洲政治组织(8 世纪—1806)。公元 800 年教皇利奥三世重新封授法兰克国王查理大帝为罗马帝国皇帝，但从 10 世纪中期直至德意志帝国结束，德意志历代君主均称罗马帝国皇帝。1804 年拿破伦宣布他为法兰西皇帝，以示夺取神圣罗马帝国在欧洲王权中传统的至高无上地位。对此，弗朗西斯二世宣布采用奥地利皇帝的称号，1806 年正式辞去神圣罗马帝国称号。
5. *Treaty of Utrecht*——《乌特勒克条约》。
6. Seven Years' War—— 七年战争，1756—1763 年间，英国、普鲁士以为一方；奥地利、俄国、法国、瑞典、西班牙为另一方，他们在欧洲、北美洲、印度等广大地域和

海域进行的争夺殖民地和领土的战争。战争的起源是英、法争夺殖民地和普、奥争夺欧洲的霸权。在欧洲,普、奥之间的战争以普鲁士取得对奥地利的胜利而告终;在美洲、印度和海上,英法之间的战争以法国的失败而结束。

7. Bengal——孟加拉。

8. House of Hanover ——汉诺威王朝,日耳曼血统的英国王朝,第一代为汉诺威选侯乔治·路易。他在1714年继承英国王位,称乔治一世。这个王朝产生过6个君主:乔治一世,乔治二世,乔治三世,乔治四世,威廉四世和维多利亚女王。

9. the Jacobite ——詹姆斯党,指英国1688年革命后拥护流亡的詹姆斯二世的分子。他们在1688—1745年间颇有政治力量。

10. George I —— 乔治一世(1660—1727),英国国王詹姆士一世的外孙女索菲亚的儿子。1714年,英国安妮女王驾崩无嗣,他根据1701年的"王位继承法"继承英国王位,称乔治一世,成为汉诺威王朝的第一位国王。他也是一个母语是德文,而且不会讲流利的英文的英国国王。

11. Hessians——雇佣兵。

12. Robert Walpole ——罗伯特·沃泊尔(1721—1742),英国第一任首相,属于辉格党派。

13. the Stuart pretender ——斯图亚特觊觎王位者,指英格兰王室世袭的斯图亚特家族最后的男嗣詹姆斯二世的儿子詹姆斯·爱德华(James Edward)和他的两个儿子查理·爱德华(Charles Edward)和约克公爵亨利(Henry, Duke of York)。

Chapter Ⅶ The Industrial Revolution, the American and French Revolutions

知识要点:

1. The American Revolution 美国大革命
   - ◈ Background
   - ◈ fuse: 1773, the Boston Tea Party
   - ◈ Course:
   - ◈ Ending of the war in 1783, Treaty of Paris
2. The French Revolution 法国大革命
   - ◈ Breakout in 1789
   - ◈ Different attitudes to the French Revolution
   - ◈ The end of the Revolution: Napoleon was defeated at Waterloo in 1815.
   - ◈ Result of the revolution: Congress of Vienna
3. Prerequisites for the Industrial Revolution 工业革命的先决条件
   - ◈ The conditions:　　◈ The special conditions of Britain
4. The Industrial Revolution 工业革命

◈ Definition ◈ Inventions
◈ Consequences of the Industrial Revolution
◈ Ending of the war in 1783, Treaty of Paris

注释

1. Boston Tea Party—— 波士顿茶叶党事件,又称“波士顿倾茶事件”。1773 年发生的北美殖民地波士顿人民反对英国东印度公司垄断茶叶贸易的事件。这一事件最终成为北美殖民地人民起义反英的导火线。详见第二册,第二编,第二章“The American War of Independence”。
2. *Declaration of Independence*——《独立宣言》,1776 年 7 月 4 日由托玛斯·杰斐逊起草,并由其它 13 个殖民地代表签署的最初声明北美十三个殖民地摆脱英国的殖民统治的文件。
3. Saratoga—— 萨拉托加,是美国纽约州东部的一个县,1777 年 10 月,在北美独立战争中,美军的盖茨将军在此包围了 6000 英军,迫使英军投降,史称“萨拉托加大捷”。此次大捷成为独立战争的转折点。详见第二册,第二编,第二章“The American War of Independence”。
4. Thomas Paine—— 托马斯·佩恩(1737—1809),美国独立战争时期著名政治思想家,作家。佩恩 1774 年由英国移居北美,出版了一本小册子《常识》(*Common Sense*),动员殖民地人民反抗英国的统治;使殖民地的人民懂得,英王不是神圣不可侵犯的,殖民地人民为独立而战是正义的。《常识》集中地反映了资产阶级民主派的观点,对于北美殖民地人民的独立,在舆论上起了一定的动员作用。此外还有论著《论人权》(*The Rights of Man*)为世界资产阶级革命提供了深远的革命思想。详见第二册,第二编,第二章“The American War of Independence”。
5. Napoleon—— 拿破仑·波拿巴(Napoleon Bonaparte,1769—1821),法兰西第一共和国第一执政,法兰西第一帝国及百日王朝的皇帝、法兰西共和国近代史上著名的军事家和政治家。他曾经占领过西欧和中欧的大部分领土。在其主政期间,他将大革命期间自由与民主的精神和资产阶级的利益予以巧妙的结合,他的对外征伐与扩张对整个欧洲乃至全世界的冲击带来了意义深远的变革,被称为“世界的征服者”。
6. Wellington ——Duke of Wellington,威灵顿公爵,英国著名军人和政治家。他在滑铁卢击败拿破仑,成为“世界征服者的征服者”。
7. Ceylon——锡兰,斯里兰卡旧称。
8. Waterloo—— 滑铁卢,比利时的滑铁卢镇,1815 年,拿破仑率领法军与英国、普鲁士联军在此展开激战,结果法军惨败。随后拿破仑以退位结束了其政治生涯。后来滑铁卢被用来比喻惨痛的失败。
9. Entente Cordiale ——英法协约,英国与法国在 1904 年 4 月 8 日缔结的协定的通称,它曾解决许多争端,结束了英法之间的敌对状态。

10. triangle trade—— 三角贸易。北美殖民时期,英国奴隶贩子从英国出发,把棉布和杂货运往非洲出售,又从非洲强虏黑人运往美洲殖民地出卖,然后再把殖民地出产的烟叶,糖浆和棉花等运回英国。这一过程中的每一站都有巨大的利益可图,因此得此名。

11. Spinning Jenny—— 珍妮纺纱机,1765 年,织布工哈格里夫斯(James Hargreaves, —1778)发明了的手摇纺纱机并以其女儿的名字命名。"珍妮机"一次可以纺出许多根棉线,极大的提高了生产率,大规模的织布厂得以建立。因此珍妮机的出现是英国工业革命开始的标志。

12. Spinning Mule —— 骡机,1779 年,工人克隆普顿(Samuel Crompton, 1753—1827)发明的纺纱机。这种骡机集中了水力纺纱机和珍妮纺纱机的优点,它可以推动 300—400 个纱锭,纺出细致而又牢固的纱线。骡机的出现为现代化纺织业的工厂体系(factory system)奠定了基础。

13. Edmund Cartwright—— 埃德蒙德·卡特赖特(1743—1823),1785 年发明了水力驱动的机械织布机,把织布的速度提高了 40 倍。

14. James Watt—— 詹姆士·瓦特(1736—1819),英国著名的发明家,是工业革命时期的重要人物。他对当时已出现的蒸汽机原始雏形作了一系列的重大改进,发明了单缸单动式和单缸双动式蒸汽机,提高了蒸汽机的热效率和运行可靠性,对当时社会生产力的发展作出了杰出贡献。他改良了蒸汽机、发明了气压表、汽动锤。后人为了纪念他,将功率的单位称为瓦特,常用符号"W"表示。

15. George Stephenson—— 乔治·斯蒂芬森(1781—1848),铁路蒸汽机车发明家。

16. the factory of the world—— 世界工厂,英国工业革命极大地提高了英国的工业生产能力,英国的工业品销往全世界,英国就成为了所谓的"世界工厂"。

Chapter Ⅷ Developing Great Britain

知识要点:

1. The Postwar Economy & Society 战后经济和社会
   - The national debt quadrupled, and unemployment was more serious.
   - A new Corn Law was passed in 1815.
   - Strikes and mass meetings
   - The first crisis appeared in 1825.
   - The Peterloo Massacre
2. Political Reform 政治改革
   - Background
   - The new Whig-led government put forward the Reform Bill.

3. The New Poor Law and the Anti-Corn Law League 新济贫法和反谷物法同盟
   ◈ The New Poor Law
   ◈ The working-class movement

注释

1. *Corn Law*——《谷物法》。指英国1815年制订的限制谷物进口的法律。该法案规定国产谷物平均价达到或超过某种限度时方可进口，目的是维护土地贵族的利益。实施该法后，谷物价格骤贵，工人要求提高工资，外国也提高英国工业品进口税，从而损害了工业资产阶级利益。1846年，该法被废除。
2. Peterloo Massacre—— 彼得卢大屠杀。
3. Conservative—— 保守党，其前身为托利党。保守党一词最早出现于1817年英国《保守党人》杂志上，主要指维护君主制、君主制原则或正统主义原则的政治力量。
4. Liberal——自由党，其前身为辉格党。1832年议会改革后，辉格党逐渐转向自由主义，要求自由贸易和自由政治。1839年，开始使用自由党这一名称。
5. rotten boroughs—— 衰落的城市，由于工业革命引起的经济中心转移，原来人多兴旺的老城市后来衰落了，但分配的议员的人数并没有减少。
6. *Reform Bill*——《选举法改革法案》。1832年通过的《选举法改革法案》使工业资产阶级获得参政的机会，但工业无产者和人民群众仍然处于无政权的地位。
7. *Poor Law*——《济贫法》。1834年，英国议会通过了《济贫法》的修正案，即为后人称之为《新济贫法》。新济贫法对申请救济的贫困者要进行严格分类和考查。
8. "Poor Law Bastilles"——"济贫法巴士底狱"。此处讽刺"济贫法"未给穷人带来任何好处。根据《济贫法》，工人生活如在某种标准之下，可到济贫院(workhouse)得到施舍。而实际上，济贫院里的生活水准更低劣，如同法国大监狱——巴士底狱一样，济贫院仍然是穷人受煎熬的地方。
9. Victoria—— 维多利亚，英国维多利亚女王(1819—1901)，英国历史上在位时间最长的君主，在位时间长达63年，被称为"欧洲祖母(Grandmother of Europe)"。维多利亚女王是肯特公爵爱德华(乔治三世国王第四子)之女。1837年即位，时年18岁。即位初年，她积极参与朝政，和首相墨尔本子爵配合默契，倾向于辉格党人，与托利党人格格不入。维多利亚女王的名字，象征着一个时代。在维多利亚统治期间，英国国民空前团结，英国由一个普通的欧洲国家成为一个强大的帝国，并不断壮大发展。特别是1851年以后，在英国历史上被称为"维多利亚时代"。她在位的六十余年正值英国自由资本主义由方兴未艾到鼎盛、进而过渡到垄断资本主义的转变时期，英国极度强盛，经济、文化空前繁荣，科学、艺术都有很大的发展，君主立宪制充分成熟，维多利亚女王的名字成了英国和平与繁荣的象征。此外维多利亚女王坚守19世纪的理想，这些理想包括忠诚家庭生活、严肃坚毅、在公私场合都要保持个人尊严、服从法律等，这成为了以英国绅士为代表的英国主流文化的道德标准。“维多利亚时代”被许多英国人所怀念。

10. Anti-Corn Law League——反《谷物法》同盟。
11. Chartist Movement—— 宪章运动,开始于 1836 年。
12. *People's Charter*——《人民宪章》。
13. M. P. —— member of parliament,议员。
14. London Working Men's Association—— 伦敦工人协会。
15. moral force ——“道义派”,宪章运动中的右翼。对他们来说,宪章就是目的;他们的斗争策略是采取宣传、集会和请愿等结合的方式。
16. physical force——“暴力派”,宪章运动中的左翼。对他们来说,宪章是达到社会幸福的手段;他们的斗争策略不限于合法方式,必要时准备以武装起义、总罢工等革命手段实现宪章的要求。
17. Jacobin Dictatorship ——雅各宾专政,法国大革命时,1793—1794 年间由罗伯斯庇尔领导的雅各宾派统治法国的时期的称呼,又称“恐怖统治时期”(此处的恐怖主义与现今的恐怖主义有所不同,当时的雅各宾统治被称作是“红色恐怖主义”,是一个褒义词,即暴力镇压反革命叛乱)。雅各宾派(激进共和主义派)在 1793 年的起义中战胜温和共和主义派,夺取了政权。该派执政期间实行恐怖政策,将嫌疑的反革命者送上断头台,严格限制物价。该时期有数千人被残忍杀害。
18. National Charter Association—— 全国宪章派协会,无产阶级政党的原型,入会者必须要填写志愿书,会员发给会员证,10 人为一组,每周开会一次。

Chapter Ⅸ Colonial Expansion and Parliamentary Reforms

知识要点:

1. Colonial Expansion 殖民扩张
   - ◈ Reason for colonial expansion
   - ◈ Expansion in Africa
   - ◈ Expansion in Asia
2. The Industrial Monopoly 工业垄断
   - ◈ Reasons of the monopoly
   - ◈ Reasons for the monopoly decline
3. Party Politics and Reforms 政党政治和改革
   - ◈ The two British political parties, the Conservatives and the Liberals
   - ◈ The parliamentary reform
4. Emergence of the Labor Party 工党的出现
   - ◈ Trade Union
   - ◈ The Fabian Society
   - ◈ In February 1900 a labor representation Conference was held in London at which the Labor Representation Committee was found.

◈ It was eventually to take the place of the Liberal Party as the second major party

注释

1. Crimean War—— 克里米亚战争，是 1853 年至 1856 年间在欧洲爆发的一场战争，作战的一方是俄国，另一方是土耳其、法国、英国，为了争夺克里米亚半岛和高加索。一开始它被称为第七次俄土战争，但因为其最长和最重要的战役在克里米亚半岛上爆发，后来被称为克里米亚战争。
2. Sebastopol——俄国的塞瓦斯托波尔。
3. Danube River—— 多瑙河，仅次于伏尔加河的欧洲第二大河。
4. Boer ——布尔人，非洲南部的荷兰人后代，Boer 一词来自于荷兰语，本意为"农民"。
5. Malta ——马耳他岛，在地中海中部。原是英属殖民地，后来独立，并成立马耳他共和国。
6. the Opium War——鸦片战争。1840 年，英国侵略者在其它西方资本主义列强的支持下，向古老封建的中国发动了一次侵略战争。由于这次战争是英国强行向中国倾销鸦片引起的，所以历史上叫做鸦片战争。1842 年，中英签订《南京条约》(*Treaty of Nanjing*)，中国割让香港。鸦片战争以后，中国开始由独立的封建国家逐步变成半殖民地半封建的国家，中华民族开始了一百多年屈辱、苦难、探索、斗争的历程。
7. the Chinese Boxer Movement——义和团运动，清末群众性的反帝爱国运动。它是中日甲午战争后中国人民反瓜分、反侵略斗争的发展，又是长期以来遍及全国各地的反教会斗争的总爆发。
8. Yangtse Valley——长江流域。
9. the Orange Free State——南非的奥兰治自由邦。
10. the Transvaal —— 特兰斯瓦尔自由邦，现在为南非共和国东北部一省，南非第一金矿。
11. the Union of South Africa—— 南非联邦。
12. Aden ——亚丁，也门民主人民共和国首都，印度洋西北部重要港口，自古为东西方贸易的重要中途站。
13. the decadence and parasitism —— 19 世纪 70 年代英国经济开始呈现出来的腐朽性和寄生性。英国巨额的资本输出，使广大殖民地和半殖民地人民在沉重的剥削下陷入极端的贫困；同时英国也丧失了"世界工厂"的地位。由于能够获得超额利润，因此资本家们宁可依赖过时的但仍然可以使用的机械设备和方法进行生产而不愿承担现代化所需的重大资本支出。于是英国的工业的各个部门相继落后而守旧，而美国、德国等后起资本主义国家则在工业发展方面迅速赶上并超过了英国。对外投资带来的超额利润和利息扩大了英国的食利阶层。

英国逐渐由典型的工业国变成了典型的食利国。

14. Protectionist—— 保护贸易主义者，主要是主张在对外贸易中实行限制进口，以保护本国商品在国内市场免受外国商品竞争的影响，并向本国商品提供各种优惠以增强其国际竞争力的主张和政策。

15. The Reform Act ——《选举改革法》，1832 年由英国议会通过，使工业资产阶级获得参与政权的机会，但工业无产者和人民群众仍然处于无权的地位。

16. Disraeli ——Benjamin Disraeli（1804—1881），迪斯雷利，英国政治家和小说家，两度任首相。他与自由党领袖格莱斯顿（后任首相）长期争斗，两次轮流任首相。

17. Gladstone —— William E. Gladstone（1809—1895），格莱斯顿，英国 19 世纪最伟大的政治家，自由党领袖，任四届首相。

18. Labor Party—— 工党，英国工党成立于 1900 年 2 月 27 日，是英国的主要政党之一。英国工人运动兴起较早，起初按行业建立了各种工会组织，1868 年进一步成立了全国性的统一组织，职工大会或称为工联，1900 年成立了"工人代表委员会"并推选出自己的党选候选人，1906 年组织正式改名为工党。工党是由工会、合作社组织和社会主义团体联合组成的，党员都是通过上述组织集体加入。

19. William Morris ——威廉·莫里斯（1834—1896），英国诗人、美术设计家、手工艺人和社会主义先驱者，现被视为 19 世纪伟人之一。

20. The Fabian Society ——费边社，1883—1884 年在伦敦成立的社会主义团体，其宗旨是在英国建立民主的社会主义国家。费边派信奉渐进社会主义，不主张革命。费边社的名称源出善用缓进待机战术的古罗马将军费边·昆克塔托的名字。费边社早期成员有 G. 萧伯纳，S. 维伯，H. G. 威尔斯等。

21. G. B. Shaw ——萧伯纳（1856—1950），17 世纪以来英国最重要的剧作家，著作颇丰。萧伯纳是理想家和神秘主义者，他充满道德热情的哲学思想贯穿了他的剧作。除此以外，他还是继斯威夫特（Swift）以后最尖锐泼辣的小册子作家，英语中文笔最佳的音乐评论家，当代最好的剧评家，有关政治、经济、社会问题的出色演说家和论文作家。萧伯纳的机智和幽默为后人所称道。

22. H. G. Wells ——威尔斯（1866—1946），英国小说家。他一生从事新闻和写作事业。他的作品文体生动，幽默，并开创了新的科幻小说领域。1895 年出版的《时间机器》使他一举成名，随后又发表一系列科幻小说，包括最著名的《星际战争》等。后来参加了费边社，30 年代投身政治。有人认为他是一个对未来的预言家和社会改革家。但现代评论家认为，他主要是一个有创造性的艺术家。

23. Bradford——美国的布拉德福德。

Chapter X Britain in the Two World Wars

知识要点：

1. Britain in the First World War 一战中的英国

◈ The Background of Britain before the First World War
◈ Fuse of WWI
◈ Nature of WWI
◈ Reasons for Britain's entering the war
◈ Britain's actions in WWI
◈ Aftermath of the war
◈ Depression & Appeasement

2. Britain in WWⅡ 二战中的英国

◈ Battle of London ◈ war cabinet

注释

1. Edward Ⅶ —— 爱德华七世(1841—1910),爱德华七世是维多利亚女王和艾伯特亲王的长子。1895 年,入牛津大学,是首位进入牛津大学的王储。在驻爱尔兰陆军部队服役时,曾与一个女演员厮混。其父艾伯特为劝导他而到爱尔兰,并在归途中去世。因此,维多利亚女王把艾伯特亲王的死归结于爱德华的荒唐,从此一直不准他过问国务或王族事务。1901 年,60 岁的爱德华登上王位,称爱德华七世。早在威尔士亲王时代,爱德华七世就曾出访欧美各国,并且得到了很大成功。在维多利亚女王逝世之前,爱德华就已经促进了英国、法国、俄国三国协约的初步形成。所以他继位之后英、法、俄三国协约的局面形成,通过这个协约,英国稳定了它在欧洲大陆的地位。但这个同盟的形成最终导致了第一次世界大战的爆发,因此有些人把一战的爆发归咎于爱德华七世。1910 年,爱德华七世驾崩。爱德华七世年轻时基本没参加过国务,所以缺乏处理国事的经验。但爱德华七世喜欢交际,为人和蔼可亲,极受英国人民的欢迎。尽管他去世后四年就爆发了毁灭英国的第一次世界大战,但在爱德华时代,英国还是维持了和平、繁荣、歌舞升平的面貌,因此,当时的英国流行一句谚语"如果你不想发生战争,就要有爱德华这样的一位好国王"。
2. Home Office——英国政府中的内务部。
3. Winston Churchill ——温斯顿·丘吉尔(1874—1965),英国作家、演说家、政治家。1940—1945 年和 1951—1955 年任英国首相。第二次世界大战中曾和罗斯福、斯大林一起制定同盟国的战略计划。丘吉尔出身贵族,毕业于皇家军事学院。1895 年服役,在军队中既是军人,又是记者。1900 年参加保守党竞选获胜,进入国会,开始他的政治生涯。1953 年曾获诺贝尔文学奖。1955 年正式退休。1963 年美国国会授予他美国公民的称号。
4. Chancellor of the Exchequer——财政大臣。
5. Ulster——爱尔兰的阿尔斯特省。
6. *Home Rule Bill* ——《地方自治法案》又称为《爱尔兰自治法案》。1912 年 4 月自由党 H. H. 阿斯奎斯政府向国会提出。根据这一法案,爱尔兰可建立两院制的议会,上院议员由英王任命,下院议员按选举法产生。

7. Splendid Isolation ——光荣孤立,19 世纪晚期英国的外交政策。此名词其实是由某一位访问英国的加拿大国会议员所提出,赞扬英国积极不干预欧洲事务。当时英国外交政策的基本目标就是保持欧洲均势（balance of power）,不容任何力量破坏这和谐局面,所以通过此政策英国拒绝加入永久性联盟或是与其他强国定下盟约。
8. Entante Cordiale—— 英法协约。1904 年 4 月 8 日,英国和法国在英国伦敦签订友好协约,调整了两国在瓜分非洲等殖民地问题上的矛盾。从此,英法事实上建立了同盟关系。
9. Triple Alliance —— 三国同盟,德国、意大利和奥地利于 1882 年在维也纳签订的军事同盟,开战后意大利退出,对手是英、法和俄国。
10. Balkans—— 巴尔干半岛,欧洲南部三大半岛之一,位于南欧东部。半岛地处欧、亚、非三大陆之间,地理位置极为重要。这里多次发生战争,有"欧洲火药库"之称。1914 年,以奥匈帝国皇储弗兰茨 · 斐迪南在萨拉热窝被刺为导火线爆发了第一次世界大战。
11. Sarajevo—— 萨拉热窝,波斯尼亚-黑塞哥维那的首都和经济、文化中心,原是塞尔维亚的首都。1914 年 6 月 28 日奥匈帝国国王储在此被塞尔维亚爱国者刺死,这个事件成为第一次世界大战的导火线。
12. British Expeditionary Force（BEF）——英国远征军,派往海外除了印度、埃及或其它地区,实际上是英国附属国之外服役的英国军队。第一次世界大战爆发时去法国的英国远征军遭受巨大损失;第二次世界大战初派往法国的英国远征军在法国陷落时(1940)撤回英国。
13. Spaca Flow——斯卡珀弗洛湾。
14. Coalition government—— 联合政府。
15. Dardanelles-Dardanelless Strait——黑海海峡西南段的达达尼尔海峡。
16. Bolshevik ——布尔什维克,俄国社会民主工党的一派,1917 年 10 月夺取政权（即"十月革命"the October Revolution）,在俄国成为主要政治力量。Bolshevik 在俄语中的含义是"多数派"。当时追随列宁（Lenin）的人为多数,故称之为 Bolshevik,反对列宁主张的派别是少数,称之为"孟什维克"（少数派）。1918 年 3 月,俄国社会民主工党（布）改称俄共（布）,1925 年 12 月改称联共（布）,1952 年 10 月改称苏联共产党。
17. Wilson—— Thomas Woodrow Wilson 托马斯 · 伍德罗 · 威尔逊（1856—1924）,美国第 28 任总统。详见下册,第二编,第五章 "The U. S. Imperialism and the First World War",注释 37。
18. Damascus——叙利亚首都大马士革。
19. Paris Peace Conference—— 巴黎和会,1919 年 1 月 18 日至 6 月 28 日,第一次

世界大战 的战胜国（协约国）和战败国（同盟国）在巴黎凡尔赛宫召开的和平会议，共27国参加。

20. League of Nations—— 国际联盟（简称国联）是第一次世界大战后组成的国际组织，宗旨是减少武器数目、平息国际纠纷及维持民众的生活水平。但国联却不能有效阻止法西斯的侵略行为。第二次世界大战后被联合国取代。

21. *Treaty of Versailles*——《凡尔赛条约》。是第一次世界大战后，战胜国（协约国）对战败国（同盟国）的和约。其主要内容是德国的殖民地由英、法、日等国瓜分，德国要赔付巨额赔款，限制德国的军备。由于《凡尔赛条约》是在帝国主义矛盾和牺牲战败国和压迫民族利益的基础上订立的，它本身就埋下了第二次世界大战的祸根。

22. Mesopotamia ——美索不达米亚，原义"河间地区"，亦称"两河流域"。广义的指底格里斯与幼发拉底两河的中下游地区。美索不达米亚为人类最古的文化摇篮之一。公元前4000年已有较发达文化，曾出现巴比伦与亚述帝国。第一次世界大战后，其主要部分成为独立的伊拉克。狭义的仅指两河之间的地区。

23. Laisser-faire—— 放任自由主义。

24. Sinn Feiners——新芬党成员。新芬党是爱尔兰民族主义政党，建于1905年，一直反对英国对爱尔兰的统治。1921年建立爱尔兰自由邦后，新芬党被排除在宪法规定的政治活动之外。许多爱尔兰共和军成员属于新芬党。

25. the Irish Republican Army—— 爱尔兰共和军，爱尔兰地区的民族主义秘密武装组织。1919年由爱尔兰民族主义分子建立的一支反英的准军事游击队，目的是与驻在爱尔兰的英军作战。

26. Depression—— 大萧条，是指1929年至1939年之间全球性的经济大衰退。1929年经济大萧条的影响比历史上任何一次经济衰退都要来得深远，它造成第二次世界大战爆发。

27. Appeasement——绥靖政策也称姑息政策。一种对侵略不加抵制，姑息纵容，退让屈服，以牺牲别国为代价，同侵略者勾结和妥协的政策。

28. Trade Union Congress(TUC) ——英国职工大会，英国全国性工会组织，1868年成立时，它的活动局限于举行定期会议，讲解工会原则，但后来发展壮大，并直接参与了英国第二次世界大战工业的管理工作。

29. *Locarno Treaty* ——《洛迦诺条约》，1926年在瑞士洛迦诺草签的德、法、比、英、意互相保证西欧和平统一的一系列条约，从此德国重新回到了欧洲社会，它的国际活动不再受限制。

30. Statute of Westminster——《威斯敏斯特法案》，英国国会在1931年通过的法案。此法案中明确规定英国政府从此不可介入或干涉其治领的内政。

31. The Depression—— 大萧条，是指1929年至1939年之间全球性的经济大衰退。1929年经济大萧条的影响比历史上任何一次经济衰退都要来得深远，它造成第二次世界大战爆发。

32. Hitler——阿道夫·希特勒(Adolf Hitler,1889—1945)。德国国家社会主义工人党即纳粹党(Nazi Party)的领导者和德意志第三帝国的元首,第二次世界大战的头号战犯。同时,他也是一个出色的演讲家,残酷的政治家和过于冒险的军事家,以及野心家,阴谋家。

33. Edward Ⅲ——英国国王爱德华八世(1894—1972),1936 年 1 月 20 日其父驾崩至 1936 年 12 月 11 日主动让位,他当了不到一年的英国国王。爱德华是唯一一个自愿退位的英国君主。因为与美国出生的并有过两次婚姻的辛普森夫人(Mrs Simpson)相爱于 1936 年 12 月 10 日签署退位的文件,次日英国国会批准其退位。1937 年 3 月 8 日英王乔治六世为其兄长、前国王创建了一个名衔,温莎公爵。

34. Geroge Ⅵ—— 乔治六世(1895—1952),他是最后一位印度皇帝、最后一位爱尔兰国王,以及唯一一位印度自治领国王。乔治六世在登基前则被公众称为"艾伯特王子"。他是乔治五世和玛丽王后的第二个儿子。艾伯特十分害羞,终身都患有严重的口吃。当他得知 1936 年继位为爱德华八世的兄长最终决定为了婚姻问题而退位,自己将继承王位时,他十分不愉快。战后,国王的健康状况迅速恶化。由于长期吸烟,乔治六世患有严重的肺癌。1952 年 2 月 6 日,乔治六世因血栓形成在睡梦中去世,遗体安葬在温莎城堡。

35. Mussolini——贝尼托·墨索里尼(Benito Mussolini,1883—1945),1922 年至 1943 年期间任意大利王国首相、独裁者,法西斯主义的创始人之一。

36. Neville Chamberlain—— 内维尔·张伯伦(1869— 1940),英国政治家,20 纪 30 年代绥靖政策的代表人物。1918 年当选下议院议员,1922 年起历任邮政大臣、卫生大臣、财政大臣等职,为保守党领袖。1937 年 5 月 28 日,张伯伦出任首相。此时欧洲的安全已受到德意法西斯的威胁,张伯伦对希特勒和墨索里尼作了一系列让步,想借此换取欧洲的和平。他所执行的政策被后人称为"绥靖政策(Appeasement)"。最终 1940 年 5 月 10 日,德军入侵荷兰、比利时、卢森堡,直接威胁英法安全。张伯伦搬起石头打了自己的脚,绥靖政策彻底破产。同日,张伯伦被迫下台,让位给丘吉尔联合政府。同年 9 月 9 日,张伯伦病逝。

37. Sudetenland ——苏台德区,捷克斯洛伐克西部地区,与德国毗邻。第二次世界大战前,在捷克境内住有 320 万日耳曼人,大多数聚居于此。

38. the Maginot Line——马其诺防线,第一次世界大战后法国为了防御德国和意大利的入侵在法德和法意边境建造了一系列防御工事,这就是举世闻命名的"马其诺防线"。马其诺防线工事南起地中海沿岸法意边境、北至北海之滨的法比边境,全长约 700 公里,由一组组相互独立的筑垒式防御工事群构成。

39. Phoney War—— 假战或静坐战。1939 年 9 月 3 日,英国和法国对德意志帝国宣战,虽然英国和法国之前已经保证会确保波兰的安全,但是波兰的抗战并没有得到英法两国任何有效的军事支持，而是实行所谓的“静坐战”，企图将战争的祸水引向前苏联。波兰军队虽然奋力抵抗，但最终波兰的军队还是被装备精良的德军击溃。

40. Miracle of Dunkirk—— 敦刻尔克，1940 年 5 月，第二次世界大战时，敦刻尔克大撤退是英法联军防线在德国机械化部队快速攻势下崩溃之后，在敦刻尔克这个位于法国东北部靠近比利时边境的港口城市进行当时历史上最大规模的军事撤退行动。最终英国仍得以利用各种船只撤出大量的部队。这次大规模的撤退行动虽然成功的挽救大量的人力，可是英国派驻在法国的远征军的所有重型装备都丢弃在欧洲大陆上，造成英国本土地面防卫发生严重的问题。

41. blitz—— 闪电战，闪电战第二次世界大战期间德军经常使用的一种战术，它充分利用飞机、坦克的快捷优势，以突然袭击的方式制敌取胜。它往往是先利用飞机猛烈轰炸敌方重要的战略设施的通讯中心，把敌人的飞机炸毁在机场，取得制空权，并使敌人的指挥系统瘫痪。

42. *Lendlease*——《租借法案》，1941 年美国国会通过的向反法西斯国家提供援助的重要法案。第二次世界大战的爆发使美国日益受到纳粹德国侵略扩张的威胁。德国入侵西欧后，罗斯福政府为了美国自身的安全和防御，并扩大势力范围，确立战后世界中美国的领导地位，决定加强对处境困难、财政拮据的英国的援助。

43. Pearl Harbour——珍珠港，是一位于美国夏威夷州瓦胡岛上的海港，位于该州首府檀香山西方。1941 年 12 月 7 日珍珠港曾遭日军突袭轰炸造成重大伤亡，史称“珍珠港事件”或“偷袭珍珠港”，此事件直接导致美国对日宣战，正式加入第二次世界大战中太平洋战场部分的战事。

44. Grand Alliance——大同盟，包括中国、苏联、美国、英国等，又称同盟国或盟国，是二战时期要的反法西斯力量。

45. Teheran——德黑兰，伊朗首都。第二次世界大战期间，美、英、苏三国首脑罗斯福、丘吉尔和斯大林在伊朗首都举行了著名的德黑兰会议。

46. Dumbarton Oaks proposals——1944 年 8 月，中、苏、美、英四国在美国乔治城敦巴顿橡树园开会，提出第二次世界大战后建立一个国际组织的建议，此国际组织就是联合国（the United Nations）的基础。

47. Normandy——诺曼底，诺曼底登陆战役发生在 1944 年 6 月 6 日 6 时 30 分，是第二次世界大战中盟军在欧洲西线战场发起的一场大规模攻势，诺曼底战役是世界历史上规模最大的两栖登陆战役，牵涉接近三百万士兵渡过英吉利海峡前往法国诺曼底，它为开辟欧洲的第二战场奠定了基础，对加速法西斯德国的崩溃以及战后欧洲局势都起了重要作用。这一天在历史上又被称为 D-day（D 日）。

48. Hiroshima and Nagasaki——日本的广岛和长崎。1945 年 8 月 6 日上午 9:15

美国在日本广岛投掷原子弹;8 月 9 日上午 11:02,美国在长崎投下原子弹,于长崎市内空中 500 米处爆炸。

Chapter Ⅺ Britain after WW Ⅱ

知识要点:

1. The Post-War Years (1945-1952) 战后的英国(1945-1952)
   - ◈ Changes after WW Ⅱ　◈ Austerity
   - ◈ Independence of India and Pakistan and the Cold War
2. The Latter Half of the 20th Century (1952-1999) 20 世纪后半期(1952-1999)
   - ◈ The 1950s and 1960s
   - ◈ The Stormy 1970s: The Age of Stagflation
   - ◈ Britain in the 1980s: The Thatcher Era (1979-90)
3. Britain in 1990s: John Major and Tony Blair 90 年代的英国:梅杰和布莱尔政府
   - ◈ John Major's Time
   - ◈ Blair's Government: Some Changes and Reforms

注释

1. Keynes J. M. ——John Maynard Keynes 约翰·梅纳德·凯恩斯(1883—1946),20 世纪上半期英国经济学家。他的经济思想对当代资产阶级经济理论的发展和资本主义国家的经济政策有重大影响。第一次世界大战爆发后不久,凯恩斯进英国财政部任职。20 年代英国经济陷于长期萧条,失业问题十分严重,凯恩斯逐渐察觉单纯依靠资本主义的市场自动调节机制已不足以解决它所面临的困境,1926 年发表《自由放任主义的终结》一文,提出对资本主义经济实行明智管理的必要性,开始从自由放任主义的传统观点转向国家干预经济的主张。凯恩斯一生对经济学作出了极大的贡献,一度被誉为资本主义的“救星”、“战后繁荣之父”等美称。
2. Welfare State—— 福利制国家,二战后,英国资产阶级为了缓和阶级矛盾并维护其统治地位通过政府所推行的各种社会福利措施,使英国成为了福利制国家。
3. Marshall Plan——马歇尔计划,又称为欧洲复兴计划(European Recovery Program),是二战后美国对被战争破坏的西欧各国进行经济援助、协助重建的计划,以此抗衡苏联和共产主义势力在欧洲的进一步渗透和扩张。此计划对欧洲国家的发展和世界政治格局产生了深远的影响。
4. Kashmir——克什米尔,南亚次大陆北部,面积约 19 万平方公里。克什米尔问题即克什米尔的归属问题。现在的克什米尔地区是查谟-克什米尔的简称,包括克什米尔谷和查谟平地,这本来是两个独立的邦国。查谟居民主要信奉印度教,克什米尔居民却基本上信奉伊斯兰教。1846 年查谟首领从英国人手中买下了被占领的克什米尔,而克什米尔人口数倍于查谟,这就种下了后来争端的根源。

5. Gandhi ——Mahatma Gandhi 甘地(1869—1948)，印度民族主义领袖，20 世纪非暴力主义倡导者。甘地出身于宗教家庭，主张苦行与戒杀，信奉素食主义，提倡不同宗教信仰者之间的互相容忍。他曾赴南非，南非的种族主义歧视使他震惊，他揭露侨居南非的印度人的遭遇，在他的领导下，印度人集会进行抗议。甘地提出“坚持真理”，对敌人斗争而不使用暴力。在领导印度人民反抗英国殖民统治的斗争中，他逐渐成为印度政治舞台上的领袖人物，并改组国大党。他曾多次被捕入狱，但始终为印度的自治、独立而斗争。
6. Nehru ——(Jawaharlal)尼赫鲁，印度独立后的第一任总理。曾就读英国剑桥大学三一学院，回国后曾两次任国大党总书记。受甘地影响，一生积极为印度独立而奋斗。1947 年印度独 立，尼赫鲁任第一任总理。他强调印度的基本团结，致力于促使印度进入科学发展和技术发展的现代化时代。
7. Cold War ——冷战，指第二次世界大战后形成的美、苏及其盟国之间公开但有限的敌对状态。主要由于害怕引起核灾难，战争只在政治、经济和宣传方面进行，很少借助武力。“冷战”这个词是美国金融家、总统顾问 B. 巴鲁克在 1947 年一次国会辩论中首先使用的。
8. Soviet satellites——前苏联的卫星国，包括捷克斯洛伐克、保加利亚、匈牙利、民主德国、波兰、罗马尼亚、阿尔巴尼亚等东欧国家。
9. an iron curtain—— 铁幕，指的是冷战时期将欧洲分为两个受不同政治影响区域的界线。当时，东欧属于苏联(社会主义)的势力范围，而西欧则属于美国(资本主义)的势力范围。这个词出自英国首相温斯顿·丘吉尔在美国密苏里州富尔敦城的威斯敏斯特学院所发表的题为《和平砥柱》的演讲中。
10. Truman Doctrine—— 杜鲁门主义，1947 年 3 月 12 日，美国杜鲁门总统在致国会的关于援助希腊和土耳其的咨文中，提出了以“遏制共产主义”作为国家政治意识形态和对外政策指导思想。这个咨文被称为“杜鲁门主义”。
11. NATO——the North Atlantic Treaty Organization，北大西洋公约组织，美国与西欧、北美主要发达国家建立的军事集团组织，简称北约。第二次世界大战后，美国推行遏制苏联的战略，1949 年 4 月 4 日与西欧北美共的 12 国家在华盛顿签订了《北大西洋公约》，宣布成立北大西洋公约组织，公约于 1949 年 8 月 24 日生效。北约拥有大量核武器和常规部队，是西方重要军事力量。这是资本主义阵营在军事上实现战略同盟的标志，是马歇尔计划的发展，使美国得以控制欧洲的防务体系，是美国称霸世界的标志。
12. *Warsaw Pact*——《华沙条约》，1955 年 5 月 14 日，苏联、捷克斯洛伐克、保加利亚、匈牙利、民主德国、波兰、罗马尼亚、阿尔巴尼亚 8 国针对美、英、法决定吸收联邦德国加入北约一事，在华沙签订了《友好互助合作条约》，同年 6 月条约生效时正式成立了军事政治同盟——华沙条约组织，简称华约，总部设在莫斯科。
13. Korean War—— 朝鲜战争，是一场北朝鲜(DPRK)与南朝鲜(Korea)之间的意识形态战争，同时也是美苏两强争霸在朝鲜半岛的体现。美国、苏联与中国三个国家不同程度地卷入这场战争。战争于 1950 年 6 月 25 日北朝鲜军队入侵南朝鲜开始，1953 年 7 月 27 日签署《朝鲜半岛军事停战协定》。

14. Elizabeth Ⅱ—— 伊丽莎白二世(1926—)，是英国温莎王朝第四代君主、英王乔治六世的长女。1986 年 10 月，伊丽莎白二世访问中国，是英国目前唯一一个来华访问的国家元首。

15. *Clean Air Act*——《空气清洁法》，1956 年由英国政府首次颁布，从此英国大规模改造城市居民的传统炉灶，冬季采取集中供暖，在城市里设立无烟区，禁止烧煤，发电厂和重工业设施被迁到郊区，以此来治理空气污染提高城市的空气质量。

16. Suez Crisis ——苏伊士危机(1956)。中东历史上，由于 1956 年 7 月 26 日埃及总统纳赛尔(Nasser)将苏伊士运河收归国有而引起的危机。纳赛尔对英美两国违背诺言，停止对建坝提供资金做出强烈反应，宣布运河区实行戒严，夺取苏伊士运河公司的控制权。在这次危机中，纳赛尔是胜利者，被看成是为民族事业而斗争的英雄。

17. Port Said——埃及的塞伊达港。

18. Harold Macmillan—— 哈罗德·麦克米兰(1894—1986)是英国保守党的政治家，并于 1957 年至 1963 年期间出任英国首相，因为其执政期间高超的政治手腕和显著的政绩被称为“超级麦克(Super Mac)”。

19. European Economic Community—— 欧洲经济共同体，简称欧共体(EEC)。西欧国家推行欧洲经济、政治一体化，并具有一定超国家机制和职能的国际组织。

20. European Free Trade Association—— 欧洲自由贸易联盟，又称“小自由贸易区”。1960 年 1 月 4 日，奥地利、丹麦、挪威、葡萄牙、瑞典、瑞士和英国在斯德哥尔摩签订《建立欧洲自由贸易联盟公约》，即《斯德哥尔摩公约》。该公约经各国议会批准后于同年 5 月 3 日生效，欧洲自由贸易联盟正式成立，简称欧贸联，总部设在日内瓦。欧贸联的宗旨是在联盟区域内实现成员国之间工业品的自由贸易和扩大农产品贸易；保证成员国之间的贸易在公平竞争的条件下进行；发展和扩大世界贸易并逐步取消贸易壁垒。其主要任务是：逐步取消成员国内部工业品的关税和其他贸易壁垒，以实现“自由贸易”；对其他国家的工业品仍各保持不同的关税率；扩大农产品的贸易；不谋求任何形式的欧洲政治一体化。

21. Mary Quant ——玛丽·款特，1934 年生，英国著名服装设计师。她的服装设计，尤其是超短裙，在 60 年代风靡伦敦。

22. Chelsea—— 切尔西，位于伦敦西区，以时髦服装、商品而著称。玛丽·款特在此处有时装商店，大型时装集散地。

23. the Beatles ——甲壳虫乐队，20 世纪 60 年代受到全世界崇拜的一个英国音乐小组。小组的四个成员 Parl Mc Cartney (1942—)，John Lennon (1940—1980)，George Hanson (1943—)，Ringo Starr(原名：Richard Starkey)(1940—)

皆生于利物浦(Liverpool)。小组成立于1956年,1960年在利物浦俱乐部以甲壳虫为名进行演出。他们的《请爱我》、《请使我高兴》、《她爱你》和《我愿握着你的手》等歌曲使他们在60年代成为英国著名的摇摆乐小组。他们的长发和穿着趣味以及偶尔大胆地吸食能产生幻觉的药物,运用印第安音乐及其它怪癖影响全世界。1966年停止公开演出。

24. the Rolling Stones ——滚石乐队,英国继甲壳虫乐队后风靡一时的摇摆舞乐队。

25. The Age of Stagflation—— 经济滞涨的时代。在二战之后,英国工党自称要在英国搞"社会主义",推行大型企业的国有化,扩大工会在企业中的权利,对富人征收高额的税以来进行财富的再分配,施行从生到死的福利计划,所需费用占英国国民生产总值的20%。有产者因为税收过高从而失去了投资的热情,因此英国产品的竞争力减退,生产发展缓慢,失业率居高不下社会福利开支巨大,物价上涨,英镑贬值,到20世纪70年代形成了经济滞涨的时代。一些经济学家将此称为"英国病(British Disease)",英国就此被称为"欧洲病人(the Patient of Europe)"。

26. Margaret Thatcher—— 玛格丽特·撒切尔(1925—),1975年2月当选为保守党领袖。1979年5月保守党大选获胜,撒切尔夫人出任首相,成为英国历史上第一位女首相。她上台便抛弃了"共识政治"。撒切尔信奉货币主义理论,上台后就进行大刀阔斧的改革。她主要采取四项措施,一是私有化,二是控制货币,三是削减福利开支,四是打击工会力量,因此她被称为"铁娘子(the Iron Lady)"。

27. silicon valleys——硅谷。

28. Reebok——锐步,1895年Reebok公司由英国短跑爱好者约瑟夫·威廉姆·福斯特在欧洲创建,并且在欧洲成功经营了80余年。1987年,Reebok成为全球运动鞋的第一品牌,它的舒适性、保护性、高科技素质以及多款式受到各国体育爱好者的青睐。1996年,Reebok与英国利物浦足球俱乐部签署了一个广泛的赞助协议,包括了足球俱乐部的所有服装赞助。同年,Reebok成为世界运动服装著名品牌之一。

29. Dianna——戴安娜王妃(Princess Diana,1961—1997),全名Diana Frances Spencer戴安娜·弗朗西斯·斯宾塞,是英国女王伊丽莎白二世之子查尔斯王太子原太子妃,英国王位第2位和第3位继承者威廉王子及哈里王子的亲生母亲。1996年他们正式离婚。1997年,她在巴黎的交通事故意外死亡。

30. John Major—— 约翰·梅杰(1943年—),英国政治家,于1990年至1997年出任英国首相。他曾在撒切尔夫人的内阁中出任财政部秘书长、外交部大臣和财政部大臣。

31. Operation Desert Shield—— 沙漠盾牌行动。

32. Desert Storm—— 沙漠风暴行动。

33. mad cow disease—— 疯牛病，医学为牛脑海绵状病，简称 BSE。1985 年 4 月，医学家们在英国首先发现了一种新病，专家们对这一世界始发病例进行组织病理学检查，并于 1986 年 11 月将该病定名为 BSE，首次在英国报刊上报道。10 年来，这种病迅速蔓延，英国每年有成千上万头牛患这种病，神经错乱、痴呆、不久死亡。此外，这种病还波及世界其他国家，如法国、爱尔兰、加拿大、丹麦、葡萄牙、瑞士、阿曼和德国。据考察发现，这些国家有的是因为进口英国牛肉引起的。

34. Blair——托尼 · 布莱尔(Tony Blair，1953—)，1983 年进入下议院，开始了他的政治生涯。他 1994 年当选工党领袖，是工党历史上最年轻的领袖。1997 年 5 月任首相，成为自 1812 年以来英国最年轻的首相，后兼任首席财政大臣和文官部大臣。他出任首相后，对工党大胆进行革新，对原保守党政府的内外政策进行了一系列调整。2001 年 6 月在大选中再次获胜，连任首相，成为英国历史上首位连任的工党首相。布莱尔重视中英关系，1997 年，布莱尔出席了香港政权交接仪式。1998 年 10 月以首相身份对中国进行正式访问。

35. EU—— European Union 欧洲联盟，简称欧盟，是由欧共体（European Communities）发展而来的，是一个集政治实体和经济实体于一身、在世界上具有重要影响的区域一体化组织。欧盟现有 27 个成员国和近 5 亿人口，总部设在比利时首都布鲁塞尔。欧盟的宗旨是“通过建立无内部边界的空间，加强经济、社会的协调发展和建立最终实行统一货币的经济货币联盟，促进成员国经济和社会的均衡发展”，“通过实行共同外交和安全政策，在国际舞台上弘扬联盟的个性”。

36. *Maastricht Treaty*——《马斯特里赫特条约》，1991 年 12 月，欧洲共同体马斯特里赫特首脑会议通过《欧洲联盟条约》，通称《马斯特里赫特条约》。

37. EMU—— European Monetary Union 欧洲货币联盟。1994 年欧盟成立了欧洲货币局，1995 年 12 月正式决定欧洲统一货币的名称为欧元(Euro)。1998 年 7 月 1 日欧洲中央银行正式成立，1999 年 1 月 1 日欧元正式启动。欧洲货币联盟的主要目标是要建立名为欧元的单一欧洲货币。欧元于 2002 年正式取代欧洲联盟成员国的国家货币。

38. *Downing Street Declaration*——《唐宁街宣言》。英国和爱尔兰两国政府共同于 1993 年签订，决定重启和平进程，同时承诺，北爱尔兰所有政党只要停止暴力活动，都可以参加北爱和平进程的谈判。在各方的推动下，1994 年 8 月 31 日爱尔兰共和军宣布“无条件放弃使用暴力”，之后北爱尔兰新教徒准军事组织也宣布全面停止武力行动，并声明在停火问题上与爱尔兰共和军保持一致。两大对立武装组织相继宣布停火，为北爱尔兰和谈创造了必要条件。

39. Exchange Rate Mechanism—— 汇率机制。

Chapter Ⅻ Britain in the Early 21st Century

知识要点：

1. Political and Social Situation 政治和社会状况
   - Iraq War and a War Against Terrorism
   - Tony Blair's Stepping Down and Gordon Brown's New Government
2. Science and Technology 科学和技术
   - Biotechnology & Sciences
   - Space & Planetary Science
   - Energy and Environment
   - Nanotechnology
   - Information and Communications Technology
3. GDP and Employment 国民生产总值和就业

注释

1. Iraq War—— 伊拉克战争，又称美伊战争、第二次海湾战争。2003 年 3 月 20 日，美、英等国以伊拉克隐藏有大规模杀伤性武器并暗中支持恐怖主义为借口，绕开联合国安理会，公然单方面决定对伊拉克实施大规模军事打击。伊拉克战争是一场引发争议，遭到世界大多数国家和民众质疑和反对的战争。
2. United Nations Security Council—— 联合国安理会。
3. George W. Bush ——George Walker Bush1 乔治·沃克·布什，又称小布什，1946 年 7 月 6 日生于美国康涅狄格州，在得克萨斯州的米德兰和休斯敦长大，其父为美国第 51 届总统乔治·布什。小布什 1968 年获耶鲁大学学士学位，1978 年获哈佛商学院工商管理硕士学位。1968 年至 1975 年在得克萨斯国民警卫队担任空军战斗机飞行员。他 1994 年当选为得克萨斯州州长，1998 年 11 月再次当选，成为该州历史上首位获选连任的州长。作为共和党总统候选人，他在 2000 年 11 月的美国总统选举中战胜民主党总统候选人戈尔，当选美国第 54 届(43 任)总统，并于 2001 年 1 月 20 日宣誓就职，正式入主白宫。
4. Saddam Hussein—— 萨达姆·侯赛因(1937—2006)，伊拉克前总统，革命指挥委员会主席，武装部队总司令，阿拉伯复兴党伊拉克地区领导机构总书记。1979 年 7 月，时任伊拉克总统的贝克尔因病辞职，萨达姆顺利登上总统宝座，集党政军大权于一身。萨达姆自就任伊拉克总统以来，在政坛上几十载，历经战火，并一直严密地控制着政权。萨达姆上台执政一年后，两伊战争爆发。历时 8 年的战争使伊拉克经济遭受巨大损失。1990 年，萨达姆派军队入侵科威特，引发海湾战争。战争爆发后，联合国随即对伊拉克采取全面制裁。2003 年 3 月 20 日爆发伊拉克战争，2003 年 12 月 14 日，萨达姆在家乡提克里特被美军捕获。2006 年 12 月 30 日，上午 6 点左右，萨达姆因“杜贾尔村案”被处以绞刑。
5. Middle East Quartet—— 中东问题有关四方，这四方包括美国，俄罗斯，欧盟和联合国。

6. Gordon Brown—— 戈登 · 布朗(1951—　),生于格拉斯哥,在高中时期一次橄榄球事故中视网膜脱落。经过数次手术后,左眼仍旧失明。戈登 · 布朗随后进入爱丁堡大学学习历史,并最终获得博士学位。后来成为英国工党成员,在经济领域的才华得到公认,一直有着很好的口碑。1983 年至今,他代表丹佛姆林东区任下院议员,1997 年 5 月至 2007 年 6 月,他任财政大臣并创下连任财政大臣的纪录。在 2005 年英国大选中,他作为苏格兰选区候选人成功当选。"更美好、更公平"是布朗的竞选口号,他提出公仆政府,政府服务于人民的想法。在上世纪 90 年代,布朗、布莱尔就被视为工党转型中的"双子星座"。托尼 · 布莱尔于 2007 年 6 月 27 日正式向英国女王递交辞呈辞去英国首相职务,由时任财政大臣的戈登 · 布朗接任,入主唐宁街 10 号。由于戈登 · 布朗是议会多数党领袖,他可以在不经过选举的情况下成为英国首相。
7. UCL ——伦敦大学学院(University College London,简称 UCL)是一所创建于 1826 年的综合性大学,也是伦敦大学的创校学院。
8. UK Medical Research Council—— 英国医学委员会。
9. Human Genome Project—— 人类基因组计划。
10. G-8—— 八国集团　(Group-8),指的是八大工业国美国、英国、法国、德国、意大利、加拿大、日本,加上俄罗斯。严格地讲,它并非一个严密的国际组织,以往被称为"富国俱乐部"。在 8 个国家里,除俄罗斯之外的 7 个国家是核心成员国,也就是以前的七国集团(G7)。20 世纪 70 年代,世界主要资本主义国家的经济形势一度恶化,接连发生的"美元危机"、"石油危机"、"布雷顿森林体系"瓦解和 1973—1975 年的严重经济危机把西方国家弄得焦头烂额。为共同解决世界经济和货币危机,协调经济政策,重振西方经济,1975 年 7 月初,法国首先倡议召开由法国、美国、日本、英国、西德和意大利六国参加的最高级首脑会议,后来,加拿大(1976 年)、俄罗斯(1998 年)分别加入。八国集团成员国的国家元首每年召开一次会议,即八国集团首脑会议(简称"八国峰会")。
11. *UN Framework Convention on Climate Change*——《联合国气候变化框架公约》。
12. *Energy White Paper*——《能源白皮书》。白皮书是一个国家政府或议会正式发表的以白色封面装帧的重要文件或报告书的别称。
13. NASA—— National Aeronautics and Space Administration 美国国家航空航天局的缩写。
14. ESA—— 欧洲航天局(European Space Agency,又译为:欧洲太空总署;欧洲航天局)是一个欧洲数国政府间的空间探测和开发组织,总部设在法国首都巴黎。
15. Cassini-Huygens—— 卡西尼—惠更斯号,是美国国家航空航天局、欧洲航天局和意大利航天局的一个合作项目,主要任务是对土星系进行空间探测。卡西尼—惠更斯号土星探测器是人类迄今为止发射的规模最大、复杂程度最高的行星探测器。卡西尼号探测器以意大利出生的法国天文学家，土星光环环缝的发现者卡西尼的名字命名，其任务是环绕土星飞行。惠更斯号探测器是卡西尼号携带的子探测器，它以荷兰物理学家、天文学家和数学家，土卫六的发现者惠更斯的名字命名，其任务是深入土卫六的大气层，对土星最大的卫星土卫六进行实地考察。

16. Envisat——欧洲巨型地球环境监测卫星“恩维萨特”，被戏称为巨型“环境间谍”。它是以阿斯特利乌姆航天公司为首的欧洲 50 多个企业联合制造完成的，是欧洲航天局迄今生产的最大最昂贵最先进的地球环境观测卫星。
17. Galileo—— 伽利略号木星探测器，是美国航天局第一个直接专用探测木星的航天器，于 1989 年 10 月 18 日，由“阿特兰蒂斯”号航天飞机送入轨道。伽利略木星探测计划始于 1978 年，最初计划于 1982 年 1 月发射，后因经费不足、飞行设计修改和航天飞机发射失败等原因而先后 9 次变动计划，致使发射一再推迟，研制经费高达 13.6 亿美元。
18. Microsatellite technology—— 微小卫星技术。
20. ICT——Information and Communications Technology 即信息与通讯技术，。
21. Vodafone—— 沃达丰空中通讯公司，该公司成立于 1984 年，最初它只是雷卡(Racal)通信有限公司的一个子公司。目前，沃达丰公司已经是世界上最大的移动通信公司之一，其网络直接覆盖 26 个国家，并在另外 31 个国家与其合作伙伴一起提供网络服务，全球用户超过 1.79 亿。沃达丰拥有世界上最完备的企业信息管理系统和客户服务系统，在增加客户、提供服务、创造价值上拥有较强的优势。
22. SMS—— Short Messaging Service 短信服务，是最早的短消息业务，也是现在普及率最高的一种短消息业务。
23. Wi-Fi—— 全称 Wi-Fi Wireless Fidelity，无线保真技术，或者称为 WLAN (Wireless Local Area Network 无线局域网)技术。与蓝牙技术一样，同属于在办公室和家庭中使用的短距离无线技术。
24. Wireless LAN system—— 无线局域网系统。
25. GSM——Global System for Mobile Communications，全球移动通讯系统，俗称“全球通”，是一种起源于欧洲的移动通信技术标准，是第二代移动通信技术，其开发目的是让全球各地可以共同使用一个移动电话网络标准，让用户使用一部手机就能行遍全球。
26. ASIC—— Application Specific Integrated Circuit，专用集成电路。
27. RF ch ps—— RF 是 Radio Frequency 的缩写，表示可以辐射到空间的电磁频率，RF chips 为频射芯片。
28. Grid computing——格网计算，是一种新的高性能的分布式计算方法。
29. Nanotechnology—— 纳米技术，是用单个原子、分子制造物质的科学技术。

30. R&D—— research and development，研究与开发。
31. Governmental final consumption expenditure—— 政府最终消费支出。

Part Three Culture

Chapter Ⅰ Education

知识要点

1. Education Policies 英国教育政策
2. Types of Schools 学校种类
   - State school
   - Public school or (independent) private school
3. Types of Education 教育类型
   - Elementary education
   - Secondary education
   - Higher education
   - Oxford and Cambridge

注释

1. state school—— 公立学校，英国的义务教育是由英国政府出资，由地方政府负责。
2. public school—— 公学，指英国的私立学校，包括初中和高中教育。公学虽然称为"public"（照字面解为"公立学校"），却不表示是由政府设立的，只是表示学校可以公开招生。不过时至今日，历史悠久的英国公学培养出来的学生大多是英国各领域的精英，而且学费昂贵，普通人是无法负担的。公学是英国学校教育的奠基者。英国的公学一般不在大城市，13 岁的学生开始离家求学，学校的纪律很严，烈日和寒风中的体能训练是学生的必修课，学校有权体罚学生，对学生着装要求也十分严格。这种严格的纪律是英国公学的特点，目的是为了培养学生能够忍受挫折和接受各种挑战而不失去自控的性格。
3. the Sixth Form——英国中学的最高年级，六级
4. the Department of Education—— 英国政府的教育科学部。
5. Her Majesty's Inspectors—— 女王陛下的督学。
6. preparatory school——预备学校，又称为 prep schools，这是英国私立学校体系中的初级学校，一般招收 8 岁以上的儿童，在校学习 5 年，通常 13 岁毕业。英国的私立学校体系不适用"小学"和"中学"名称。
7. comprehensive school—— 综合中学，这是英国教育改制后的新型中学，新体制废除了小学毕业考试，即 11 岁儿童入学考试，学生就近升入这些综合中学，不再按照考试成绩分校，以保证学生获得平等的教育机会。
8. grammar school—— 文法学校，是英国教育制度当中历史最悠久的学校，过去

是英国中等教育中的“重点”学校，招收成绩优秀的小学毕业生，开设的课程较难，强调学术性，学校的主要目标是为一流大学提供生源。

9. secondary modern school—— 现代中学，小学毕业统考得分较低者，一般进入这类学校接受中等教育。这类学校开设的课程比文法学校少些，也较容易些，以便省出时间进行一些职业教育。

10. Eleven Plus examination——“11 岁儿童入学考试”。英国在中小学之间对 11 岁左右的儿童进行竞争性考试。它是 1944 年后作为决定一个儿童在文法学校、技术学校或现代中学三种学校中上哪种学校继续学习的一种手段而发展起来的。50 年代和 60 年代期间非选拔性的综合学校出现后，在决定谁能上大学方面，“11 岁儿童入学考试”的重要性就减弱了，在 20 世纪 60 年代这项考试被完全废除。

11. G. C. E. ——General Certificate of Education，一般水平普通教育证书。该证书分为 Ordinary Level 或“O”Level，即乙等或普通等级中学毕业证书（持有者还没有资格入大学，如果想上大学还需要再学习一两年，经过统考获得“A”等证书，才可被大学录取）；和 Advanced Level 或“A”Level，即甲等或高等综合教育毕业证书（这是英国最高等级的中学毕业证书，持有者可直接申请进入大学，无需参加入学考试。）

12. The General Certificate of Secondary Education—— 中等教育毕业证书，获此证书的中学生还不具备升入大学的资格，但是可以就业。如果想升入大学就需要再学习 1 ~ 2 年，考取 A Level G. C. E 后可以进入大学。

13. Eton College ——伊顿学院，也称伊顿公学。设在伯克郡伊顿，是英格兰最大的、也是最有名的公学之一。该校建于 1440 年与 1441 年间，是亨利六世国王赠款所建立的基金中得到奖学金的 70 名高材生创办的。亨利六世还创办了剑桥大学的国王学院，伊顿学院的毕业生可以到这里升学，这种关系一直延续下来。该校占地面积 350 公顷，在校学生不超过 1000 人，学生一律穿燕尾服、白色硬领衬衫、条纹裤和皮鞋。学生学习压力很大，校规极严。至今该校培养出了 19 位英国首相。类似的知名公学还有 Harrow School（哈罗公学），Rugby School（拉格比公学）等。

14. Winchester College ——温切斯特学院，英国最早的公学之一，位于汉普郡温切斯特，建于 1382 年。这所学校独立自主的行政管理制度成为伊顿公学和其它英国公学的典范。

15. Oxford University ——牛津大学，世界上历史悠久，声望极高的知名大学之一，它与英国另一个知名大学 University of Cambridge 齐名。该校设在英国牛津，创建于公元 12 世纪末。该校建立之初，以巴黎大学为榜样，设神学、法律、医学、艺术等学院，当时每年有 1200 名学生。牛津大学早期声誉的基础是神学和人文学科，但也重视自然科学。16 世纪初，教授职位开始得到资助。17 世纪后半期,牛津大学对科学研究的兴趣大大加强。20 世纪时,牛津的课程实行现代化,自然科学被当作专业学科而进一步加强,并增设现代语言系、政治系和经济系等新学系。英国有许多著名科学家、诺贝尔奖获得者,如天文学之父 E. 哈雷,物理学家 R. 波意耳等曾就读于或曾工作在该大学。英国历史上有十几位首相出自于牛津大学。牛津大学目前有 35 个学院,住校生约 9400 人。

16. University of Cambridge ——剑桥大学,是世界上声望极高的知名大学之一,与牛津大学齐名。该校位于英格兰剑桥郡剑桥市卡姆河畔,创办于 13 世纪。当时,一些学生从牛津迁到这里上学。1284 年创建了该校第一所学院——彼得豪斯学院。1318 年教皇约翰二十二世正式认可该校为大学。其它学院建于其后 300 年中。1571 年各学院合并成立大学。剑桥大学现有 28 个学院,最著名的有:国王学院 Kings College(1441),三一学院 Trinity College(1546),麦格达伦学院 Magdalene College(1542)和圣约翰学院 St. Johns College(1511)等。现有住校生约 9000 人。著名科学家艾萨克·牛顿曾在该校任教。第一次世界大战以后,许多学者名流来校任教,如物理学家 J. J. 汤姆森爵士,经济学家 J. M. 凯因斯等。该校过去著名的学生还有 J. 米尔顿,W. 华兹华斯,C. 达尔文等。
17. Open University—— 开放大学。
18. polytechnics—— 多科性技术学院。
19. tutorial system——导师制。
20. The Regent House——剑桥大学的摄政院。
21. Kettle's Yard—— 壶院美术馆,是剑桥大学的一处艺术陈列馆。

Chapter Ⅱ The Media of UK

知识要点

1. The Press 报刊
   - ⯐ Types of the British press
   - ⯐ The features of the British press
   - ⯐ Some famous British papers and journals
2. Radio and Television 广播和电视
   - ⯐ Importance
   - ⯐ Three companies(BBC, ITC, The Radio Authority)
3. News Agencies 通讯社
   - ⯐ Types of news agencies

注释

1. tabloid——带有轰动性的小报。
2. *The Times*——《泰晤士报》是英国的一张综合性全国发行的日报,是一张对全世界政治、经济、文化发挥着巨大影响的报纸。《泰晤士报》隶属于鲁伯特·默多克的新闻集团。长期以来,《泰晤士报》一直被认为是英国的第一主流大报,被誉为“英国社会的忠实记录者”。《泰晤士报》在英国国内政治和国际关系问题上扮演了重要角色。《泰晤士报》的英文名称 The Times，中文直译过来应该是《时报》。然而它的译名却变成与读音相近、但毫无关联的“泰晤士河”（River Thames）一样。由于约定俗成的关系，错译保留至今。现今世界各地有许多名为 Times 的报章，如《纽约时报》（*The New York Times*）。为了区分出来，《泰晤士报》有时被英语使用者称为《伦敦时报》（*The London Times*）。《泰晤士报》是世界上第一张以“Times”命名的报纸。

3. Press Complaints Commission—— 新闻投诉委员会。
4. the Stamp Tax ——印花税，此处指办报纸应向国家缴纳的税。
5. Fleet Street ——舰队街，在伦敦市中部，是英国的报业中心。“舰队街”一词常用来指英国的新闻、报纸业。
6. Lord Beaverbrook ——Willian Maxwell Aitken，比弗布鲁克男爵，英国著名报业巨头。1879 年生于加拿大，1910 年定居英国，成为保守党议员，并任内阁成员，后办报成名，成为报业巨头。
7. B. B. C. —— 英国广播公司。
8. I . T. C. —— 独立电视委员会。
9. the Radio Authority—— 广播局。
10. Board of Governors—— 管理人员董事会。
11. Posts and Telecommunications—— 邮政通讯部。
12. the Cable Authority—— 有线广播局。
13. Press Associated Ltd. —— 新闻联合社。
14. Reuters—— 路透社，是世界四大通讯社之一，也是英国创办最早的通讯社。1850 年由保罗 · 朱利叶斯 · 路透（Paul Julius Reuter）在德国亚琛创办，1851 年迁址到伦敦。创办人路透原为德国人，后加入英国籍。1865 年，路透把他的私人通讯社扩展成为一家大公司。
15. Extel Financial—— 金融交换通讯社。

Chapter Ⅲ Sports

知识要点

1. Features of the British Sportsmen 英国运动员的特点
   - great lovers of competitive sports
   - admiration for sportsmanship
2. The sports in Britain 英国的体育运动
   - Cricket：the most English of all games
   - football pools
   - association football（soccer）
   - rugby football
   - horse racing：flat-racing & hurdle racing
   - golf：the most attractive
   - fishing

- shooting and hunting
- billiards and snooker
- boxing
- motorcycling, dog racing, rock climbing, boat racing and gliding

3. Britain and Olympic Games 英国和奥运会
   - The British people show more interest in Olympic Games.
   - London is the city to host the 2012 Games.

注释

1. Football Association ——足球协会，英格兰足球运动的管理机构，1863 年成立。协会负责组织业余或职业足球比赛以及优胜杯赛等国际比赛。协会加入国际足球联合会，制定国际比赛规则。到 20 世纪 80 年代初，足球协会已辖 7000 个足球俱乐部，共有 100 多万运动员。
2. Wimbledon ——温布里敦，大伦敦东南部的一个区，国际网球锦标赛经常在此举行。

Chapter Ⅳ Science

知识要点

1. Importance of British Science 英国科学技术的重要性
2. Scientific discoveries 科学发明
   - 17th century
   - 18th century
   - 19th century
   - 20 century
3. Inventions in Britain 英国的重大发明
   - The world's first turbo-jet airliner
   - The world's first nuclear power station
   - The world's first large radio telescope
   - The world's first hovercraft
4. Problems of science in Britain 英国科学存在的问题
   - British achievements in scientific research have not been turned into productive forces.
   - Conservative attitude towards the import of advanced technology and equipment

注释

1. Royal College of Physicians of London ——伦敦皇家内科医师学会，1518 年由亨利八世授权利纳克尔(Thomas Linacre)建立。该学会具有在全国考核和授予内科医师执照的权力。
2. *On the Origin of Species*——《物种起源》
3. Cavendish Professor of Physics ——卡文迪什物理学教授。Cavendish 指剑桥大学“卡文迪什实验室”。该实验室创立于 1871 年，以英国著名物理学家 Henry

Cavendish 命名。卡文迪什(1731—1810)曾用扭力天平验证万有引力定律,从而确定引力常数和地球的平均密度。

4. DNA ——deoxy-ribonucleic acid 脱氧核糖核酸。

Chapter Ⅴ British Art, Music and Film

知识要点

1. British Art 英国艺术
   - ❖ An Over-view of British Art
   - ❖ Some Well-known Artists
   - ❖ Art Institutions
2. Music in Britain 英国音乐
   - ❖ Over-view of British Music
   - ❖ Some Pop Stars
3. Film 电影
   - ❖ BAFTA Awards
   - ❖ Some Directors and Movie Stars

注释

1. the Royal Academy—— the Royal Academy of Art, 英国皇家艺术院。
2. the Royal College of Art—— 英国皇家艺术学院。
3. the Royal Society of Arts—— 英国皇家艺术协会。
4. the Tate Gallery—— 泰特艺术馆。
5. Felix Mendelssohn—— 弗利克斯·门德尔松(1809— 1847),德国作曲家、指挥家。
6. the Royal Northern College of Music—— 皇家北方音乐学院。
7. Leeds College of Music—— 利兹音乐学院。
8. The Proms——是 BBC 公司组织的夏季古典音乐会。它的起始时间是 1895 年。Proms 的音乐家很多都是崭露头角的新人,音乐的表现很有创意,还会有些首次表演的音乐,它是英国夏季音乐节中最富盛名的节目。
9. the Edinburgh International Festival—— 爱丁堡国际艺术节,该艺术节始于 1947 年创办的国际节,经过数十年的发展,这一艺术节已从最初的一个节日发展为如今的爱丁堡国际节、边缘艺术节、军乐节、国际图书节、国际电影节、国际爵士乐节、视觉艺术节和多元文化节等 11 个独立的节日。
10. BAFTA Awards—— the British Academy of Film and Television Arts 英国电影和电视艺术学院奖,又被称为"英国奥斯卡"

Chapter Ⅵ Literature

知识要点

1. Fiction 小说
   - ❖ Different types
   - ❖ 17th century- Puritan period
   - ❖ In the 16th century
   - ❖ The 18th century: modern novel

◈ 19th century: Golden age of the novel　　◈ the 20th century

2. Poetry 诗歌

◈ Time　　◈ Geoffrey Chaucer (1340-1400)

◈ Preserved poem: Beowulf　　◈ Poems in the 17th century

◈ 18th century – poets celebrated reason, rule and custom

◈ In the19th century　　◈ 20th century

3. Drama 戏剧

◈ William Shakespeare's time　　◈ the 19th century

◈ the 18th century　　◈ the 20th century

注释

本章所列作家作品一览表

Fictions

Writers	Well-known Works
Thomas More 1478—1535	*Utopia*《乌托邦》
John Bunyan 1628—1668	*Pilgrim's Progress*《天路历程》
Daniel Defoe 1661—1731	*Robinson Crusoe*《鲁宾逊·克鲁索》
Jonathan Swift 1667—1745	*Gulliver's Travels*《格利弗游记》
Samuel Richardson 1689—1761	*Pamela*《帕梅勒》
Oliver Goldsmith 1728—1774	*The Vicar of Wakefield*《维克菲尔德牧师传》
Laurence Sterne 1713—1768	*Tristram Shandy*《商第传》
Charles Dickens 1812—1870	*Oliver Twist*《雾都孤儿》, *David Copperfield*《大卫·科波菲尔》
Walter Scott 1771—1832	*Waverly*《威弗利》
WM Thackeray 1811—1863	*Vanity Fair*《名利场》
Jane Austen 1755—1871	*Pride and Prejudice*《傲慢与偏见》
Emily Bronte 1818—1848	*Wuthering Heights*《呼啸山庄》
Charlotte Bronte 1816—1855	*Jane Eyre*《简·爱》
Gaskell 1810—1865	*Mary Barton*《玛丽·巴顿》
George Eliot 1819—1880	*The Mill on the Floss*《弗络斯河上的磨坊》
JR Kipling 1865—1936	*Kim*《吉姆》
Thomas Hardy 1840—1928	*The Return of the Native*《还乡》 *Tess of the D'Urvervilles*《苔丝》
DH Lawrence 1885—1930	*Sons and Lovers*《儿子与情人》, *Women in Love*《恋爱中的女人》
James Joyce 1882—1941	*Ulysses*《尤利西斯》, *A Portrait of the Artist as a Young man*《一个青年艺术家的画像》*Finnegans Wake*《芬尼根的觉醒》
Virginian Woolf 1882—1941	*To the Lighthouse*《到灯塔去》
HG Wells 1886—1946	*The Time Machine*《时光机器》
John Galsworthy	*The Forsyte Saga*《福尔赛世家》
Burtrand Russell 1872—1970	*Roads to Freedom*《自由之路》
William Golding 1911—1993	*Lord of the Flies*《蝇王》
Doris Lessing 1919—	*The Golden Notebook*《金色笔记》

Poetry

Writers	Well-known Works
(folk legend)	*Beowulf*《贝奥伍尔夫》
Geoffrey Chaucer1340—1400	*The Canterbury Tales*《坎特伯雷故事集》
Edmund Spenser 1552—1599	*The Faerie Queen*《仙后》
John Donne 1572—1631	*Songs and Sonnets*《歌与十四行诗》
John Milton 1608—1674	*Paradise Lost*《失乐园》
Thomas Gray 1716—1771	*Elegy Written in a Churchyard*《墓畔哀歌》
Robert Burns 1759—1796	*My Heart's in the Highlands*《我的心在高原》
William Wordsworth 1770—1850	*Daffodils*《水仙》
GG Byron 1778—1824	*Don Juan*《唐璜》
PB Shelly 1792—1822	*Prometheus Unbound*《解放了的普罗米修斯》
John Keats 1795—1824	*Isabella*《伊莎贝拉》
Alfred Tennyson 1809—1892	*The Princess*《公主》， *The Idylls of the King*《国王的抒情诗》
Robert Browning 1812—1889	*The Ring and the Book*《指环与书》
WB Yeats 1865—1939	*The Second Coming*《第二个循环的到来》
TS Eliot 1888—1965	*The Waste Land*《荒原》
Ted Hughes 1930—	*Hawk in Rain*《雨中鹰》

Drama

Writers	Well-known Works
William Shakespeare 1564—1616	*Hamlet*《哈姆雷特》，*Othello*《奥赛罗》， *the Merchant of Venice*《威尼斯商人》
Christopher Marlow 1564—1593	*Tamburlaine*《帖木儿》
Ben Jonson 1572—1637	*Volpone, or the Fox*《福尔蓬奈，或狐狸》
RB Sheridan 1751—1861	*The School for Scandal*《造谣学校》
Oliver Goldsmith 1782—1774	*She Stoops to Conquer*《屈身求爱》
Henry Fielding 1707—1754	*The Coffeehouse Politician*《咖啡屋政客》
Oscar Wilde 1856—1900	*A Woman of No Importance*《无足轻重的女人》
GB Shaw 1856—1950	*Mrs. Warren's Profession*《华伦夫人的职业》
Samuel Becket 1906—	*Waiting for Godot*《等待戈多》
John Osborne 1929—	*Look Back in Anger*《愤怒的回顾》
Arnold Wester 1932—	*Chicken Soup with Barley*《大麦鸡汤》

Chapter Ⅶ Scenic Spots and Historical Sites

知识要点

1. Westminster 威斯敏斯特
   - ◈ Westminster Palace ◈ Westminster Abbey
2. The British Museum 大英博物馆
   - ◈ Features ◈ Collection of antiquities
3. Hyde Park 海德公园
4. The tower of London 伦敦塔
   - ◈ Time of building ◈ Location
   - ◈ Function ◈ White Tower
   - ◈ Feature
5. St. Pau l's Cathedral 圣保罗大教堂
   - ◈ Time of building ◈ Location
6. Whitehall 白厅
   - ◈ the most important street in London
   - ◈ Banqueting Hall
7. Buckingham palace 白金汉宫
   - ◈ Time of building ◈ Function
8. Greenwich Royal Observatory 格林威治天文台
   - ◈ Location ◈ Function
9. Madame Tussaud's 杜莎夫人蜡象馆
   - ◈ Location ◈ Features of four stories
10. Stratford-on-Avon 斯特拉特福德
    - ◈ Shakespeare's hometown ◈ seat of the British English soul

注释

1. Westminster Abbey—— 威斯敏斯特教堂。
2. Gothic edifice——哥特式大厦。早期英国教堂中主要是把哥特风格用作一种装饰体系,其结构具有丰富多彩的线条,用一根根外加的柱子来掩饰大块的砖石,而这些大块砖石结构的厚度和高度同罗马风格时期没有多大差别。哥特式风格保存至今的最突出的建筑物是威斯敏斯特教堂走廊的某些部分。
3. Westminster Palace—— 威斯敏斯特宫。
4. William Pitt——英国首相,威廉·皮特。
5. Sir Robert Peel——英国首相,罗伯特·皮尔爵士。
6. Benjamin Disraeli——英国首相,本杰明·迪斯雷利。
7. Clock Tower—— 英国议会厅上的钟楼。

8. Big Ben——大本钟，英国伦敦著名古钟，即威斯敏斯特宫钟塔，英国国会会议厅附属的钟楼（Clock Tower）的大报时钟的昵称，建于1858年。大钟由当年总负责的专员本杰明爵士监制，故名“大本”。
9. The British Museum——大英博物馆，又名不列颠博物馆，是英国伦敦的综合博物馆，也是世界上规模最大、最著名的博物馆之一，成立于1753年。目前博物馆拥有藏品600多万件，位于新牛津大街北面的大罗素广场。它收藏了世界各地的许多文物和图书珍品，藏品之丰富、种类之繁多为全世界博物馆所罕见。大英博物馆和纽约的大都会艺术博物馆、巴黎的卢浮宫同列为世界三大博物馆。
10. Parthenon in Athens ——希腊雅典的雅典娜女神的主神庙。建于公元前5世纪中叶，公认为是多利斯柱式建筑风格发展的顶峰。神庙在建筑上运用许多细腻的手法，使之在造型上产生如雕塑似的形象。庙内有雕塑的神像，19世纪初英国贵族埃尔金（Elgin）勋爵将大部分存留 的雕刻移走，卖给大英博物馆。
11. Caryatid from the Erechtheum ——caryatid，女像柱，代替柱子用作建筑支撑物的女性雕像。Erechtheum，厄瑞克忒翁庙，公元前5世纪建于希腊雅典卫城上的爱奥尼亚式雅典娜神殿，其中女像柱廊在古典建筑中是极为罕见、珍贵的。19世纪初英国贵族埃尔金（Elgin）勋爵将神殿的一部分运到伦敦。
12. Sumerian objects from Ur ——Ur，乌尔，古代美索不达米亚南部，也称苏美尔（Sumer），公元前3000年就有了高度的苏美尔文明。Sumerian objects 指从古代苏美尔王室、墓地出土的金、银、青铜器，以及乐器、武器等珍品。
13. the Codex Sinaiticus ——原始西奈铭刻手抄本。西奈铭刻最早是把铭文刻在西奈半岛的石头上。西奈铭文的时代大约始于公元前16世纪，这些铭文至今尚未解读。
14. *Guttenberg Bible* ——《谷登堡圣经》，又名《42行圣经》。是现存的西方第一部完整的书籍，是最早的活字印刷品，因印刷者谷登堡（Guttenburg）而得名。谷登堡大约在1455年在德国的美因茨完成了这部书的印刷。《谷登堡圣经》使用拉丁文，每页42行，共3卷，这部《圣经》所用的哥特体字外形庄重，有古朴感。现存约40部，3卷完美的原书收藏在美国国会图书馆，法国国家图书馆和英国不列巅博物馆中。
15. *Das Kapital*（*Capital*）——卡尔·马克思所著的经典著作《资本论》，共三卷。《资本论》以很大篇幅阐述马克思关于劳动“剩余价值”及其对资本主义影响的思想。
16. Hyde Park—— 海德公园，英国最大的皇家公园，占地360多英亩。18世纪前这里是国王的狩鹿场。16世纪，英王亨利八世将之用作王室的公园。查理一世执政期间，海德公园曾向公众开放。1851年，维多利亚女王首次在这里举办伦敦国际博览会。这里现在也是人们举行各种政治集会和其他群众活动的场所，有著名的“演讲者之角”（Speakers' Corner）。

17. Speakers' Corner ——"演讲者之角",伦敦皇家公园中的一角,据说,人人都可在此处对过往行人进行演讲。

18. Rotten Row——海德公园里的骑马道。

19. the Tower of London——伦敦塔,位于泰晤士河北岸的塔山(Tower Hill)上,是一个占地达18英亩,由城堡、炮台和箭楼等组成的庞大建筑群,建于1078年,当时是外族征服者威廉建造的一个军事城堡,中心塔是高约27米的白塔(White Tower),周围有13座塔。12世纪起,历代英格兰国王在这里修建王宫、教堂。其中的血塔(the Bloody Tower)被国王用来专门囚禁政治要犯及国王的死敌,是一座死牢。被关进这座塔里的人大多被处死,伦敦塔充当了国家监狱。如今,伦敦塔已经成为收藏文物珍宝的博物馆,保存有古代武器、历代王冠和王室珠宝,还有一根镶有大宝石的皇杖。此外,伦敦塔的东侧附近还有一座塔桥(Tower Bridge),是一座吊桥。伦敦塔的历史已近千年,它的作用却不断地在变化:城堡、王宫、宝库、火药库、铸币厂、监狱、动物园直到现在伦敦观光区。

20. "Beefeaters"——"吃牛排者",是一种绰号,指"Yeoman Warders of His Majesty's Tower of London",即伦敦塔仪仗卫士,因吃国家俸禄,养得膘肥肉胖,故而得此绰号。

21. St. Paul's Cathedral——、圣保罗大教堂,巴洛克风格建筑的代表,以其壮观的圆形屋顶而闻名,是世界第二大圆顶教堂,它模仿罗马的圣彼得大教堂,是英国古典主义建筑的代表。圣保罗大教堂始建于公元604年,由东撒克逊王埃塞尔伯特下令在卢德门山顶上建造,并以伦敦保护神圣保罗的名字命名。从那以后,这里一直是伦敦主教堂所在地。圣保罗大教堂后经多次毁坏、重建,由英国著名设计大师和建筑家克托弗·雷恩爵士(Sir Christopher Wren)在17世纪末完成这伦敦最伟大的教堂设计,整整花了45年的心血,目前教堂内还有一个雷恩的墓碑。圣保罗大教堂最令人印象深刻的就是1981年黛安娜王妃与查尔斯王子的婚礼大典。

22. Baroque proportion ——指巴罗克建筑风格。最大特点是气势雄伟,有动态感。

23. Whitehall——白厅是英国伦敦市内的一条街。它连接议会大厦和唐宁街。在这条街及其附近有国防部、外交部、内政部、海军部等一些英国政府机关设在这里。因此人们用白厅作为英国行政部门的代称。原来的"白厅"于1698年毁于大火。

24. New Scotland Yard ——新伦敦警察厅。Scotland Yard,伦敦警察厅,又称苏格兰场,是伦敦大都会警察部队的总部。1829年建立,总部原设在白厅街4号。1890年新总部在泰晤士河河堤建成,称新伦敦警察厅。

25. Lord Nelson ——纳尔逊男爵(1758—1805),英国著名海军统帅,受人爱戴的民族英雄。他率领英国舰队多次与法国,西班牙舰队作战,皆取得辉煌战绩,巩固了英国海上霸权的地位。纳尔逊的难能可贵之处是他敢于在作战中发挥独创和主动精神，突破旧的战略战术原则，他还教育军官应具有独立思考，当机立断和平等对待部属的品质。

26. Trooping the Colour ——皇家骑马卫士游行仪式。此处 trooping 指 parade（游行），colour 指马队的彩色旗帜。每年女王生日时举行一次，女王亲临观看。

27. Palladian style ——帕拉弟奥风格。帕拉弟奥（Palladio）是 16 世纪意大利北部最卓越的建筑大师，也是西方建筑整个发展过程中最有影响的人物之一。他的建筑风格是清晰明了，井井有条，均匀对称，而在采用古典形式和装饰纹样上注重古代风格。

28. Buckingham Palace——白金汉宫，是坐落在英国伦敦的一座宏大建筑，它由于 1705 年由白金汉公爵的兴建而得名。1761 年由乔治三世购得，曾经做过帝国纪念堂、美术陈列馆、办公厅和藏金库，1825 年王乔治加以重建，改建成王宫建筑。1837 年维多利亚女士继位起正式成为王宫，从此英国历代国王都居住在这里。维多利亚女王是居住在这里的第一位君主。白金汉宫宫内有宴会厅、典礼厅、音乐厅、画廊、图书馆、皇家集邮室等 600 多个厅室，收藏许多绘画和家具，宫内还有一座面积约 40 英亩的御花园，宫前有维多利亚女王纪念碑。目前白金汉宫的现在的拥有者是伊莉莎白二世，她无疑是在这里生活得最久的女王。

29. Greenwich Royal Observatory——格林尼治天文台，建于 1675 年。当时，英国的航海事业发展很快，为了解决在海上测定经度的需要，英国当局决定在伦敦东南郊距市中心约 20 多千米，泰晤士河畔的皇家格林尼治花园中建立天文台。二战后格林尼治地区人口剧增，工厂增加，空气污染日趋严重，尤其是夜间灯光的干扰，对星空观测极为不利，所以天文台于 1948 年迁往英国东南沿海的苏塞克斯郡的赫斯特蒙苏堡。格林尼治天文台旧址后来成为英国航海部和全国海洋博物馆，里面陈列着早期使用的天文仪器，尤其是子午馆里镶嵌在地面上的铜线，0°经线，吸引着世界各地的参观者。到这里的游人都喜欢双脚跨在 0°经线的两侧摄影留念，象征着自己同时脚踏东经和西经两种经度。

30. Madame Tussaud's—— 杜莎夫人蜡像馆，是全世界水平最高的蜡像馆之一，有众多世界名人的蜡像，其中恐怖屋最为出名。杜莎夫人（1761—1850）原名为玛丽·格劳舒兹，生于法国的斯特拉斯堡，是法国一位杰出的艺术家，以制作蜡像而闻名。起初她母亲在同为蜡像制作师的菲利普·科特斯医生（Philippe Curtius）家做女管家，这其间科特斯教会了她蜡塑的工艺。1765 年，科特斯为路易十五的情妇 Marie Jean du Barry 制作了一尊蜡像，这尊仍在展览的蜡像是众多藏品中历史最悠久的一个。科特斯于 1770 年在巴黎创办了蜡像馆，当时吸引了大量观众。该展览在 1776 年转移到了巴黎的皇宫（Palais Royal）举办。1835 年，杜莎夫人 74 岁高龄时，在伦敦贝克街（Baker Street）设立了一座永久性的展馆.

31. Stonehenge—— 巨石阵,位于英格兰威尔特郡索尔兹伯里平原,是欧洲著名的史前时代 文化神庙遗址,大约建于5000年前,属新石器时代末期至青铜时代。

32. The London Eye——伦敦眼是伦敦最吸引游人的观光点,坐落在伦敦泰晤士河畔,是现在世界第二大摩天轮(仅次于坐落在中国南昌高160米的“南昌之星”摩天轮)。

Part Four Social Life

Chapter I The Family

知识要点

1. Marriage 婚姻
   - ◈ Age of marriage
   - ◈ Significance of marriage
   - ◈ Wedding ceremony
   - ◈ The newlyweds live separately from their parents in complete financial independence.
2. Change Values and Norms of the British Family 英国家庭价值和准则的变化
   - ◈ Rise of single person households
   - ◈ Living together without getting married
   - ◈ Illegal babies
   - ◈ single-parent family
3. Housing 住房
   - ◈ The first essential after marriage
   - ◈ Types of house
4. Meals 餐饮
   - ◈ cementing effect on family
   - ◈ Meals of a day
   - ◈ formal affairs
5. Clothes 服装
   - ◈ Man
   - ◈ Woman
6. Housework 家务
   - ◈ The wife usually does the housework.
   - ◈ Contents of the housework
7. Children 孩子
   - ◈ Number of the children
   - ◈ Daily life of children

注释

1. registry office—— 婚姻登记处。
2. mortgage—— 抵押,按揭购买。
3. afternoon tea—— 下午茶,喝下午茶的最正统时间是下午4点钟(就是一般俗称的 low tea）。据说下午茶起源于 17 世纪，特别到维多利亚时代更为流行。当时，英国上流社会的早餐都很丰盛，午餐较为简便，而社交晚餐则一直到晚上八时左右才开始，人们便习惯在下午四时左右吃些点心、喝杯茶。其中有一位很懂得享受生活的贝德芙公爵夫人安娜女士，每天下午她都会差遣女仆为她准备一壶红茶和点心，她觉得这种感觉真好，便邀请友人共享。很快，下午茶便在英国上流社会流行起来。现在下午茶是英国人（包括一些他国家）重要的饮食习惯，日常生活中的一种日常的休闲方式。

4. high tea——傍晚茶，也是较为正式的下午茶，点心和饮品比普通下午茶更丰盛，有时还有一些肉食。

Chapter Ⅱ Character and Manners

知识要点

1. Exclusiveness：the best-known quality 排外：最著名的性格
   - Special geographical location
   - The distinct development of its history
2. Conservativeness 保守
   - British people have been slow in adopting rational reforms.
   - British people do not accept change.
3. Politeness 讲究礼貌
   - consideration for others
   - table manners
4. Love of Privacy 酷爱隐私
   - lack of space
5. Stiff Upper Lip 冷淡与缄默
   - Meaning
   - They don't show their emotion and are cold to others.
6. Sense of Humor 幽默感
   - self-deprecating
   - Humour is highly valued.

注释

1. exclusiveness—— 排外性，
2. Stiff Upper Lip—— 不动声色，沉着不外露
3. phlegm—— 镇定，冷静。

Chapter Ⅲ Customs and Habits

知识要点

1. John Bull 约翰牛
   - Appearance of John Bull
   - the nickname for Britain

2. Talking about the weather 谈论天气
   - uncertainty of the weather
   - Safe topic
3. "Ladies First" 女士优先
   - Women are the equals of men.
   - It is polite.
   - They need protection.
4. Three "Don'ts" 三个禁忌
   - Don't jump the queue.
   - Don't try to bargain.
   - Don't ask a woman her age.
5. Three "INGS" 三个习惯
   - betting on horse racing and Bingo
   - Tipping
   - drinking beer, wine and tea
6. Three Royal Traditions 三个皇室传统
   - Playing the flute
   - The changing of the Queen's guard
   - Royal ceremony
7. Lavatory 卫生间
   - Literal meaning
   - Proper expressions
   - Different names

注释

1. John Bull—— 约翰·牛,英国人或英国的绰号。18 世纪时英国作家兼宫廷御医约翰·阿布什诺特(John Arbuthnot, 1667—1735),写了一本名为《约翰·布尔的历史》(*The History of John Bull*) 的书,书中的塑造了一个典型的人物形象:一个头戴礼帽,足蹬长靴,手持雨伞的矮胖愚笨的绅士,身边跟着一只牛头犬(bulldog),以来讽刺当时处于与西班牙作战的英国当局,和英国的好战政策。约翰·布尔的英语为 John Bull,而 Bull 在英语中是"牛"的意思,后来"约翰牛"成了英国或英国人的绰号。
2. tip—— 小费,服务行业中顾客感谢服务人员的一种报酬形式。源于 18 世纪英国伦敦,当时酒店的饭桌中间摆着写有"to insure prompt service(保证服务迅速)"的盘子。顾客将零钱放入盘中,将会得到招待人员迅速而周到的服务,后来人们把上面几个英文单词的头一个字母联起来就成了 tips,译为小费。

Chapter Ⅳ Holidays and Festivals

知识要点

1. Ways to spend holidays 度假的方式
2. Public holidays in Britain 英国的公假
3. Festivals in Britain 英国的节日

- Christmas
- Boxing Day
- Easter
- Good Friday
- Easter Sunday
- Easter Monday
- New Year's Day
- Guy Fawkes' Day
- April Fool's Day
- Birthday
- Remembrance Day

注释

1. New Year's Day——元旦，每年1月1日庆祝新的一年开始。人们举办各种各样的新年晚会，女王发表新年祝辞，各种教堂在除夕夜都做守岁礼拜。新年在苏格兰被称为“Hogmanay”（这是一个从未有过准确定义的词，意思是大年夜）。
2. St. Valentine's Day——情人节，每年2月14日，是3世纪殉教的圣徒圣华伦泰逝世纪念日。情人们在这一天互赠礼物，故称“情人节”。
3. St. Patrick's Day——圣帕特里克节，每年3月17日，是悼念爱尔兰的守护神圣帕特里克的节日。
4. Holy Saturday——圣星期六，是Easter的前一天。
5. Easter——复活节，一般在每年春分后月圆第一个星期天，约在3月21日左右。该节日是庆祝基督（Jesus Christ）的复活，过节时人们多吃复活节彩蛋（Easter eggs）。
6. Easter Monday——复活节次日，是Easter的第二天。
7. Good Friday——耶稣受难日，复活节前的星期五，教堂举行仪式纪念耶稣受难。在英国这一天是公假，人们吃传统的热十字糕（hot cross buns）。
8. Ascension Day——耶稣升天节，是Easter第40天之后的星期四，也称为Holy Thursday。
9. Pentecost——圣灵降临日，是Easter后的第7个星期天，也称为White Sunday。
10. April Fool's Day——愚人节，每年4月1日，该节日源自于庆祝“春分点”（vernal equinox）的来临，在4月1日受到恶作剧愚弄的人称为“四月愚人”（April Fools）。
11. Queen's Birthday——女王诞辰日，每年4月21日，该节日是庆祝女王的诞辰。
12. May Day——五月节，每年5月1日，该节日是迎接春天的祭典。
13. Commonwealth Day——英联邦纪念日，每年5月24日，该节日出自于庆祝维多利亚女王的生日。
14. Queen's Official Birthday——女王法定诞辰日，英国在6月10日或前一个星期六放假，以取代4月21日女王的生日。
15. Orangemen's Day——奥兰治节，每年7月12日爱尔兰庆祝的一个宗教节日。
16. Michaelmas——米迦勒节，每年9月29日。

17. Halloween——万圣节前夕，每年10月31日，孩子们化装成鬼尽情嬉笑、玩耍、吓唬别人。
18. All Saints' Day——万圣节或众信徒日，每年11月1日，该节日是纪念殉教者之灵。
19. Guy Fawkes' Day——烟火节，时间为每年的11月5日，为纪念火药阴谋案(Gunpowder Plot)举行的群众性庆祝活动。现在此事件的历史意义已经淡忘，当晚的活动实际已变成篝火夜或烟火狂欢节。
20. Armistice Day——休战纪念日，每年11月11日，为纪念二次世界大战中死难者。
21. Christmas Day——圣诞节，每年的12月25日，基督徒庆祝耶稣诞生的日子，是英国最大的节日。圣诞期间人们不仅能经常看到圣诞老人(Santa Claus 或 Father Christmas)，而且还能吃到圣诞正餐(Christmas dinner)和圣诞布丁(Christmas Pudding)，亲手装饰圣诞树，尽情欢度圣诞夜。
22. Boxing Day——节礼日，每年的12月26日，圣诞节次日或是圣诞节后的第一个星期日，是在英联邦部分地区庆祝的节日，通常英国商家都会在这一天开始打折，因此这天也是人们抢购便宜商品的好时机。这个名词出现于中世纪，当时圣诞节前教堂门口放置捐款箱(Christmas Box)，圣诞节过后工作人员打开箱子，将募得款项捐给穷人因此称为节礼日。节礼日曾一度销声匿迹，直到19世纪才再度风行，英国皇宫贵族及贵妇，习惯将赐予仆人的礼物用盒子包起来，到12月26日那一天送给他们，作为圣诞节前辛勤工作的奖励。另一种说法是佣人在圣诞节后一天放假，因此主人准备礼盒在他们启程回家前作为答谢。尽管现在雇用仆人的家庭大为减少，但有些地区至今仍保留圣诞节赠礼给服务业的习惯。
23. Childermas——婴儿殉教日，每年的12月28日，纪念殉教幼儿的日子，也称 Holy Innocents' Day。
24. Bank Holiday——银行假日，和欧洲其他国家相比，英国的公共假日相对较少。通常，这些公共假日也被称为"银行假日"，因为银行在假日中会关闭，暂停所有交易。如今，英格兰、威尔士和苏格兰共有8个永久性"银行假日"，北爱尔兰则有10个。传统上讲，许多商店在"银行假日"都会歇业，让员工和家人一起休息或出门度假。但现在，除银行之外，大多数商店在"银行假日"会照常营业，圣诞节除外。在"银行假日"工作的人工资会较平日增加，有时会是平日的双倍。

Chapter Ⅴ Incomes and Social Benefits

知识要点

1. Incomes Conditions in Britain 英国的收入状况

◈ working week

◈ The principle of equal pay for equal work
◈ Wages earner and salary earner
◈ National Insurance and Income Tax
◈ High wages and high living standard

2. Income and Expenditure 收入和花销
◈ Income sources
◈ Income and expenditure conditions

3. Pensions 福利
◈ Occupational Pension
◈ Person Pension：private pension
◈ State Pension
◈ Pension Credit
◈ Over 80 Pension
◈ Stakeholder Pension
◈ Minor pensions

注释

1. National Insurance—— 国家保险。
2. Income Tax—— 收入所得税。
3. Occupational Pension—— 职业养老金。
4. Personal Pension—— 个人养老金。
5. State Pension—— 国家养老金。
6. Pension Credit—— 退休津贴。
7. SERPS—— State Earnings Related Pension Scheme,国家收入关联养老金计划。
8. Stakeholder Pension——养老金,一种金额较低,由个人到相关的商业金融服务公司或保险公司购买的养老保险金。
9. Widow's benefit—— 寡妇抚恤金。
10. death grant——指给死者受益人的抚恤金。

Chapter Ⅵ Religion in Britain

知识要点

1. Three main world religions 世界三大宗教
◈ Buddhism
◈ Christianity
◈ Islam

2. British Worship 英国人的宗教信仰
◈ The Anglican Church：Church of England
◈ The Free Churches
◈ The other Religious Denominations

3. The Tendency and Main Features 英国宗教的趋势和主要特点
◈ Unity Among the Churches

- Co-operation Among the Churches
- More Social
- Up-to-date
- No "Christian" political Party
- A Wide-spread Interest in Religion

4. The situation of the religion in Britain 英国宗教现状
   - an increasingly less important role in the social life
   - much significance in literature and art and in western civilization

注释

1. Buddhism, Islam and Christianity ——佛教,伊斯兰教和基督教,这是世界三大宗教。佛教于公元前6—5世纪由北天竺迦毗罗卫国(今尼泊尔境内)国王的儿子悉达多·乔答摩(即释迦牟尼)所创立。基本教义有"四谛"、"六道轮回"等。佛教主要分布于亚洲南部和东部各国。伊斯兰教于公元7世纪初由阿拉伯半岛麦加人穆罕默德所创立。其教义主要有:信仰安拉(Allah,真主)是唯一的神,穆罕默德是安拉的使者,信《古兰经》(Qu'ran)是安拉"启示"的经典。伊斯兰教主要分布于西亚、北非和东南亚各地。基督教相传由耶稣基督于公元1—2世纪创立并形成于罗马帝国。以《圣经》(《旧约全书》、《新约全书》)为基本经典。该教宣称:世界是"上帝"创造并主宰;人类从始祖起便都"犯了罪",并在"罪中受苦",只有信仰上帝及其儿子耶稣基督才能得到"赦罪"和"拯救"。早期的基督教反映了当时有些奴隶和贫民在奴隶制度压迫下深感痛苦但又觉自己无力改变现状的思想面貌。随着罗马帝国加紧对内压迫和对外侵略,阶级矛盾和民族矛盾日益激化,罗马帝国统治者为了便于从精神上控制被压迫人民和被征服民族,终于对基督教采取控制利用政策,竭力加以扶植和发展,并于公元4世纪定为国教。在中世纪,随着封建制度的发展,基督教会成为欧洲封建社会的主要支柱,并把意识形态的其他一切形式——哲学、政治、法学等都置于基督教神学的控制之下,对人民和进步科学家进行残酷迫害。1054年东西教会大分裂,东部称"正教"(即东正教),西部称"公教"(即天主教)。16世纪,西部教会在欧洲宗教改革运动中,产生了代表新兴资产阶级利益的一些新教派,称为"新教",后又不断分化,形成派系繁多的小教派。
2. Mecca ——麦加,沙特阿拉伯城市,人口约18万,商业较发达,为沙特阿拉伯贸易和政治中心之一。该城曾是古代东西商道经由阿拉伯半岛的要镇和半岛多神教中心。公元7世纪初穆罕默德在此创立传播伊斯兰教,城内有许多宗教古迹,为伊斯兰教的主要圣地,每年世界各地的穆斯林来此朝觐。
3. Holy Spirit ——圣灵。基督教称"上帝"是"三位一体",上帝只有一个,但包含圣父、圣子、圣灵三位。
4. Jesus Christ ——耶稣基督。Christ(基督)来自希腊文 Christos,其含义相当于犹

太教名词希伯莱文 mashiah（弥赛亚）。弥赛亚原意为“受膏者”。古代犹太人封立君王、祭司等职位时，常举行在受封者头上敷膏油的仪式，故君王等有“受膏者”之称。基督教产生时期，犹太人中流行一种说法，称上帝将派遣一位弥赛亚来作犹太人的“复国救主”。基督教借用此说，声称他们所宣传的耶稣（Jesus）就是弥赛亚，即基督，不是“复国救主”，而是“救世主”。基督是基督教加于耶稣头上的称号。相传耶稣是基督教的创始人，但文献和历史资并没有关于耶稣的任何记载。根据《圣经》故事推算，耶稣出现在公元1世纪初期。《圣经》宣称：耶稣是上帝的独生子，为拯救人类，降世为人，是“救世主”。耶稣生于犹太伯利恒，召了12个门徒，传教于犹太各地；后为犹太教当局拘送罗马总督彼拉多，钉死在十字架上，死后“复活升天”。

5. Gentile—— 异教徒；不信犹太教的人。
6. Holy Bible ——《圣经》，犹太教和基督教的经典的总称。犹太教的《圣经》分为“律法书”、“先知书”、“圣灵”三部。主要内容为：关于上帝创造世界和人类始祖的神活；古代犹太人的传说故事、法典、宗教规条；宗教政治论述；诗歌、格言以及其它宗教文艺作品。各卷大约于公元前5世纪至公元前2世纪出现，公元1世纪末大致定型。原文为希伯莱文。基督教的《圣经》包括《旧约全书》（Old Testament）和《新约全书》（New Testament）。《旧约全书》即犹太教的《圣经》，是基督教从犹太教传承下来的。《旧约全书》文学价值极高，是西方文化的源泉之一。《新约全书》包括《福音书》、《使徒行传》、《使徒书信》和《启示录》。主要内容为关于传说中的耶稣的故事和说教，“使徒”们的故事以及借他们之名阐述的教义等。各卷大致于1世纪下半叶至2世纪下半叶陆续形成，原文为希腊文。在中世纪欧洲，《圣经》词句在各法庭中都具有法律效力。《圣经》对西方文化的影响是巨大的。
7. Catholicism—— 天主教。
8. The Orthodox Eastern Church—— 东方正教，简称东正教。
9. Anglican Church—— 英国国教会，即 the Church of England，亦称英国圣公会。
10. Primate——大主教。
11. Nonconformist——不信奉国教的教徒。
12. the Methodist——卫理会。
13. the Congregational——公理会。
14. the Baptists——浸礼会。
15. Quakers——贵格会，公谊会。
16. the Presbyterian Church——长老会。
17. the Pentecostal Church——降灵节会。
18. the Salvation Army——救世军会。
19. Protestantism ——新教，基督教的一派，与天主教、东正教并称为基督教三大派别。

20. the Calvinist doctrine ——加尔文教教义，指 16 世纪欧洲宗教改革运动时期，由加尔文所倡导的基督教新教教义。加尔文(Jean Calvin)是 16 世纪欧洲宗教改革家，法国人。早期在法国和德国活动，提倡宗教改革；后得到瑞士日内瓦资产阶级支持，在日内瓦推行他的主张。他在日内瓦建立的新教教会，废除主教制度，代之以资产阶级共和制的长老制度，使教会实权不再为封建领主所控制，而为资产阶级所掌握。

Part Five Political System

Chapter Ⅰ The Monarchy

知识要点

1. Features of the British Monarchy 英国君主制的特点
2. History of the British Monarchy 英国君主制的历史
3. Crown's constitutional rights 君主的政治权利
4. Real importance of the British Monarchy 英国君主的真正重要性
5. The present sovereign：Queen Elizabeth Ⅱ 当前统治者：伊利莎白二世
6. The real controller of Britain 英国的真正统治者

注释

1. the Judiciary—— 司法部门。
2. The Constitutional Monarchy ——君主立宪制。英国的政治制度是君主立宪制，女王只是名义上的国家元首，实权掌握在首相及其内阁手中。
3. Duke of Edinburgh ——爱丁堡公爵，当今英国女王伊丽莎白二世的丈夫菲利浦。他生于 1926 年，曾服役于英国皇家海军，1947 年与当时伊丽莎白公主结婚。
4. Her Majesty—— 女王陛下。
5. the Crown——王位。
6. Cabinet ——内阁，其成员由首相选定，为政府主要部门的部长，一般是 20 名左右。首相及其内阁成员决定政府的政策，履行政府的各项重要职能。

Chapter Ⅱ Parliament

知识要点

1. Basic features of the British Parliament 英国议会的基本特征
   - Three elements：the Crown，the House of Lords，the House of Commons
   - The official head of Parliament：the Queen

❖ Function of the Parliament：“the legislature”
2. The process of law-making in Britain 英国的立法过程
3. The House of Lords 上议院
❖ History　❖ Features
❖ Functions：no real power in preventing the passing of laws
4. The House of Commons 下议院
❖ Features　❖ Question Time
❖ Functions

注释

1. the House of Commons——下议院，又称为 Lower House。
2. the House of Lords——上议院，又称为 Upper House。
3. Three readings—— 三读，英国议会对议案实行“三读”通过制。把一项议案提交给议会的过程称为“一读”（first reading）；经过辩论修改，在提交给全体议员表决的过程为“二读”（second reading），然后再次协商和修改定稿，第三次提交给全体议员表决称为“三读”（third reading）。“三读”通过后转交给上议院以同样的方式审议，获得通过后呈女王批准。
4. a rest house of the retired in political circle—— 政界退休人士养老院。
5. The titles of nobilities—— 贵族封号，英国实行又高到低的五个贵族封号，即 Duke（公爵），Marquis（侯爵），Earl（伯爵），Viscount（子爵），Baron（男爵）。中文的翻译是参考中国封建社会曾经使用过的爵位。Lord 一词现在通常被用来代表5个贵族封号，不再细分等级，译成汉语时为“勋爵”，Baronet 译为“准男爵”，而 Sir 则译成“爵士”，此封号不可世袭。
6. the Opposition ——反对党，指英国两党制中在野党。反对党常常批评政府的政策或提出建议。英国的政治家们认为，反对党的存在正体现了英国社会制度的民主。
7. Question Time ——下院质询时间。议员们从周一～周四，每天有一个小时向部长们提出问题，进行质询。
8. Speaker—— 又称为 President of the Chamber，下议会议长。
9. M. P. —— Member of Parliament 议员。

Chapter Ⅲ The Government

知识要点

1. Basic information of British government 英国政府的基本信息
❖ the supreme administrative institution
❖ the collective name
❖ The Cabinet is the core of leadership

◈ two parts- central government and local government

2. Central Government 中央政府
   - ◈ The Privy Council
   - ◈ The Prime Minister
   - ◈ The Cabinet
   - ◈ The Department Working Personnel
3. Local Government 地方政府
   - ◈ Formation
   - ◈ Income
   - ◈ The local government has limited powers—reason
   - ◈ Issues connected with local government

注释

1. the Privy Council ——枢密院,在历史上指英国国王的私人顾问委员会。它一度权力很大,但是自从17世纪中叶开始丧失它的司法、政治职能以后,就不再是一个有活力的机构。现代的枢密院只有为了做正式决议才举行会议。从乔治一世继位时起,枢密院成为一个纯属礼仪性的机构。到1993年,它的成员超过400人,大多是当时或以前在政治、司法或宗教界身居高位的显贵,间或也有几位科学文化界的知名人士。
2. the Lord President—— 枢密院大臣。
3. Shadow Cabinet—— 影子内阁,由于执政党的内阁随时都有可能因为议会通过不信任案而导致内阁辞职,在野党也随时都有可能上台执政,因此英国的在野党总要形成一个"影子内阁",以来随时准备上台执政。"影子内阁"的负责人一般就是在野党的领袖,还有负责各部事务的发言人(Speaker),一旦上台执政,这些发言人就成为政府各部的负责人。
4. No. 10 Downing Street ——唐宁街10号,首相官邸。唐宁街位于伦敦中部,唐宁街11号是财政大臣官邸,所以唐宁街常被用来作英国政府的代名词。
5. the Civil Service Commission——民事委员会。
6. Metropolitan county—— 都市县。英国政府实行三级政府制度(three-tier government),即中央政府、县、区三级。就其行政划分来看,英国的县高于市。都市县就是以市为主体构成的县,是工业人口高度集中的县。

Chapter Ⅳ Parties and Elections

知识要点

1. Parties and the Two-party System 政党和两党制
   - ◈ Major parties
   - ◈ Reasons of the two-party system
   - ◈ History of the two-party system
2. The Features of the Parties 政党的特点
   - ◈ The Conservative Party
   - ◈ The Social Democratic Party
   - ◈ The Labour Party
   - ◈ The Liberal Party

◈ The Communist Party

4. Elections 选举

◈ Features

◈ Range of the right to vote

◈ Disadvantages of two party system

注释

1. Edward Heath ——爱德华·希思，保守党党员，1970—1974 任英国首相。
2. the Social Democratic Party—— 社会民主党。
3. the Boer War ——布尔战争，指 1899—1902 年间英国与南非的两个共和国德兰士瓦（Transvaal）和奥兰治自由邦（Orange Free State）之间的战争，布尔战争之后皆沦为英国殖民地。
4. the Morning Star——《晨星报》。
5. the Ulster Unionists——北爱尔兰联邦党成员。北爱尔兰联邦党一直活跃 在北爱尔兰。它的大多数支持者是新教教徒（Protestants），他们希望北爱尔兰永远是联合王国的一部分。1920 年，当北爱尔兰和爱尔兰共和国完全分成不同的国家时，北爱尔兰联邦党便成为北爱尔兰的主要政党。
6. returning officer—— 一个地区负责选举的官员。

Chapter Ⅴ The Judiciary

知识要点

1. Basic information 基本信息

◈ The House of Lords is in the supreme executive body of the law

◈ Lord Chancellor

◈ No civil code and criminal code

2. British Law 英国法律

◈ Statutes or Acts of Parliament

◈ Common law

◈ Precedents, previous court decisions, interpreted in authoritative legal textbooks

3. The Judicial organizations 司法机构

◈ The central courts

◈ Civil Courts

◈ The local courts

◈ the Criminal Courts

5. The Jury 陪审团

◈ Function

◈ Member of the jury

6. The Lawyers and Policemen 律师和警察

◈ Two kinds of lawyers：barristers and solicitors

◈ Organizations of the British policemen

◈ Scotland Yard

注释

1. Lord Chancellor—— 大法官兼任上议院议长。
2. Attorney General—— 总检查长。
3. Solicitor General——副检查长。
4. Minister of Justice—— 司法部长。
5. High Court of Justice——高等法院。
6. Court of Appeal——上诉法院。
7. Central Criminal Court——中央刑事法院。
8. Civil Court——民事法院。
9. Court of Criminal Appeal—— 刑事上诉法院。
10. the jury ——陪审团,这是英国历史上是伴随着 Common Law (《普通法》)而形成的一种法律制度。在这种制度下,有一批非专业人员在很大程度上参与解决诉讼案件,被告是否有罪不是法官判定而是由和被告平等的公民代表决定。在传统上,陪审团的组成人员为 12 人,当陪审员是公民的义务,并不是每个公民都想干着个差事,所以只有抓阄(by lot)决定。辩方和控方律师都有权盘问陪审员,如果陪审员与案件有利害关系则必须退出陪审团。
11. barrister——又称 counsel,出庭律师或高级律师,有资格代表原告、被告参加法庭辩论。
12. solicitor—— 初级律师或文案律师,只能提供一般法律咨询服务,准备法律文件,但没有资格参加法庭辩论。
13. the Four Inns of Court—— 伦敦四个律师协会(Inner Temple, Middle Temple, Lincoln's Inn, Gray's Inn),在英国律师属于自由职业,只有四个律师协会才有权确认一个人是否具备律师资格,政府不介入资格考评。
14. Law Society—— 律师协会。
15. Scotland Yard ——苏格兰场或苏格兰大院,是伦敦的一处建筑,原是接待苏格兰王室人员在伦敦下榻的地方,因此得名。后来改为伦敦警察总部,也曾是伦敦警察局刑侦部所在地,因此在侦探小说中经常出现而全世界闻名。

America（美国）

Part One Geography

Chapter Ⅰ A General Introduction to Physical Geography

知识要点：

1. Location of America 美国的地理位置
2. Three Geographical Divisions 三大地理区域
   - The eastern part
   - The great central plain
   - The western part
3. The Three Major River Systems 三个主要河流体系
   - The system of the gulf：the Mississippi River
   - The system of the Atlantic
   - The system of the pacific
   - Great Salt Lake
   - The five Great Lakes
   - Niagara Falls
4. Climate 气候
   - Features
   - Weather conditions of different parts
5. Natural Resources 自然资源
   - Rich in deposits，forestry，water power
6. Changes of the Territory 领土的变化

注释

1. Gulf of Mexico——墨西哥湾。位于北美洲东南部边缘，形状扁圆形，因濒临墨西哥，而得名墨西哥湾。海湾的东部与北部是美国，西岸与南岸是墨西哥，东南方的海上是古巴。面积约 150 万平方公里。平均水深约 1500 米，最深处超过 5000 米。
2. Appalachian Range——阿巴拉契亚山脉，位于美国东部，是北美洲东部的一座山系，它南起美国的阿拉巴马州，北至加拿大的纽芬兰和拉布拉多省，连绵数千公里。是大西洋海岸平原与内陆中部平原的分界。
3. Piedmont Plateau—— 皮得蒙特高原。
4. Appalachian Plateaus——阿巴拉契亚高地。是美国著名的煤产区。南段各河上游水力资源丰富。自然风光优美。

5. Atlantic Coastal Plain——大西洋沿海平原。

6. Fall Line—— 瀑布线。

7. Great Cordillera Range—— 科迪勒拉山系，科迪勒拉山系纵贯南北美洲大陆西部，北起阿拉斯加，南到火地岛，绵延约 1.5 万千米。

8. Coast Range—— 海岸山脉。美国西海岸一带低而平缓的山脉，这里林木茂盛，有一些深水良港。

9. Cascades—— 喀斯科特山脉。

10. Rocky Mountains—— 落基山脉，是美洲科迪勒拉山系在北美的主干山脉，由许多小山脉组成，被称为“北美洲大陆的脊骨”（the Backbone of the Continent），从阿拉斯加到墨西哥，南北纵贯 4500 多公里，东西最宽处达数百千米。高峰终年积雪，山坡生长茂密的森林，山谷宽广，矿藏丰富，使美国最好的旅游胜地之一。

11. Yellowstone National Park ——黄石国家公园，美国的著名国家公园之一，世界著名游览胜地之一。位于西部北落基山和中落基山之间的熔岩高原上，绝大部分在怀俄明州（Wyoming）的西北部。海拔 2134 ~ 2438 米，面积约 8956 平方公里。黄石河、黄石湖纵贯其中。园中还有峡谷、瀑布、温泉以及间歇泉等，景色秀丽，引人入胜。其中尤以“老忠实泉”（Old Faithful）最著名。园内森林茂密，还牧养了一些残存的野生动物，如美洲野牛等，供游人观赏。园内还设有历史古迹博物馆。

12. Old Faithful——“老忠实泉”，黄石公园中最著名的喷泉，因每隔 73 分钟喷一次，喷出的泉水柱可高达 100 公尺，非常准时，因而得“老忠实泉”一名。

13. Grand Canyon——大峡谷，位于美国亚利桑那州西北部科罗拉多河，是世界一大奇观。这个大峡谷由一系列迂回曲折、错综复杂的山峡和深谷组成。气势雄伟，崖壁陡峭。从亚利桑那州北界附近的大理石峡至内华达州边界附近的大沃什崖，长约 350 公里，峡宽 6 ~ 29 公里，最深达 1620 米，最壮观之处划为“大峡谷国家公园”，长 90 公里，河流在其中曲折穿行 169 公里。峡谷一般呈红色，但不同的岩层，颜色迥异：上层呈浅黄、灰白、鲜绿和粉红色；深层呈棕、褐、暗灰和绛紫色，色彩斑斓，美不胜收。每年从世界各地来参观游览的人数达 200 万。

14. Great Basin—— 大盆地。

15. Hells Canyon—— 地狱谷，位于俄勒冈州与爱达荷州之间，是美国最深的峡谷。

16. Snake River—— 蛇河。

17. Yosemite National Park——优胜美地国家公园，为美国加利福尼亚州中部山地风景区，1864 年辟为州立公园，1890 年成为国家公园，占地 308 106 公顷。公园包括默塞德河的约塞米蒂谷，大片红杉林，有些树龄达数千年，成为树林奇观。

约塞米蒂谷有陡立石壁、约塞米蒂瀑布群、巨大穹丘和峰峦等景观。

18. Sierra Nevada—— 内华达山脉，科迪勒拉山系西部山脉的组成部分。

19. Death Valley—— 死谷，美国加利福尼亚州东部靠近内华达州的一条狭长的谷地，南北走向，长约225公里，宽约3000米，最低处低于海平面85米，是美国最干燥，最炎热和最低的地区。1849年爆发"淘金潮(the Gold Rush)"，很多人从东部涌向加利福尼亚，由于旧金山东面有大山的阻隔，很多人试图绕到南部再转向北部区旧金山一带。有些人通过这个谷地时干渴而死，因此得名。

20. Central Plain——中央大平原，或密西西比河平原(the Great Mississippi River Valley)，位于阿巴拉契亚山脉和落基山脉之间，北至加拿大，南到墨西哥，南北长2000多公里，东西宽也近2000公里，面积约占美国领土面积的1/2，极为辽阔。密西西比河由北向南流经该平原，使中部平原成为了"美国的粮仓(the Barn of American)"或"美国的食品篮子(the Foodbasket of America)"

21. Central lowlands—— 中央低地。

22. Gulf Plains—— 滨海平原。

23. Black Hills—— 布莱克丘陵。

24. Mount Rushmore National Memorial—— 拉什莫尔山国家纪念像，是世界上最大的人面雕刻之一，刻的是4位曾对美国独立和发展做出卓越贡献的总统，从左至右这四位总统是：乔治·华盛顿、托马斯·杰斐逊、西奥多·罗斯福和亚伯拉罕·林肯，这4位人面雕像与山峰浑然一体，十分壮观，游人来此无不肃然起敬。纪念像在美国南达科他州境内西南部拉皮德城西南方的拉什莫尔山东南坡上部，是由雕刻家兼画家格曾·博格勒姆(Gutzon Borglum)雕刻的，于1941年完成，前后历时达14年之久。拉什莫尔山又被称为"总统山"。

25. Crazy Horse Memorial—— 疯马酋长纪念雕像，是为了纪念19世纪一位誓死不向欧洲殖民者割让一寸土地的印第安苏族酋长而修建，"疯马"是这位酋长的别名。1939年，苏族酋长贝尔邀请著名雕塑家焦乌科夫斯基(Ziolkowski)为"疯马"塑像。焦乌科夫斯基提出了一个劈山雕像的宏大计划，"疯马"骑在一匹马上，胳臂所指乃是昔日印第安人的家园。1948年6月3日，"疯马"雕像工程正式动工。焦乌科夫斯基将余生的心血都倾注在"疯马"上，并拒绝政府资助。他认为，如果由政府来做的话，设计方案肯定会遭到修改。1982年，焦乌科夫斯基抱憾离世。他的妻子和7个孩子继续这一工程。1998年，在工程50年纪念日之际，"疯马"的脸庞正式面世，巨大坚挺的鼻子和刚毅自信的嘴清晰可见，双眼炯炯有神。脸部完成后，工作重点转向足有22层楼高的马头上。

26. Mississippi River——密西西比河，美国和世界著名大河。"密西西比"源自印第安语，意为"大河"，该河发源于北部靠近加拿大国境的伊塔斯卡湖(Itaska)，向南流过中部平原，注入墨西哥湾。密西西比河全长6020公里，支流遍及从阿巴拉契亚山脉到落基山脉之间的21个州，流域面积约322万平方公里。其中支流中 40 多条河可航水路,通过运河与五大湖相通,是美国内陆水路的大动脉,在美国早期开发西部进程中起很大作用,被美国人称为"河流之父(Father of Waters)"或"老人河(Old Man River)"。

27. the Missouri—— 密苏里河,密西西比河最长的支流,源自美国蒙大拿州的落基山,自西向东汇入密西西比河,全长 2300 公里。密苏里河流域气候比较干燥,河水携带泥沙较多。
28. the Ohio—— 俄亥俄河,发源于五大湖区,由东北向西南注入密西西比河,全长约 1600 公里。俄亥俄河流经雨量丰沛美国东部,河水清澈。
29. Hudson River—— 哈得森河,在纽约州境内,全长 507 公里,注入大西洋。哈得河通过一条运河与五大湖之一的伊利湖相通,该河流因此曾是美国最重要河,最繁忙的航道之一。纽约市中心的曼哈顿岛就是哈得森河河口的一个岛。
30. Potomac River——波托马克河,位于美国的东部,发源于阿巴拉契亚山脉,由西向东注入大西洋,全长约 700 公里。美国刚建国时只有沿大西洋沿岸的 13 个州,当时这条河被认为是美国南、北部的分界。
31. Columbia River—— 哥伦比亚河,是北美洲注入太平洋的第一大河,全长约 1954 公里,发源于加拿大的哥伦比亚山,向南进入美国,经华盛顿和俄勒冈州,向西注入太平洋。
32. Colorado River—— 科罗拉多河,美国南部的一条大河,源于落基山脉,流向西南,注入加利福尼亚湾,全长 2300 多公里,对美国西南部的发电和灌溉起到重要作用。
33. Niagara Falls ——尼亚加拉瀑布,世界著名瀑布之一。在北美五大湖伊利湖与安大略湖之间尼亚加拉河上,落差 51 米,宽 1240 米,水势澎湃,声闻数里,冬日,附近草木岩石由水沫结冰饰以银装,被称为天下奇景。尼亚加拉河中的山羊岛(Goat)把瀑布分为东西两部,东属美国,宽约 300 米,名为亚美利加瀑布;西属加拿大,宽约 800 米,呈半环状,名马蹄铁瀑布(Horseshoe Fall)。游人可站在山羊岛崖边俯看,也可站在加拿大对岸观看,如乘船仰望,更令人惊心动魄。
34. Rain-fall Line——降雨线。
33. European War——此处"欧洲战争"指法国大革命时期拿破仑的对外战争。

Chapter Ⅱ Population

知识要点

1. The Composition of American Population 美国人口的构成
   - complex composition
   - The Indians
   - Asians
   - "Melting Pot"
2. The uneven Distribution of Population 美国人口分布不均
   - Four densely-populated areas

注释

1. Puerto Ricans—— 波多黎各人。
2. Philippines—— 菲律宾人。
3. Potato famine—— 土豆饥荒，18 世纪 40 年代，爱尔兰还完全处在英国统治之下，当时英国已向工业化和城市化迅速发展，爱尔兰仍处于农耕时代，绝大多数人依靠土豆生存。40 年代末，土豆爆发病虫害，连年欠收，英国政府却不予救济，结果造成一次规模空前的大饥荒，一百万人饿死，20% 的爱尔兰人口逃离家园，迁往新大陆。
4. Indian Reservations ——印第安人保留区。印第安人是北美洲土著居民。哥伦布发现新大陆后，随着欧洲殖民者的大批涌入，土著印第安人被驱赶到贫脊荒凉的山地和沙漠区域。至今美国仍有不少"印第安人保留区"，在这些保留区内，印第安人仍保持着自己的文化传统和生活习惯，与现代化的美国都市形成鲜明的对比。
5. "Melting Pot" ——"熔炉"，比喻来自不同国家和具有不同文化背景的移民，经过吸收同化和融合而形成一个新的民族，并产生出一种新的民族文化。

Chapter Ⅲ The Fifty States

知识要点

1. The New England 新英格兰地区
   - ❂ Six states
   - ❂ Industries
   - ❂ Main cities：Massachusetts，Boston
   - ❂ Rhode Island：the smallest state
2. The Middle Atlantic Region 大西洋中部地区
   - ❂ Six states
   - ❂ Importance of this region
   - ❂ Industrial Northeast
   - ❂ Rich in minerals
   - ❂ Agriculture
   - ❂ Important cities：New York City
3. The South Region 南部地区
   - ❂ Eleven states
   - ❂ Sunny South
   - ❂ Agriculture
   - ❂ Industry
   - ❂ Large cities：New Orleans，Atlanta
4. The Midwest Region 中西部地区
   - ❂ Eight states
   - ❂ Richest section
   - ❂ Excellent means of transportation
   - ❂ Agriculture
   - ❂ Industry
   - ❂ Important cities：Chicago，Detroit
5. The Region of the Great Plains 大平原地区
   - ❂ Six sates
   - ❂ Features
   - ❂ Important agricultural area
   - ❂ Important mineral area

6. The West Region 西部地区

- Three trips
- Mining area
- Location
- California
- Cattle and sheep raising area
- Principal cities：Los Angeles，San Francisco，Seattle，Salt Lake City

7. Alaska 阿拉斯加

- Location
- Economy
- Three parts
- Minerals

8. Hawaii 夏威夷

- eight major islands
- Pearl Harbor
- Climate
- Crops
- Honolulu

注释

1. New England ——新英格兰，指美国最东北部地区，包括 Maine，New Hampshire，Vermont，Massachusetts，Rhode Island 和 Connecticut 六州。1614 年为英国船长 John Smith 所命名，其居民被称为“新英格兰人（New Englanders）”。
2. Brooks Range—— 阿拉斯加州的布鲁克斯山脉。
3. Mount Mekinley——阿拉斯加州的麦金利山。
4. Honolulu ——火奴鲁鲁，也称檀香山，是美国夏威夷州的首府和良港，位于太平洋北部夏威夷群岛的瓦胡岛东南岸，是太平洋海、空交通枢纽。主要居住着日本人、波利尼西亚人、美利坚人、华人等。
5. Pearl Harbor—— 珍珠港，是位于美国夏威夷州瓦胡岛上的海港，港区掩蔽条件好，水域回旋余地大，是世界著名天然良港，因水域内曾盛产珍珠而得名。1898 年美国吞并夏威夷后，开始兴建大型海、空军基地。1908 年开始作为深水军港使用，也是美国海军太平洋舰队的总部所在地。
6. Guam—— Guam Island，关岛。太平洋马利亚纳群岛当中最大和最南端的岛屿，是美国在西太平洋的重要海军、空军军事基地，面积约 540 平方公里，人口约有 10 万。
7. East Samoa——太平洋中的岛群中的东萨莫亚群岛。
8. Puerto Rico —— 波多黎各，位于加勒比海西印度群岛中部，面积约为 10000 平方公里。1953 年联合国决议，波多黎各为美国的自由邦，居民对是否加入美国进行过辩论，并准备举行公民公决，一般认为，它最终会成为美国的第 51 个州。
9. Virgin Islands—— 维尔京群岛，加勒比海西印度群岛中的群岛，分为英属和美属两个部分。
10. the U. N. 's“Trust Territory”of the Marshall Islands——由美国管辖的联合国战

略托管地，由 2000 多个岛屿组成。托管地由马绍尔群岛，加罗林群岛和马里亚纳群岛组成。

Chapter Ⅳ The Development of American Economy

知识要点

1. Basic features of American Economy 美国经济的基本特点
   - highly developed
   - three stages
2. Reasons for it's fast development 快速发展的原因
   - Geographical reason
   - Social reason
   - Historical reason
   - Involvement of American Government
3. Agriculture 农业
   - Reasons of being one of the biggest agricultural country
   - Stages of its development
4. Industry 工业
   - Conditions
   - Stages of it's development
5. Recent Development 美国经济的近期发展
6. Potential problems 潜在问题

注释

1. Gross National Product——国民生产总值，即 GNP。
2. the Great Depression ——大萧条，指 1929 至 1933 年发生在北美洲、欧洲和世界其他工业化地区的经济衰退。美国的大萧条主要发生于 1929 至 1933 年间，使许多工厂倒闭，大批工人失业。
3. Keynesian Policy ——凯因斯经济政策，John Maynard Keynes 约翰 · 梅纳德 · 凯恩斯，英国著名经济学家、经济政策的制定者和评论家，有成就的金融家。详见上册第二编，第十一章，Britain after WW Ⅱ，注释 1。
4. President Carter—— 卡特总统，詹姆斯 · 厄尔 · 卡特（James Earl Carter）又称吉米 · 卡特(Jimmy Carter)，1924 年生于佐治亚州普兰斯。1974 年卡特宣布竞选总统，并轻易获得民主党提名。1977 年任美国第三十九任总统。在国内，卡特欲意实行行政和经济改革，但遭到国会的强烈反对。卡特的国内经济政策失误很多，因此被称为“通货膨胀总统(president inflation)”；在国际上，他强调人权，当政时期，把巴拿马运河的管理权交还给了巴拿马，实现了同中华人民共和国的关系正常化，中美两国正式建立了外交关系。1980 年争取连任落选。1982 年起在亚特兰大的埃默里大学任名誉教授。2002 年他获得诺贝尔和平奖。
5. Regan—— 罗纳德 · 威尔逊 · 里根(Ronald Wilson Reagan，1911—2004)，美国第 40 任总统（1981—1989）。历任总统之中，他就职年龄最大。他是历任总统中唯一一位演员出身的总统。他也是唯一一个被刺客子弹击中(1981 年 3 月 30

日)而得以存活的美国总统。在踏入政坛前,里根也担任过运动广播员、救生员、报社专栏作家、电影演员、电视节目演员、和励志讲师,并且是美国影视演员协会(Screen Actors Guild)的领导人。他的演说风格高明而极具说服力,被媒体誉为“伟大的沟通者”(The Great Communicator)。里根在1980年的大选中,以共和党候选人身份中击败了吉米·卡特,同时共和党在那年选举中也赢得了26年来首次在参议院过半数的席位。里根推行的经济政策被人称为“里根经济学”,将所得税降低了25%、减少通货膨胀、降低利率、扩大军费开支、减少政府对经济的干涉甚至撤销经济管制,以此让自由市场机制解决美国当时的经济问题。他在就职典礼那天说道:“政府并不是解决问题的方法,政府本身才是问题所在。”他在职期间使美国经济在历经1981—1982年的急剧衰退后,于1982年开始了非常茁壮的经济成长。里根的总统任期影响了美国20世纪80年代的文化,因此美国的80年代常被称为“里根时代”。

6. the Third Technology Revolution ——第三次技术革命。从20世纪四五十年代开始的新科学技术革命,以原子能技术、航天技术、电子计算机的应用为代表,还包括人工合成材料、分子生物学和遗传工程等高新技术。这次科技革命被称为“第三次科技革命”。第三次科技革命的出现,既是由于科学理论出现重大突破,科学技术的发展具备了一定的物质和技术基础;也是由于社会的需要,特别是第二次世界大战期间和战后各国对科学技术迫切需要的结果。
7. Microsoft—— 微软公司,是世界个人计算机(Personal Computer/ PC)软件开发的先导,比尔·盖茨是它的创始人。

Chapter Ⅴ The Main Cities

知识要点

1. Washington D.C. 华盛顿特区
   - ✧ The capital of the U.S.A.
   - ✧ Function in America as the capital
   - ✧ Location
   - ✧ places of interests
2. New York City 纽约
   - ✧ History
   - ✧ “The Big Apple”
   - ✧ The largest city and the chief port
   - ✧ Places of interests
   - ✧ Five boroughs
3. Chicago 芝加哥
   - ✧ second largest city in population
   - ✧ Importance
   - ✧ Location
   - ✧ Sears Tower
   - ✧ The working class here has a revolutionary tradition.
4. Los Angeles 洛杉矶
   - ✧ Location
   - ✧ Importance of the city

◈ Hollywood

5. Philadelphia 费城

◈ the birthplace of the nation ◈ Industry

◈ Independence National Historical Park

6. Detroit 底特律

◈ motor city ◈ Location

7. Houston 休斯顿

◈ Sixth largest city ◈ Industry center of the Southwest

◈ Location ◈ Space City of U. S. A.

8. San Francisco 旧金山

◈ Location ◈ Main industries

◈ The birthplace of the United Nations Organizations

9. Boston 波士顿

◈ Location

◈ important role in the American Revolution

◈ There are many universities and colleges

10. Pittsburgh 匹兹堡

◈ Location ◈ Industries

11. St. Louis 圣路易斯

◈ Location ◈ Industries

◈ importance in terms of geography

注释

1. Washington D. C. ——华盛顿特区，美国首都，全国政治中心。华盛顿不像伦敦、巴黎、东京那样喧闹繁华、拥挤嘈杂，它的环境非常幽雅、绿树成荫，花团锦簇，市区周围群山环绕，风景别致。整个城市以国会大厦为中心，可分为西北、东北、西南、东南 4 个区。市内的道路呈网络状，其中穿插着一些放射性大街与其交错，交叉处设置了 15 个广场。处在市中心的白宫与国会大厦是在同一轴线上，由宾夕法尼亚大街相贯通。白宫的正南方矗立着 169 米高的华盛顿纪念碑。
2. Capitol Hill——国会山，也就是通常说的国会大厦，指作为美国国会办公机构的建筑。它坐落在华盛顿特区国会山的顶部，国会大厦从外面看上部是一个大圆顶，顶上还有一尊自由女神像。国会山是华盛顿的中心点，同时又是华盛顿最美丽、最壮观的建筑。
3. National Mall——林荫绿带，位于华盛顿宪法大街与独立大街之间。
4. National Air and Space Museum—— 国家航空航天博物馆。
5. Wright Brothers—— 莱特兄弟，维尔伯 · 莱特（Wilbur Wright，1867—1912）奥维尔 · 莱特（Orville Wright，1871—1948）。他们兄弟俩聪明好学，从小就对

机械装配和飞行怀有浓厚的兴趣,原以修理自行车为生,从 1896 年开始,他们就一直热心于飞行研究。他们在 1903 年制造出了第一架依靠自身动力进行载人飞行的飞机,"飞行者"1 号。1906 年,他们的飞机在美国获得专利发明权。莱特兄弟飞行的成功,最初并没有得到美国政府和公众的重视与承认,直到 1907 年还为人们所怀疑;反而是法国于 1908 年首先给他们的成就以正确的评价,从此掀起了席卷世界的航空热潮。他们也因此终于在 1909 年获得美国国会荣誉奖。同年,他们创办了"莱特飞机公司"。莱特兄弟在公众面前的形象始终是一体的,他们共享发明成果和荣誉。威尔伯 · 莱特于 1912 年 5 月 29 日逝世,年仅 45 岁。此后,奥维尔 · 莱特奋斗 30 年,使莱特飞机公司成为世界著名飞机制造商,资金高达百亿美元。

6. Skylab Orbital Workshop——空中轨道工作室。
7. Lincoln Memorial—— 林肯纪念堂,位于华盛顿波托马克河东岸上,是一座用通体洁白的花岗岩和大理石建造的古希腊神殿式纪念堂。它是为纪念美国第 16 任总统亚伯拉罕 · 林肯而建造的。
8. Greek Parthenon——希腊帕台农神庙。
9. Athena——雅典娜女神。
10. Acropolis——古希腊的"卫城"。
11. Doric——陶立克式的(建筑)。
12. Ionic——爱奥尼亚式的(建筑)。
13. New York City ——纽约是美国最大、最繁华的城市,也是世界著名的大城市之一。纽约市区分为布隆克斯(Bronx)、布鲁克林(Brooklyn)、曼哈顿(Manhattan)、昆士(Queen's)、里士满(Richmond)等五个区,连同郊区,总人口达 1700 万。纽约市中心区曼哈顿岛,除了百老汇大街走向稍呈倾斜之外,其余的街道有 12 条是笔直的林荫大道,另外的 155 条则与这 12 条成直角相互纵横交错,形成棋盘状。市内摩天大楼林立,最著名的有帝国大厦(Empire State Building)、克莱斯勒大厦(Chrysler)、泛美大厦(Fan-American)、洛克菲勒中心(Rockefeller Center)及世界贸易中心(World Trade Center)。其中帝国大厦、世界贸易中心高 100 多层,直耸云霄,巍峨壮观。游客乘电梯可达其顶部,居高临下,俯视纽约的全城,别有一番情趣。纽约还是美国金融中心,华尔街的纽约股票交易中心世界闻名。
14. New York Stock Exchange—— 纽约股票交易所(NYSE),美国和世界上最大的证券市场,是个白手起家的典型。1972 年 24 个发起人还是在树下集合从事证券交易,后来进入室内。1817 年正式命名为纽约证券交易会,1863 年改名为纽约证券交易所。
15. World Trade Center—— 世贸中心,占地 16 英亩,是由七栋建筑所组成的建筑群,其中的双子大厦(Twin Towers)是两座外观相同,高 110 层的两座大厦。在

2001年的9.11恐怖事件被炸成一片废墟，留给美国人民一片伤痛。2006年4月，美国人决定重建世贸大厦。这座崭新的大厦建立在原来世贸大厦的遗址上，新楼被命名为“自由塔”，整个建筑由5座塔楼构成，其中主体建筑将达到70层，以532.8米的高度重登世界最高建筑宝座，成为纽约新的象征。

16. Empire State Building—— 帝国大厦，始建于1930年3月，是当时使用材料最轻的建筑，此大厦建成于美国经济大萧条时期，以仅仅不到2年的时间建成，因此成为美国经济复苏的象征，如今仍然和自由女神像一起成为纽约市永远的标志。在“9·11”事件之后又成为美国最高的建筑。

17. Rockefeller Centre—— 洛克菲勒中心，号称是20世纪最伟大的都市计划之一，这块区域占地22英亩，由19栋建筑围塑出来的活动区域，对于公共空间的运用也开启了城市规划的新风貌，完整的商场与办公大楼让使之成为继华尔街之后纽约第二个市中心(Downtown)。

18. Metropolitan Museum of Art—— 大都会艺术博物馆，美国最大的艺术博物馆，世界著名博物馆。

19. Guggenheim Museum—— 古根海姆博物馆，世界著名的私立现代艺术博物馆，是世界上最早在博物馆业引入和运用“文化产业”概念并在事业上获得巨大成功的博物馆。他们的运作方式被世人称为“古根海姆模式”。博物馆的奠基人所罗门·R·古根海姆(Solomon R. Guggenheim)出身于一个富裕的瑞士裔大家庭，他们家族主要是在19世纪美国采矿业中发家致富的。博物馆的建筑是纽约著名的地标建筑，由美国20世纪最著名的建筑师弗兰克·劳埃德·赖特(Frank Lloyd Wright)设计。

20. Bronx Zoo—— 布隆克斯动物园。

21. Greenwich Village ——格林威治村，是美国纽约市下曼哈顿居民区。原为殖民时期村庄。1910年后成为不信奉英国国教的作家、艺术家、大学生、风流名士和骚人墨客汇集之地。20世纪80年代建起高层公寓，大部分地段变成时髦的街区。格林威治村素以狭窄、弯曲的街道、老式的房子、外国餐馆、古玩店、实验剧场及标新立异的夜总会为特色。

22. The United Nations Headquarters ——联合国总部，包括：哈马舍尔德图书馆，联合国大会大厦，会议大厦，秘书长大厦等四幢大楼。1945年10月24日《联合国宪章》开始生效，联合国正式成立。随后由美国国会邀请，将联合国总部设在纽约市。后来美国财阀约翰·洛克菲勒用850万美元买了现在联合国总部这块矩形的土地，捐赠给联合国。美国政府贷款6500万美元，在7.3公顷的这块土地上，修建了联合国总部。

23. Sears Tower ——西尔斯大厦，美国芝加哥的一幢办公大楼，由西尔斯-娄巴克公司经营，有110层，高443米，1973年建成，是20世纪70年代世界最高建筑。

24. Hollywood—— 好莱坞，位于美国加利福尼亚州洛杉矶市市区西北郊，是洛杉矶的邻近地区，是世界著名电影工业中心之一。

25. Independence National Historical Park—— 国家独立历史公园，1948 年经美国国会决定，将费城的独立大厅（Independence Hall）以及周围的所有历史性建筑物建为国家独立历史公园。公园内保存有当年进行独立革命活动的场所、文物，独立后第一任总统和美国联邦议会厅，最早的哲学馆、图书馆、教堂等。

26. Independence Hall—— 独立大厅，是一栋用红砖建造的乔治王朝式二层楼房，建于 1732—1756 年间，曾为宾夕法尼亚州的议会厅；1774 年、1775 年第一次、第二次美洲大陆会议在此召开；1776 年 7 月 4 日，托马斯·杰斐逊执笔的《独立宣言》也在此通过。

27. Liberty Bell—— 自由钟，当时美洲的 13 个殖民地宣布脱离英国统治，独立建国时，就曾敲响了这口大钟，钟顶刻有“向全世界及其所有人民宣告自由”。

28. General Motors—— 通用汽车公司（GM），是全球最大的汽车公司，其核心汽车业务及子公司遍及全球。公司是由威廉·杜兰特于 1908 年 9 月在别克汽车公司的基础上发展起来的，成立于美国的汽车城底特律，现总部仍设在底特律。自 1931 年起成为全球汽车业的领导者，通用汽车旗下的轿车和卡车品牌包括：别克（BUICK）、凯迪拉克（Cadillac）、雪佛兰（Chevrolet）、GMC、通用大宇（GM DAEWOO）、霍顿（Holden）、悍马（Hummer）、欧宝（OPEL）、庞蒂亚克（PONTIAC）、萨博（Saab）和土星（Saturn）。

29. Ford—— 福特汽车公司，是世界最大的汽车企业之一。1903 年由亨利·福特先生创立于美国底特律市。现在的福特汽车公司是世界上超级跨国公司，总部设在美国密歇根州迪尔伯恩市。福特汽车公司旗下拥有的汽车品牌有阿斯顿·马丁（Aston Martin）、福特（Ford）、美洲虎（Jaguar）、路虎（Land Rover）、林肯（Lincoln）、马自达（Mazda）、水星（Mercury）和沃尔沃（或富豪轿车，Volvo）。

30. Chrysler—— 克莱斯勒，美国三大汽车公司之一，由沃尔特·克莱斯勒创建于 1912 年。

31. Manned Spacecraft Center—— 载人航天中心（MSC）。

32. South Meeting Hose—— 南区旧集会厅，此建筑建于 1729 年，1773 年的波士顿茶叶党（Boston Tea Party）就创立于此。当时他们要求“No tax，on tea！”

33. Paul River's Home—— 保罗·里维尔之屋，是波士顿最古老的私人住宅，建于 1680 年，在 1770 年的时候被里维尔买下。这位商人兼银匠是独立战争时期著名的爱国者与抗英英雄，共有 16 个子女，如今这里仍然完好地保留了他当年的生活用品。

34. Lexington—— 莱克星顿。详见第二编，第二章“The American War of Independence”。

35. Concord—— 康考德。详见第二编，第二章“The American War of Independence”。

36. Bunker Hill—— 邦克山,6 月 17 日,北美殖民地民兵在波士顿外围邦克山战斗中首战告捷,歼灭英军 100 于人。详见第二编,第二章“The American War of Independence”。
37. Harvard University—— 哈佛大学,详见第三编,第一章“Education”。
38. Massachusetts Institute of Technology—— 麻省理工学院,详见第三编,第一章“Education”。
39. Boston University—— 波士顿大学。创立于 1839 年,是全美第三大私立大学。

Part Two History

Chapter Ⅰ Colonization of North America

知识要点

1. The beginning of American history 美国历史的开端
   - ⯐ Time
   - ⯐ The Indians
2. The Discovery of America 美洲的发现
   - ⯐ Causes that led to the discovery
   - ⯐ The significance of the discovery
   - ⯐ The importance of the discovery
3. Colonization of North America 北美殖民
   - ⯐ The early explorer
   - ⯐ Colonial Life in General
   - ⯐ The Founding of the thirteen colonies

注释

1. Indians—— 印第安人,美洲最早的定居者。他们是来自亚洲的蒙古族的后裔,大约在 25000 年前,一群蒙古人度过白令海峡(Bering Strait)到达今天的北美阿拉斯加地区,从此他们在北美劳动并定居下来。印第安人经过 2 万多年的分化,产生了许多不同的民族和语言,发明过玛雅文字,对天文学研究的造诣也相当深,创造了辉煌的中美洲玛雅文明。在历史上印第安人曾建立过四个帝国,最重要的是中美洲的阿滋特克帝国和南美洲的印加帝国,为世界提供了玉米、番薯、西红柿、烟草、可可等作物。由于殖民者迫害、杀戮印地安人,毁灭了许多印地安文化,致使现在残存的古代文明材料已经不多。
2. Christopher Columbus—— 克里斯托弗 · 哥伦布,详见上册,第二编,第四章“Growth of Capitalism and the Rule of the Tudors”,注释 14.
3. Old World——旧大陆,美洲被发现后被命名为“新大陆”,在此之前被欧洲所知道的欧洲大陆就被称为“旧大陆”。
4. the Middle Ages ——中世纪,指欧洲封建社会时期,大约公元 5 世纪—17 世纪。

5. Amerigo Vespucci—— 亚美利哥 · 维斯普奇(1454—1512),与哥伦布同时代的意大利商人和航海家。他先后四次到达美洲,并确认哥伦布发现的这块土地不是亚洲的一部分,而是单独的新大陆。后来他的名字用来命名了这块新大陆"America",开始仅指南美洲,后来把北美洲也包括进去。
6. Genova——意大利港口城市热那亚。
7. San Salvador——中美洲的圣萨尔瓦多,现在是萨尔瓦多共的首都,全国最大城市和经济、文化中心。
8. Isthmus of Panama——巴拿马地峡。
9. Magellan ——麦哲伦,全名费迪南 · 德 · 麦哲伦(1480—1521, Fernando de Magellan),葡萄牙著名航海家和探险家。1480 年,麦哲伦出生于葡萄牙北部一个破落的骑士家庭里。1505 年参加莆萄牙海军去印度作战,后参加多次战役,因受伤终生跛脚。1517 年麦哲伦放弃葡萄牙国籍,转为西班牙国王查理一世服务。1518 年出任远征船队队长,先后为葡萄牙和西班牙航海探险。他从西班牙出发,绕过南美洲,发现麦哲伦海峡,然后横渡太平洋。虽在菲律宾被土著人杀害,他的船只继续西航回到西班牙,完成第一次环球航行,因此他被认为是第一个做环球航行的人。
10. Cape of Good Hope——好望角,意思是"美好希望的海角",但最初却称"风暴角",是位于非洲西南端非常著名的岬角。
11. John Cabot ——约翰 · 卡伯特,航海家和探险家,生于热那亚。他的 1497—1498 年的航行为后来英国对加拿大提出领土要求打下了基础。1496 年 3 月 5 日英王亨利七世为卡伯特及其儿子颁发特许证书,授权他们航行探索尚未发现的土地,把商品经布里斯托尔港运回,并享有这些地方的商业垄断权。1497 年 5 月,他从布里斯托尔出发,绕爱尔兰前进,然后向北,往西航行,6 月 24 日首次着陆。据说是在纽芬兰拉布拉多南部上岸,发现无人,则宣布为英王领地,同时升起英国国旗。
12. Mayflower ——"五月花"号,是 1620 年从英国运送清教徒到达马萨诸塞州普利矛斯的船只。他们在那里建立了第一个永久性的新英格兰殖民地。据海洋考古学家估计,"五月花"号重约 180 吨,长 90 英尺。"五月花"号航行 60 天后,于 11 月 21 日首先在科德角,今马萨诸塞州普罗文斯敦登陆,并于圣诞节后第一天,102 名移民在今普利矛斯(Plymouth)附近上岸。翌年 4 月,"五月花"号启航返回英国。1957 年为纪念"五月花"号历史性行为,在英国按原样建造了一艘船,用 53 天驶抵马萨诸塞。此外,"五月花号"船上所承载的 102 个宗教独立派(Independents, 或称为清教徒, Puritans)为了实行自治,他们通过协商制订并共同签署了一个协议,称为《五月花号公约》(*Mayflower Compact*)。公约确立了公共问题集体讨论、集体决定的原则,所有的男性公民一人一票(one man one vote),少数服从多数。这一公约抛弃了"个人统治(one-man rule)"开始了自治、平等、民主和法制的实验。因此,《五月花号公约》被认为是北美殖民历史的一个新里程碑。

13. Puritans—— 清教徒,在英国17世纪宗教改革后一批极端的新教徒,他们主张清洗英国国教内部天主教的残余影响,故此得此名。清教徒认为他们是上帝的选民,教会是独立于国家之外的选民自愿的组织,并认为选民应该绝对服从上帝的纲领,不断地向邪恶作斗争,清教主义思想成为当时英国资产阶级的思想武器。而到达北美大陆的这批清教徒更是沿袭了英国清教徒的思想和行为,做事时时刻刻都非常严谨、认真,提倡节俭,反对形式和表面的浮华,唯恐某一行为违背了上帝的旨意,以此证明自己完成了上帝的使命,这样的思想也构成了后来的美国主流文化思想。
14. Thanksgiving—— 感恩节,是北美第一批清教徒于1621年秋创立的节日。他们于1620年到达新英格兰,当年冬天因饥饿和寒冷有一半人死亡。第二年,幸存者在当地印第安人的帮助之下开始播种玉米,秋季喜获丰收。他们为了感谢上帝的恩赐,于1621年11月的最后一个星期四举行庆祝活动,称为"感恩节"。由于清教徒开创了殖民地的民主自治的新模式,并倡导民主平等,所以他们发起的"感恩节"也就具有了划时代的象征意义,成为美国两大重要节日之一,另一个是"独立日(Independence Day)"也就是美国的国庆日(7月4日)。
15. Yale—— 耶鲁大学,详见第三编,第一章"Education"。
16. Congregational Church—— 卫公理会。
17. Episcopal—— 英格兰国教会。

Chapter Ⅱ The American War of Independence

知识要点

1. The Causes of the American War of Independence 美国独立战争的起因
   - ✪ The Sharpening Contradictions between Britain and the Colonies
   - ✪ The Unity of the colonies
2. The fire of Lexington and the Declaration of Independence 莱克星顿枪声和独立宣言
   - ✪ The prelude of the War of Independence
   - ✪ The Second Continental Congress
   - ✪ The battle in Bunker Hill
   - ✪ "Common Sense"
   - ✪ The Declaration of Independence and its importance
3. Progress of the War 战争过程
   - ✪ Time：1775-1783
   - ✪ The war in the North
   - ✪ The turning point of the War
   - ✪ Help from France

◈ The War in the West
◈ The War in the South
◈ Significance of the war

4. The Confederation and the Constitution 联邦宪法

◈ Time
◈ Contents
◈ The Bill of Rights

注释

1. *Stamp Act*——《印花税法》,英国议会于1765年通过,其目的是为了增加税收用来偿还七年战争(1756—1763)时期的贷款。印花(stamp)是类似于邮票的税票。该法案规定,所有商业及法律单据、证件、报纸、书刊、年历等都必须购买这种税票才合法。这一法律严重地影响了商人、律师和出版商人等上层阶级的利益,因此他们反抗激烈,使法案未能真正执行,1766年英国议会被迫废除。
2. *Townshend Acts*——《唐森德税法》,当时英国财政大臣名叫查尔斯·唐森得,故得此名。此税法规定征收从其他国家输入到殖民地的所有货物的进口税,而且加强了对殖民地的政治控制,规定为了杜绝走私,英国的税务人员可以随时到船舶、店铺、货栈以及私人住宅进行搜查。
3. General Gage —— Thomas Gage(1721—1787),汤马斯·盖奇将军,是英国殖民军将军,1763年起担任北美英军总司令,总司令部设在纽约。1773年波士顿发生茶党案事件,盖奇封锁了波士顿港口。1774—1775年,盖奇任马萨诸塞军事总督。他为了搜查地下弹药库和逮捕革命宣传家S.亚当斯,曾命令英军向列克星敦和康科德两地进军,从而拉开了美国独立战争的序幕。不久盖奇返回英国,1782年升为陆军上将。
4. Boston Massacre—— 波士顿惨案,1770年3月5日,由于英军凌辱学徒事件发生,波士顿人民与英军发生了冲突,并对凌辱学徒的士兵投掷雪球。随即英军向群众开枪,打死了5名反抗者,制造了流血事件。这一非预谋的流血事件使英军在殖民地成了“刽子手”,处处遭人唾弃。
5. Samuel Adams ——塞缪尔·亚当斯(1722—1803),美国早期革命家、宣传家。他唤起人民反抗英国在殖民地的统治,在这一点上,他做出了任何一个美国人都无法比拟的贡献。他出生于波士顿,1740年从哈佛学院毕业。1764年他已成为在反抗英国北美殖民地当局的斗争中一位举足轻重的人物。他反对英国政府对一切法律文件、商业文件、报纸、大学文凭都要征税的新规定。亚当斯在波士顿当选为马萨诸塞大议会下议院议员。1769年成为马萨诸塞激进派领袖,他也是最早将争取独立作为奋斗目标的美国领袖之一。他于1772年创立波士顿“通讯委员会”,并参加了第一次大陆会议,坚决主张与会代表坚持强烈的反英立场。他是号召殖民地人民与英国彻底分离的先驱者之一,曾在《独立宣言》上签名。
6. John Hancock ——约翰·汉考克(1737—1793),美国独立战争的领袖,独立宣言的第一个签名者。

7. Committee of Correspondence—— 通讯委员会，在波士顿惨案后北美人民群众的反英运动开始迅速开展起来。他们同时深感有联合采取一致行动的必要，因此1772年11月，殖民地人民首先在波士顿成立了这一组织，不久各殖民地大小城镇纷纷效仿。这个组织和“自由之子社(the Sons of Liberty)”相互配合，对动员和组织群众，推进革命的发展起到了巨大的作用。后来实际成为了革命政权机构。

8. Boston Tea Party—— 波士顿茶叶党案，1773年12月16日夜，一群波士顿青年化装成印第安人，潜入了三艘停泊在波士顿港口的东印度公司的船上，将船上的300多箱茶叶全都倒入海中，这一事件史称“波士顿茶叶党案”或“波士顿倾茶事件”。这一事件使得英国和北美殖民地的矛盾进一步激化。

9. Intolerable Acts—— “不可容忍法令”，1774年英国政府颁布了惩罚殖民地的五项法令以来报复倾茶行动。

10. The First Continental Congress——第一届大陆会议，1774年9月5日，12个殖民地的55名代表(佐治亚州除外)，在费城召开此次会议，参加会议的都是北美殖民地著名的代表人物。10月26日通过了若干决议，以表明殖民地的立场，要求英国国王停止对殖民地工商业的压迫，不向殖民地征收重税。

11. Minute Men——瞬息民兵。美国独立战争前和期间闻命即可应召的殖民地民兵。

12. Patrick Henry—— 帕特里克·亨利(1736—1799)，美国革命时最杰出的演说家和领袖之一。他出生在弗吉尼亚州，早年从事法律事务，他是大陆会议的代表，他在会议上说：“英国的虐政消灭了我们各个殖民地之间的界限。今后我们已经不是弗吉尼亚人，而是美国人。”美国独立后，他曾任弗吉尼亚州州长，他曾起草大部分《人权法案》。去世前曾发表演讲呼吁美国人民团结。

13. Bunker Hill—— 邦克山。

14. Thomas Paine ——托马斯·潘恩(1737—1809)，出生在英国，1774年移居北美殖民地，是18世纪最伟大的政论家之一。他写的《常识》(*Common Sense*)和《美国的危机》(*The American Crisis*)等著名文章对美国革命产生了巨大影响。他猛烈地批判了以国王为代表的个人专治。特别是他的《常识》一书促使了美国《独立宣言》的诞生。他在书中所说的“自然权利(natural rights)”就是《独立宣言》中所说的“不可剥夺的权利(unalienable rights)”。

15. Admiral Lord Richard Howe and General Sir William Howe ——理查德·豪，英国海军上将，1740年参加海军，1776年任北美驻军司令，后任海军大臣。其兄弟威廉·豪任北美洲英军总司令，英勇善战，被誉为善战的青年将领。

16. Battle of Trenton—— 特顿战役。

17. Victory of Saratoga—— 萨拉托加大捷。世界史上著名的战役，是北美英属殖民地十三州独立战争的转折点。

18. Benjamin Franklin——本杰明·富兰克林(1706—1790),资本主义精神最完美的代表,18 世纪美国的实业家、科学家、社会活动家、思想家和外交家。1706 年 1 月 17 日,本杰明·富兰克林出生在波士顿,因为家境贫困曾受过不正规的教育。他是美国历史上第一位享有国声誉的科学家和发明家和音乐家。富兰克林对电进行探索曾经作过著名的"风筝实验",在电学上成就显著,他深入探讨电运动的规律,创造的许多专用名词,如正电、负电、导电体、电池、充电、放电等,成为世界通用的词汇。他借用了数学上正负的概念,第一个科学地用正电、负电概念表示电荷性质。并提出了电荷不能创生、也不能消灭的思想,后人在此基础上发现了电荷守恒定律。他最先提出了避雷针的设想,由此而制造的避雷针、避免了雷击灾难。他是一位优秀的政治家,是美国独立战争的老战士。他参加起草了《独立宣言》和美国宪法,积极主张废除奴隶制度,深受美国人民的崇敬。他是美国第一位驻外大使(法国),所以在世界上也享有较高的声誉。

19. Nathanael Greene ——纳森耐而·格林(1742—1786),美国独立战争中的名将,仅次于华盛顿的军事战略家。1778 年任南方军总司令。

20. Yorktown—— 约克镇。

21. Cornwallis—— 康华利(1738—1805),英国历史上著名的军人和政治家,尽管他被华盛顿击败,并率领英军在弗吉尼亚约克敦(Yorktown)向华盛顿投向,但在英国还有很高的声望。从美洲返回后又先后被任命为印度总督和爱尔兰总督等职。

22. *Articles of Confederation*——《邦联条款》(又称《同盟宪章》)。1777 年 11 月,美国独立战争期间,各州代表一致通过的条款,永结联盟,确立联邦的名称为"美利坚合众国"。

23. Constitutional Convention—— 制宪会议,1787 年 5 月 25 日至 9 月 17 日召开。参加会议的代表共有 55 人,来自 12 个州(罗德岛没有代表出席),会议的主席是乔治·华盛顿。会议原来并不是要制定宪法,而是要修改《联邦条款》并商讨如何通过协作解决各州共同面对的紧迫问题。代表们在讨论中发现,不解决统一的问题就没有办法解决困扰各州的共同问题。于是代表们放弃了原来的计划,转而着手制定联邦宪法。由于代表们来出席会议时并未得到各州的制宪授权,所以会议是在高度机密的情况下进行的。代表们经过 3 个月的激烈辩论和一再妥协,最后制定出了《联邦宪法》。后来每年的 9 月 17 日为美国的宪法日(Constitution Day)。

24. Anti-Federalists—— 反联邦党人,美国独立之后初期出现的松散的政治联盟,主要是在 1787 年宪法运动中反对宪法和联邦政府及其政策而得名。反联邦党人主张各州拥有较大的权力,要求宪法明文写出公民有不可侵犯的权利,严格限制国会和总统的权利。反联邦党是现在美国民主党的前身。

25. Federalists—— 联邦党人，是在 1787 年宪法运动中拥护宪法和支持联邦制而得名，在动员舆论、推动各州批准宪法草案的宣传中起了重要的作用。联邦党人主张法治，美国一开始就能确立严格执行宪法的惯例，是和联邦党人的早期作用是分不开的。在外交事务中，联邦党人主张中立，反对和任何列强结盟。虽然美国只有第一、第二位总统属于联邦党人，但他们对美国政府和政策的影响却很长久。

26. *Bill of Rights*——《权利法案》。在反联邦党人的要求下，于 1791 年做出了宪法第一项第十条修正案，以法律条文的形式保障了人民享有言论、集会、出版、宗教信仰、拥有枪支、不受任意搜查、公正审判等权利。明确规定在刑事诉讼中，被告有权保持沉默（right to silence），有权不供认和坦白罪行，这一规定是为了保护人权，防止行刑逼供，但也给警方侦破案件增加了困难。《权利法案》体现了美国人权观。

Chapter Ⅲ The Growth of the Nation

知识要点

1. Washington's Administration 华盛顿政府
   - ◈ The inauguration of George Washington on April 30th, 1789
   - ◈ What did Washington do as the first president
   - ◈ Hamilton's Four Great Plans
   - ◈ Reason for Washington's leaving office
2. John Adams and the Overthrow of the Federalists 约翰·亚当斯和联邦制的推翻
   - ◈ high-handed policy ◈ the Anti-Federalists
   - ◈ Jefferson was chosen the president in the election of 1800.
3. The Administration of Thomas Jefferson 杰斐逊政府
   - ◈ Features of the president ◈ Measures Jefferson had taken
   - ◈ In 1804, he was reelected and left presidency in March 1809.
   - ◈ The importance of the third president
4. The war with England 与英格兰战争
   - ◈ Reasons of the war ◈ Courses of the war
   - ◈ The nature of the war: the second War of Independence
   - ◈ Results of the war ◈ Significance of the war
5. The United States after the War of 1812 1812 年战争后的美国
   - ◈ Slavery ◈ Monroe Doctrine
   - ◈ The Political Quarrel between the East and the West
6. Andrew Jackson's Administration and the U. S. -Mexican War 杰克逊政府和美

国墨西哥战争

◈ The two different social systems at home

◈ The role that Andrew Jackson played in the development of American history

◈ The U.S. - Mexican War

注释

1. George Washington ——乔治·华盛顿(1732—1799),美国独立战争时期的武装部队总司令,1789 年制宪会议主席,美国第一任总统。华盛顿生于弗吉尼亚威斯特摩兰县,少年时代在弗吉尼亚的农场时渡过,受过不正规教育,11 岁丧父,由异母兄劳伦斯监护。1751—1752 年他在凡农掌管凡农山庄。1753 年,法国和英国在北美殖民地处于对峙状态。英国驻弗吉尼亚总督任命他为中校,召集兵力与法作战。1755 年,华盛顿年仅 23 岁,被任命为弗吉尼亚军总司令。1758 年他当选为州议员,以名誉准将衔辞去军职,后与年长他的寡妇丹德里奇结婚,一起照管庄园,过着富裕的生活。当 1774 年波士顿的形势骤然紧张时,华盛顿在弗吉尼亚议会中发表极为精辟的演说,他提出"我要自己出钱招募 1000 名战士,并亲自带领他们去支援波士顿"。不久弗吉亚议会推选华盛顿等 7 名代表出席第一届大陆会议。1774 年 9 月 5 日大陆会议在费城召开,他戎装就座。1775 年 5 月第二次大陆会议,他被选为大陆军总司令。从此他便率领殖民地军队向英军发动不断的进攻,取得一个又一个胜利,1781 年在约克镇将英军全部包围,迫使英军投降。1789 年华盛顿当选为美国第一届总统,当时以全票当选,也是美国唯一以全票当选的总统,1792 年再度当选。1796 年当他第二任届满时,他做了有名的告别辞,表现出这位开国元勋的爱国之心和坦荡胸怀。他在告别辞中说:"虽然在检讨本人任期内的施政时,我未发觉有故意的错误,但是我很明白我的缺点,并不以为我没有犯过很多错误。不管这些错误是什么,我恳切地祈求上帝免除或减轻这些错误所可能产生的恶果……我秉持正直的热忱,献身为国家服务,已经 45 年,希望我因为能力薄弱而犯的过失,会随着我不久后长眠地下而湮没无闻。……我以欢欣的期待心情,指望在我切盼实现的退休之后,我将与我的同胞们愉快地分享自由政府下完善的法律的温暖——这是我一直衷心向往的目标,并且我相信,这也是我们相互关怀、共同努力和赴汤蹈火的优厚酬报。"当时美国宪法对于总统连任的次数并无限制,但是华盛顿坚决不接受第三任提名,两任期满就返回故里,这为以后的总统树立了任期不超过两次的先例(罗斯福除外)。华盛顿退职时 65 岁,离任后没有退休金和任何经济补偿。由于当时美国还没有退休金制度,所以总统退职后也得自谋生路,这也是美国式的平等。美国人对于华盛顿的赞誉是"和平中的第一人,战争中的第一人。"华盛顿因其美国建国过程中的独特贡献和高尚的品质,在美国具有特殊地位。华盛顿是第一个把政府官员称作"公仆(public servants)"的人。在党派倾轧的美国政界,几乎所有的总统都受到过反对党的嘲讽,但是华盛顿是个例外。在美国没有人公开在华盛顿的身上抹黑，他的画像都是着装高贵，没有裸露之处，有的作品甚至把他描绘成天使。

2. Alexander Hamilton ——亚历山大·汉密尔顿，美国政治家，乔治·华盛顿时代的财政部长。在独立战争中他多次立下战功，后来研习法律，并取得律师资格。他多次发表文章，主张建立强大的中央政府，并成为联邦党的党魁。在对外政策上，他主张与英国加强密切联系，与杰斐逊主张与法国加强联系形成对抗。他的经济、政治、军事和外交纲领都有一个明确的目标，即建立强大的美利坚合众国。
3. Thomas Jefferson ——托马斯·杰斐逊（1743—1826），美国第三任总统，《独立宣言》的主要起草人。他早期学习法律，取得律师资格。1767 年他进入殖民地议会，成为反英领袖之一。1776 年受命起草《独立宣言》。在华盛顿执政期任国务卿，之前，曾出任驻法国大使。在内政、外交政策上，他与汉密尔顿有原则分歧，因而形成了两个党派。杰斐逊便成为民主共和党的领袖。1801 年杰斐逊任总统，1804 年连任总统，他遵循华盛顿的原则不竞选第三任总统。离任后创建了弗吉尼亚大学。他学识渊博，精通多种语言，喜好古典文学、数学、自然科学和建筑艺术。他为人慷慨，平易近人，非常好客。他去逝时，正值《独立宣言》发表 50 周年纪念日。他的墓碑上刻着自己选定的铭文："美国独立宣言的起草人、弗吉尼亚宗教自由法令的作者和弗吉尼亚大学之父托马斯·杰斐逊安葬于此。"
4. John Adams—— 约翰·亚当斯(1735—1826)，美国第二任总统，1755 年从哈佛大学毕业，马萨诸塞殖民地众议院议员，1774 年前往费城参加 13 个北美殖民地的第一届大陆会议。1775 年在第二届大陆会议上提名华盛顿为大陆军总司令。1776 年他参加《独立宣言》起草委员会，宣言主要起草者是杰斐逊，但是会议上为宣言辩护的中心人物是亚当斯。1789 年华盛顿当选为美国总统，他为副总统。1796 年当选为总统，1801 年结束总统任期，1826 年 7 月 4 日，在他弥留之际他顽强坚持，一直等听到《独立宣言》发表 50 周年的纪念钟声响过之后才与世长辞，终年 91 岁，他是美国人民心目中伟大的爱国者。
5. *Sedition Act*——《镇压叛乱法》。
6. James Madison—— 詹姆斯·麦迪逊(1751—1836)，美国杰出的政治家，美国第四任总统。麦迪逊出身于南方大种植园主家庭。少年好学，毕业于新泽西学院（后来的普林斯顿大学），是革命的活跃分子，但是身体太弱，没有资格参军，他法律课程读得很好。曾担任州众议员、州参议员、大陆会议代表。他还是美国宪法的奠基人，在制宪会议中担任弗吉尼亚州的代表，制宪会议讨论时，由他做记录，他提出的宪法草案是制宪会议辩论的基础，也是宪法草案的蓝图，因此他被称为美国"宪法之父（the Father of Constitution）"，他的人权主张和三权分立学说迄今仍是美国宪法的指导原则。杰斐逊总统时期他担任国务卿。他和杰斐逊共同创建和领导了民主共和党(Democratic – Republican Party,就是后来的民主党)。麦迪逊连任两届总统(1809 – 1817)。他担任总统期间曾领导进行第二次美英战争,保卫了美国的共和制度,为美国赢得彻底独立建立了功绩 。

7. *Peace Treaty of Ghent*——《根特和平条约》。

8. James Monroe—— 詹姆斯·门罗(1758—1831),美国第五任总统。门罗曾经参过美国独立战争,独立后当选为参议员,任驻法国公使,当选过弗吉尼亚州州长,1811 年麦迪逊总统任命他为国务卿。1817 年当选总统,1823 年他在送交国会的总统国情咨文中阐述了美国外交政策的原则,这就是后来的“门罗主义(Monroe Doctrine)”。詹姆斯·门罗当政时的美国和平稳定、繁荣昌盛、版图扩大,因而赢得了“和谐时代”的美名。另外 1801—1825 年,美国历史中的三位总统:杰斐逊、麦迪逊、和门罗,他们三人政绩斐然,都是民主共和党人,观点和执政的政策相似,都是能力很强并且行为果敢的总统,而且全部来自于弗吉尼亚州,私人关系甚好,因此他们相连的 24 年任期被有些人称为“弗吉尼亚王朝时代(Virginia Dynasty)”。

9. John Q Adams—— 约翰·昆西·亚当斯(1767—1848),美国第六任总统,出生于马萨诸塞州,他是第二任总统约翰·亚当斯的长子。他是美国历史上第一位继其父亲之后成为总统的总统。1788 年他毕业于哈佛大学,主修的是文学和古典文学研究,但是后来他从事法律业。他二十多岁就成了有名的外交官,曾出使欧洲多年,熟悉欧洲事务。1817 年门罗总统上台以后,亚当斯被任命为国务卿,任职八年,曾协助起草《门罗宣言》,解决与英国的许多纠纷,从西班牙手中取得佛罗里达,因此,他被认为是美国历史上“最有成就的国务卿之一”。1825 年亚当斯当选总统。1829 年卸任后被选为国会众议员,直至逝世。

11. Monroe Doctrine—— 门罗主义,1823 年 12 月 2 日总统门罗在国情咨文中提出的美国对外政策的原则,史称“门罗主义”,是美国对外扩张政策的重要标志。其要点为“美洲是美洲人的美洲(America for Americans)”,不允许欧洲列强干涉美洲事务,美国也保证不介入欧洲纠纷和冲突。“门罗主义”表明美国在外交上仍然推行“孤立主义”,同时企图把美洲变成自己的“后院”。

12. Andrew Jackson—— 安德鲁·杰克逊(1767—1845),美国第七任总统,民主党人,生于南卡来罗纳州,自幼丧父,没受过多少正规教育,曾在独立战争中服役。美国独立后取得律师资格并从事土地买卖,一时腰缠万贯,一时有负债累累,后来迁往田纳西州并当选国会议员。1812 年他参加第二次美英战争,在 1815 年新奥尔良战役中重创英军,名声大震,1829 年当选总统。在杰克逊在职期间,他大量任用自己的支持者作为酬谢,这就是历史上的“分肥制(spoils system)”。他还积极支持美国的领土扩张,驱赶印第安人,承认德克萨斯州的脱离墨西哥独立,这为后来美国吞并德克萨斯做好的准备。杰克逊是美国历史上第一位平民出身的总统,在很大程度上是边民和劳动者的代表,崇尚冒险,强悍好斗,粗犷豪放，受到了边疆居民和中下层人民的欢迎。

13. abol tion movement—— 废奴运动。

14. Indian Reservation—— 印第安保留地。

15. US-Mexican War—— 1846—1848 年的美墨战争。

Chapter Ⅳ The American Civil War

知识要点

1. The Situation before the War 内战前的美国局势
   - ◈ Three Great Tides
   - ◈ The Political Conflicts
   - ◈ The Slavery Problem
2. The Progress of the Civil War 内战过程
   - ◈ Breakout of the War：the first blow
   - ◈ The Contrast between the North and the South
   - ◈ The Progress of the War
   - ◈ The Homestead Bill and the Emancipation Proclamation
3. Significance and effects of the War 美国内战的意义和影响

注释

1. Westward Movement—— 西进运动，早在北美殖民地时期，向西移民的活动就开始了。1830 年 5 月，杰克逊总统通过了《印第安人迁移法》，把印第安人迁到密西西比河以西的印第安保留地。这之后，派军队把印第安人押送出密西西比河以东地区，西进运动在这一地区迅速发展。1846—1848 年，美国对墨西哥挑起战争，胜利后购买了墨西哥的大片国土，总计约 95 万平方英里。到 1853 年，美国已把它的国境线推进到太平洋沿岸，国土面积达 303 万平方英里（约 785 万平方公里），比独立时的版图增加 7 倍多。特别是 1848 年加利福尼亚发现金矿，对西部的开发是一大推动。1850 年以后，这个地区的移民和经济发展，在美国发展中居于重要地位。

2. Harriet Beecher Stowe ——哈里特·比切·斯陀（1811—1896），美国女作家，慈善家。她在丈夫体弱多病、家境极其贫寒的情况下写成其生平最有影响的作品《汤姆叔叔的小屋》（*Uncle Tom' s Cabin*）。小说首先以连载的形式在《民族时代》报纸上发表，立即引起了强烈的反响，受到了人们的欢迎，仅第一年就在国内印了 100 多版，销了 30 多万册，后来被译为 20 多种文字在世界各地出版。评论界认为本书在启发民众的反奴隶制情绪上起了重大作用，被视为美国内战的起因之一。林肯总统后来接见斯陀夫人时戏谑地称她是“写了一本书，引起了一场大战的小妇人”，这一句玩笑话充分反映了《汤姆叔叔的小屋》这部长篇小说的巨大影响。该部小说是美国历史上里程碑式著作之一，是一部对人类发展进程产生过深远影响的小说。

3. Douglas' Bill——《道格拉斯法案》，1854 年参议员斯蒂芬 A · 道格拉斯(Stephen A. Douglas)提出了这一法案并得到了国会的通过，该部法案允许西部新开发的各州的选民们自行决定是否实行奴隶制。
4. Republican Party and Democratic Party—— 共和党和民主党。18 世纪 20 年代，在围绕申请加入联邦的州是否保留奴隶制的问题上，北方工业资产阶级和南部种植园奴隶主之间的矛盾进一步激化，致使原民主共和党(Democratic-Republican Party)内部发生了严重分裂。以众议员议长克莱为首的一派自称青年共和党，后来于 1854 年正式改为共和党(Republican Party)。1828 年杰克逊当选，他在民主共和党的基础上组成了民主党(Democratic Party)。共和党也被称作"大佬党(Grand Old Party，简称 GOP)"，在历史上执政时间较长。南北美战争期间，曾经起到维护国家统一的作用。由于主张废奴，因此代表了北方资本家和农村资产阶级的利益，曾经对美国的资本主义发展起到过促进作用。民主党原来主要代表北方中等资产阶级和小农的利益，后来由于主张保留奴隶制，它转而代表了奴隶主的利益。1874 年，美国著名漫画家汤姆斯 · 纳斯特(T. 纳斯特，1840—1902)画过一副政治漫画，用驴代表共和党，用大象代表民主党。其寓意是驴性格倔强，大象稳重，并无贬义。后来每逢大选之年，两党分别用驴和大象作为自己的党徽来进行竞选的宣传。因此世人便把这种激烈的竞选称为"驴象之争"。
5. John Brown—— 约翰 · 布朗(1800—1859)，美国废奴主义者的领袖。布朗出身农民，是一位白人，曾积极参加"地下铁道"的活动。1859 年 10 月 16 日，他率领一些追随者袭击弗吉尼亚州的哈普斯渡口(Harpers Ferry)，占领了联邦政府的军火库，并准备策动奴隶起义，后来被弗吉尼亚州州长调来了武装军队包围，布朗和他的追随者奋战了两天两夜，被迫投降，后来以叛乱罪受审，处以绞刑。布朗起义虽然失败了，但他为废奴而英勇斗争的高尚品质教育了许多人，加速了南北战争的爆发。布朗被绞刑的绞刑架变成了神圣的十字架。
6. *Homestead Bill* and *the Emancipation Proclamation*——《宅地法》和《解放宣言》是林肯总统在内战时所采取的两大措施。1862 年 5 月 20 日林肯颁布了《宅地法》，这部法令规定每个成年公民只要缴付 10 美元的证件费可领到西部 160 英亩的土地；农民在所获得的西部无主土地上连续耕种 5 年，即享有这块土地的所有权。《宅地法》是林肯政府使战争走向胜利的一个革命性的措施，虽然是按资本发展的要求解决土地问题，但在当时使大批农民获得了土地，调动了他们参加对南部的战争的积极性。《解放宣言》规定废除叛乱各州的奴隶制，凡曾经参加过叛乱的各州种植园奴隶主，其奴隶自 1863 年 1 月 1 日起成为自由人，并可以应招参加联邦军队。《宣言》的发表产生了巨大影响，林肯政府获得了各阶层人民，特别是劳动人民的支持。同时南部大批黑人纷纷起来反抗，许多被解放了的奴隶大批地参加联邦军队，英勇作战，沉重地打击了南部的反动势力。

尽管这两项政策仍有不完善和不彻底之处，但却是林肯政府的一大进步，有力地动员了广大劳动人民（包括黑人）参加战争，使美国内战成为了真正的革命战争，对于北方的胜利起到了重要的作用。

7. Abraham Lincoln ——亚伯拉罕·林肯（1809—1865）。美国第16届总统。林肯出身贫寒，从小未受过什么正规教育，但他喜欢读书。他对读过的《乔治·华盛顿传》、《鲁宾逊漂流记》、《天路历程》和《伊索寓言》等都能铭记不忘。林肯21岁时开始独立生活。他当过水手、店员、工人、邮递员和土地测量员。他从小为人诚实。据说他有一次他买了一张报，对方找零时多给了他2分钱，快回到家时他才发现，于是他跑了十几里路返回把钱还给卖报人。于是他获得了绰号，"诚实的埃比"（Honest Abe）。后来他钻研法学著作，1836年通过律师资格考试，开业当律师。他精明能干，头脑敏捷、始终抱着求实态度，为人公正，一丝不苟。他在杰克逊任总统时步入政界。他兴趣广泛，对《圣经》和莎士比亚作品，他能大段地背诵。1856年他加入共和党。1860年当选为美国第16届总统。在内战中，他大胆地采取了《宅地法》和《解放宣言》这两大措施，取得了战争的最后胜利。他在世的最后两年中经常欢迎黑人做客，与黑人交朋友。从前当过奴隶的黑人弗雷得里希·道格拉斯曾说："在我与林肯先生的历次会见中，给我印象最深的一点是他没有一丝一毫蔑视有色人种的偏见。"林肯受到所有白人和黑人的尊敬。林肯被看作是自我奋斗成功的典范，也是美国人民最爱戴的领袖之一。1865年4月14日晚上，南部军队投降的第五天，林肯在华盛顿的福特剧院（Ford's theater）被南方所派的间谍、白人种族主义分子演员布斯（John Wilkes Booth, 1838—1865）开枪暗杀。当时林肯身边没有警卫，布斯然后夺门而出，骑马逃走，后来被击毙在乡村的一座仓房中。林肯遇刺的消息使全国一片悲痛。很多黑人涌向白宫，呼喊着林肯的名字。运载林肯遗体回故乡肯塔基州的列车行驶了12天，因为沿途的铁路挤满了要最后看一眼林肯的民众，火车只得走走停停。这种情形是从未有过的。

8. Confederate Union of America—— 美利坚联盟国，也被称作南部联盟。这是美国内战时脱离联邦的南方11个州组成的"国家"名称。林肯当选总统的消息公布后，远南方（Deep South）的7个州相继宣布脱离联邦。接着，南方另外的4个州也加入了联盟，并成立了联盟政府，首都是里士满（Richmond），推选杰斐逊·戴维斯（Jefferson Davis, 1808—1889）为总统。南方的军队为联盟军，军服颜色是灰色。经过4年内战，南部联盟于1865年4月瓦解。

9. Fort Sumter—— 萨姆特堡，位于南开来罗纳州的大西洋岸边，是联邦政府军队驻守的要塞岛。南部联盟要求联邦军队撤离，遭到拒绝。1861年4月12日南部联盟炮击该要塞，联邦军队还击，标志着内战开始。两天后联邦军队被迫投降，要塞陷落，就此拉开了美国内战的序幕。

10. General Lee—— 李将军，伯特·爱德华·李（Robert Edward Lee 1807—

1870)，美国内战时期联盟军总司令，也是联盟军最出色的将军，以其在战争中以少胜多而著名。李将军出生于弗吉尼亚州，1829 年以优异的成绩毕业于西点军校（United States Military Academy at West Point，又称美国军事学院）。战后，他积极推动重建，在弗吉尼亚州担任华盛顿学院（现在的华盛顿与李大学 Washington and Lee University）校长。在他的任期中，他将华盛顿学院由一所不知名的学校转变成美国第一所提供商业、新闻、与西班牙语课程的大学。所以他也是美国一位重要教育家。

11. Battle of Gettysburg ——葛底斯堡战役。南北战争中，在宾夕法尼亚州哈里斯堡西南 35 英里处进行的一次大战。双方激战 3 天，双方各损失 2 万人以上。南军逃离，北军赢得关键性的胜利。葛底斯堡战役是南北战争的转折点。1863 年 11 月林肯总统在该地建立的国家公墓落成典礼上发表了著名的《葛底斯堡演说》（Gettysburg Address）。他说："那些在这里战斗的勇士，活着的和死去的，已使这块土地神圣化了，远非我们的菲薄能力所能左右。……我们活着的人应该献身于那些曾在此作战的人们所英勇推动而尚未完成的工作。我们应该在此献身于我们面前所留存的伟大工作——由于他们的光荣牺牲，我们要更坚定地致力于他们曾作最后全部贡献的那个事业——我们在此立志誓愿，不能让他们白白死去——要使这个国家在上帝庇佑下，得到新生的自由——要使那民有、民治、民享的政府（government of the people, by the people, for the people）不至从地球上消失。"林肯的这段积极简短的演说却得到了广泛的传诵，被后人称为"不朽的范文"和"杰出的散文诗"。林肯的"三民主义"思想被广泛传播于世，后来孙中山的"三民主义"思想也是受到林肯的影响而产生的。

12. General Grant —— Ulysses Grant（1822—1885），尤利西斯·格兰特将军，美国军事家，第 18 任美国总统。在南北战争中他作战果敢、灵活机动，有极高的军事素质。1863 年在维克斯堡彻底击败南方联盟军。1864 年格兰特晋升中将。1865 年 4 月 9 日，南部军队李将军向格兰特"无条件投降（unconditional surrender）"。据说格兰特是第一个要求对手"无条件投降"的人，也是这个术语的发明人。根据格兰特将军的命令，投降仪式不得奏乐，不得欢呼胜利，南部军人在一片静寂声中放下武器后回家，有马可以骑马，没有马的步行。格兰特认为南北战争是兄弟间的误会，不是敌我的矛盾，因此没有战犯。1868 年格兰特当选总统，年仅 46 岁。1872 年再度当选。格兰特离开白宫后没有退休金，曾试图以经商为生，但是只赔不赚，几乎衣食无着，靠亲戚救助为生。后来他的处境被国会发现，国会念其军功，恢复了他的军籍，格兰特才有了生活的来源，1885 年他写完了自己的回忆录，完稿后不久去世。

Chapter Ⅴ The U. S. Imperialism and the First World War

知识要点

1. Reconstruction of the South 南方重建

◈ The background
◈ The black's struggle
◈ The significance of the Reconstruction of the South

2. Great Changes of Modern America 美国的巨大变化
◈ Changes in Population, Immigration and the West
◈ Changes in the cities
◈ Changes in industries
◈ Changes in Education, Culture and Social Life

3. The Growth of U. S. Imperialism 美国帝国主义的发展
◈ highly developed industrial country
◈ The U. S. - Spanish War
◈ The Overseas Expansion

4. The Monopolist Capitalism and Their Policies 垄断资本主义和经济政策
◈ Economic situation
◈ Roosevelt's measures

5. People's Movements 人民运动
◈ Concition of the movements
◈ The workers' movements
◈ The workers' organizations

6. The First World War 第一次世界大战
◈ The Causes of the War
◈ America entered the war
◈ The Two Blocs
◈ The End of WWI
◈ The Fuse of the War
◈ Wilson's Policy: Fourteen Points
◈ The beginning of the war
◈ After the War

注释

1. Reconstruction of the South——南方重建。
2. Andrew Johnson —— 安德鲁·约翰逊（1808—1875），美国第 17 位总统（1865—1869）。安德鲁·约翰逊生于北卡罗来纳州。约翰逊年幼时家境贫寒，未受过正规教育，当过徒工，后来做过裁缝。1853 年当选为田纳西州州长。1856 年当选国会参议员。林肯当选总统后，约翰逊从支持民主党转为支持共和党，反对南方脱离联邦，是"南北战争时期参议院里受到北方欢迎和林肯总统信任的唯一的南方人"。1864 年大选时当选为副总统。林肯总统被刺身亡后由约翰逊继任总统。接任后，约翰逊对于分裂主义分子采取了宽大政策，对于解放后的黑人权利则实行严厉政策。他上台后站在南方种植园奴隶主的立场，实施了一系列重建南方的反动措施，遭到控制国会的共和党激进派的强烈反对。他们发起了弹劾约翰逊的运动，约翰逊险遭弹劾，虽然未能成功，但使约翰逊因此而名声扫地。1875 年，约翰逊返回到田纳西参议院，几个月之后便死去。
3. Radical Republicans——激进共和党人。
4. the Ku Klux Klan ——三 K 党是一个奉行种族主义的组织，其成员为白人至上主义者，反对给黑人平等权。内战结束之后，由南部的奴隶主和种植园主于

1866 年 5 月在田纳西州组成，专门对于要求自由和平等的黑人进行威胁、拷打和私刑处死。党旗为三角形，黄底红边，上边有黑龙图案，党徒姓名严格保密，集合时身穿蒙头的白色和黑色的长袍，在美国各地设有支部。

5. ex-Confederate general——亲南部同盟的将军。
6. adding machine—— 加法机。
7. cash register—— 点钞机。
8. Edison —— Thomas Edison(1847—1931)美国著名发明家，拥有白炽灯、留声机(talking machine)、炭粒话筒、电影放映机等 1093 种发明专利权。
9. the Vanderbilts ——范德比尔特家族，是美国最富有的家族之一。这个家族的第一代 Cornelius Vanderbilt(1794—1877)是美国航运和铁路巨头。他经营铁路和海运获巨大成功。他曾捐款 100 万美元给田纳西州纳什维尔的中央大学，该校后改名为范德比尔大学。第二代 William Henry Vanderbilt，是铁路巨头和慈善家，由于他的经营，家族财产增加近一倍。死后将大量财产捐给大都会艺术博物馆以及许多教堂和医院。第三代主要是威廉的三个儿子，其中一个继续经营铁路和公司，另一个办了"巴尔的摩"大农场。第四代出现了金融家和报业家。
10. the Rockefellers ——洛克菲勒家族，美国最富有的家族之一。该家族第一代 John D. Rockefeller(1839—1937)，是美国实业家、慈善家和美孚石油公司创办人，俗称"石油大王"。1863 年在克利夫兰附近建立第一个炼油厂，此后专门经营石油业。1880 年几乎垄断美国整个石油业。1881 年改由 9 人董事会控制公司全部股份和分支机构，形成美国第一个大托拉斯(trust)。1891 年洛克菲勒捐款建立芝加哥大学。生前捐款合计 5 亿美元。到 1955 年他和他的儿子捐款总数达 25 亿美元。John Rockefeller 的弟弟 William Rockefeller 是美国企业家、金融家，在创建、发展美孚石油公司起重要作用，与其兄齐名。老洛克菲勒的独生子小洛克菲勒(John D. Rockefeller Jr. 1874—1960)是洛克菲勒家族的继承人，主要从事慈善事业。20 世纪 30 年代监督曼哈顿"洛克菲勒中心"大厦的建筑工程"。二战后捐赠联合国总部用地。1958 年为建设纽约市林肯表演艺术中心捐赠 500 万美元。小洛克菲勒的长子洛克菲勒第三，慈善家，主要举办文化、教育事业；其次子奈尔逊 · 洛克菲勒(1908-1979)任美国第 41 届副总统，纽约州州长。
11. Morgan ——J. P. Morgan(1837—1913)，约翰 · 摩根，美国金融家和工业组织家，是第一次世界大战前 20 年间世界上金融巨头之一。他改组了几条重要的铁路线，并合并组建了美国钢铁公司和通用电气公司。1895 年建立的摩根公司是世界上最有实力的银行之一。摩根在 1907 年的金融危机中发挥了举足轻重的作用。
12. Fords ——指福特汽车公司。该汽车公司由 Henry Ford(1863—1947)所创办

和经营。亨利·福特15岁时到底特律当机工学徒，后在爱迪生公司任总工程师。1903年创办福特汽车公司。其子亨利·福特第二任福特汽车公司总经理达34年之久，他使该公司获得复兴。1940年尚未毕业，便离开耶鲁大学，到福特汽车公司工作。他迅速开始实行企业的现代化。该公司生产林肯牌和大陆牌豪华汽车，同时也有多样经营，研制、生产导弹、弹道导弹以及电子产品。

13. Pan-American Conference—— 泛美会议。自19世纪80年代起，美国就利用“泛美主义(Pan-Americanism)”，提出了美洲各国具有“共同利益”等口号，并召开了泛美会议，成立了泛美组织，同美洲各国签订了一系列政治、经济、军事条约，总称“泛美体系”，借以掠夺、干涉和控制这些国家，妄图占领拉丁美洲。1889年召开了第一次泛美会议，成立所谓“美洲共和国国际联盟”，加紧把拉丁美洲变为美国的“后院”。

14. US-Spanish War—— 美西战争。

15. Theodore Roosevelt—— 西奥多·罗斯福(1858—1919)，美国第26任总统(1901—1909)，是一位对美国政治具有着深刻影响的人物。在职期间最大的成就就是执行了资源保护政策。在外交方面奉行“大棒政策(Big Stick Policy)”，他主张“说话和气，但要手拿大棒”，1903年美国从哥伦比亚获得巴拿马运河区。在国内问题上，大多权威人士认为罗斯福推行改革为联邦政府注入了新精神，为解决许多现代社会的问题奠定了基础。

16. *Elkins Act*——《埃尔金斯法案》，1903年美国国会通过了这部以国会议员埃尔金斯的名字命名的法案，从法律上对回扣行为作了明确的限制。由于埃尔金斯法案明令禁止赠送回扣和接受回扣，因此这一法案又被称为反回扣法。它是被视为西奥多·罗斯福总统一系列保护公平竞争和反对垄断弊端和不公平竞争措施的组成部分。

17. Anti-Trust laws——反托拉斯法。

18. Big St ck—— 大棒政策，20世纪初美国总统西奥多·罗斯福提出并实行武力威胁和战争讹诈相结合的外交政策。美国凭借其大为增强的军事经济力量，积极推行向外扩张计划，加强了对拉丁美洲，特别是加勒比海地区的侵略。在大棒政策的指导下，美国凭借武力，多次公开干涉拉丁美洲国家的内政。

19. Open Door Policy—— 门户开放政策，在整个中国范围，列强都有进行贸易的权利。它的主要精神是利益均沾，机会平等。不论是在哪个列强的势力范围内，不论是否在中国内地或沿海地区都实行这个原则。它标志着美国已经形成自己独立的侵华政策。是美国侵华行动的“里程碑”。同时，它受到列强的普遍欢迎，由此列强在侵华步骤上取得暂时的一致，避免了列强因在华利益的相互抵触，列强由争夺在华利益转化为相互合作。

20. the Caribbean countries ——加勒比海国家，主要指古巴、尼加拉瓜、巴拿马等中美洲国家。

21. Greenback Party ——绿背纸币党。绿背纸币运动是指在维持或增加纸币流通量的运动,大约在 1868 至 1888 这 20 年间。1862—1865 年间,美国政府为了资助联邦从事南北战争的事业,发行了 4.5 亿以上的美元(即所谓绿背纸币),但并没有黄金储备。南北战争结束后,财政上的保守派要求政府收回绿背纸币,但是希望维持高物价的农场主和其他人则反对这样做。1873 年的经济大恐慌以及后来的经济萧条,使国家在货币问题上陷于分化,农场主和其他人等要求额外发行绿背纸币或无限制地铸造银币。1874 年,积极主张扩大货币流通量的人们组成绿背纸币党,支持者大多来自中西部。在 1878 年的中期选举中,绿背纸币党有 14 人选入国会;1880 年该党总统侯选人获 30 万张选票。

22. Populist Party—— 平民党。

23. National Labor Union——全国工会。

24. the Lassalleans ——拉萨尔派,指追随拉萨尔及其思想的人。Ferdinand Lassalle (1825—1864),德国社会主义的主要发言人,也是卡尔·马克思的门徒,德国工人运动的创立者之一。他主张通过工人阶级与政治生活和社会生活相结合,把建立在私有制基础上的资产阶级国家转变成为民主立宪国家。他认为人能凭自己的意志力,从悲惨可怜的处境中解放自己。

25. Haymarket Massacre——秣市惨案。

26. Knights of Labor—— 劳动骑士团。

27. International Cigar Maker's Union——国际烟草制造商工会。

28. Homestead Strike——霍姆斯特德罢工。1892 年 7 月 6 日,匹兹堡霍姆斯特德钢铁工人罢工。1892 年卡内基钢铁公司降低工资,激起霍姆斯特德钢铁工人的罢工,7 月 6 日,数以百计的警卫和罢工的工人大打出手,在枪炮声中,有十个人丧生,几十个人受伤。这一天被誉为美国劳工运动的历史性时刻。

29. Carnegie—— 卡内基,安德鲁·卡内基(1835—1919),美国钢铁企业家、慈善家,生于英国。1848 年全家迁居美国匹兹堡。起初他在纺纱厂当工人,1873 年开始搞炼钢,1888 年开始管理一家大型钢厂,附有煤田、铁矿、680 公里的铁路和内湖轮船公司,这些公司后来并入美国钢铁公司。20 世纪初,卡内基与洛克菲勒、摩根财团并立,是当时美国经济界的三大巨头之一。卡内基从不名一文的移民到堪称世界首富的"钢铁大王",而在成功之后他为英美的许多公共机关捐献了数以百万计的巨款。他出资修建了纽约著名的卡内基音乐厅,匹兹堡的卡内基大学,还有遍布在世界各地的"卡内基图书馆",卡内基是美国人心目中的英雄和个人奋斗的典范之一。

30. Pullman Strike——普尔曼罢工事件。

31. American Expeditionary Force——美国远征军。

32. Central Powers—— 中部联盟。1882 年德国、意大利、奥地利三国在维也纳缔结军事同盟,形成"同盟国(Triple Alliance)",战争爆发后,意大利退出,三国同盟变成德国和奥匈帝国的同盟，也称中部联盟。

33. Allies—— 协约国，是英、法、俄三国为了对抗德、意、奥而建立三国协约（Triple Entente），第一次世界大战爆发后，美国、中国等也加入“协约国”，后来改称 Associated Powers，也称 Allies.

34. Serbia—— 塞尔维亚，位于欧洲东南部，巴尔干半岛中部，自 20 世纪初起，塞尔维亚便成为了南斯拉夫联邦的一部分。2003 年，南斯拉夫联邦将国名改为塞尔维亚和黑山。2006 年 5 月 21 日，黑山通过公民投票决定正式独立，6 月 3 日黑山议会正式宣布独立，6 月 5 日塞尔维亚国会亦宣布独立并且成为塞黑联邦的法定继承国，塞黑联邦因而解散。

35. February Revolution—— 二月革命，1917 年 3 月（俄历 2 月），第一次世界大战时期，俄国爆发了第二次资产阶级民主革命，即二月革命。二月革命推翻了统治俄国长达 300 多年的罗曼诺夫王朝，结束了沙皇专制制度的反动统治。在起义过程中成立了新的革命政权：彼得格勒工兵代表苏维埃政权。但资产阶级窃取了革命的胜利果实，成立了临时政府，形成两个政权并存的局面。二月革命的胜利为俄国无产阶级争取社会主义的斗争创造了有利条件。

36. October Revolution—— 十月革命，也称为“布尔什维克革命”。1917 年 11 月 7 日（俄历 10 月 25 日），在列宁和托洛茨基等人的领导下，俄国共产党（布尔什维克）领导工人士兵发动武装起义，建立了苏维埃政权，这是无产阶级政党领导的第一次成功的社会主义革命。革命推翻了俄罗斯克伦斯基领导的俄国资产阶级临时政府。十月革命胜利后颁布了一系列革命法令。随即苏维埃俄国退出了第一次世界大战。

37. Wilson——Thomas Woodrow Wilson 托马斯 · 伍德罗 · 威尔逊（1856—1924），美国第 28 任总统，出生于弗吉尼亚州，毕业于普林斯顿大学，毕业后任教多年，后来成为普林斯顿大学校长。威尔逊被认为是美国历史上学术成就最高的一位总统，他一生有十余部的专著和数十篇论文，他从学术和教育的角度正式确立了国际政治学作为一门独立的政治学科的地位。1910 年当选为新泽西州州长。1912 年获民主党总统候选人提名，当选总统。1916 年连任，当时正值第一次世界大战，开始威尔逊政府避战，后来参战。战争结束后威尔逊总统提出了“公正与和平”的 14 点方案。德国战败后，此方案成为了同战败国和谈的基础，1918 年 1 月威尔逊总统出席了巴黎和会。这时，国内政治形势出现逆转，被共和党人控制的国会拒绝批准威尔逊方案，后来付诸公民表决。结果，这一方案仍未完全被通过，因此，提出国际联盟的美国，却未能参加国联。在 1920 年总统选举民主党失败，同年，下野的威尔逊获诺贝尔和平奖，四年后，他在睡眠中死去。

38. Fourteen Points—— 威尔逊总统的“十四点方案”。威尔逊总统为建立战后的“公正和持久和平”所提出的建议。主要内容包括：举行公开谈判，反对秘密外交,领海外航行自由,建立平等的国际贸易,缩减各国军备,公正处理殖民地纠纷,建立国际联盟等。“十四点方案”是按美国要求处理世界事务的一个例子,也是在全世界推行“美国化”的一次努力,但由于英、法等国家反对,未能实现。

39. League of Nations—— 国际联盟,简称国联,详见上册,第二编,第十章“Britain in the Two World Wars”,注释20。

40. Washington Conference——华盛顿会议,第一次世界大战后,美、英、日等帝国主义国家为重新瓜分远东和太平洋地区的殖民地和势力范围,由美国建议召开的国际会议,亦称太平洋会议。1921年11月12日至1922年2月6日在华盛顿举行。参加会议的国家有美、英、法、意、日、比、荷、葡和中(北洋政府的代表团参加)。华盛顿会议实质上是巴黎和会的继续,其目的是要解决《凡尔赛和约》未能解决的帝国主义列强之间关于海军力量对比和在远东、太平洋地区特别是在中国的利益冲突,完善第一次世界大战后的帝国主义和平体系。

41. Versailles-Washington System—— 凡尔赛-华盛顿体系,在第一次世界大战后,由主要战胜国,即英国、法国、美国、日本建立的一种新的国际关系制度。帝国主义在全球范围内对一战后列强关系的调整和对世界秩序的重新安排,它构成了帝国主义国际关系的新格局。但是,凡尔赛-华盛顿体系的最大问题是它不但没有消除各大国之间的矛盾,而且还埋下了更大的矛盾隐患,特别是激起了德国人的复仇心理,20世纪30年代德国法西斯分子正是利用人们的这种心理取得统治地位和对外扩张借口。在战胜国中,对势力范围的再分配也造成了各大国间的深刻矛盾,这使得资本主义的新秩序从一开始就引起了种种的不满。因此,20世纪20年代这个新秩序逐渐瓦解,到30年代又为新的国际危机所替代。

Chapter Ⅵ America Before and During the Second World War

知识要点

1. America before the WWⅡ 二战之前的美国
   - The False Prosperity in the 1920's
   - The Great Depression of 1929-1933
2. Roosevelt's “New Deal” 罗斯福新政
3. The Second World War (1939-1945) 第二次世界大战(1939到1945年)
   - The Causes of the War
   - The progress of the War
   - America during the Second World War
   - Consequences of the War
   - the Importance Role of America in the War
   - The Communist Party of the U. S. A.

注释

1. The 1920's—— 20世纪20年代,这一时期的美国处于两个具有重要意义的事件之间，即第一次世界大战和大萧条时期。这10年之所以如此不同主要有两个原因：第一次世界大战使人们的生活变得支离破碎、面目全非。世界大战对于这个时代有着深刻的影响，人们怀着极大的热情投入战争，另外战争也给美国人带来了巨大的财富，因此战后出现了经济繁荣的假象。

2. isolationism—— 孤立主义，是美国20世纪20年代美国采取的一种外交政策。它通常由防务和经济上的两方面政策组成。在防务上，孤立主义采取不干涉原则，即除自卫战争外不主动卷入任何外部军事冲突；在经济和文化上，通过立法最大程度限制与国外的贸易和文化交流。
3. Warren G Harding—— Warren Gamaliel Harding 沃伦·甘梅利尔·哈丁(1921—1923)，美国第29位总统。1919年哈丁代表共和党参加总统竞选，并取得成功。竞选时，哈丁声称一定要组织一个强有力的内阁，但内阁名单公布后却令人失望。他上台后正式结束了美国对德国的战争状态，取消了威尔逊在国内采取的战时措施，鼓励投资，让资本家放手自由经营，同时实行贸易保护政策。这些措施促进了美国战后的发展，带来了20年代的"工业繁荣"。哈丁任职期间把自己的许多朋友安插到政府中，他的朋友经常在白宫打牌、喝酒，利用官职贪赃枉法，而哈丁大部分实际工作均在这些吃喝玩乐的场合中决定的，所以有人戏称哈丁的内阁为"扑克牌内阁"。此外，哈丁个人生活失检，两性丑闻迭出。美国报刊曾就如何评价历届总统在美国学者中进行过调查，结果是哈丁三次被列为美国最糟糕的十个总统的第一名。
4. Great Depression—— 大萧条，指20年代的美国经济危机。美国的这次经济危机引发了空前严重的世界经济危机。1929年10月24日（又被称作"黑色星期四"，Black Thursday），纽约证券交易所人们竞相抛售股票，股市暴跌，最后无人购买而导致股市大崩盘（Great Crash）。继而工厂停工，银行倒闭，全国经济陷于瘫痪状态。这4年中破产企业13万家，1/4工人失业，100万个农场破产，数万家银行倒闭，美国工农业生产下降1/2左右。美国出口贸易额从52亿美元降到16亿美元，进口减少70%，国内黄金储备急剧减少。
5. Franklin D. Roosevelt ——富兰克林·罗斯福（1882—1945），美国第32届总统。曾连任三次，任职13年。1900—1904就学于哈佛大学，1905年转入哥伦比亚大学法学院。1910年任海军副部长。1921年8月休假期间患骨髓灰质炎症（小儿麻痹后遗症），仍为民主党积极分子，由其妻代为参加会议。1928年任纽约州长，由于对农民实行减税，大得人心，1930年连任。1933年当选总统，积极推行他的"新政"，深受多数人欢迎，解决了经济危机中的许多问题。在第三届任期内，正值第二次世界大战爆发。战争初期罗斯福动员全部工业组织军事生产，支援英、法对意、德作战。珍珠港事件后，立即宣布对日开战。1943年罗斯福、丘吉尔、斯大林这"三巨头"在德黑兰会晤，筹划战后事宜。他在反法西斯战线中起着重要作用。作为政治领袖，他深受人民爱戴，在他的政府中容纳了各种观点的领袖人物。罗斯福的夫人艾琳娜(Eleanor),是他的得力助手和支持者。她是联合国外交家,人道主义者。当罗斯福总统患小儿麻痹后遗症下肢瘫痪时,她积极鼓励他与病魔作斗争,重新燃起并激发丈夫对政治的热情。她首创白宫为女记者定期举行记者招待会的制度。她在全国、世界进行广泛旅游,向总统汇报各地情况。她还特别关心政府的各项人道主义事业。1945 年罗斯福总统去逝,杜鲁门总统任命她为驻联合国代表,作为联合国人权委员会主席(1946—1951),她对世界人权宣言的起草和通过起了重要作用。

6. New Deal—— 新政,罗斯福总统在 1929—1933 年期间的施政纲领的名称,主要内容可以用"三 R"来概括 ,即复兴 (Recover)、救济 (Relief)、改革 (Reform),是资本主义走向政府干涉经济的重大政策调整。其主要内容包括:废除金本位制;政府以大量贷款和津贴促进工商业的发展,扩大国家投资、刺激私人投资;缩减耕种面积,以提高农产品价格;兴办市政建设,增加就业机会,提高消费和购买力;建立社会保险(social security)和发放救济金。罗斯福新政取得了相当大的成效,解决了美国的经济危机,更重要的是没有使美国因为经济危机而走向法西斯主义道路。

7. Good Neighbor Policy—— 睦邻政策,罗斯福新政期间的外交政策,主要是正式承认苏联,扩大海外市场。

8. Slavic people——斯拉夫人。

9. Abyssinia——阿比西尼亚(今埃塞俄比亚)。

10. German Reich——德意志第三帝国。

11. Axis powers——轴心国,指在第二次世界大战中结成的战争联盟,包括纳粹德国、意大利和日本等国家。此名称源于 1936 年 11 月 1 日意大利法西斯独裁者墨索里尼在《德意同盟条约》签定后不久对此评价的一次演说中的一句话:"柏林和罗马的垂直线不是壁垒,而是轴心",因为柏林和罗马在同一经度线上,因此,后人就把法西斯同盟称为"轴心",参加国称为"轴心国"。

12. sneak attack —— 偷袭,珍珠港是美国在夏威夷的重要军港,是美国太平洋舰队基地所在地,距离美国本土大约 3000 公里。1941 年 12 月 7 日(星期日),日本不宣而战,派出海军航空兵偷袭珍珠港,炸死炸伤美军 3000 人,炸毁飞机多架,炸沉军舰多艘。日本原想以此打垮美国参战的决心,或至少能够推迟美国参战的时间,以便日本有时间建立起自己的太平洋防线。但事与愿违,美国人一下子被激怒了。珍珠港事件前美国人普遍认为日本绝不敢首先攻击美国。日本偷袭珍珠港使美国人的民族自尊感受到了侮辱,反战情绪一扫而光,上千万的美国人上街游行,要求参军参战。日军偷袭珍珠港的第二天,美国就对日宣战。

13. Battle of Stalingrad——斯大林格勒战役又称斯大林格勒会战,战役于 1942 年 7 月 17 日开始,持续 199 天,是第二次世界大战的主要转折点,也是人类历史上最为血腥和规模最大的战役之一。参战主要军队为苏联和纳粹德国。这场战役以参战双方伤亡惨重及对平民牺牲的漠视而成为人类战争史上的著名战役。

14. Midway Island Battle—— 中途岛战役，中途岛海战是第二次世界大战中太平洋战争期间一次海战。1942年5月中旬，美军破译日本海军电报，掌握了日本进攻中途岛的企图。美国海军立即调集3艘航空母舰及其他作战舰艇约40多艘组成特殊作战队，同时19艘潜艇部署在中途岛附近海域监视日军行动。6月4日清晨，日本舰载机向中途岛发动了猛烈的攻击。由于美军早已破译了日本海军的通讯密码，对敌人的计划了如指掌，到6月7日，以日军的惨败而告终。美国军事专家这样评论此次战役："中途岛战役是日本海军350年以来的第一次决定性的败仗。它结束了日本的长期攻势，恢复了太平洋海军力量的平衡"。也有人将中途岛战役称为"情报的胜利"。

15. Warsaw Pact——《华沙条约》，详见上册，第二编，第十一章"Britain after WW Ⅱ"，注释12。

16. NATO—— the North Atlantic Treaty Organization，北大西洋公约组织。详见上册，第二编，第十一章"Britain after WW Ⅱ"，注释11。

17. cash-and-carry—— 现金付货。

19. Neutrality Act——《中立法案》，第二次世界大战爆发后，美国国会于1939年11月4日修订了该法案，允许交战国购买美国武器和军用物资，实际上支持了英、法两国。

20. Atlantic Charter——《大西洋宪章》，1941年美国总统罗斯福与英国首相丘吉尔签署的联合宣言。全名为《美国总统和英国首相的联合宣言》。苏德战争爆发后，第二次世界大战范围扩大，美、英迫切需要进一步协调反法西斯的战略。两国首脑于1941年8月在大西洋北部纽芬兰阿金夏海湾的奥古斯塔号军舰上举行大西洋会议。8月13日签署《大西洋宪章》。该文件全文共8条：宣布两国不追求领土或其他方面的扩张，不承认法西斯通过侵略造成的领土变更，尊重各国人民选择其政府形式的权利，恢复被暴力剥夺的各国人民的主权，各国在贸易和原料方面享受平等待遇，促成一切国家在经济方面最全面的合作，摧毁纳粹暴政后重建和平，公海航行自由，各国必须放弃武力削减军备，解除侵略国家的武装。《大西洋宪章》提出的对法西斯国家作战的目的和进步民主的重建战后和平的目标，体现了资产阶级民主政治的一般原则，对于国际反法西斯统一战线的形成和打败德、意、日侵略国家起到了积极的推进作用，成为后来的《联合国宪章》的基础。同时，"机会均等"、"海上自由"等内容有利于美国战后与英国争夺势力范围，取得世界霸权。同年9月，苏联等国表示同意宪章的基本原则。

21. Cairo Declaration——《开罗宣言》，1941年12月1日，蒋介石、罗斯福、丘吉尔在开罗会晤，并发表该宣言，三国之宗旨主要是剥夺日本自1914年第一次世界大战开始后，在太平洋上所夺得或占领的一切岛屿和领土，包括日本在中国所夺取的领土。三大反法西斯盟国还将继续坚持进行其重大而长期的战斗，最终获得日本无条件的投降。

22. Teheran—— 德黑兰。1943 年反法西斯战争各主要战场形势发生根本转折，为商讨加速战争进程和战后世界的安排问题，美、英、苏三国首脑罗斯福、丘吉尔和斯大林于 1943 年 11 月 28 日至 12 月 1 日在伊朗首都德黑兰举行会议。德黑兰会议的主要内容有：开辟欧洲第二战场问题，决定于 1944 年 5 月在法国南部开辟第二战场；战后成立一个维护世界和平与安全的国际组织；就战后如何处置德国的问题进行了初步讨论，三国提出不同的分割方案；波兰问题，三国一致赞成战后重建独立的波兰，其边界西移，将德国东部的部分地区并入波兰；苏联对日作战问题。此次会议是反法西斯三大盟国首脑在第二次世界大战中的首次直接会晤，对维护和加强盟国间的团结与合作，协调军事战略行动，加速反法西斯战争的胜利起了重要作用。但是会议期间三国为自身利益达成的一些损害他国利益的协议，给战后的国际关系造成了不良影响。

23. Yalta—— 雅尔塔。第二次世界大战末期美、英、苏三国首脑，罗斯福、丘吉尔和斯大林于 1945 年 2 月 4 ~ 11 日在苏联克里米亚半岛雅尔塔皇宫内举行了会议（Yalta Conference），又称克里米亚会议（Crimea Conference）。此次会议是制定战后世界新秩序和列强利益分配问题的一次关键性的首脑会议，而且此次会议巩固和维护了三国战时联盟，对协调盟国对德、日作战，加速反法西斯战争的胜利进程和促进战后和平稳定局面的形成起到重要积极作用，为联合国的建立奠定了基础。但会议的某些协议未经有关国家同意，具有明显的大国强权政治和绥靖政策的倾向，严重损害了中国等国的主权、利益和领土行政完整。这次会议是继 1943 年的德黑兰会议后的第二次同盟国首脑会议。三大国在会议上做出的战后世界秩序的安排被称为雅尔塔体系，对战后世界格局影响巨大。

24. Casablanca—— 卡萨布兰卡，第二次世界大战期间，美国总统罗斯福，英国首相丘吉尔和法国戴高乐将军及三国高级将领，于 1943 年 1 月 14 ~ 23 日在摩洛哥卡萨布兰卡举行了战略会议（Casablanca Conference）。当时，世界反法西斯战争已进入转折时期，美、英认为有必要重新研究世界局势和战略问题。美、英在会议上签订了在亚洲划分势力范围的秘密协定，土耳其被划为是英国势力范围，中国被划归美国势力范围。

25. Balkan satellites——巴尔干卫星国包括希腊、罗马尼亚、保加利亚、南斯拉夫等国。

26. Quebec——魁北克，1943 年 8 月 14 ~ 24 日英国首相丘吉尔和美国总统罗斯福及两国高级将领在魁北克举行会议。会议在讨论盟军 1944 年在法国北部登陆问题上发生了严重分歧。

27. Potsdam Conference——波茨坦会议，1945 年 7 月 17 日，苏联、美国和英国三

国首脑斯大林、杜鲁门和丘吉尔在德国柏林附近的波斯坦举行会议，在谋求解决同盟国之间在如何分享战争的胜利果实及战后和平等问题上出现的一系列矛盾。

28. *the Charter*——《联合国宪章》。1945 年 6 月 26 日，来自 48 个国家的代表在美国旧金山签署了《联合国宪章》。《联合国宪章》于同年 10 月 24 日起生效，联合国正式成立。1947 年 10 月，联合国大会把 10 月 24 日定为"联合国日"。《联合国宪章》被认为是联合国的基本大法，它既确立了联合国的宗旨、原则和组织机构设置，又规定了成员国的责任、权利和义务，以及处理国际关系、维护世界和平与安全的基本原则和方法。遵守联合国宪章、维护联合国威信是每个成员国不可推脱的责任。

29. Foster —— William Foster（1881—1961），威廉 · 福斯特，美国共产党领袖。1894 年起积极组织从事工会的斗争。1909 年参加世界产业工人联盟。在 1919 年钢铁工人大罢工中，他以美国劳工联合会领袖而全国闻名。1920 年建立工会教育同盟，1921 年这个同盟成为赤色工会国际的美国支部，因此他也就成为美国共产党的最高领导人。1945 年任党中央主席，1957 年任美国共产党名誉主席。

30. Earl Browder ——白劳德（1891—1973），美国共产党领袖。1921 年入党，1930—1944 年任总书记。1936 年和 1940 年被提名为总统候选人。1944 年倡导资本主义和社会主义可以和平共处，被免去总书记职务。

Chapter Ⅶ America During the "Cold War"（1945—1991）

知识要点

1. The world situation after the WW Ⅱ 二战以后的世界格局
   - The two big allies
   - Big events took place in America
   - Reason of the Cold War
2. The Economic Situation 经济状况
   - A short period of prosperity
   - The economic crisis and the decline of the U. S. economic position in the world
   - The rapid development of science and technology
3. U. S. Aggression and Expansion 美国对外侵略和扩张
   - Truman's policies at home
   - Truman's Aggressive and Expansion Policies Abroad
4. Relation between the U. S. and China 中美关系
   - President Nixon improved relations with China.
   - the "Ping-pang" diplomacy in 1971.

 ❖ Nixon visited to China in Feb. 1972.
 ❖ Sino-America Joint Communiqué

5. The People's Movement 人民运动
 ❖ Anti-War Movement
 ❖ The Workers' Movement
 ❖ Black Americans and their Civil Rights Movement
 ❖ Martin Luther King, leader of the Civil Rights Movement
 ❖ The New Upsurge of Race Riots

注释

1. Cold War——冷战一词是相对于真枪实弹的热战(hot war),指 1945 年(即二战结束)至 1991 年(苏联解体)间东西方阵营在经济、政治、军事方面的对抗,没有硝烟的战争。
2. Truman—— 哈里·杜鲁门(Harry Truman, 1884—1972),美国第 33 任总统。1945 年 4 月 12 日罗斯福总统去世,杜鲁门以副总统身份继任总统。他执政期间,美国向苏联等社会主义国家提出"冷战主义",并着手建立了"北大西洋公约组织"与社会主义阵营"华沙条约组织"形成对抗。1947 年杜鲁门提出了杜鲁门主义(Truman Doctrine),实际是美国向欧洲即一切受到苏联"威胁"的国家提供军事援助的计划。根据杜鲁门主义,希腊和土耳其都受到了美国大量的军事援助。
3. Carter—— 詹姆斯·厄尔·卡特(James Earl Carter Jr., 1924—)又称吉米·卡特(Jimmy Carter),美国第 39 位总统(1977—1981)。详见第一编,第四章"The Development of American Economy",注释 4。
4. Korean War—— 朝鲜战争,1950 年 6 月,金日成领导的北朝鲜政府发起了解放南朝鲜、统一祖国的战争,北朝鲜军队很快越过了三八线,解放了汉城(首尔)。少数美军和南朝鲜军队被赶到了沿海狭小的区域,面临被歼灭的绝境。在美国的操纵下,联合国通过了决议,谴责北朝鲜的"侵略",并组建了以美国为首的联合国军队进入朝鲜,攻陷平壤后又向鸭绿江边推进。北朝鲜处于危亡之际,中国人民志愿军入朝参战,把以美军为首的联合国军赶到了三八线以南,经过多次谈判,1953 年 6 月签订了停战协议。
5. D. D. Eisenhower——德怀特·戴维·艾森豪威尔(Dwight David Eisenhower,1890—1969)美国第 34 任总统(1953—1961)。第二次世界大战时盟军最高司令。西点军校毕业后任少尉,因其军事才干,受到麦克阿瑟·马歇尔将军的赏识,由少尉晋升到中校,少将、中将。艾森豪威尔在指挥盟军进行北非、西西里岛和意大利作战中,在实现与盟国的合作中,都表现了卓越的军事、政治、外交才能,被誉为"军人政治家,外交家"。二战结束后,晋升为五星上将。艾林豪威尔任总统后,极力遏制当时苏联共产主义势力的增长,进行了许多迫害活动。战后艾森豪威尔还继续推行敌视和遏制中国的政策，支持和控制盘踞在台湾的蒋介石集团，阻挠中国统一，由此引发了2次台海危机，它加剧了远东的紧张局势，进一步恶化了中美关系，使中美关系长期处于敌对状态，同时也正是由于美国的干涉，使台湾问题变得更加复杂化。艾森豪威尔是个戎马半生，战功卓著的美国总统。艾森豪威尔在具体战役指挥上可能不如巴顿、蒙哥马利，但在协调各方面关系上极具才能。他以坚定、镇静而又平等待人的态度赢得了广泛的信赖和支持。他还善于发现人才，所以蒙哥马利、巴顿、范佛里特等一大批名将，都能为他所用。

6. John Kennedy—— 约翰·肯尼迪（1917—1963），美国第35任总统，1961年就任。肯尼迪生于马萨诸塞州，也是美国唯一一个信仰天主教的总统。1960年进行总统竞选时，与尼克松进行了历史上的第一次电视辩论。上台后实行“新边疆”计划，大力发展教育和科技，提高最低工资，扩大对外贸易。1963年10月22日在德克萨斯州的达拉斯城为自己连任拉选票的活动中遇刺身亡。被刺的原因及凶手的背景至今尚未弄清楚。肯尼迪在美国政界属于“新派”，以大胆和勇于进取而著称，声誉颇佳，受到很多黑人的拥护。克林顿总统也是肯尼迪总统的崇拜者之一，并以年轻时受到肯尼迪的接见而为荣。

7. Lyndon Johnson—— 林顿·约翰逊（1908—1973），美国第36任总统，生于德克萨斯州，二战时期在海军中服役，获少校军衔。1961—1963年任副总统，肯尼迪遇刺后继任总统，1964年竞选获胜。1964年他提出了“伟大社会（Great Society）”政治纲领，主要包括实现在种族平等、减税、济贫、医疗保险和医疗援助计划，同时强调发展教育和职业培训等。同时提出了“向贫困宣战（War on Poverty）”计划，促使国会通过一系列的惠民法案，并取得了一定的成效。约翰逊总统执政期间不断使越南战争升级，国内出现了巨大的反战浪潮。面对强大的反战浪潮，约翰逊被迫宣布退出1968年的总统竞选。

8. Vietnam War—— 越南战争，（1961—1975），简称越战，又称第二次印度支那战争，越战是二战以后美国参战人数最多、影响最重大的战争，也是美国战败的一场战争（虽然美国政府自称是“光荣的撤退”）。越战是冷战中的“一次热战”。起因是北越领导人胡志明支持南方的游击队“民族解放阵线”反对南越吴庭艳政府，希望统一越南，美国则出兵帮助南越。经历越战的美国总统有艾森豪威尔，肯尼迪，约翰逊。在尼克松执政时期，美国因国内的反战浪潮，逐步将军队撤出越南。北越军队最终打败了南越政府军队，统一了越南全境。

9. Nixon—— 理查德·米尔豪斯·尼克松（Richard Milhous Nixon，1913—1994）美国第37位总统（1969—1973，1973—1974）。执政后，尼克松对内的目标是抑制通货膨胀，重振美国经济。对外，提出尼克松主义，与中华人民共和国直接接触。尼克松于1972年2月首次访华，开打了两国关系的大门，成为访问中华人民共和国的第一位美国总统。访华期间中美两国政府发表了著名的《上海公报》。尼克松为打开中美关系大门并为改善和发展中美两国关系做出了重要贡献。1973 年,他结束了越南战争。同年,苏联领导人访问美国,双方宣告冷战结束。1974 年 8 月 8 日,尼克松因"水门事件"辞职,成为美国有史以来第一个自动辞职的总统。

10. Watergate—— 水门事件,指美国共和党政府在 1972 年总统竞选运动中的非法活动暴露后的政治丑闻。水门是华盛顿的一座综合大厦。1972 年 6 月 17 日有 5 个人因闯入大厦内的民主党全国总部被捕。随后的调查表明,尼克松政府为破坏选举的进程采取了一系列的行动,闯入水门只是其中之一。结果导致政府的几个官员锒铛入狱以及美国历史上破天荒第一遭的总统辞职事件。

11. Gerald Ford——杰拉德 · 福特(1903—2006),是今美国历史上最长寿的总统。福特是个"好好先生",生性温厚谦逊、随和,尽管他是一个经历了 30 年政治斗争生涯,所树的政敌却少得惊人。1974 年 8 月 9 日接替因"水门事件"下台的理查德 · 尼克松,成为美国历史上第 38 任总统。福特是美国总统中唯一一位未经选举而当上总统和副总统的人,但他在 1976 年 11 月的总统大选中败给吉米 · 卡特,并于 1977 年 1 月卸任。

12. *Panama Canal Treaty*——《巴拿马运河条约》。又称《托里霍斯-卡特条约》,是巴拿马军政府领导人马丁 · 托里霍斯与美国总统卡特于 1977 年 9 月 17 日签订的关于巴拿马运河主权过渡的条约,条约规定,巴拿马运河由两国官员组成的运河管理委员会管理,运河区的司法和移民机构、海关、邮局等逐步交由巴拿马管辖和经营,条约期满后,由巴拿马政府承担运河的管理和防务。

13. Lockheed Aircraft Corporation—— 洛克希德飞机公司。美国飞机和导弹制造公司。1913 年洛克希德兄弟开始设计和制造水上飞机,1916 年取名洛克希德飞机公司。1932 年 6 月转售给格罗斯兄弟,1977 年改为现名。公司总部在加利福尼亚州的卡拉巴萨斯。第二次世界大战期间,洛克希德公司依靠军火订货,取得巨额利润,并使公司急剧发展起来。长期以来,该公司一直是美国国防部最大的军火承包商之一。70 年代中期以后,洛克希德公司积极采取措施,打进了宇航业和民用飞机市场,生产的产品和范围也趋于多样化。主要有各种类型的轰炸机、歼击机、军用和商用大型运输机、导弹、反潜艇飞机、卫星、宇宙空间系统、电子产品、信息系统、海洋系统和海洋采矿设备,飞机的改装和维修以及提供技术、金融、信息和管理等服务。

14. President Regan——罗纳德 · 威尔逊 · 里根(Ronald Wilson Reagan,1911—2004),美国第 40 任总统(1981—1989)。历任总统之中,他就职年龄最大。他是历任总统中唯一一位演员出身的总统。详见第一编,第四章"The Development of American Economy",注释 5。

15. Federal Reserve—— 联邦储备系统。美国联邦储备系统起中央银行作用,具有发行货币、代理国库及对私人银行进行管理监督职能,更为重要的是为美国政府制订和执行金融货币政策。

16. Apollo program—— 阿波罗计划，是美国从1961年到1972年从事的一系列载人登月飞行任务。1969年7月16日，巨大的“土星5号”火箭载着“阿波罗11号”飞船从美国肯尼迪角发射场点火升空，开始了人类首次登月的太空征程。美国宇航员尼尔·阿姆斯特朗、埃德温·奥尔德林、达克尔·科林斯驾驶着阿波罗11号宇宙飞船跨过38万公里的征程，承载着全人类的梦想踏上了月球表面。这确实是一个人的小小一步，但是整个人类的伟大一步。他们见证了从地球到月球梦想的实现，这一步跨过了5000年的时光。

17. Dr. Denton Cooley ——登敦·库利(1920—)，美国外科医师、教育工作者，以心脏移植手术而著称。他是第一个将人工心脏植入人体的人。

18. Dr. Jonas Salk ——琼纳斯·索尔克(1914—)，美国医师，医学研究人员，曾研制成一种脊髓灰质炎疫苗。1956年获美国公共卫生协会拉斯克奖。

19. Challenger—— 挑战者号航天飞机，美国正式使用的第二架航天飞机。挑战者号完成初期测试任务后，被改装成正式的轨道载具(Orbiter Vehicle)，并于1983年4月4日正式进行任务首航。然而很不幸的，挑战者号在1986年1月28日，在佛罗里达州的卡纳维拉尔角(Cape Canaveral)进行代号STS-51-L的第10次太空任务时，因为右侧固态火箭推进器上面的一个O形环失效，导致一连串的连锁反应，并且在升空后72秒时，爆炸解体坠毁。机上的7名宇航员全在该次意外中丧生。

20. Human Genome Project—— 人类基因组计划，是一个全球性的，长期研究计划，旨在标识出人类DNA(脱氧核糖核酸)的大约80000个基因，指出组成人类DNA的化学序列。结果将会放到数据库中，以便所有研究人员共享。

21. Un-American Activities Committee—— 非美行为活动调查委员会。

22. Joseph R McCarthy—— 约瑟夫·R·麦卡锡。二战后的美国，战争的阴影还没有消失，冷战的恐怖气氛又接踵而至。美国一方面在国际上与苏联对抗，另一方面在国内清除所谓的“共产主义意识形态”，打击进步势力。从20世纪50年代初，美国经历了“麦卡锡主义”时代，表现为反共、排外，涉及美国政治、教育和文化等领域的各个层面，影响巨大。一些进步人士因被指责进行亲共宣传而受到迫害。当时，在美国工作的著名核物理学家钱学森也因被指责在战时参加了美国共产党的活动，受到了联邦调查局的传讯。此后，钱学森多次发现他的私人信件被拆，住宅电话被窃听，他的“国家安全许可证”也被吊销。这表明，他已经不能继续从事喷气推进研究，甚至不能留在实验室里工作了。直到1955年离开美国前，钱学森一直受到美国移民局的限制和联邦调查局的监视。由于受到美国政府的限制，钱学森回国时不仅没有带回任何研究资料，甚至连一些私人生活物品都未带回。中国人民的老朋友埃德加·斯诺也因受到“麦卡锡主义”的迫害，不得不偕同夫人离开祖国，远走瑞士。由于麦卡锡捏造罪名陷害进步人士的极端行为越来越不得人心,参议院于 1954 年通过决议,谴责其不轨行为,并把他逐出参议员,麦卡锡时代结束。

23. George C Marshall——乔治·卡特利特·马歇尔(1880—1959)。美国著名政治家,军事家,经济学家。二战时期美国三军联席会主席(chief of staff),以其足智多谋和知人善任而出名。二战期间美军中许多著名将领,如艾森豪威尔和巴顿等都是经由他的推荐才被提拔和任命的。曾任美国总统的杜鲁门在吊唁马歇尔的仪式上说道:“他是我们这一时代伟人中的伟人,我衷心地希望,当我跨入另外一个世界,马歇尔能收留我当他的部下,从而我得以努力报答他为我们所做的一切。”

24. Marshall Plan——马歇尔计划,战后美国援助欧洲重建的计划,以来遏制苏联在欧洲的扩张。详见上册,第二编,第十一章,“Britain after WW Ⅱ”,注释 3。

25. Eisenhower Doctrine——艾森豪威尔主义,是马歇尔计划的组成部分之一,是 20 世纪 50 年代后期美国对中东的政策纲领。1957 年 1 月 5 日由美国总统艾森豪威尔向国会提出了关于对中东政策的特别咨文。其主要内容是:对中东国家实行“经济合作”和军事援助计划;必要时使用武力来“保护”任何请求军事援助的国家,以维护它的领土完整和政治独立,防止共产主义“侵略”;两年内美国政府额外拨款 4 亿美元,向中东国家提供经济援助,并可随时使用美国武装部队。以后,这个中东政策纲领也被用于中东以外地区。

26. ping-pong diplomacy—— 乒乓外交,60 年代后期起,长期处于敌对状态的中美两国开始为改善和缓和关系而进行试探和秘密接触。1971 年中国邀请美国乒乓球队访华,事后尼克松说:“我从未料到对中国的主动行动会以乒乓球队访问北京的形式得到实现。”1972 年 4 月 11 日,中国乒乓球队回访美国。中美两国乒乓球队互访轰动了国际舆论,成为举世瞩目的重大事件,被媒体称为“乒乓外交”。从此结束了中美两国 20 多年来人员交往隔绝的局面,使中美和解随即取得历史性突破。1972 年 2 月 21 日,尼克松访华,中美关系终于走向了正常化的道路。

27. Kissinger——亨利·艾尔弗雷德·基辛格(Henry Alfred Kissinger,1923—),当代美国著名外交家、国际问题专家,1973 年诺贝尔和平奖获得者。曾任美国尼克松政府国家安全事务助理、国务卿,福特政府国务卿。基辛格 1923 年 5 月 27 日生于德国费尔特市的一个犹太家庭,1938 年因逃避纳粹对犹太人的迫害,随父母迁居纽约。1971 年 7 月,基辛格作为尼克松总统秘密特使访华,为中美关系大门的开启做出了历史性贡献。1972 年 2 月陪同尼克松总统访华 ,此后他多年来一直关心和支持中美关系的发展。

28. *Sino-America Joint Communique*——《中美联合公报》。应中华人民共和国总理周恩来的邀请,美利坚合众国总统理查德·尼克松自 1972 年 2 月 21 日至 2 月 28 日访问了中华人民共和国。于 1972 年 2 月 28 日签订该公报,又称《上海公报》。

29. Civil Rights Movement—— 民权运动，二战后，特别是60年代和70年代初，美国黑人举行声势浩大的抗议斗争，要求与白人享受平等权利，反对种族歧视和种族隔离，史称“民权运动”。随着运动形式和内容的变化，后来又被称为“黑人权利运动（the black power movement）”和“民权革命（civil rights revolution）”。最初的斗争的形式是非暴力的，只是要求法院采取行动，禁止种族歧视和种族隔离。因法院行动迟缓，黑人一再失望，后来逐渐走向暴力斗争。

30. Little Rock—— 小石城，这里所说的是发生在1957年阿肯色州首府的“小石城事件”。1957年夏，该地的教育委员会接受联邦地区法院执行布朗案的判决，允许9名黑人学生进入小石城中央高中就读。9月2日，秋季开学之际，该州民主党州长动用国民警卫队，封锁学校，禁止黑人学生入学。后在法院干预下，20日撤回国民警卫队，任凭一些白人暴民捣乱。25日，艾森豪威尔总统不得不动用美国陆军101空降师“占领”了小石城，维持秩序，并暂时直接控制了1万名州国民警卫队。在全副武装的美国大兵保护下，9名黑人学生最终得以入学。1997年9月底，当年的“小石城9勇士”重新汇聚在中央中学。曾在80年代末担任阿肯色州州长的美国当时的总统克林顿参加了这次聚会，他高度评价了9勇士当年冲破种族樊篱的无畏精神。“小石城事件”是美国反对种族主义的一个重要的里程碑。

31. the sit-in—— 静坐抗议。

32. *Civil Rights Act*——《民权法案》。

33. Martin Luther King ——马丁·路德 ·金（1929—1968），著名的美国黑人运动领袖。从50年代中期起领导美国历史上第一次大规模民权运动，直到遇刺身亡。在争取种族平等的斗争中，他遵循非暴力抵抗的原则，于1964年获诺贝尔和平奖，从而享誉世界。他出身于南方黑人牧师家庭，15岁进大学，先后获得文学士学位、神学士学位和博士学位。他在60年代领导了震惊美国的轰轰烈烈的黑人民权运动，迫使美国国会于1964年通过民权法案。令世人瞩目的1963年8月28日在华盛顿林肯纪念堂举行的“为工作和自由进军”，是民权运动的重要里程碑。那天最激动人心的是马丁·路德·金代表南方基督教领导会议所作的讲演，即人们所熟知的《我有一个梦想》（*I Have a Dream*）。一位新闻记者指出，金氏的讲演“充满林肯和甘地精神的象征和神圣的韵律”。1968年4月14日，马丁·路德·金在田纳西州的孟菲斯市领导工人罢工，他在旅馆的阳台被一名种族分子刺客开枪正中喉咙致死，终年39岁。

34. Rosa Parks—— 罗莎·帕克斯，在种族隔离的年代，南方各州的公共汽车上分为“白人区”和“黑人区”（黑人区在公共汽车的后部），黑人必须给白人让座位。1965年，蒙哥马利城的黑人妇女帕克斯拒不给白人让座位，后来被捕，引发当地黑人拒乘公共汽车，要求废除这种乘车的歧视。这一斗争被称为“自由乘车运动(freedom ride)”。

Chapter Ⅷ America in the 1990s and the Early 21st Century

知识要点

1. America in the 1990s 20 世纪 90 年代的美国
   - Military Attacks on Iraq and Yugoslavia
   - Relation between the U. S. And China
   - A Boom of Economy
2. America in the Early 21st Century 21 世纪初期的美国
   - “9. 11 Event”
   - The Afghan War, the Iraq War and the War against Terrorism
   - Economy
3. Social Problems 社会问题
   - The major problem for the American economy
   - Many big issues got unresolved.
   - Violence
   - Iraq War

注释

1. Desert Storm—— 沙漠风暴,1991 年的 1 月 17 日凌晨 2 时 40 分,停泊在海湾地区的美国军舰向伊拉克防空阵地、雷达基地发射了百余枚“战斧”式巡航导弹。以美国为首的多国部队开始实施“沙漠风暴”行动,海湾战争爆发。
2. President Clinton——克林顿总统,比尔·克林顿,原名威廉·杰弗逊·克林顿(William Jefferson Clinton, 1946—),美国第 42 任总统(1992—2000),是美国第一位出生于第二次世界大战之后的总统、第二位遭受国会弹劾动议的总统,也是仅次于西奥多·罗斯福和约翰·肯尼迪之后的最年轻的美国总统,以及富兰克林·罗斯福之后连任成功的唯一一位民主党总统。克林顿总统任期内美国经历了有史以来最长的经济增长期,他也是现代美国总统中离任时公众支持率最高的总统。
3. Kosovo—— 科索沃,科索沃原来是南联盟塞尔维亚共和国的一个省,人口 200 万,其中 90% 为阿尔巴尼亚族人。阿族人于 1991 年单方面成立了“科索沃共和国”,近两年又组建了“科索沃解放军”,试图通过暴力手段独立,1998 年 2 月 28 日,阿族武装分子同塞族警察发生流血冲突。从此,阿塞两族的矛盾升级,武装冲突不断,科索沃危机爆发。1999 年 3 月,在向南斯拉夫提出警告并在科索沃塞尔维亚人进行进攻的情况下,北约组织对南斯拉夫实行空袭轰炸,在 6 月,南斯拉夫接受了由八国集团提出的一个和平计划,允许科索沃拥有自治政府,之后南斯拉夫军队从科索沃省撤退,北约中止了轰炸行动。科索沃于 2008 年 2 月

17日正式宣布独立。

4. WTO——世界贸易组织(World Trade Organization)。世贸组织是一个独立于联合国的永久性国际组织。1995年1月1日正式开始运作,负责管理世界经济和贸易秩序,总部设在瑞士日内瓦莱蒙湖畔。1996年1月1日,它正式取代关贸总协定临时机构。世贸组织是具有法人地位的国际组织,在调解成员争端方面具有很高的权威性。
5. Belgrade—— 贝尔格莱德,是塞尔维亚首都和最大的城市,也是原南斯拉夫地区最大的城市。
6. China threat—— 中国威胁论。
7. Department of Homeland Security—— 国土安全部。
8. Afghan War—— 阿富汗战争,指美国为打击阿富汗塔利班政权和"9·11事件"头号嫌疑犯本·拉登及其"基地组织(Al Queda)"而发动的战争。2001年10月7日始,美、英两国部署了近8万人兵力,先后动用5个航母编队及500多架战机,对阿富汗实施了军事打击。两个月后,在阿富汗"反塔利班联盟"武装的协助下推翻了塔利班政权。
9. Taliban——塔利班在波斯语中是学生的意思,它的大部分成员是阿富汗难民营伊斯兰学校的学生,故又称伊斯兰学生军。最开始是因为是在1994年11月,当时他们保护一支试图打开巴基斯坦与中亚贸易的车队而一举成功,从此登上历史舞台。1996年9月27日,塔利班武装攻占首都喀布尔,并成立了临时政府接管政权,次年10月27日改国名为阿富汗伊斯兰酋长国。之后塔利班控制着阿富汗90%以上的国土。塔利班政权实行高度的中央集权制,组织机构严密,总部设在坎大哈。塔利班在其控制区内,全面推行伊斯兰法,实行极端宗教统治,声称要把阿富汗建成世界上最纯洁的伊斯兰国家。塔利班颁布政令禁止电影电视,严控娱乐活动;男人必须蓄须,女人必须蒙面,不允许妇女接受教育和就业,违者将受到严厉惩罚。
10. Operation Enduring Freedom—— 恒久自由行动。
11. Guantanamo Bay—— 古巴的关塔那摩湾。
12. Abu Ghraid—— 伊拉克的阿布格莱德。
13. President Bush—— 布什总统,乔治·沃克·布什(George Walker Bush,又称小布什)。他2001年1月就任第43任(第54届)美国总统,2004年11月3日竞选连任获胜,并于2005年1月20日就任第55届美国总统。他是继美国第六任总统亚当斯之后第二位踏着父亲的足印入主白宫的总统。
14. Pentagon—— 五角大楼,坐落在美国华盛顿附近波托马克河畔的阿灵顿镇,是美国国防部所在地。从空中俯瞰,这座建筑成正五边形,故被称为"五角大楼"。
15. NAFTA——《北美自由贸易协定》,由美国、加拿大、墨西哥三方于1992年签订,1994年元旦起生效并实施。内容包括关税相互减免;取消进口限制;坚持产地规定；政府采购协定；鼓励投资；扩大相互金融服务；发展相互自由运输；鼓励保护知识产权；协商争端解决机制等。

16. *Dominican Republic-Central America Free Trade Agreement*——《多米尼加-中美洲自由贸易协定》，是近十年来美国参与的最大规模的自由贸易协定，其目的是在中美洲地区建立一个类似包括美国、加拿大和墨西哥的北美自由贸易协定的自由贸易区。

17. Healthy Forests Initiative —— 健康森林倡议。

18. Rodney King——罗德尼·金，1992 年 11 月，罗德尼·金因为行车超速拒受检查，遭到洛杉矶警局白人警察的殴打，当时的情形刚好被旁观者录下。罗德尼·金以此为依据将打人的警员及洛杉矶警局告上法庭，最后陪审团宣告警察无罪。非裔社区当时群情愤怒，并发生了大骚乱，导致多人伤亡。

19. Branch Davidian—— 大卫教派，由保加利亚移民豪迪夫于 1934 年在美国德克萨斯州韦科镇的骆驼山庄创立的邪教组织。当时教内实行财产公有，过公社式的集体生活。1987 年大卫·考雷什（David Koresh）夺得教主的职位后，把该邪教组织推向了极端，并在英国、澳大利亚、新西兰等国发展组织，共有信徒两三千人。他在教内实行军事专制统治和经济剥削，要求信徒过与世隔绝的集体生活，强制信徒每天进行长时间的祈祷，对信徒实行洗脑，要信徒相信世界末日说，声言只有追随他，在世界末日来临时才能得救。他把自己看作是教会的主宰，对信徒的控制十分严密。信徒入教后，须将薪金、存款全部交由教主处理，不准他们看电视和与外界通信。他要求信徒禁欲，自己却宣称上帝已授权给他控制信徒的性生活，唯有他才有与任何女人发生性关系的权利。他拥有 19 个妻子，并与其教会内的无数女信徒，包括男信徒之妻发生性关系，其中最小的只有 12 岁。1993 年 2 月 28 日，美国联邦烟酒与军火管理局（The US Bureau of Alcohol, Tobacco, and Firearms）在掌握了大卫教派囤积大量武器的事实后，包围了骆驼山庄，拘捕考雷什。大卫教派进行了武装抵抗，袭击计划失败。此后，联邦调查局接手此案，调来 450 名军警，数十辆装甲车、坦克和直升机，继续对庄园实施包围，并且采取断水断电措施。直至同年 4 月 19 日，双方对峙的 51 天中竟无一信徒投降。此后，联邦调查局用坦克进攻庄园，施放催泪弹。庄园突然起火，很快吞没了整个庄园。除 9 人外包括考雷什在内的 86 人全部葬身火海，就连被救出的 9 人中，还有人拼命挣扎要返回大火中受死。今天，大卫教派在韦科的总部已经荡然无存，但它在世界各地，主要是在美国和英国还有信徒，他们把考雷什之死完全等同耶稣之死，并等待着他复活。

20. Columbine High School—— 科伦拜恩高中，1999 年 4 月 20 日两个科伦拜恩高中学生，扫射了 600 多发子弹，打死 12 名学生一名教师，打伤数十人。这就是科伦拜恩高中枪击案，是震惊世界的校园暴力事件。

21. Amish School —— 阿米什中学。2006 年 10 月 2 日下午，宾夕法尼亚州的兰卡斯特郡（Lancaster County）一个偏僻的乡村学校发生了一起枪击案，牛奶卡车司机罗伯茨手持两把手枪闯进该学校的教室，把十几名女生绑起来然后开火，5名学生死亡。这就是当时震惊世界的阿米什校园枪击案。

22. a Virginia college—— 指的是弗吉尼亚理工大学（Virginia Polytechnic Institute and State University），2007 年 4 月 16 日，美国弗吉尼亚理工大学发生两起校园枪击案。一个名叫赵承熙的韩裔学生身穿童子军防弹衣，携带两把手枪，并身藏无数子弹，先后打死 32 人，最后举枪自杀。布什称枪案令人震惊，全国降半旗致哀。此次校园枪击案是美国历史上最惨重的校园枪击案。

Part three Culture

Chapter Ⅰ Education

知识要点

1. A Brief Introduction to American Education 美国教育简介
   - The importance of education in America
   - The principle
   - The distinctive feature
2. Elementary Education 基础教育
   - Age of elementary school
   - The courses
   - Qualification of elementary school teacher
3. Secondary Education 中等教育
   - There is no entrance exam.
   - The courses
   - Junior High School and Senior High School
4. Higher Education 高等教育
   - General Introduction
   - Types of Institutions
   - Faculty Members
   - Part-time Working and Students' Organizations
5. Admission and Academic Levels 招生和学位
6. Graduate Study 研究生学习
7. Well-known Universities 著名大学
   - IVY League
   - Stanford University
   - Harvard University
   - Massachusetts Institute of Technology
   - Yale University
   - Caltech
8. Libraries 图书馆
   - Private libraries
   - Public libraries

注释

1. Secondary Education—— 中等教育，美国中学和小学的体制因地而异，没有全国的统一规定，只有总的时限要求，即 12 年免费义务教育。有些地方分初中(junior high school，指 7 ~ 9 年级)和高中(high school，指 10 ~ 12 年级)。如果初中和高中联校就成为了 7 ~ 12 年级，这被称为 senior high school.
2. Two-year College—— 两年制大学，二年制的高校多为技术专科学校和社区学院(community/junior colleges)，是连接高中和正规四年制大学的一个桥梁，主要教授美国社会需求的技能和专业知识，而且学费低廉。学生在成功完成某专科 2 年全时学习后，颁发准学士学位(associate degree——Associate of Arts/A. A. 或 Associate of Science/ A. S.)。社区学院有两种基本类型，一种是为学生转入 4 年制学士学位大学做准备，另一种是提供专门领域的职业培训。大多数社区学院是由州和当地社区支持的，也有私立社区学院，一些私立社区学院是赢利性质的。
3. Four-year college—— 四年制大学，这些大学主要为文理学院、独立专业学院和综合性大学，代表着美国科研和教学最高水平，培养大批高层次的专业人才。这些院校除教学外，还承担着美国政府的大量高精尖的科研任务。
4. liberal arts college/ college of arts and science—— 文理学院。美国的大学分为 University 和 College 两类，即大学和学院。前者是综合性大学，不仅有本科，还有规模庞大的研究生院和研究机构。后者是文理学院，一般只招收本科生，虽小却精，录取标准也很高。
5. behavioral science—— 行为科学。
6. Credits—— 学分，美国大学实行学分制，学生获得规定的"学分"即被视作达到毕业要求。教师在每学期开始时给学生布置大量的阅读书目和材料，培养学生自学和学术研究能力，在此基础上争取获得每科 6 ~ 18 个学分，四年制的本科生要想获得学士学位，必须按规定修满 120 ~ 128 个学分，通过考试和撰写学位论文，合格后才能获得学位。
7. Liberal Arts—— 文科。
8. Ivy League—— 常青藤联盟，美国东北部一批在学术上和社会上享有盛名的名牌大学的统称。包括哈佛大学(1636)，哥伦比亚大学(1701)，宾夕法尼亚大学(1740)，普林斯顿大学(1746)，哥伦比亚大学(1754)，布朗大学(1764)，达特茅斯学院(1769)和康奈尔大学(1853)等。
9. Center for Nanoscale Systems—— 纳米刻度系统研究中心。
10. Beinecke Rare Book Library—— 耶鲁大学的贝内克珍本图书馆。
11. Silicon Valley—— 硅谷，位于美国加利福尼亚州的旧金山的近 50 公里的一条狭长地带，是美国重要的电子工业基地，也是世界最为知名的电子工业集中地。硅谷是在 20 世纪 60 年代中期，伴随着微电子技术高速发展而逐步形成的，其特点是以附近一些具有雄厚科研力量的美国一流大学，如斯坦福大学、伯克利学院和加州理工大学等世界知名大学为依托，以高技术为主的中小公司群为基础。硅谷拥有思科、英特尔、惠普、朗讯、苹果等大公司，融科学、技术、生产为一体。目前它已有大大小小电子工业公司达10000家以上，所产半导体集成电路和电子计算机约占全美1/3和1/6。20世纪80年代后，生物、空间、海洋、通讯、能源材料等新兴技术的研究机构在此地区纷纷出现，该地区成为美国高新技术的摇篮，现在硅谷已成为世界各国半导体工业聚集区的代名词。

12. Main Quad—— 斯坦福大学中的一处建筑群，有些像中国的四合院。
13. Office of Technology Licensing—— 斯坦福大学的技术许可办公室。
14. Open Course Ware Project—— 开放式网络课程计划。
15. Caltech—— 加州理工学院。
16. Library of Congress—— 国会图书馆，位于国会山东侧，是美国的国立图书馆，也是世界上最大的图书馆。该图书馆建于1800年，主要为国会服务，并担负着美国国家图书馆的职能。馆舍由杰斐逊大楼、亚当斯大楼和麦迪逊大楼组成，总面积34万平方米，馆藏达1.3亿册。林肯总统在葛底斯堡发表的著名演说的草稿就保存在馆内。
17. Nobel Prize—— 诺贝尔奖金，根据瑞典化学家、工程师和实业家A. B. 诺贝尔的遗嘱所设基金提供的奖金，从1901年开始，每年授予"前一年中的在物理、化学、生理学或医学、文学与和平事业中对人类做出巨大贡献的人。"1968年起增设经济学奖。分别由瑞典皇家科学院、皇家卡洛琳外科医学研究院、瑞典文学院和挪威议会评定。每年单奖为100多万美元。获得诺贝尔奖金通常被认为是全世界科学最高荣誉。
18. Pulitzer Prize—— 普利策奖，由美国著名报业巨头约瑟夫·普利策（Joseph Pulitzer, 1847—1911）创立。1912年他捐款创办哥伦比亚大学新闻学院，设立该奖金，自1917年起每年授予小说、传记、戏剧、音乐及报刊作品的杰出作者。到20世纪70和80年代发展成为美国新闻界的一项最高荣誉奖，现在，不断完善的评选制度已使普利策奖被视为全球性的一个奖项。

Chapter Ⅱ The Media of U.S.A.

知识要点：

1. Radio and Television 广播和电视
   - Number of radio and TV stations
   - The major radio and T.V. networks
   - Bad effects of TV
   - The world's first communication space satellite
2. Newspapers and Magazines 报纸和杂志

◈ Features　　◈ Major wire services

◈ Three most influential papers

◈ Other major newspapers and magazines

注释

1. net-works—— 广播电视网。
2. CBS—— 哥伦比亚广播公司,1927 年成立,是由 16 家广播电台联合组建的独立广播电台联营的公司,后由哥伦比亚唱片公司接管,改名哥伦比亚唱片广播公司,其后又改为哥伦比亚广播公司。1954 年成为当时世界最大的广告媒介。1987 年在纽约等城市直接经营 5 个电视台, 6 个中波广播电台,7 个调频广播电台,另外还有通过合同关系参加该广播网的 200 个电视台,形成全国性广播电视网。
3. NBS—— 国家广播公司。
4. ABS—— 美国广播公司。
5. VOA—— 美国之音广播公司。
6. American International Communication Bureau—— 美国国际通讯管理局。
7. Early Bird—— 晨鸟,美国发射的第一个太空通讯卫星。
8. Associated Press——联合通讯社,简称美联社,是由各成员单位联合组成的合作型通讯社,是美国最大的通讯社,国际性通讯社之一。1892 年成立于芝加哥,前身为 1848 年成立的港口新闻联合社,由纽约《太阳报》等 6 家报社创建。后来经过不断合并、改组,规模逐渐扩大。1900 年总社迁至纽约。最初稿件只供给本社成员报纸,1945 年以后开始向非成员报纸和电台供稿。1947 年,成员范围扩大到电台、电视台,而且允许非社员机构订购稿件,总部设在美国纽约。
9. United Press International——合众国际社,美国第二大通讯社,国际性通讯社之一。1958 年 5 月由合众社与国际新闻社合并而成,总社在华盛顿。合众社创办于 1907 年,国际新闻社成立于 1909 年。第二次世界大战后,两社都发展成为国际性通讯社。两社合并后,受斯克里普斯-霍华德报业集团控制。70 年代以后,由于管理不善,经济上长期亏损,所有权几度易主。1982 年 6 月,该社转归新闻传播公司。1985 年 5 月申请破产,11 月出售给墨西哥报业主 M. V. 拉纳。1988 年 2 月该社被世界新闻电信集团公司接管。1991 年 8 月再度申请破产,并大量削减雇员,关闭部分分社。1992 年 6 月被英国伦敦的中东广播中心公司买下。
10. *New York Times*——《纽约时报》,是一份在美国纽约出版的报纸,在全世界发行,有相当的影响力。它有时也被戏称为"灰色女士"(The Gray Lady)或简称为《时报》(The Times)。它最初的名字是《纽约每日时报》(The New York Daily Times)。亨利. J. 雷蒙德和乔治·琼斯于 1851 年 9 月 18 日创刊。他们当时打算发行一份比较严肃的报纸,来打破当时在纽约盛行的花花绿绿的新闻报道方式。

11. *Times*——《时代周刊》,美国影响最大的新闻周刊,有“世界史库”之称,创立于 1923 年,刊名最初为《事实》,后来改为现在的刊名,并由时代华纳公司在纽约出版。该刊的宗旨是要使忙碌的人群能够充分了解世界大事,涵盖范围广泛,如经济、教育、法律、批评、体育、宗教、医药、艺术、人物、书评和读者来信等。刊物大量使用图片和图表,开创了美国报业用叙述体报道时事的报道方式,同时也是一份打破报纸、广播对新闻垄断的大众性期刊,为国内外新闻杂志所效仿。《时代周刊》的读者主要是中产阶级和知识阶层,并拥有一批精明能干的撰稿人记者,还有一支庞大的研究人员队伍,覆盖面遍布全世界。
12. *Reader's Digest*——《读者文摘》,美国著名杂志,是当前世界上最畅销的杂志之一,在全球多个国家和地区都有发行。1922 年创刊,现每月发行。这是一本能引起大众广泛兴趣的内容丰富的家庭杂志。它所涉及的故事文章涵盖了健康、生态、政府、国际事务、体育、旅游、科学、商业、教育以及幽默笑话等多个领域。

Chapter Ⅲ Sports and Recreation

知识要点

1. The forms of Sports in America 美国的运动形式
   - Competitive struggles
   - Spectator sports
   - Athletic games
   - Participant sports
2. Sports in America 美国的运动
   - Baseball
   - Soccer
   - Ice hockey
   - Motor Sports
   - Football is most popular in autumn.
   - NBA: The National Basketball Association
   - Other sports: wresting, boxing, horseracing
3. Recreation 娱乐
   - Fishing
   - Golf
   - Hunting
   - Tennis
   - Swimming
   - Bowling
   - Skiing
   - The Olympics
   - Photography, stamp collection, needlework, and gardening
   - Other hobbies include painting, sculpture, wood and medal working
   - Traveling

注释

1. NBA—— the National Basketball Association 全国篮球协会,成立于 1946 年。成立时称为 BAA,即全美篮球协会(Basketball Association of America),当时是由 11 家冰球馆和体育馆的老板为了让体育馆在冰球比赛以外的时间不至于闲置而共同发起成立的。

2. spectator sports—— 观赏性运动。
3. participant sport—— 参与性运动。
4. National Hockey League—— 美国冰球职业联赛。共有 30 支球队,分别来自美国和邻国加拿大。

Chapter Ⅳ Science and Technology

知识要点

1. Federal Government's Policy and Support 联邦政府的政策和支持
   - Federal investment in science and technology has played a critical role.
   - The American government has taken effective methods in science and technology.
2. Space Exploration 太空探索
   - NASA
   - Three Space Centers
3. Nobel Prize Winners for Sciences 诺贝尔科学奖获得者
   - About the Nobel Prize
   - American Nobel Prize Winners for Sciences and Economics

注释

1. R&D—— research and development,研究与开发。
2. NASA——美国国家航空航天局或美国太空总署,是美国负责国家太空计划的一个政府部门。
3. John Kennedy Space Center—— 约翰·肯尼迪航天中心,位于美国东部佛罗里达州东海岸的梅里特岛,成立于 1962 年 7 月,是美国国家航空航天局(NASA)进行载人与不载人航天器测试、准备和实施发射的最重要场所,其名称是为了纪念已故美国总统约翰·肯尼迪。
4. COBE—— Cosmic Background Explorer,宇宙背景探测器。
5. RNA—— Ribo Nucleic Acid 核糖核酸。
6. DNA——Deoxyribonucleic acid,脱氧核糖核酸,是染色体的主化学成分,同时也是组成基因的材料。

Chapter Ⅴ American Art and Music

知识要点

1. American Art 美国艺术
   - American Art in Colonial Time
   - American Art in the 20th Century
   - American Art in the 19th Century
   - Pop Art
2. American Music 美国音乐

◈ American Music before the 20th C.

◈ American Music in the 20th C. and Pop Music

注释

1. Gilbert Stuart ——吉尔伯特·斯图尔特(1755—1828),美国画家,当时的肖像画家之一,美国肖像画特别有风格的创始人。其肖像画的风格对美国下一代画家颇有影响。
2. Joshua Johnson——约书亚·约翰逊(1763—1832),美国第一位非洲裔画家,以画肖像而闻名。
3. The Society of Fine Arts in New York—— 纽约美术学会。
4. Hudson River School—— 哈德森河派。
4. NYC—— New York City 的简称。
5. Mount Rushmore Memorial—— 总统山。
6. New York School—— 纽约派。
7. Assemblage art—— 组合艺术。
8. Optical art——欧普艺术,又被称为光效应艺术和视幻艺术,它是在西欧科学技术革命的推动下出现的一种新的风格流派,兴起于西方 20 世纪 60 年代。首次使用欧普这一名称是在 1965 年,当时在纽约现代美术馆举办的一次主题为"眼睛的反应"展览会上,陈列出大量经过精心设计并按一定规律排列而成的波纹或几何形绘画,这些作品给参观者以强烈的视觉刺激,达到了震撼人心的艺术效果。
9. Andy Warhol—— 安迪·沃霍尔(1928~1987),被誉为 20 世纪艺术界最有名的人物之一,是欧普艺术的倡导者和领袖,也是对欧普艺术影响最大的艺术家。
10. National Gallery of Art—— 国家艺术馆。
11. high art—— 高雅艺术。
12. Kitsch——拙劣艺术。
13. *Bay Psalm Book* ——《海湾圣诗》。是现存的一本在美国北美殖民地最早出版的书(1640),由马萨诸塞湾殖民地的清教徒领袖编写。
14. Philharmonic Society of New York——纽约爱乐协会乐队。
15. Jazz—— 爵士乐,开始于 20 世纪 20 年代,是一种具有节奏感强并具有非洲和声色彩的音乐形式。
16. rock & roll—— 摇滚乐。
17. Elvis Presley ——埃尔维斯·普雷斯利(1935—1977),美国摇滚乐歌星。他的巨大成就改变了美国人民大众的文化面貌。他那超凡的魅力,性感的臀部摇摆,鸭尾式的发式以及永恒的嘲弄姿态结合脆弱的神情使得年轻人,特别是女性对他狂慕不已。1956 年拍了他 33 部影片中的第一部《温柔地爱我吧》,并且还在全国电视节目上露面。1958 年他应征入伍,1960 年退役,重返歌坛,1968

年重返电视屏幕。他生前在孟菲斯的格雷斯兰建造了一座华丽的大厦，死后成千上万的歌迷在其间吊唁他。死后5天中其唱片销售量达800万张，一生唱片销售总数为5亿张。

18. Rap——来普，又为说唱，是一个黑人俚语中的词语，相当于“谈话”，源自纽约贫困的黑人聚居区。它以在机械的节奏声的背景下，以快速地诉说一连串押韵的诗句为特征。来普的歌词幽默、风趣，常带讽刺性，80年代尤其受到黑人欢迎。

19. Christopher Joseph Isaak—— 克里斯托佛·约瑟夫·艾萨克(1956—)，美国横跨乐坛20年的忧郁气质男歌手，他的歌因风格独特而被收录在不少电影中，他也在不少电影中客串演出。他的音乐清一色以吉他为主旋律，时而阳光浪漫，时而轻柔舒缓。歌曲中还融合了蓝调、民谣、西部乡村、南方摇滚等多种音乐风格。

20. R&B—— Rhythm and Blues 的缩写，称为节奏怨曲或节奏布鲁斯音乐，它是融合了爵士乐，福音音乐和蓝调音乐的音乐形式。Rock Roll，Disco 和 Rap 都可算是由 R&B 发展而成。

Chapter Ⅵ American Film

知识要点

1. Hollywood 好莱坞
   - ◈ History
   - ◈ Construction of the community
2. The Hollywood Walk of Fame 好莱坞星光大道
   - ◈ Function
   - ◈ five symbols on the five-pointed stars
3. Beverly Hills 贝佛利山庄
   - ◈ Function
   - ◈ “The Golden Triangle”
4. “Oscar” and Academy Awards 奥斯卡和奥斯卡奖
5. “Golden Globe Awards” and “The HFPA” 金球奖和好莱坞外国记者协会
   - ◈ Features
   - ◈ Members
   - ◈ History

5. Some of the Well-known Directors and Film Stars 著名的导演和电影明星
   - ◈ Marilyn Monroe
   - ◈ Sylvester Stallone
   - ◈ Elizabeth Taylor
   - ◈ Arnold Schwarzenegger
   - ◈ Julia Roberts
   - ◈ Clinton Eastwood
   - ◈ Ashley Judd
   - ◈ Steven Spielberg
   - ◈ Hilary Ann Swank

注释

1. MGM—— 米高梅电影公司，创立于1924年。所拍的经典影片有《乱世佳人》，《猫和老鼠》等。
2. Paramount—— 派拉蒙电影公司，1912年，阿道夫·楚克在好莱坞附近租下了一个简陋的马棚，开始电影拍摄工作，这里就是后来的“派拉蒙电影公司”。所拍的经典影片有《教父》、《爱情故事》等。
3. Warner Brothers——华纳兄弟电影公司，1923年4月由哈里·华纳、阿尔伯特·华纳、山姆·华纳和杰克·华纳四兄弟创建。当时总部设在美国纽约，制片厂设在好莱坞。1927年该公司发行了世界第一部有声电影《爵士歌手》(*Jazz Singer*)。所拍的经典影片有《欲望号街车》、《卡萨布兰卡》等。
4. Radio Keith—— 雷电华电影公司，于1928年成立，20世纪30年代和40年代出品过一些优秀影片，如《深闺疑云》。1951年退出电影圈，转向发展无线和有线电视。
5. United Artists—— 联美公司，1919年由四位著名导演及几位著名演员，如卓别林等人出资创建，逐步发展成为控制美国电影生产和发行的八大公司之一。在1981年并入米高梅公司，改称为米高梅-联美娱乐公司，以出品007系列电影知名。
6. 20th Century Fox—— 20世纪福克斯电影公司，成立于1935年。所拍的经典影片有《埃及艳后》及秀兰·邓波的影片。
7. Universal Picture—— 环球影业公司，创立于1912年。经典影片有《哈姆雷特》、《侏罗纪公园》等。
8. Columbia Picture—— 哥伦比亚影业公司，现在名为哥伦比亚三星电影集团公司(Columbia Tri-star Motion Picture Group)，是索尼影视娱乐有限公司旗下的影片销售公司，由索尼影视(美国)有限公司和哥伦比亚三星国际电影发行公司两个子公司组成。哥伦比亚影业公司成立于1924年。2005年，索尼影视娱乐有限公司以48亿美金收购米高梅电影公司，进一步确立了哥伦比亚电影集团公司在好莱坞乃至全球电影娱乐行业领先的地位。1995年，该公司在中国北京设立代表处，成为当时好莱坞八大电影公司中最先进入中国电影市场、并与中国的电影公司进行合作的跨国影视公司。近年来该公司发行的华语影片有《秋菊打官司》、《藏龙卧虎》、《寻抢》、《功夫》、《大腕》等。
9. Hollywood Walk of Fame—— 好莱坞星光大道，是条沿着好莱坞的好莱坞大道延伸的人行道，上面有2000多颗镶有好莱坞电影商会追敬的名人姓名的星形奖章，以纪念他们对电影娱乐工业的贡献。
10. Beverly Hills—— 比弗利山庄，洛杉矶的一处奢华居住区，是好莱坞明星和洛杉矶富豪们居住的地方。
11. Oscar—— 奥斯卡金像奖，的正式名称是“电影艺术与科学学院奖”。1927年5

月，美国电影界知名人士在好莱坞发起组织一个“非赢利组织”，定名为电影艺术与科学学院(Academy of Motion Picture Arts and Sciences)，它的宗旨是促进电影艺术和技术的进步，而且决定表彰有突出成就的优秀电影工作者，因此创立了“电影艺术与科学学院奖”(Academy Award)，每年在美国洛杉矶举行一次颁奖仪式。1931 年后“学院奖”逐渐被其通俗叫法“奥斯卡金像奖”所代替。它对世界许多国家的电影艺术的发展有着不可忽视的影响。

12. Golden Globe Awards—— 金球奖，始创于 1943 年，是由好莱坞外国记者协会主办(The Hollywood Foreign Press Association, HFPA)，也是美国影视界最重要的奖项之一，金球奖共设有 24 个奖项，金球奖的被提名者名单通常是在圣诞节前公布，颁奖晚会则选在一月中旬举行。

Chapter Ⅶ A Brief Introduction to American Literature

知识要点

1. Different stages of American Literature 美国文学的不同阶段
2. Fiction 小说
   - ◈ Stages of American fiction
   - ◈ Some important writers
   - ◈ Schools of American fiction
3. Poetry 诗歌
   - ◈ Stages of American poetry
   - ◈ Some important poets
4. Drama 戏剧
   - ◈ Stages of American drama
   - ◈ Some important drama writers

注释

1. Washington Irving—— 华盛顿·欧文(1783 – 1859)，美国著名作家。他的散文小说集《见闻札记》描述了具有美国民族特色的自然景物和风土人情，摆脱了英国文学传统的束缚。此外他的作品还有小说《瑞普·凡·温克尔》(*Rip Van Winkle*)，《睡谷传说》(*The Legend of Sleepy Hollow*)等等。1859 年 11 月 28 日，欧文与世长辞。美国人民为了怀念这位在文学方面做出突出贡献的作家，在纽约下半旗致哀，而欧文的许多优秀作品则被人们传诵至今，成为珍贵的文学遗产。他本人更被尊为“美国文学之父(father of American literature)”。
2. Nathaniel Hawthorne——纳撒尼尔·霍桑(1804—1864)，美国 19 世纪影响最大的浪漫主义小说家和心理小说家。1804 年 7 月 4 日出生于马萨诸塞州塞勒姆镇一个没落的世家。他的祖辈之中有人曾参与清教徒迫害异端的事件，是著名的 1692 年“塞勒姆驱巫案”的 3 名法官之一，这段家族的历史对霍桑的思想产生了深刻的影响。霍桑的短篇小说大多取材于新英格兰的历史或现实生活，着重探讨人性和人的命运等问题。他一生之中创作了很多作品，最著名的是 1850 年发表的《红字》(*The Scarlet Letter*)。霍桑是一个思想上充满矛盾的作家，新英格兰的清教主义传统对他影响很深。一方面他反抗这个传统，抨击宗教狂热和狭隘、虚伪的宗教信条；另一方面他又受这个传统的束缚，以加尔文教派的善恶观念来认识社会和整个世界。此外，霍桑思想保守，对生产的发展和技术进步抱有抵触情绪，对社会改革持怀疑态度，对当时蓬勃开展的废奴运动不很理解，这些在他的作品中都有所流露。在艺术上他独具一格，擅长心理描写，善于揭示人物的内心冲突。他把自己的小说称为"心理罗曼史"，他潜心挖掘隐藏在事物背后的不易觉察的意义，作品想象丰富，结构严谨。

3. Edgar Allan Poe——埃德加·爱伦·坡（1809—1849），19世纪美国诗人、小说家和文学评论家，在世时长期担任报刊编辑工作，其作品是在任何时代都是"独一无二"的风格。他的作品语言和形式精致、优美，内容多样。艾伦·坡是侦探小说鼻祖、科幻小说先驱之一、恐怖小说大师、象征主义先驱之一和唯美主义者。爱伦·坡最著名的文艺理论是"效果论"，他力图在自己的作品中先确立某种效果，再为追求这种效果而思考创作。受到过爱伦·坡影响的主要人物有：柯南·道尔、儒勒·凡尔纳、希区柯克等。

4. Mark Twin—— 马克·吐温（1835—1910），原名塞缪尔·朗赫恩·克列门斯（Samuel Langhorne Clemens），他是美国的幽默大师、小说家、著名演说家。美国20世纪著名作家威廉·福克纳称马克·吐温为"第一位真正的美国作家，我们都是继承他而来"。"马克·吐温"是他最常使用的笔名，这个笔名是源自他早年在密西西比河上当水手的经历，在河上的水手在测量水深时经常叫道"Mark Twain！"，意思是"两个标记"，即水深两浔（1浔约为1.8米），这是轮船安全航行的必要条件。他的写作风格融合幽默与讽刺一体，既富于独特的个人机智与妙语，又不乏深刻的社会洞察与剖析，既是幽默辛辣的杰作，又是悲天悯人的严肃。他的代表作有《王子与贫儿》（*The Prince and the Paper*），《密西西比河上的生活》（*Life on the Mississippi*），《汤姆·索亚历险记》（*The Adventures of Tom Sawyer*），《哈克·贝利·芬历险记》（*The Adventure of Huckleberry Finn*）等等。

5. Theodore Draiser—— 西奥多·德莱赛（1871—1945），美国20世纪著名现实主义和自然主义作家，重要的作品有《嘉莉妹妹》（Sister Carrie），《美国的悲剧》（*The American Tragedy*）等。

6. Jack London—— 杰克·伦敦（1876—1916），著名的美国小说家，他一生共创作了约五十多部作品，其中最为著名的有《野性的呼唤》（The Call of the Wild）、《海狼》（*The Sea Wolf*）、《马丁·伊登》（*Martin Eden*）和一系列优秀短篇小说。杰克·伦敦少年和青年时代命运十分坎坷，艰苦，但是他从未放弃过当作家的梦想，坎坷的人生经历和对底层生活的深切体验为他的写作提供了丰富的素材，最终他实现了他的人生理想。1913年以后，杰克·伦敦的创作明显开始走下坡路。后因经济上的挫折和家庭纠纷，精神上受到严重打击，酗酒成瘾。1916

年，他同其代表作《马丁·伊登》中的主人公一样在精神极度空虚和悲观失望中自杀身亡。

7. Sinclair Lewis—— 辛克莱·刘易斯(1885－1951)美国作家。生于明尼苏达州的索克中心镇，童年是在痛苦和孤独中度过的，他被认为是个古怪的孩子，成为同伴们玩弄和嘲笑的对象，这段经历使他对小镇庸俗偏狭的生活深恶痛绝。刘易斯一生创作20多部作品。20世纪20年代是刘易斯创伤最旺盛时期。1920年，他以《大街》(Main Street)一举成名后，又推出《巴比特》(Babbit)。1930年，“由于其描述的刚健有力、栩栩如生和以机智幽默创造新型性格的才能”，他成为美国第一位获得诺贝尔文学奖的作家。他善于描绘美国的小镇风貌，刻画市侩典型，嘲弄“美国生活方式”，充满讽刺、诙谐，风格粗犷，直率。这一切，使他成为美国文学代表作家。

8. Ernest Hemingway—— 欧内斯特·海明威(l899—1961)，美国小说家，1954年度的诺贝尔文学奖获得者。海明威生于乡村医生家庭，从小喜欢钓鱼、打猎、音乐和绘画，曾作为红十字会车队司机参加第一次世界大战，以后长期担任驻欧记者，并曾以记者身份参加第二次世界大战和西班牙内战。晚年患多种疾病，精神十分抑郁，经多次医疗无效，终用猎枪自杀。他的早期长篇小说《太阳照样升起》(*The Sun Also Rises*, 1927)、《永别了，武器》(*Farewell to Arms*, 1927)成为表现美国“迷惘的一代(the Lost Generation)”的主要代表作。30、40年代他转而塑造摆脱迷惘、悲观，为人民利益而英勇战斗和无畏牺牲的反法西斯战士形象发表了长篇小说《丧钟为谁而鸣》(*For Whom the Bell Tolls*, 1940)。1954年，他发表了著名小说《老人与海》(*The Old Man and the Sea*)，并使其获得了诺贝尔文学奖。在艺术上，他的简约有力的文体和多种现代派手法的出色运用，在美国文学中曾引起过一场“文学革命”，许多欧美作家都明显受到了他的影响。

9. Saul Bellow——索尔·贝娄(1915—2005)，美国小说家，出生于加拿大魁北克的一个俄国犹太人家庭，从小在蒙特利尔和芝加哥的贫民窟里长大。他的作品大多涉及哲学话题：包括追求生活的意义，社会的道德混乱与个人的道德追求之间的矛盾，富有想象的人和冷漠的世界之间的冲突。他的代表作品有《荡来荡去的人》(*Dangling Man*, 1944)，《奥吉·玛奇历险记》(*The Adventures of Augie March*, 1953)，《雨王汉得森》(*Hudson the Rain King*,1959)，《塞勒姆先生的行星》(*Mr. Sammler's* Planet, 1970)，《赫索格》(Herzog, 1975, 普利策奖)，等等。他在1976年获得诺贝尔文学奖。贝娄在许多大学任教，包括西北大学，芝加哥大学和波士顿大学。

10. *Henry Wadsworth Longfellow*——亨利·沃兹渥斯·朗费罗(1807—1882)，19世纪美国最伟大的浪漫主义诗人之一。生于缅因州波特兰城一个律师家庭。1822年进入布都因学院，与霍桑是同班同学。毕业后赴欧考察，研究法、西、意、德等国的语言文学。1836年回国，在哈佛大学讲授介绍欧洲文化和浪漫主义，成为新英格兰文化中剑桥文学派和社交界的重要人物。朗费罗晚年备受推崇，先后获得牛津大学和剑桥大学的荣誉博士学位。1882年逝世后，伦敦威斯敏斯特教堂诗人之角安放了他的胸像。他一生创作的大量抒情诗、叙事诗、歌谣和诗剧，曾在美国和欧洲广泛流传，受到赞赏。

11. *Walter Whitman*—— 瓦尔特·惠特曼（1819—1892），美国诗人。惠特曼是土生土长的美国诗人，他创造了一种新型诗体：自由体诗，即不受格律、韵脚的限制和束缚，人思想和语言自由自在的发挥。诗集《草叶集》（The Leaves of Grass, 1850）奠定了美国诗歌的基础，并对美国及其他国家的诗歌艺术产生了深远的影响。

12. *Robert Frost*—— 罗伯特·弗洛斯特（1874—1963），是美国现当代文学史上一位重要的诗人，是一生获得过4次普利策优秀诗歌奖的唯一一位诗人。他的诗在美国各阶层拥有广泛的读者群。弗洛斯特1874年出生在旧金山，父母当过小学教师。8岁时，父亲去世后随母亲迁回父亲祖居的新英格兰地区马萨诸塞州，中学毕业后曾上过达特茅斯学院，不久便辍学做工。1891—1899年，他在哈佛大学就读两年，而后，他做过鞋匠、教过书、当过乡村小报的编辑，并按照祖父规定的条件为接受一个农场而在农场上工作10年。1912年，几乎是一满10年他就卖掉了那个农场，举家迁在英国，为他选择的诗歌事业作孤注一掷的冒险尝试。他在伦敦获得了成功。《一个男孩的愿望》（1913）和《波斯顿以北》（*North of Boston*, 1914）的出版，使他一举成名，一战爆发后弗洛斯特回到美国，受到了美国人隆重的欢迎。此后，他不断有新作问世，直到垂暮之年也不曾搁笔，而且声誉极佳。到1963年，他89岁去世时，他已获得各大学所赠44项名誉学位。1961年肯尼迪出任总统时，他应邀在就职典礼上朗诵他的诗作，被尊称为美国的桂冠诗人。弗洛斯特的漫长创作生涯及其成果，在美国现当代文学史上形成了独特的文学现象。在一个现代主义和后现代主义各种流派层出不穷花样翻新的时期，他却以形式上推陈出新的方式代表了传统诗歌对其创作的影响。他的诗多取材于农家生活而以新英格兰地区为背景，因而具有新英格兰田园诗人之称。

13. *Langston Hughs*—— 朗斯顿·休斯（1902—1967），美国著名黑人诗人，剧作家，小说家，被人尊称为“哈莱姆区的欧·亨利”。

14. *Eugene O'Neill*—— 尤金·奥尼尔（1888—1953），美国著名剧作家。奥尼尔是位多产作家，一生创作独幕剧21部，多幕剧28部。其中优秀剧作有：《毛猿》（*The Hairy Ape*, 1921）、《榆树下的欲望》（*Desire under the Elms*, 1924）、《啊、荒野》（*Ah, Wilderness!*, 1923）、《送冰人来了》（*The Iceman Cometh*, 1939）等。奥尼尔生前三次获普利策奖。作家自认为并得到公认的最好作品是《进入黑夜的漫漫路途》（*Long Day's Journey into Night*），这部带有自传性的剧作，按作家生前声明，在他死后的 1956 年首次在瑞典上演，并又一次获得普利策奖。奥尼尔是美国文学史上的一座丰碑。他卓有成就的戏剧创作，标志着美国民族戏剧创作的成熟，并赶上世界水平。奥尼尔的戏剧师承斯特林堡和易卜生的艺术风格，把传统的现实主义手法和现代的表现主义技巧结合起来，深入挖掘人类心灵的底层。作者一生最关注的主题是人在外在压力下性格的扭曲，乃至人格的分裂过程。作为现代悲剧作家，他的大量心理悲剧既有现代各种心理分析学（尤其是弗洛伊德主义）的印记，又沉重地渗透着古希腊的悲剧意识。1936 年，"由于他体现了传统悲剧概念的剧作具有的魅力、真挚和深沉的激情"，奥尼尔获诺贝尔文学奖。

15. Tennessee Williams—— 田纳西 · 威廉姆斯（1911—1983），美国 20 世纪重要的剧作家之一，一生之中创作了 70 多部剧本，代表作品有《玻璃动物园》（*The Glass Menagerie*），《欲望号街车》（*A Streetcar Named Desire*, 1947 年度普利策奖）。威廉姆斯的作品主要探讨了混乱残酷的社会里人们的激情和困扰，而他在戏剧创作中的张力和充满韵律的对话使他在美国戏剧界拥有独特的地位和名气，威廉姆斯还擅长描绘孤独的美国南方妇女的高度敏感。

16. Arthur Miller—— 阿瑟 · 米勒（1915—2005），美国最著名的剧作家之一，他被美国人公认为是 20 世纪戏剧舞台上最优秀的现实主义剧作家。米勒的戏剧描写个人在面对家庭和社会施加的多种压力的反应，以及涉及到的道德因素。个人和社会责任的重要性及因违背良心而导致的道德败坏成为米勒作品中反复出现的主题。1949 年他出版的《推销员之死》（*The Death of a Salesman*）使他获得了纽约戏剧评论界奖和普利策奖，并使他获得了国际声誉，这个剧目反复被搬上舞台，改编成电影和电视剧，奠定了米勒的重要美国剧作家的称号。1958 年米勒同著名影星玛丽莲 · 梦露结婚，1961 年离婚。

17. Tony Morrison—— 托尼 · 莫里森，美国黑人女作家。她生于俄亥俄州钢城洛里恩，父亲是蓝领工人，母亲在白人家做女佣，家里四个孩子里她排行第二。1949 年她以优异成绩考入当时专为黑人开设的霍华德大学，攻读英语和古典文学，还就读过康奈尔大学。曾担任高级编辑，为拳王穆罕默德 · 阿里自传和一些青年黑人作家的作品的出版竭尽全力。她所主编的《黑人之书》，记叙了美国黑人 300 年历史，被称为美国黑人史的百科全书。70 年代起，她先后在纽约州立大学、耶鲁大学和巴尔德学院讲授美国黑人文学，并为《纽约时报书评周报》撰写过 30 篇高质量的书评文章，1989 年起出任普林斯顿大学教授，讲授文学创作。莫里森的主要成就在于她的长篇小说，著名的有：《最蓝的眼睛》（*The Bluest Eye*, 1970 年）、《秀拉》（*Sula*, 1973 年）、《所罗门之歌》（*Song of Solomon*, 1977，获美国图书评论奖）、《柏油孩子》（1981 年）、《宝贝儿》（*Beloved*, 1988 年，获普利策奖）等。1993 年，莫里森获得诺贝尔文学奖。

18. National Book Award—— 国家图书奖。

美国诺贝尔文学奖获得者

Name 名字	Price Winning Year 获奖时间
Sinclair Lewis (1885—1951)	1930
Eugene O'Neill (1888—1953)	1936
Pearl S. Buck (1892—1973)	1938
T. S. Eliot (1888—1965)	1948
William Faulkner (1897—1962)	1949
Ernest Hemingway (1899—1961)	1954
John Steinbeck (1902—1968)	1962
Saul Bellow (1915—)	1976
Issac Basheris Singer (1904—)	1978
Joseph Brodsky (1940—)	1987
Toni Morrison (1931)	1993

Part Four Social Life

Chapter Ⅰ Family

知识要点

1. Characteristics of American family 美国家庭的特点
   - diversity of people
   - The "nucleus family"
2. Marriage 婚姻
   - Before marriage
   - After marriage
   - Problems of the independent family

注释

1. family durable goods——家庭耐用商品。
2. energy sources——此处指煤气、电等能源。
3. nucleus family——核心家庭，指两代人组成的家庭，核心家庭的成员是夫妻两人及其未婚孩子。
4. baby sitter—— 看护小孩的钟点工。
5. senior citizen—— 老年人。
6. senior center—— 养老院。

Chapter Ⅱ Food and Dining Customs

知识要点：

1. Food and Drinks 食物和饮品

◈ American's favorite food is steak.

◈ There are many different kinds of cooking.

◈ The U. S. has its regional specialties.

◈ National food　　◈ Most popular drinks

◈ Main course　　◈ "coffee break"

2. Restaurants and Bars 饭店和酒吧

◈ Snack bar and coffee shop　　◈ Drugstore

◈ Bars　　◈ Diners

◈ Cafeteria　　◈ Drive-in

3. Dining Habits 用餐习惯

◈ Open time of the eating place　　◈ Food at restaurants

◈ Dining habits at home

4. Dining Customs 用餐习惯

◈ Before the dinner　　◈ During the dinner

◈ After the dinner

注释

1. Eskimos ——爱斯基摩人,西半球北极与亚北极地区的土著居民,主要居住在格陵兰岛、加拿大北部和阿拉斯加,以渔猎为生。
2. tortillas——未经发酵的玉米饼。
3. hot dog——"热狗",一种夹心面包。
4. hamburger——汉堡包。
5. cheeseburger——含奶酪的汉堡包。
6. cafeteria——一种自助餐厅。
7. parking lot——停车场。
8. snack bar——快餐店。
9. drugstore:食杂、杂货店。
10. brunch——早午餐,迟吃的早餐,用以代替午餐。
11. frankfurter——牛肉香肠。
12. Cocktail Lounge ——在俱乐部、旅馆或机场等处设置的休息室或小酒吧,里面供应鸡尾酒、葡萄酒等饮料。
13. drive-ins ——顾客无须下车即可得到服务的"免下车"餐馆。

Chapter Ⅲ Customs and Traditions

知识要点:

1. New Year's Day 新年

◈ Time: January 1st　　◈ Origin

◈ The activities on New Year's Day

2. Valentine's Day 情人节

◈ Time：February 14th ◈ Activities

◈ Origin

3. Easter 复活节

◈ Time：the first Sunday after the full moon

◈ Origin ◈ Activities

4. Independence Day 独立日

◈ Time：July 4th ◈ Origin

◈ Activities

5. Halloween 万圣节

◈ Time：October 31st ◈ Origin

6. Thanksgiving 感恩节

◈ Time：the fourth Thursday of Nov.

◈ Origin ◈ Activities

7. Christmas 圣诞节

◈ Time：On December 25th ◈ Activities

◈ Origin

注释

1. Cupid——丘比特，希腊神话中的爱神。他是一个美丽的少年，披散着头发，持弓背箭，还长着一对金色的翅膀，他是爱的化身。如果那支燃烧着爱情火焰的箭射中了谁，谁就会获得爱情和幸福。
2. Sweethearts' ball——情人舞会。
3. the Resurrection and the Crucifixion ——指《新约》中描写的耶稣基督的"受难"和"复活"。
4. Druid ——德鲁伊特，古代克尔特人中一批有学问的人，他们来往于橡树林，担任祭司教师和法官。德鲁伊特的最早历史是公元前 3 世纪。他们所传的主要教义是灵魂不死。
5. Halloween——万圣节前夕。

Chapter Ⅳ Attitudes and Views

知识要点

1. American Social Relations 美国的社会关系

◈ more informality and less social distinction

◈ Clothing

◈ Customs by which a man respects for a woman are still popular in America.

◈ The frankness of admitting certain weakness

◈ There may be formality and seriousness.

2. The American Spirit of "Do-It-Yourself" "自己动手"的精神

◈ Reasons of the spirit

◈ It may be reflected in many aspects of American life.

3. Popular American Belief 美国流行的信念

◈ Americans regard theirs as a class society, but this is only superficial.

◈ Self-made man

◈ The social position is personal rather than related to family or relatives.

注释

1. equality—— 平等,美国人认为人人生而平等,这意味着生活中人人享有平等的成功的机会。只不过,如何将理想变为现实,仁者见仁,智者见智。
2. frankness—— 坦率,美国人的另外一个特点,这种坦率主要体现在勇于承认自己的缺点,错误。这主要是因为美国人十分看重人的诚实和诚信。
3. Do-It-Yourself—— 自己动手,因为美国独特的移民历史和西进运动,孕育了美国人民的独立、勤劳的精神,因此体现在日常生活中就是这种"自己动手"的精神。这种"自己动手"的精神早就深深地植根于美国的文化当中,所以虽然美国社会分工高度发达,但是 DIY 却蔚然成风。美国人在生活中十分欣赏能够靠自己的双手做一些简单的安装、修理、手工、烹饪、家里的园艺修剪等等,甚至很多美国的高薪阶层的人都是自己动手,自得其乐。而商业头脑发达的美国人还专门配合这种需要,开出了 Home Depot(家得宝)这样的世界级自助装修大连锁店。你只要自己有思路,就可以把自己改造院子的想法实现,因为你想得到的各种工具和材料,在这个连锁店里面全部可以买到,小到一颗螺丝钉,大到一台搅拌机,可谓样样俱全。

Chapter Ⅴ Religion in the U. S. A.

知识要点:

1. General Information about American religion 美国宗教概况

◈ Over 3000 religious denominations

◈ 60% of the population has religious beliefs.

◈ Protestants

◈ Two major denominations

◈ Roman Catholics

◈ The Orthodox Church

◈ Jews

2. The Characteristics of the Religious Practice 美国宗教的特点

◈ The wide variety of denominations

◈ The emphasis on social problems and humanitarian

◈ Separation of church and state

3. The Problems in American Religion 美国存在的宗教问题

◈ Some small sects are extremely intolerant.

◈ People are crazy for religions

注释

1. Unitarians—— 唯一神教派，继承早期基督教会和宗教改革运动时期的某些非正统神学思想，18、19 世纪在英格兰和美国建立教会。他们认为上帝只有一位，否定基督的神性和三位一体教义。
2. Mormonism ——摩门教，1830 年创立于美国的一种宗教，也是美国唯一的一种本土宗教，约有 300 万信徒。第一任会长为约瑟夫·史密斯，是新英格兰贫农的儿子。1844 年被伊利诺伊州民兵逮捕处死。经过内部权力斗争，1847 年大多数摩门教徒拥护十二使徒议会会长杨伯翰，并随他到犹他州落户，并建立盐湖城，实行一夫多妻制。1890 年宣布放弃多妻制。现在摩门教在犹他州仍有一定影响。
3. Brigham Young——杨伯翰，摩门教第二任会长。
4. Christian Science——基督教科学派。
5. Martin Luther ——马丁·路德（1483—1546），德国著名宗教改革家。16 世纪欧洲宗教改革运动的发起者，路德教派创始人。他出身于德国一个矿主的家庭，1517 年发起宗教改革运动。他批判教皇的谬论和教会的腐败现象，倡导"因信得救"，信徒只需信仰上帝和《圣经》中的教义，而不盲从教皇的指令，信徒应该有自己的信仰自由，很多教会所谓的"善事"可以不做，如不要去买免罪券。马丁反对教皇制，认为教皇的权威没有存在的依据。
6. People's Temple——人民圣殿教，美国的一个邪教组织。1953 年由吉姆·琼斯（Jim Jones）在美国印第安纳州印第安纳波利斯市创立。它最初时只是一个普通的独立宗教团体，在 20 世纪 60 年代中期以后才开始变质。在 1978 年 11 月 18 日，九百多个该教的信众在南美洲圭亚那琼斯镇（Jonestown）发生的集体自杀事件中死去。琼斯自称是神的化身，几千年前化身为释迦牟尼，创建了佛教，后来又化身耶稣基督，创建了基督教，等等。

Chapter Ⅵ Social Problems

知识要点：

1. The gap between the poor and the rich 贫富差距

◈ In economy ◈ In incomes and possessions

2. Violence 暴力

◈ Political assassination ◈ Robbery and rape

3. Decaying Morality 沦陷的道德

- ◈ The "Nucleus Family" causes a social problem in the society
- ◈ Divorce　　◈ Drug-abuse
- ◈ The unfavorable social order　　◈ Homosexuality

4. Racial Discriminations 种族歧视
   - ◈ Different names for the blacks
   - ◈ There are many forms of racial discrimination
5. The Social Causes for These Problems 引起这些问题的社会原因
   - ◈ Films, TV programs and novels are full of violence and robbery.
   - ◈ The laws in some states are not severe.
   - ◈ There is a constant corruption n the police.
   - ◈ Guns are privately owned.
   - ◈ Most important reason is the capitalist system.

注释

1. urban hermits——"提袋女士",纽约捡剩食女士。
2. James Abram Garfield——詹姆斯·艾伯拉姆·加菲尔德(1831—1881),美国第20届总统。曾于1881年当选,他的任期正处于从政党分肥制(spoil system)到文官制的过渡时期,他在上任半年后被一个谋官未成者暗杀而死。
3. William McKinley—— 威廉·麦金莱(1843年—1901),美国第25届总统,在1901年9月6日,麦金利在出席布法罗泛美博览会时,被一名无政府主义者射伤,不久便去世身亡。麦金利是美国立国后被刺身亡的第三位总统。
5. Federal Bureau of Investigation——FBI,美国联邦调查局。
6. new morality——指美国20世纪六七十年代"性解放"思潮。
7. homosexuality——同性恋。
8. gay man——男同性恋者。
9. lesbian—— 女同性恋者。
10. City of Heroin——海洛因城,指约纽市。
11. nigger——黑鬼,对黑人的侮辱性称呼。

Part Five Political System

Chapter Ⅰ The State System and the Constitution

知识要点

1. Introduction to political system 政治体系的简介
   - ◈ The dictatorship of the bourgeoisie
   - ◈ The state system serves the will and interests of the monopoly capitalist.

⯐ Three main principles of the political system

2. Kinds of U. S. governments 美国政府的种类
   ⯐ Two kinds of governments in America——the Federal Union and 50 States
   ⯐ The center of the national government is the District of Columbia.
3. The Constitution 宪法
   ⯐ Kinds of Constitutions in U. S. A.: Federal Constitution and State Constitution
   ⯐ The establishment of the Constitution
4. The function of the Constitution 宪法的作用
5. Division of the political power 政治权利的划分

注释

1. federalism—— 联邦制，联邦宪法把政府应拥有的权力的一部分授予了联邦政府，其余保留给各州。联邦政府主要管理外交、国防和其它涉及全国的问题，各州政府在宪法的允许的范围内管理州内的事务。两套政府互不从属。宪法修订案必须经联邦政府和3/4的州共同批准。除美国外，加拿大、澳大利墨西哥、德国等都属于联邦制国家。相对的英国属于一体制国家（a unitary country）。
2. Normal Procedure—— 正常程序。
3. Federal Constitution——《联邦宪法》，又称为《美国宪法》，是美国的根本大法。该宪法于1787年9月17日在费城召开的美国制宪会议上获得代表的批准，并在此后不久被当时美国拥有的13个州的特别会议所批准。根据这部宪法，美国成为一个由各个拥有主权的州所组成的联邦国家，同时也有一个联邦政府来为整个联邦的运行而服务，从此联邦体制取代了基于邦联条例而存在的较为松散的邦联体制。1789年，《美国宪法》正式生效。该部宪法为日后许多国家的成文宪法的制定提供了成功的典范。

Chapter Ⅱ The Federal Government

知识要点

1. Division of the powers of the government 美国政府权利的划分
   ⯐ three branches ⯐ Checks and Balances
   ⯐ The Powers of the federal government
2. The Executive Branch and the President 行政机构和总统
   ⯐ The constitution of the branch
   ⯐ The functions and powers of the President
   ⯐ Other important elements
4. The Legislative Branch——Congress 司法机构——国会
   ⯐ The constitution of the Congress ⯐ Senator and the Congressmen

- ❖ Features of the Congress
- ❖ Functions of the U. S. Congress
- ❖ The process of a bill becoming a law
- ❖ Impeachment of the President

5. The Judiciary and Legal System 司法机构和法律体系
   - ❖ The Judiciary
   - ❖ Judicial review
   - ❖ The major powers of the Supreme Court
   - ❖ Other features of the Supreme Court
   - ❖ Kinds of courts in the legal system

注释

1. System of Checks and Balances——相互制约原则。
2. State of the Union Message—— 国情咨文。国情咨文是美国政府的施政纲领，主要阐明美国总统每年面临的国内外情况，以及政府将要采取的政策措施。按照美国惯例，每年年初，现任总统都要在国会做年度报告，阐述政府的施政方针，这被称为"国情咨文"。美国在开国初期，就有了"国情咨文"这种形式。《美国宪法》第二条第三款中写道，"总统应随时向国会报告联邦情况，"这里的"联邦情况"后来演变成了"国情咨文"。
3. National Security Council—— 国家安全委员会(NSC)，属于总统下属的办事机构，根据 1947 年通过的《国家安全法》而成立的，负责就有关国家安全和国际问题，向总统提出建议，美国总统任委员会主席。其他成员包括副总统、国务卿、国防部部长和其他高级官员。中央情报局局长向委员会提出情报分析报告。
4. CIA—— Central Intelligence Agency，中央情报局。美国国家安全委员会所属的情报和反间谍机构，1947 年成立，局长由总统任命。中央情报局下设情报处、行动处、科技处和行政管理处。
5. Senate—— 参议院，是美国的立法部门，美国国会的两院之一。美国每一州在参议院中均有两位议员作为代表，与各州人口无关，参议院有 100 名议员。参议员任期六年，每隔两年改选约三分之一的席位。美国副总统任参议院议长，但是没有参议员资格，除非是为了在表决平手时打破僵局，才参与投票。根据《美国宪法第一修正案》的规定美国总统批准条约或任命重要人事时，必须"考虑并采取参议院的建议并得其认可。"参议院的威望要在一定程度上高于众议院。
6. House of Representative——众议院，美国国会两院之一。美国每一州按照人口比例在众议院中拥有一定的代表名额，各州至少有一名众议院议员，现在美国众议院法律定名额为 435 名。众议员任期两年。众议院主席为众议院议长(the Speaker)。美国的两院制国会的起源是因为国家的创建者希望拥有一个贴近且跟随民意公论的"人民议院"，以及与一个较为慎重且具贵族气派的参议院，以防止集体情绪的狂乱。此外，美国的国会的两院也是在某种程度上沿袭了英国的议会的两院制。宪法规定各项法律的通过须经两院允许。众议院一般被认为比参议院更具党派色彩。

7. private bills—— 私人条例草案。
8. Pocket Veto—— 总统否决权。
9. hearing—— 听证会，国会各委员会在审议立法提案时，需要举行听证会。
10. impeachment—— 弹劾，本来是指君主时代担任监察职务的官员检举官吏的罪状。现在指的是某些国家的议会为了抨击政府工作人员，揭发其罪状，并提起的一种法律诉讼程序。

Chapter Ⅲ Political Parties and Elections

知识要点

1. The Two-Party System 两党制
   - ◈ The history of the system
   - ◈ History of the two parties
   - ◈ The symbols of the two parties
   - ◈ Features of the system
   - ◈ Several minor parties
2. The Election Process 选举过程
   - ◈ Choosing the candidates
   - ◈ Election of the President

注释

1. Democratic Party—— 民主党，是美国当代的两大主要政党之一，民主党的前身是托玛斯·杰弗逊于 1792 年创立的民主-共和党（Democratic-Republican Party）。
2. Republican Party—— 共和党，美国两大政党之一，主要形成于 1845 年，当时主要成员是反对蓄奴制的北方工业资本家和一些具有废奴思想的政治人物。
3. Thomas Nest—— 托马斯·纳斯特（1840—1902），美国著名漫画家。纳斯特出生在德国的一个小镇，由于父亲对于德国巴伐利亚政府的激烈的政治观点全家不得不移居美国，因此纳斯特在纽约长大。最初他很难适应那里的生活，加上语言上的障碍，使他讨厌学校，差点被开除。一个做蜡烛和彩笔的邻居送了他一些彩笔，这样就开始他的画画生涯。12 岁时，他被送进一个艺术学校；1855 年，他 15 岁的时候，开始独立生活。那时，他唯一的"技能"就是去画他所看到的东西。凭他的勇气，他走进了《莱塞尔画报》，终于他在这部国家的杂志上发表了他的第一张画。接着，纳斯特开始为 1857 年创刊的《哈波尔周刊》工作，从此以后便大量发表漫画，而且一发而不可收拾。纳斯特坚定的反对奴隶制，他画了一些漫画激励人们消灭反政府的叛逆者。亚布拉罕·林肯总统曾说："托马斯·纳斯特是我们最好的新兵，他的带有爱国特色的漫画始终成功地在激励着人们的热情和爱国精神"。由于他的漫画带有政治倾向，他被称为"美国政治漫画之父"。他首创了用动物来做为政治党派的"标志"：将民主党画成成为驴子；共和党画成一头大象，因此后来的美国大选又称为"驴象之争"。他还赋予美国"人格化",将其画成一个胖墩墩、笑眯眯的红鼻子圣诞老人,称其为"山姆大叔",这个形象和名字就成为后来美国的形象和绰号。

4. the Election Process—— 美国大选分为三个阶段。第一阶段是初选(primary election),在此阶段,两大政党中希望被本党题名为总统候选人的人相互竞争,展开"个人竞选活动(personal campaign)",其目的是要使自己的支持者当选为本党全国代表大会的代表(全国代表大会在大选年的夏天举行)。第二个阶段是两大党的总统候选人展开竞选,各党帮助各党的候选人竞选,时间大约是在秋天,全国公民投票是在大选年的 11 月举行。就形式而言,美国公民投票选的不是总统,而是总统选举人(presidential electors),各州总统选举人的人数等于该州在国会的议员数(2 名参议员加众议员人数),再由总统选举人组成的"选举团(electoral college)"。国会两院联席会议于次年元月召开,并宣布"选举团"的投票结果,获多数"选举人"票者当选为总统。由于两党在各州提出的"总统选举人"都是以政党而不是以个人身份竞选的,全民投票前就公开宣布支持本党的总统候选人,所以现今选票上不再印"总统选举人"的名字,而是印两党总统和副总统候选人的名字,选民支持谁为下届总统就投谁的票,选民根本不知道也不在乎谁是"总统选举人"。总统选举人只是个传统形式。
5. "winner-take-all" principle—— 赢者通吃,胜者为王的原则。
6. Vice-president—— 副总统。根据宪法,副总统遇到总统突然去世或离职时继任总统,参议院开会时(in session)作为议长主持会议,除此之外就没有任何宪法授权了。副总统的作用主要视总统对其的信任程度而定,受到总统的赏识的,作用就大些,否则,副总统一职就是个闲差。二战后,副总统的作用有增大趋势,是总统的内阁成员,但是仍无宪法授权。

Chapter Ⅳ The State and Local Government

知识要点

1. The Powers of the State Government 州政府的权利
2. The constitution of the state government 州政府的构成
   - three parts——the legislative, the executive and the judicial
   - The State Congress
   - courts
   - Stages of local government

注释

1. state constitution—— 州宪法。
2. State Congress—— 州议会。
3. state governor—— 州长。

Canada, Australia and New Zealand (加拿大、澳大利亚、新西兰)

Chapter I Canada

注释

1. Hudson Bay—— 哈德逊海湾。
2. James Bay—— 詹姆士海湾。
3. Appalachian Highlands—— 阿巴拉契亚高原。
4. St. Lawrence-Great Lakes Lowland——圣劳伦斯－五大湖低地区。
5. Canadian Shield——加拿大地盾区,这个地区又称为寒武纪地盾区,或加拿大高地区,主要由6亿年前寒武纪时代的岩石构成,它覆盖面积达到450万平方公里,约占全国面积的一半,自然资源丰富,是加拿大的地理核心部分。
6. Hudson Bay Lowland——哈得孙湾低地区。
7. Interior Plans—— 内陆平原区。
8. Arctic Islands—— 北极群岛。
9. Newfoundland—— 纽芬兰省,在大西洋沿岸,加拿大东部的一个省,是加拿大最年轻的省份。1949年才加入加拿大联邦,成为加拿大第十个省,由纽芬兰岛和拉布拉多半岛东部组成,两者之间由贝尔岛海峡隔开。该省大部分土地都是人迹罕至的森林,沼泽、湖泊和山岭。人口分布于沿岸的小城市,他们多以捕鱼为生。
10. Prince Edward Island——爱德华王子岛,位于加拿大的东部,圣劳伦斯湾南部。1873年成为加拿大一个省。主要以农业、渔业和旅游业为主要经济发展形式,是加拿大面积最小的省份。
11. New Brunswick—— 新不伦瑞克省,是加拿大沿海省份之一。该省的西部与美国的缅因州接壤,西北部和魁北克省毗邻,总面积73 440平方公里。主要的工业为森林产品加工和食品加工工业。该省森林资源丰富,天然林覆盖率达到85%,为纸浆和造纸业提供了有利的保障。该地区矿产资源也十分丰富,因此采矿业也是该地重要工业之一。
12. Nova Scotia——新斯科舍省,加拿大大西洋沿海省份之一,面积55 491平方公里。是早期欧洲移民在加拿大的登陆点,也是历史上英法殖民者利益争夺的焦点地之一,1605年法国殖民者在该地建立的第一个移民区,即新法兰西殖民地,也就是位于罗耶尔港(Port Royal),但是Nova Scotia拉丁文意思为“新苏格兰”,直到今天,在新斯科舍还有苏格兰的传统文化的痕迹。

13. Quebec ——魁北克，加拿大东部的一省，在哈得孙湾东南，面积 154 万平方公里，人口约 630 万，80% 是法国人后裔，通行法语，省会魁北克市。1608 年法国人桑普兰（Samuel de Champlain）在魁北克城建立居民点，1763 年由法国转让给英国。

14. Precambrian——前寒武纪，也称"前古生代"，是古生代第一纪，也就是寒武纪（距今约六亿年）之前的地质时代。在这个时代地球上基本是一片死寂，没有生物的存在。

15. Adirondack Mountains——阿迪朗达克山脉，属于阿巴拉契亚山系的一部分，最高峰马西山海拔约 1628 米。

16. Alberta——艾伯塔省，简称阿省，面积为 66.12 万平方公里，省内 90% 的地区为平原，加拿大最壮观的落基山脉贯穿本省，该省属于温带草原地区，土地肥力很高，但年降水量较少，除沿河地带适于乔木生长外，植被以丛生草本植物为主。近年，好莱坞以西部牛仔为题的大制作电影多在阿尔伯塔取景，较著名的有《与狼共舞》（*Dances with the Wolf*）及由成龙主演的《上海正午》（*Shanghai Noon*）。艾伯塔蕴藏有丰富的石油和天然气资源被称为加拿大的"燃料库"，该省工业基础主要是食品加工、化学工业和化工副产品的生产。

17. Saskatchewan—— 萨斯喀彻温省，加拿大西部的一省，面积 65.2 万平方公里。该省农业高度机械化，主要作物有小麦、大麦、亚麻等；此外，铜、锌、煤、金、石油、天然气等开采业也很发达。萨斯喀彻温省工业主要包括肉类加工、乳制品、面粉加工、炼油等工业。

18. Manitoba——马尼托巴省，位于加拿大中心，是加拿大的中部草原省份中最东部的省份。马尼托巴省的南部与美国的北达科他州，及明尼苏达州交界。马尼托巴省的经济主要依靠农业，最大宗的产品为小麦和其它种类的粮食，此外还有畜牧业产品加工。此外，镍、铜和锌等是该地区的重要的矿业产品；小型的淡水捕捞渔业在该省经济中也占有一定的地位。

19. British Columbia——不列颠哥伦比亚省，位于加拿大西岸，太平洋岸边，因此海岸线漫长，沿岸风景优美，海产丰富，是全国第三大省。该省南部与美国华盛顿州、爱达荷州及蒙大拿州接壤，是加拿大通往亚太地区的门户。不列颠哥伦比亚省省内大部分被是森林覆盖，环境得到了最好的保护，因此这里是世界著名的旅游胜地。

20. Mount Robson——罗伯逊山，落基山脉的最高峰，海拔约为 3954 米。

21. Mount Logan—— 洛根峰，加拿大最高峰，位于洛基山脉的西部，海拔为 5951 米。

22. Yukon Territory——育空地区，位于加拿大的西北方。育空是以流经该地区的育空河来命名的。

23. Atlantic Provinces—— 大西洋省区。

24. Great Lakes-St. Lawrence Provinces—— 五大湖－圣劳伦斯河省区。
25. Prairie Provinces——草原省区。
26. Canadian Territory——加拿大地区。
27. Grand Banks——纽芬兰浅滩。
28. St. Lawrence——圣劳伦斯河，北美洲东部大河，五大湖的出水道。从安大略湖东北端流出，向东北注入大西洋圣劳伦斯湾，全长约为1287千米，流域面积约30万平方千米，被称为加拿大的“母亲河”。
29. Ontario—— 安大略省。
30. Toronto—— 多伦多市，安大略省的省会，面积约为632平方公里，加拿大三大城市之一。多伦多市地处五大湖之一的安大略湖的西北岸，地势平坦，风景秀丽，是加拿大大湖区一个重要港口城市。多伦多原是印第安人在湖边交易狩猎物品的场所，久而久之，逐渐成了人们汇集之地。“多伦多”在印地安语中是“汇集之地”的意思。1750年法国殖民者在此建立贸易港和要塞，1867年该市成为省会。多伦多的得天独厚地理条件、历史和经济原因使它成为加拿大重要的工业，经济和文化中心。
31. Montreal—— 蒙特利尔市，坐落于加拿大渥太华河和圣劳伦斯河交汇处，是加拿大20世纪70年代前的最大城市，现在是加拿大第二大城市、魁北克省最大城市。蒙特利尔是加拿大历史最悠久的城市，1642年法国在这里建立殖民，现在的蒙特利尔具有浓郁的拉丁气息，市区内处处充满了法国情调，体现出独特的法国文化底蕴，被认为是北美的“浪漫之都”，因此这里是典型的英法双语城市。同时，蒙特利尔是一个繁荣的国际大都市，这里已经成为一个多种文化的聚集地，兴旺发达的贸易中心。蒙特利尔地区土地肥沃，产有大量的植物和野生动物。枫树是蒙特利尔最常见的树，由于枫叶糖的生产，枫糖是蒙特利尔和魁北克省长期以来的标志性的特产。
32. Ottawa—— 渥太华市，位于安大略省东部与魁北克省交界处，渥太华河下游南岸，渥太华是加拿大首都和政治文化中心，面积约2054平方公里，渥太华为加拿大第四大城市，是水、陆、空交通枢纽。水力资源丰富，以轻工业为主，有造纸、木材加工、食品、机械制造等工业门类。渥太华气候属于大陆性寒温带针叶林气候，渥太华每年约有8个月夜晚温度在零度以下，因此被称为“严寒之都”。冬季由于北面没有横亘的山脉，来自北极的干燥强冷气流可以毫无阻挡地横扫渥太华，最冷时气温达到零下39度，因此是世界上最寒冷的首都之一。春天时，整个城市开满了色彩艳丽的郁金香，把这座都城装扮得格外美丽，因此渥太华素有“郁金香城”的美誉，夏季的渥太华空气湿度较大，有海洋性气候的特点。作为加拿大的第四大城市，无论从城市规模还是国际知名度看，渥太华都比不上多伦多、温哥华和蒙特利尔。但它独特的文化个性、优美的城市风光、闲适的生活情调，使渥太华不仅受到加拿大人民的钟情，而且成为世界旅游爱好者旅游观光向往的城市之一。

33. Calgary——卡尔加里,是一座位于加拿大艾伯塔省南部落基山脉的城市,面积789.9平方公里,卡尔加里是艾伯塔省经济、金融和文化中心。卡尔加里一词的意思是"清澈流动的水",该城市多次被评选为世界上最干净的城市。

34. Edmonton——埃德蒙顿 ,艾伯塔省省会,也是北美洲北部大城市,埃德蒙顿广大腹地盛产谷物和牲畜,是农牧产品集散和加工中心,主要经营肉类、乳品、面粉、制革等加工工业,同时也是农具制造和农具配件制造中心。1947年在该市的以南32公里的勒杜克发现了石油和天然气,使得它成为加拿大石油工业重镇,现在的埃德蒙顿炼油、石油化工 、塑料等工业都很发达。

35. Vancouver——温哥华市,加拿大第三大城市,加拿大的工业中心,同时也是北美第二大海港和国际贸易的重要中转站,是世界主要小麦出口港之一。温哥华是加拿大西部的工商业和金融中心。该市的木材加工业历史悠久,是其首要工业部门;其他传统工业门类有水产加工、罐头食品、造纸、纺织、印刷等。第二次世界大战后发展了炼油、石油化工、炼铝、造船、飞机制造等部门,工业趋于多样化。温哥华气候怡人,是一个把现代都市文明与自然美景和谐汇聚一身的美丽都市,多次被联合国评为最适宜人类居住的城市。

36. Winnipeg—— 温尼伯市,马尼托巴省省会,也是草原三省中最古老的城市,位于加拿大中心位置,素有"通往西部门户"之称。该省60%以上的人口聚集于这个城市,是全加拿大第八大城市。温尼伯市有加拿大最大的小麦市场,也是世界上最大的谷物集散中心。当地环保工业在世界上处于领先地位,国际可持续性研究发展中心就设于该市。加拿大著名媒体集团,加西环球集团总部(CANWEST GLOBE)也设在温尼伯。每年一度的温尼伯"民风节(Folklorama)"在加拿大享有很高的盛誉。

37. Queen Charlotte Island—— 夏洛特皇后岛,是加拿大西海岸的群岛,该群岛南隔夏洛特湾与温哥华岛分开,北隔狄克逊水道同阿拉斯加相望。1787年英国船长狄克逊以他的"夏洛特皇后"号船命名,该船是以乔治三世国王的妻子夏洛特皇后的名字命名的。

38. Victoria—— 维多利亚市,是不列颠哥伦比亚省的省会,位于加拿大西南的维多利亚岛的南端,以英国19世纪维多利亚女王的名字命名。1857年在此地发现金矿,维多利亚市成为冒险家和淘金者的乐园。1859年维多利亚成为自由港,1862年建市,1868年成为不列颠哥伦比亚省的首府。维多利亚工业主要有各种轻工业、建筑五金工业、陶器业、木材加工业、游艇制造业、食品工业。维多利亚是加拿大距亚洲最近的港口,属不冻港。此外该市气候温和、秀美宁静,素有"花园城市"之称,因此旅游业是该市的最大的财政收入产业。

39. Fraser River—— 菲沙河,是不列颠哥伦比亚省的主要河流。

40. Eskimos ——爱斯基摩人,约占加拿大总人口的1.2%。

41. Inuit—— 因努特人,北美洲土著民族。
42. John Cabot——约翰·卡伯特,意大利航海家。1497 年他为英王亨利七世航行到达今天的加拿大,当时他却以为到了亚洲的东海岸。第二年他到达了今天的美国东海岸,之后他向英王报告发现了新领土。英王根据他的报告宣称北美大陆属英国所有,为以后英国的殖民主义活动打下了所谓"合法"的基础。
43. Jacques Cartier——雅克·卡迪儿,法国航海家,也是加拿大的发现者。
44. *Quebec Act*——《魁北克法案》,英国政府于 1774 年颁布,主要允许当地法国人保持自己的文化和法律。这是加拿大历史上最重要的法案,此后的《宪法法案》(*Constitution Act*)也衍生于该部法案。
42. *British North American Act*——《不列颠北美洲法案》,1867 年由英国议会通过,该法案确定了加拿大自治领的建立,它后来成为加拿大第一部宪法。根据这个法案,加拿大实行联邦制,英王兼任国王,总督为英王代表,议会设参、众两院,保证法裔加拿大人的民族权利等。
45. John A. Macdonald ——约翰·麦克唐纳(1815—1891),加拿大自治领第一任总理。1820 年由苏格兰移民到金斯顿。1844 年进入加拿大省立法议会。1854 年形成以他为领袖的自由保守党。1857 年麦克唐纳出任加拿大省总理,1867 年成立加拿大自治领后,他任总理,他一直忠于英联邦。
46. Metis ——混血人,特指加拿大历史上的印第安人、法国人和苏格兰人血统的混血人。第一批混血人是当地印第安人女子与在今曼尼托巴省(Manitoba)雷德河地区经营毛皮的欧洲商人所生的子女。1869 年加拿大人接管西北地区时,他们进行反抗。半个世纪中,他们作为在西北地区拥有权利的民族,形成一种独立的生活和思想方式。由于担心从安大略来的移民浪潮,他们在混血人路易斯·里尔(Louis Riel)的领导下建立一个临时政府。1870 年他们的政府与加拿大谈判联合问题,结果建立了曼尼托巴省。
47. Manitoba—— 曼尼托巴省,位于加拿大中心地区,是加拿大中部草原三省之一,是加拿大中南部的一个重要省份,素有"加拿大阳光之都"的美誉。
48. Rupert's Land—— 鲁伯特领地,哈德逊湾公司在加拿大拥有土地的名称。哈德逊湾公司是北美最早的商业股份公司,也是全世界最早的公司之一,是加拿大经济政治史上一家重要的商业公司。哈德逊湾公司于 1670 年 5 月 2 日在英国设立,成立目的是找寻欧洲通往太平洋的"西北通道"(Northwest Passage),以运送货物。因此,哈德逊湾公司占领了大片的土地,即所谓"鲁伯领地",东起拉布拉多西岸,西到落基山脉,南到加拿大南端红河源头,北至哈德逊湾切斯菲尔德入口,使得该公司曾经是全世界最大的土地拥有者。
49. Canadian Pacific Railway—— 加拿大太平洋铁路公司(CPR),它所经营的加拿大太平洋铁路是加拿大的一级铁路之一,其网络横跨西部温哥华至东部蒙特利尔,并设有跨境路线,通往美国多个城市。公司总部设于艾伯塔省卡尔加里。

该铁路公司在自治领建立之初的时期，既是整个加拿大西部开拓和发展的主导性因素，又是对抗美国扩张势力，支持麦克唐纳国家政策的重要力量。它成功地用一条大锁链把东西加拿大紧紧地连在一起，实现了麦克唐纳国家政策的梦想，并置身于西加拿大发展的各项事业之中，为西部的开拓做出了重要的贡献。

50. Louis Riel—— 路易斯·里尔(1844—1885)，加拿大历史上著名政治家，同时也是加拿大历史上非常有争议的人物，在他的领导下，1870 年建立曼尼托巴省。1885 年，他因代表曼尼托巴省人抗议加拿大政府，以叛国罪而被处以绞刑。

51. Thomas Scott—— 托马斯·斯科特(1842—1870)，红河起义(Red River Rebellion)时期被加拿大政府聘为检察官派往曼尼托巴省，被路易斯·里尔拘捕，后来被处死。

52. Wilfrid Laurier—— 维尔福瑞德·劳瑞尔(1841—1919)，加拿大历史上第一位法裔总理。

53. *The Statute of Westminster*——《威斯敏斯特法案》，1931 年英国国会通过的法案，该法案明确规定英国政府不再介入或干涉自治领的内政。

54. St. Lawrence Seaway Project—— 圣劳伦斯海路工程。

55. Quebec Separatist Movement—— 魁北克独立运动。

56. *the Constitution Act* ——宪法法案，英国议会通过的关于加拿大的法案，美国革命以后，效忠派移入魁北克定居，要求实行民主制度，魁北克和蒙特利尔等城市的英国商人要求召开立法会议。变革已是大势所趋，因而英国议会于 1791 年 6 月 10 日通过宪法法案。1792 年加拿大的每一个省都建立新的立法机构，并设代表英王的省长或者副省长。

57. Parti Quebecois ——魁北克党，加拿大的小政党。1968 年，由法裔加拿大分裂主义者在魁北克省成立。1980 年组织公民投票，结果失败，只得 40.4% 的票。

58. *Meech Lake Accord*——《米其湖协定》，主要内容之一是重申魁北克是一个”特殊社会(distict society)”。《米其湖协定》最后由于马尼托巴和纽芬兰两省不赞成而失效。一直等到 1995 年，魁北克人党认为时机成熟，因此发动第二次公民投票，结果独立派以 49.4% 对 50.6% 而再次失败。

59. *Charlottetown Accord* ——《沙洛特条约》，最初条约是为了改变宪法体制和调整加拿大议会而制定的，但是在 1992 年 10 月 26 日的全民投票表决中遭到大多数加拿大人的否决。

60. Free Trade Agreement——《自由贸易协定》(FTA)。

61. NAFTA——《北美自由贸易协定》，详见美国部分，第二编，第八章“America in the 1990s and the Early 21st Century”，注释 15。

62. *Fisheries Enforcement Agreement*——《渔业实施协定》。

63. APEC——Asia Pacific Economic Co-operation，亚太经济合作组织，1989 年 11 月，首届亚太地区部长级会议在澳大利亚首都堪培拉举行，亚太地区 12 个国家的外交、经贸部长参加了会议,APEC 由此诞生。APEC 创始国有 12 个,即澳大利亚、美国、加拿大、新西兰、日本、韩国、菲律宾、马来西亚、新加坡、文莱、泰国和印度尼西亚。1991 年 11 月,经与 APEC 反复磋商,在“一个中国”原则和区别主权和国家地区经济的基础上,中国作为主权国家正式加入 APEC,同时中国香港和中国台北作为地区经济体加入。到目前为止,APEC 成员已发展至 21 个,除上述国家和地区外,智利、墨西哥、秘鲁、巴布亚新几内亚、俄罗斯、越南也相继成为它的成员,使 APEC 人口达到 25 亿,约占全球人口总数的 40%。APEC 是亚太区域国家与地区加强多边经济联系、交流与合作的重要组织。其宗旨和目标是“相互依存、共同利益,坚持开放性多边贸易体制和减少区域间贸易壁垒。”

64. Privy Councilor—— 枢密院官员。
65. Liberal Party—— 加拿大的自由党,加拿大执政党之一,1873 年成立,该党长期强调在强大的联邦基础上,实行联邦和省的协调体制;公私营企业同时兼顾;对外贸实行有条件的控制;促进国际裁军;强调环境保护政策。该党的势力主要在安大略、魁北克、新不伦瑞克省和爱德华王子岛等省。
66. Progressive Conservatives——加拿大的进步保守党,加拿大执政党政党之一。该党 1845 年成立,原名自由保守党,1942 年改为进步保守党。主要代表银行保险业、铁路运输业、能源工业等垄断资本和大农场主的利益;该党提倡私有化和对外资开放,积极参与北约事务。历史上是亲英政党,后来逐渐靠向美国。
67. New Democratic Party—— 加拿大的新民主党,1961 年由“平民合作联盟”与“加拿大劳工大会”联合而成。该党属于社会民主党性质,代表中下劳动阶层利益,主张企业公营,标榜社会主义。
68. Bloc Quebecois—— 魁北克政团。
69. Reform Party—— 改革党。
70. lieutenant-governor—— 副总督。

Chapter Ⅱ Australia

注释

1. Aborigines—— 澳大利亚的土著居民。
2. Canberra——堪培拉,澳大利亚的首都,面积约为 2395 平方公里,50% 以上的面积为国家公园或保留地。堪培拉原来是牧场,1913 年按规划建设,1927 年澳大利亚的联邦政府从墨尔本迁到此地,从此成为全国政治中心。堪培拉气候温和,四季分明,全年降雨量平均,四季都有阳光普照的日子。全城树木苍翠,一年四季鲜花盛开,每年九月,堪培拉都要举办鲜花节,迎接春天的到来,因此堪培拉被誉为“大洋洲的花园城市”。
3. Advanced Australia Fair—— 澳大利亚的国歌《前进,美丽的澳大利亚》。

4. Tasmania—— 塔斯马尼亚,澳大利亚的一个州,也是最小的一个州,位于澳大利亚的南面,巴斯海峡把它和澳大利亚大陆分隔开,因此被人们称为"世界的尽头"。该州盛产苹果,所以被称为"苹果岛(Apple Isle)",同时还是旅游胜地,又被称为"假日岛(Holiday Isle)"。

5. Lake Eyre—— 埃尔湖,位于澳大利亚中部的盐水湖,总面积约 9300 平方公里,该湖是于澳大利亚大陆的最低部位,分南北两湖。正常情况下埃尔湖是干涸的,平均一个世纪内只有两次注满了水。湖中满水后,约经过两年又完全干涸。因此人们认为这是个很有趣的湖泊,像幽灵一样,时而出现,时而消失,总之踪迹难觅。

6. Mountain Kosciusko——科修斯科山,位于澳大利亚大陆东南部的新南威尔士州境内,堪培拉的西南,是澳大利亚最高峰,也是澳洲最高点,海拔 2228 米。山的顶部冬季有积雪,并有古冰川遗迹,因此被称为 Snowy Mountain;海拔 1700 米以下多森林,和夏季牧场。1839 年,波兰探险家斯切莱凯发现该山,以波兰民族英雄塔迪乌什·科修斯科的名子为其命名。

7. Outback—— 澳大利亚内地人口稀少开发落后的地区。

8. Gibson (Desert)—— 吉布森沙漠,澳大利亚西部沙漠中央带,大部在西澳大利亚州,主要是大大小小的沙丘、灌木丛和盐滩。

9. Great Sandy—— 大沙漠。

10. Great Victoria—— 维多利亚大沙漠,澳大利亚最大的沙漠

11. Simpson—— 辛普森沙漠。

12. Ayers Rock——澳大利亚中部的艾尔斯巨石,是世界最大的整体岩石,被人们戏称为"地球的肚脐",也是世界七大奇景之一,距今已有 4 ~ 6 亿年,每年吸引着澳大利亚和国外约大量的游客前去观赏。

13. Nullarbor Plains——纽拉伯平原。

14. Gulf of Carpentaria——卡奔塔利亚海湾,位于澳大利亚北部,东西最大宽度 670 公里,南北长约 600 公里。沿岸和岛屿盛产铝土矿、锰矿及各种海产品,特别是虾。

15. Great Artesian Basin—— 大自流盆地,还被称为澳大利亚大盆地,是一个大浅碟形凹陷盆地,位于澳大利亚大陆中部偏东,即中央低地区北部 1/3 的地区范围内,面积约 177 万平方千米。这个盆地是世界最大的地下水分布区,它名称的由来是因为,大自流盆地的东侧受到来自太平洋的东南风的影响,降水较多,丰富的雨水沿渗透在盆底部,形成蓄水层,由于水本身的压力,水就可以自动喷出地面了。

16. Great Dividing Range—— 大分水岭,澳大利亚东部一系列山脉及高原的总称,形成东西水系。

17. Queensland—— 昆士兰,澳大利亚的一个州,位于澳大利亚大陆东北部。昆士

兰州气候温暖、阳光明，媚素有“阳光之州”的美誉。其东部沿海分布着众多美丽、迷人的旅游景区，如：布里斯班市(Brisbane)、黄金海岸(Gold Coast)、阳光海岸(Sunshine Coast)、佛雷泽海岸地区(Fraser Island)、摩羯座海岸地区(Capricorn Coast)、惠森迪海岸地区(Whitsunday Coast)、北昆士兰海岸地区、大堡礁国家公园(Great Barrier Reef)等等，因此昆士兰是澳大利亚著名的旅游、度假胜地。

18. Bass Strait—— 巴斯海峡，位于澳大利亚东南端突出部分与塔斯马尼亚岛之间，是分隔塔斯曼尼亚与澳大利亚大陆南部的海峡。最窄处宽约 240 公里。海峡上有很多岛屿，例如金岛(King Island)和弗林德斯岛(Flinders Island)。

19. Murray—— 墨累河，墨累河是澳大利亚最长、最大的河流，全长 2589 公里。该河流发源于澳大利亚东南部，注入印度洋，从长度与流域面积来看，墨累河是澳大利亚大陆最重要的河流。

20. Great Barrier Reef ——大堡礁，世界最大的珊瑚区。在珊瑚海西部，构成澳大利亚昆士兰州东海岸外的天然海堤，全长 2013 公里，最宽处为 240 公里，包括近千个岛礁和浅滩，多奇异海生生物，是著名的旅游胜地。

21. Australian Capital Territory—— 澳大利亚的首都直辖区，澳大利亚联邦直辖行政区，由首都堪培拉及周围地区组成。

22. Jervis Bay—— 杰维斯海湾，因为它的白色的沙滩和清澈的海水而成为度假旅游的圣地。

23. Sydney ——悉尼，澳大利亚最早和最大的城市，新南威尔士的首府，在该国东南岸，港湾优良，是南太平洋最主要的港口之一。1788 年被英国人发现后，以当时英国内务大臣(Home Secretary)的名字 Sydney 命名，19 世纪初成为繁荣的城镇。20 世纪 70 年代中，旅游业有较大发展，旅馆、饭店、夜总会很多。当地体育活动盛行，有许多高尔夫球、足球、曲棍球、网球和赛马的场地。沿海的游泳、冲浪、游艇、航海活动条件优越。市内设有悉尼大学、新南威尔士大学和麦夸里大学以及公共图书馆、博物馆、美术馆等。悉尼歌剧院建于 1973 年，座落在海岸之上，三面临水，环境开阔，它的白色的贝壳状屋顶与港湾大桥同为悉尼的象征。悉尼是现代化、国际化的大都市。

24. the Opera House—— 悉尼歌剧院，整个建筑占地 1.84 公顷，长 183 米，宽 118 米，高 67 米，相当于 20 层楼的高度。悉尼歌剧院是从 20 世纪 50 年代开始构思兴建，1955 年起公开搜集世界各地的设计作品，至 1956 年共有 32 个国家 233 个作品参选，后来丹麦建筑师约恩 · 伍重(Joern Utzon) 的设计被选中。后来共耗时 16 年、斥资 1200 万澳币完成了建造。为了筹措经费，除了募集基金，澳洲政府还曾于 1959 年发行悉尼歌剧院彩券。但是，在建造过程中，因为改组后的澳洲新政府与设计师失和，使得这位建筑师于 1966 年愤然离开澳洲，从此再未踏上澳洲土地，最后连自己的经典之作都无法亲眼目睹。之后的工作由澳洲建筑师群合力完成。

25. Brisbane ——布里斯班,澳大利亚昆士兰州首府和海港,位于布里斯班河岸,也是全国最大河港,为全国第三大城市。始建于 1824 年,原作为流放犯人的殖民地,现为商业和交通中心。

26. the Gold Coast ——指 the City of Gold Coast(黄金海岸城),澳大利亚昆士兰州东南海岸城市。人口近 9 万,有库兰加塔(Coolangatta)、绍斯波特(South Port)等美丽海滩,为著名海滨休养地。

27. Alice Springs—— 艾丽斯斯普林斯镇。

28. Uluru National Park—— 乌卢鲁国家公园。坐落在红色沙土地的澳大利亚中部,以其壮观的地质学构造而闻名于世。乌卢鲁是公园之内的那块巨大的红色砂岩巨石的名字,在土著语的意思为"遮阴之处",主要是因为巨石之下有一些浅洞穴,洞内有雕刻和壁画,这里是土著人躲避白天日晒的地方,也是他们心中的神圣之地。而西方人称这块巨石为"艾尔斯石(Ayers Rock)",得名于 19 世纪 70 年代初,吉尔斯和戈斯两位探险家到此地探险,欧洲人首次亲眼见到艾尔斯石的风采,他们就以当时南澳总理艾尔斯爵士的名字为这块巨石命名。

29. Darwin—— 达尔文市,是澳大利亚北部地区(Northern Territory)的首府,也是比较著名的旅游城市。因英国生物学家达尔文于1839 年曾到此考察,所以该市以他的名字而命名。这里原来是土著人的居住地,19 世纪 70 年代发现金矿后而迅速发展起来。

30. New South Wales—— 新南威尔士州,是澳大利亚的一个州,简称"新州"或"纽省",首府在悉尼。虽然名字是新州,它实际上是澳大利亚最老而且人口最多的州,800640 平方公里,占全国总面积的 10.4%,是全国第四大州。

31. Walter Burly Wales—— 瓦尔特·勃利·威尔斯,美国建筑设计师。堪培拉的城市设计通过一个国际性的比赛来征集方案,而这位美国的设计师最后获胜。

32. Molonglo River——莫朗格洛河。

33. dingo—— 澳洲犬。

34. James Cook—— 詹姆斯·库克(1728—1779),英国探险家、航海家和制图学家。他由于进行了三次探险航行而闻名于世。通过这些探险考察,他给人们关于大洋,特别是太平洋的地理学知识增添了新的内容。1770 年,他的航船"努力号(*Endeavour*)",在澳大利亚东海岸登陆,为英王乔治三世占领了大片土地。另外,他在改进航海卫生和防止坏血症方面成就卓越。

35. Terra Australis Incognita——未知的南方大陆。

36. Arthur Phillip—— 阿瑟·飞利浦。当美国在 1776 年独立后,英国人开始寻找别的地方流放其犯人。最后在 1787 年英国国王在国会宣布在澳大利亚的博特尼海湾建立流放犯人的殖民地。当时一支由十一艘战舰组成的舰队载着超过一千多名英国犯人和看守在 1787 年五月从英国驶向博特尼海湾。1788 年 1 月

26日,舰队到达,澳大利亚大陆迎来了第一批永久定居的移民。阿瑟·飞利浦船长就在这批移民当中,他也是殖民地的第一任总督和总司令。飞利浦是一位明智的,而且以当时的道德标准来说,是不同寻常的仁慈人道的一位船长。

37. Botany Bay—— 博特尼海湾(也有的译成植物学海湾),澳大利亚东南部太平洋岸的小海湾,在新南威尔士州东部,班克斯角与索兰德角之间,形成圆周形,湾口宽1.61公里,直径8公里。英国船长库克1770年在此登陆并宣布澳大利亚东海岸为英国所有。海湾北岸距悉尼市中心约16公里,现在这里已成为该市的南部重工业区。
38. Port Jackson—— 杰克逊港。
39. Edumund Barton—— 埃德蒙德·巴顿(1849—1920),澳大利亚政治家,澳大利亚第一位总统。
40. Central Powers—— 中心国,指第一次世界大战时德国、奥匈帝国及其盟国土耳其、保加利亚等国组成的军事联盟。
41. *Statute of Westminster Adoption Act*——《威斯敏斯特采纳法案》,1942年澳大利亚国会通过该法案,使澳大利亚在内政和外交方面获得自主权。
42. German New Guinea—— 德属新几内亚。
43. General Douglas Mac Arthur ——麦克阿瑟将军(1880—1964),美国五星上将,出生于军人世家,1903年毕业于西点军校,20年代任西点军校校长。1942年3月受命去澳大利亚任西南太平洋盟军总司令,不久在新几内亚发动进攻,于1943年1月将日军逐出巴布亚。1945年任太平洋美军司令。
44. Corral Sea Battle—— 珊瑚海战役,1942年5月7~8日,在第二次世界大战的太平洋战争期间,美日海军在珊瑚海域进行的一次大规模海战。珊瑚海战役是战争史上航空母舰编队在远距离以舰载机首次实施交战,也是日本海军在太平洋第一次受挫。
45. Middle Way Battle—— 中途岛战役,详见美国部分,第二编,第六章“America Before and During the Second World War”,注释14。
46. *ANZAC Pact*—— Australian and New Zealand Army Corps Pact,《澳大利亚-新西兰军事协议》
47. General Motors-Holden——通用汽车霍顿分公司,霍顿是美国通用汽车公司旗下品牌之一。具有百年历史的霍顿公司是大洋洲汽车工业的骄傲,这个品牌自1856年就开始在澳洲使用,当时霍顿公司主要从事运输及冶金用品的制造。霍顿从1914年开始就涉足汽车制造。1931年,霍顿和通用汽车澳洲分公司共同组建了“通用-霍顿汽车公司”,(1994年起单独使用“霍顿汽车公司”的名称),从此成为澳洲汽车工业的领头羊。1936年,该公司在墨尔本设立总部及生产、服务、销售等各个部门,开始迅速发展。在1948年,该公司生产出了澳大利亚上第一台自产汽车“48 - 215”。霍顿的标志是一只狮子滚球的红色圆形浮雕,其设计灵感来自一则古老传说:埃及狮子滚石头的情景启迪人类发明了车轮。今天的霍顿不但称霸澳洲汽车工业,还以锻造强劲发动机而闻名于世,那只红色雄狮也就更具象征意义。

48. Murrumbridgee——马兰比季河。
49. *Bank Law*——《银行法》。
50. Liberal-Country coalition—— 自由党-国家联盟。
51. Colombo Plan ——科伦坡计划,有关南亚和东南亚经济发展计划的研讨,发展项目所获技术、经济支援的合理利用等方面的一些安排。1951 年经印度、巴基斯坦、锡兰、澳大利亚、新西兰及英国政府商讨后,在锡兰的科伦坡制定。
52. *Sex Discrimination Act*——《性别歧视法案》。
53. *UN Charter*——《联合国宪章》。
54. "caretaker government"—— 看守政府。
55. ASEAN Regional Forum—— Association of South East Asian Nations,东南亚国家联盟地区论坛 。
56. Rum Corps—— 兰姆部队。
57. John Macarthur ——约翰·麦克阿瑟(1767—1834),澳大利亚农业经营者,英国出生,1789 年去澳大利亚,1793 年已拥有大片土地。1801 年因反对总督垄断贸易和劳力,在决斗中打死总督的代表,后被押送回国。他向英国制造商大力宣传在澳大利亚建立羊毛工业的好处。1805 年返澳,得地约 5000 英亩,授权发展羊毛生产。1824 年创办澳大利亚农业公司。
58. Broken Hill Proprietary Company Limited——布罗肯希尔资产有限公司(BHP,有的译为"断山资产有限公司"),布罗肯希尔是澳大利亚新南威尔士州西部矿业城市,位于巴里尔山脉南端,是澳大利亚东南部半干旱地区最大居民点,同时还是全国最大的银、铅、锌矿开采中心,也是世界著名的银、铅、锌矿产地。布洛克希尔资产有限公司是澳大利亚最大的钢铁公司。
59. APEC Forum—— Asia Pacific Economic Co-operation Forum 亚太经济合作组织论坛。
60. Australian Labor Party—— 澳大利亚工党(ALP),澳大利亚历史悠久的政党,成立于 1891 年。该党以民主社会主义为准则,以实现工业、生产、分配和交换的民主社会化和平等、民主、自由与社会合作为其目标。
61. Liberal Party—— 澳大利亚自由党(LP),1944 年成立,前身是 1931 年成立的澳大利亚联合党。主要代表工商业主利益,曾多次执政,并于 1996 年 3 月起与国家党联合执政。
62. National Party—— 澳大利亚国家党(NP)。
63. Australian Democrats—— 澳大利亚民主党。
64. "White Australia"—— 白澳政策,英国殖民者限制有色人种移居澳大利亚的种族歧视政策。19 世纪 50 年代澳大利亚发现金矿，许多非英国移民包括中国人涌入澳大利亚淘金。维多利亚殖民当局限定每条船登陆的中国人人数，并征收高额的人头税。1860 年初，新南威尔士的伯兰贡发现金矿，在淘金中发生暴力排华事件。1881 年新南威尔士总理 H. 帕克斯召开澳大利亚各殖民地联合会议，讨论中国移民问题，除西澳大利亚外均同意实行限制政策。19 世纪 90 年代，限制的范围扩及包括太平洋岛屿的其他有色人种。1901 年澳大利亚联邦政府制定《限制移民入境法案》，规定凡入境者必须通过语言测验。作为限制有色人种入境的一种手段，从法律上确认"白人澳大利亚"政策。1921 年颁布《航海法》，禁止澳大利亚沿海船只雇用有色人种。自 1945 年起澳官方文件中已不再使用"白澳政策"一词。1958 年颁布新移民法，废除"语言测验"。1975 年 10 月公布《种族歧视法》，在法律上保证全体澳大利亚人不分种族肤色与信仰，一律平等。

65. Melbourne—— 墨尔本，澳大利亚第二大城市，是素有"花园之州"美誉的维多利亚州(Victoria)的首府，墨尔本是一座充满活力和欢乐的城市，具备深厚的文化底蕴，是一个历史文化名城。墨尔本拥有全澳大利亚唯一的被列入联合国"世界文化遗产"的古建筑，有辉煌的人文历史。同时，墨尔本也是也是澳大利亚的工业重镇。墨尔本成功地融合人文与自然，从 1990 至 2006 年，先后十次被国际人口行为组织(Population Action International) 评选为"世界上最适合人类居住的城市"。

66. Adelaide——阿德莱德，南澳大利亚州的首府，同时也是一个重要的工商业城市和港口。

67. Aged Pension—— 养老金。

68. Invalid Pension—— 残疾津贴。

69. Widows Pension—— 遗孀抚恤金。

70. Royal Flying Doctor Service—— 皇家飞行医务服务。

71. Colleges of Technical and Further Education—— 职业技术教育学院(TAFE)，是澳大利亚全国通用的职业技术教育形式，TAFE 高等文凭由澳大利亚政府颁发，相当于中国的高等职业教育(大专)层次。TAFE 是澳大利亚高等教育的重要组成部分，是联邦政府和各个州政府共同投资兴建并进行管理的庞大教育系统。

72. ELICOS—— English Language Intensive Course for Overseas Students，海外留学生英语专修课程。

73. school of the air—— 空中学校，通过广播讲授课程的节目。

74. APP——Australian Associated Press，澳大利亚联合新闻社。

75. ASC—— the Australian Sports Commission，澳大利亚体育委员会。

Chapter Ⅲ New Zealand

注释

1. Maori ——毛利人或毛利语，新西兰的波利尼西亚人。据传统的说法，大约从1150年开始，他们的祖先就一批又一批地从一个叫做哈瓦基的神话式地方移居到新西兰，到14世纪随一个“大舰队”的到来而形成移居的高潮。而这个神话式地方，人们通常认定是塔希提岛，但此传说并不十分可信，但传统的毛利人仍然以上述传说为依据，每一部落的成员都承认共同的祖先，并效忠共同的酋长。到了现代，不少毛利人正由采集狩猎生活或简单地耕种养畜经济过渡到当代新西兰工业经济生活。
2. Pohutukawa—— 新西兰产红花银叶的桃金娘科常绿树。
3. Kiwi ——鹬鸵，新西兰产几维属鸟类，灰褐色，大小如家鸡。
4. Stewart Island—— 斯图尔特岛。新西兰南部的火山岛。位于新西兰南岛以南32公里的南太平洋中，面积约1375平方公里，居民稀少，大多都是渔民。斯图尔特岛以山地为主，85%的面积是国家公园，森林茂密，是国家风景保护区。该岛是夏季旅游胜地，渔业发达，提别是牡蛎的产量很大。斯图尔特岛还以特产葡萄酒闻名。库克船长(James Cook)是第一位发现此岛的欧洲探险家，斯图尔特岛现在的名称是为纪念威廉·斯图尔特船长，他在1809年第一个正确绘出此岛的海图。
5. Cook Strait—— 库克海峡，位于新西兰南岛和北岛之间。1770年英国航海家詹姆斯·库克曾到此考察因而得名，现在是海上交通贸易的重要航道。
6. Ruapeho— 鲁阿佩胡火山，新西兰北岛中南部间的歇火山。海拔2797米，是北岛最高峰。形状为圆锥型成层火山，顶部有直径1.5公里的暂熄火山口湖。1945年的一次喷发持续了近一年，最近的一次喷发是在1975年。在该火山附近有很多多温泉、间歇泉，和有著名的陶波湖(Taupo Lake)，风景优美，还有汤加里罗国家公园，因此这里是冬季疗养和旅游胜地。
7. Ngaurohoe—— 恩格罗合火山。
8. Tongariro——汤加里罗火山。
9. Waikato (River)—— 怀卡托河，新西兰最长河流，全长约425公里，源于北岛中部陶波湖 以南山地，上游水流湍急，建有许多水电站。下游谷地灌溉发达，是重要畜牧区。
10. Lake Taupo——陶波湖，是新西兰最大的湖泊，也是大洋洲中最大的淡水湖。陶波湖位于新西兰北岛中部山区，面积约为606平方公里。湖四周有很多火山作用而形成的山地和温泉，风景优美，是旅游度假的圣地。此外，该湖泊还盛产虹鳟鱼。
11. Southern Alps—— 南阿尔卑斯山，新西兰最高大的山脉，纵贯南岛中西部，全长 320 千米,呈东北-西南走向。该山脉西坡陡峻,直达海岸;东坡比较平缓,有宽阔的山麓丘陵,渐降为坎特伯雷平原。南阿尔卑斯山脉大部分山岭巍峨高耸,有 17 个 3000 米以上的高峰,最高的库克峰海拔 3764 米,是新西兰第一高峰。许多高山顶上终年积雪,有大小冰川 360 多处。南阿尔卑斯山又是南岛东西部的气候分界线。西坡雨水充沛,森林茂密;东部位于背风雨影地区,降水较少,林木稀疏,低矮的山麓丘陵只能生长草本植物。山区多湖泊和急流瀑布,水力资源丰富。因为这里特有的壮丽风光使该地区旅游业发达。

12. Mountain Cookies—— 库克山,新西兰最高峰,在南阿尔卑斯山脉的中心,海拔 3764 米,被称为"南半球的阿尔卑斯山"。
13. Canterbury Plain—— 坎特伯里平原。
14. podocarps—— 罗汉松属植物。
15. Kauri—— 产于新西兰的贝壳杉。
16. kowai—— 科槐花,亦称小叶槐树。
17. moa——恐鸟,是一种已绝种的巨鸟。
18. kakapao—— 一种新西兰鹦鹉。
19. kaka—— 一种新西兰鹦鹉。
20. possum—— 澳洲、新西兰产的袋貂。
21. weta——新西兰产长须无翅大蝗。
22. tuatara—— 斑点楔齿蜥。
23. Auckland—— 奥克兰,新西兰最大城市和首要港口,是全国工业、商业和经济贸易中心,集中全国近四分之一的人口。奥克兰位于新西兰北岛的奥克兰区,它拥有 50 多个小岛,一半是内陆城镇,一半海边城镇,因此奥克兰是新西兰的门户。这里有美丽的海港、岛屿,玻利尼西亚文化和现代大都市,素有"风帆之都"的美誉。奥克兰的无穷的自然魅力,使其成为理想的旅游目的地。
24. Wellington—— 惠灵顿,新西兰首都,全国政治、工业、金融的中心,仅次于奥克兰(Auckland)的全国第二大城市,惠灵顿地处新西兰北岛的南部,地处于全国的中心位置,是往来南北二岛的交通枢纽。惠灵顿也是世界最佳深水港之一,惠灵顿三面青山环绕,一面临海,在海洋性气候的影响下,气候温和,阳光充沛。由于惠灵顿濒临海湾,加之地势较高,时常受到海风的侵袭,一年之中大部分日子都刮风,因而有"风城"之称。1865 年,新西兰首都从奥克兰迁到这里。
25. Christchurch——基督城,位于新西兰南岛东岸,是仅次于最大城市奥克兰、首都惠灵顿 的新西兰第三大城市,新西兰南岛最大的城市,也是新西兰除奥克兰以外、来往世界各地的第二大门户。基督城处处洋溢着浓厚的英国气息。这里,19 世纪的典雅的建筑比比皆是,而且到处花团锦簇、草木繁盛,因此基督城被称为"花园城市"。
26. Dunedin—— 达尼丁,位于新西兰南岛东南部,新西兰南岛第二大城市,仅次于奥克兰、惠灵顿和基督城的第四大城市，也是新西兰南岛重要的港口，交通和商业中心。达尼丁整个城市建筑具有典型的苏格兰风格，被喻为“苏格兰以外最像苏格兰”的外国城市。农牧业是达尼丁的支柱产业。该地羊毛生产和奶牛饲养都很发达。达尼丁主要工业有羊毛制品，制衣和化肥。达尼丁国内外贸易占新西兰比重很大，外贸产品主要是羊毛、肉类和乳制品。此外，达尼丁是新西兰教育中心，享有“大学城”美誉。

27. Maoritanga—— 毛利人的文化，包括语言、风俗习惯和历史等。
28. Aotearoa—— 毛利语中的新西兰，意思为长白云之乡（Land of the Long White Cloud）。
29. Tangata Whenua—— 毛利人自称自己为 Tangata Whenua 意思为“大地的子民（People of the Land）”。
30. whakapapa—— 华卡帕帕树。
32. Albel Tasmania—— 阿贝尔·塔斯曼，荷兰航海家，他于 1642 年到达新西兰岛屿，并以一个荷兰的地名命名这块土地，并绘制了部分西海岸地图，但没有他登陆。
33. Polynesian ——波利尼西亚人。Polynesia，波利尼西亚是大洋洲的一部分，由散布在太平洋广大海域的岛群组成。位于北纬 30°和南纬 47°之间，在密克罗尼西亚和美拉西尼亚以东。大致在美国夏威夷州（北），新西兰（南）和复活节岛（东）在太平洋中部构成的大三角形范围内。夏威夷和新西兰的土著居民毛利人的祖先是波利尼西亚人。
34. *Treaty of Waitangi* ——《怀唐伊条约》，英国与新西兰北岛毛利人部族签订的具有历史意义的条约。条约的宗旨是保护毛利人的权利，它成为英国合并新西兰的直接依据。1840 年 2 月 5～6 日，由代理总督霍布森（William Hobson）同毛利人的主要首领在怀唐伊移民区签订。2 月 6 日后来被定为新西兰国庆日。
35. Pakeha—— 欧裔新西兰人。
36. Waitangi Tribunal—— 怀唐伊特别法庭。
37. *ANZUS Treaty*—— Australia ，New Zealand，and the United States Treaty，《澳纽美条约》。1951 年，美国、澳大利亚和新西兰签署的共同防御协定。
38. UNCED—— the United Nations Conference on Environment and Development，联合国环境与发展大会。
39. MMP—— mixed member proportional，混合比例代表制，在选民投票时，须投两票，一票投给候选人，一票投给政党。
40. The Conservative National Party—— 保守国家党。
41. Left-Leaning Labor Party—— 左翼工党
42. Closer Economic Relationships——紧密经济关系协定（CER）。
43. Te Kohanga Reo—— 毛利人母语培训中心或毛利人学前教育中心。

第二部分

英国、美国历史大事年表

一、英国历史大事年表

Chronological Table of the Major Events in British History

6000-5000 B. C. The severing of the land-bridge.
公园前 6000—50000 年，大陆桥分裂.
3000 B. C. Iberians came to the British Isles.
公园前 3000 年，伊比利亚人到达英国.
750 B. C. Celts began to come to settle in the British Isles.
公园前 750 年，凯尔特人开始在英国定居.
55-54 B. C. Julius Caesar invaded Britain twice.
公园前 55—54 年，恺撒 2 次侵略英国.
43 A. D. Britain became a Roman province in name.
公园 43 年，英国成为罗马的一个省.
122 A. D. Romans built the Hadrian's Wall.
公园 122 年，罗马建立了哈德林长城.
410 A. D. Roman Legions were withdrawn from Britain.
公园 410 年，罗马大军从英国撤兵.
5th C. Anglo-Saxon invaded Britain.
5 世纪 盎格鲁 - 撒克逊人入侵英国.
6th C. Christianity was introduced into England.
6 世纪 基督教传入英国.
7th C. The period of Heptarchy.
7 世纪 “七国争雄”时期
829 Egbert became “King of the English” and began to rule England.
爱格伯特成为国王开始统治英国。
871 King Alfred fought against the Danish.
阿尔弗烈德王战胜丹麦人。
8th C. The Norway Vikings attacked Scotland and northern England.
挪威海盗攻击苏格兰和英格兰北部。
10th C. Danish fighters attacked the south.
丹麦人攻击英国南部
1016 Danish King Canute conquered England, and became King of

England.
丹麦国王卡纽特占领英国成为英国国王。

1066 Edward died in Jan.
爱德华在 1 月去世。
Harold became King, and was killed in The Battle of Hastings (Oct. 14).
哈罗德成为英国国王并在 10 月 14 日的哈斯汀战役中死亡。
Duke of Normandy, William conquered England and was crowned on Christmas
Day as King William Ⅰ.
诺曼公爵威廉征服英国并在圣诞节加冕成为威廉一世。

1086 The Doomsday Book
末日审判书

1154 Henry Ⅱ began the House of Anjou (Plantagenet)
亨利二世开始金雀花王朝。

1170 Henry started the Inquest of Sheriffs
亨利实行陪审团制度。
Henry Ⅱ sent four knights to kill the Archbishop of Canterbury Thomas Becket
亨利二世派四名骑士刺杀了坎特伯雷大主教。

1181 Henry issued the *Assize of Arms*
亨利颁布《武器法》

1189 Henry Ⅱ died.
亨利二世去世。

1198 Richard I joined the third crusade.
理查德一世参加十字军东征。

1199 Richard died in April.
理查德一世在四月份去世。

1209 Cambridge University was founded.
剑桥大学建立

1215 King John signed the *Magna Carta.*
约翰国王签定《大宪章》。

1216 Henry Ⅲ came to the throne and summoned the Great Council.
亨利三世加冕并召开国王咨询会议。

1265 Simon de Montfort summoned the first parliament.
英国召开第一次议会。

1272	Edward succeeded Henry Ⅲ. 爱德华继承亨利三世成为国王。
1282	Edward I conquered Wales. 爱德华一世占领威尔士。
1295	Edward I summoned " Model Parliament" 爱德华一世召开“模范议会”。
1296	Edward I invaded Scotland. 爱德华一世侵略苏格兰。
1337-1453	The Hundred Years' War between England and France. 英法百年战争
1348	The Black Death struck England. 黑死病袭击英国。
1381	Wat Tyler Uprising. 瓦特 泰勒起义
1399	Henry Ⅳ began the House of Lancaster. 亨利四世开始兰开斯特王朝。
1455-1458	The Wars of the Roses. 玫瑰战争
1461	Edward Ⅳ began the House of York. 爱德华四世开始约克王朝。
1485	Henry Ⅶ began the House of Tudor. 亨利七世开始都铎王朝。
1509	Henry Ⅶ came to the throne. 亨利七世加冕称帝。
1516	Thomas More published Utopia. 托马斯·摩尔出版《乌托邦》
1518	The Royal College of Physicians of London was founded. 伦敦皇家内科医师学会成立
1534	Henry Ⅷ passed the Act of Supremacy. 亨利八世颁布《至尊法案》
1558	Elizabeth I was crowned. 伊丽莎白一世即位。
1577	Francis Drake set sail on a voyage round the world. 德雷克进行环球航行。
1587	Elizabeth I ordered Mary Queen of Scots to be sentenced to death. 伊丽莎白一世将苏格兰女王玛丽判处死刑。

1588	England defeated Spain's Armada. 英格兰战胜西班牙大"无敌舰队"。
1600	The East India Company was set up. 东印度公司成立。
1603	James I began the House of Stuart. 詹姆斯一世开始斯图亚特王朝。
1629	Charles agreed to sign the Petition of Right. 查理同意签订权利请愿书。
1640	Charles I called the "Short Parliament" 查理一世召开"短期议会"
1642	King Charles sent soldiers to arrest the Parliament leaders. 国王查理派兵抓捕议会领导人。
1642—1646	The First Civil War. 英国首次内战
1643	Cromwell defeated the King's forces. 克伦威尔战胜国王军。
1649	Charles I was beheaded by Parliament in January. 查理一世在1月被议会断头。 In April the "Diggers" appeared on St. George's Hill. 4月圣乔治山上出现"掘地派"。 In May, a republican government was proclaimed by Cromwell. 5月克伦威尔宣布成立共和国。 In August Cromwell led a army and went across to Ireland. 8月克伦威尔领导军队占领爱尔兰。
1651	Parliament passed the first Navigation Act. 议会通过第一个《航海法案》。
1653	Cromwell became Protector of the Commonwealth of England. 克伦威尔成为英国护国公。
1658	Cromwell died. 克伦威尔去世。
1600	Charles II landed at Dover, and the House of Stuart was restored. The Royal Society was founded. 查理二世到达丹佛,斯图亚特王朝复辟。 皇家学会成立。
1664	The Plague of London. 伦敦瘟疫

1666　The Great Fire of London.
伦敦大火

1667　John Milton published *Paradise Lost*.
约翰·米尔顿出版《失乐园》。

1679　The "Exclusion Bill" was passed, and the Whig and the Tory parties were formed.
颁布《排外法案》，托利党和辉格党成立。

1685　James Ⅱ ascended the throne after his brother Charles died.
詹姆斯二世登上王位。

1688　William of Orange landed on England on NoⅤ. 5.
威廉在 11 月 5 日到达英国。
The "Glorious Revolution" took place.
"光荣革命"爆发。

1689　The "Bill of Rights" was passed. The Constitutional Monarchy began in England.
颁布"权利法案"，英国建立君主立宪制。

1690　The Cabinet was formed.
成立内阁。

1694　The Bank of England was founded.
成立伦敦银行。
The Triennial Act was passed.
颁布《议会选举保障法》。

1702—1714　The war of England rallied Holland and Austria, against France and Spain.
英国联合荷兰和奥地利发动对法国和西班牙战争。

1707　The Parliament of England and Scotland were united.
英格兰议会和苏格兰议会合并。

1713　The Treaty of Utrecht was signed.
签定《乌特勒克条约》

1714　George I began The House of Hanover, the Cabinet system was established.
乔治一世开始汉诺威王朝，内阁体系建立。

1721　Sir Robert Walpole became the First Prime Minister of England.
罗伯特 沃波尔爵士成为英国第一任首相。

1753　The British Museum was founded.
大英博物馆建立。

1754—1763	The French or Indian War. 法国印第安战争。
1754	The Royal Society of Arts was founded. 皇家艺术学会成立。
1756—1763	The Seven Years' War between England and France. 英法七年战争
1756	William Pitt became Prime Minister. 威廉·皮特当选英国首相。
1763	The Treaty of Paris. 签订《巴黎条约》
1764	James Hargreaves invented the Spinning Jenny. 詹姆斯·哈格里夫发明珍妮纺纱机。
1768	The Royal Academy was founded. 皇家学院成立。
1769	James Watt made a steam engine. 詹姆斯·瓦特发明蒸汽机。
1775	The American War of Independence broke out. 美国独立战争爆发。
1779	The Spinning Mule was invented. 发明精纺机。
1801	The Parliament of Great Britain and Ireland were united. 英国议会和爱尔兰议会合并。
1812	The war between England and America broke out. 英美战争爆发。
1814	George Stephenson constructed the first successful steam locomotive. 乔治·史第芬孙发明第一台蒸汽机车。
1815	A new Corn Law was signed. 颁布《新谷物法》
1819	The Peterloo Massacre. 彼得卢大屠杀
1831	The first Whig Reform Bill was introduced. 第一部辉格党改革法案颁布。
1832	The parliamentary Reform Bill. 议会改革法案
1833	Tory party split and its name was changed to Conservative. 托利党分裂并更名为保守党。

1834 The "New Poor Law" was passed.
颁布《新济贫法》

1836 The University of London was given a charter.
伦敦大学成立。

1836—1848 The Chartist Movement.
宪章运动

1837 Queen Victoria came to the throne.
维多利亚女王即位。
The Royal College of Art was founded.
皇家艺术学院成立。

1838 The Anti-Corn Law League was formed.
成立反谷物法同盟。

1840 The British government launched the "Opium War" against China.
英国发动对华鸦片战争。

1842 The Treaty of Nanjing.
签定南京条约。

1848 Peel repealed the Corn Law.
皮尔废除谷物法。

1851 The Crystal Palace Exhibition opened in London.
水晶宫展览馆在伦敦开幕。
Reuters was founded in London.
路透社在伦敦成立。

1845—1856 The Crimean War.
克里米亚战争。

1856—1860 Britain and France jointly waged an aggressive war against China.
英法联合发动对华侵略战争。

1857 Indian soldiers in the British army in India rebelled.
英驻印部队中的印度士兵叛乱。

1859 The Indian Mutiny was put down.
印度叛乱被平息。
Charles Darwin published "On the Origin of Species"
达尔文出版《物种起源》。

1863 Britain began to carry a foreign policy of "splendid isolation".
英国开始实行"光荣孤立"的外交政策。

1867 The second "Reform Bill" was passed.
第二部《改革法案》颁布。

1868 Gladstone of the Liberal Party became Prime Minister.
自由党代表格莱斯顿当选英国首相。
The first Trade Union Congress met in Manchester.
第一届贸易联合会议在曼彻斯特召开。

1870 the Irish Land Act
《爱尔兰土地法》

1871 Education Act, the Trade-Union Act
《教育法》《贸易联合法案》

1872 Ballot Act
《投票法案》

1875 *Employers and Workmen Act*
《雇佣工人和劳动者法案》
The Trade Union Act
《贸易联合法》
The Public Health Act
《公共健康法案》
The Artisans and Laborers' Dwelling Improvement Act
《工匠和劳动者居住条件改善法案》

1878 Factory Act
《工厂法案》

1883—1884 *The Fabian Society was founded.*
费边社成立。
The third parliament "Reform Bill" was passed.
第三部《改革法案》颁布。
The Social Democratic Federation was founded.
社会民主联盟成立。

1885 The Redistribution Act
《再分配法案》

1893 *The Independent Labor Party was founded.*
独立的工党成立。

1897 *Sir J. J. Thomson discovered the electron.*
汤姆森发现电子。
The Tate Gallery was opened.
泰勒艺廊开幕。

1900 *The Labor Representative Committee was established.*
工党代表委员会成立。

	Britain allied with seven other countries, invaded China. 八国联军发动侵华战争。
1901	*Britain defeated and annexed the Boers.* 英国战胜并吞併波尔。 *Queen Victoria died and her son succeeded her as Edward VⅡ.* 维多利亚女王去世,爱德华七世继位。
1903	*The women*'s Social and Political Union was founded. 妇女社会和政治联盟成立。
1904	Britain entered the Entente Cordiale with France. 英国和法国签订协约。
1906	The Labor Representative Committee was officially recognized as the Labor Party. 工党代表委员会正式更名为工党。
1910	The British Parliament passed the Government of India Act. 英国议会颁布印度管理法案。
1911—1914	Working-class movement reached new heights. 工人阶级运动达到新高潮。
1912	In April a new Home Rule Bill was introduced. 四月新自治法案颁布。
1914—1918	Britain joined WWⅠ. 英国参加"一战"。
1919	In Jan. the Paris Peace Conference met. 1月召开巴黎和会。
1919—1920	The British government organized "the campaign of fourteen states" against the new Socialist State. 英国政府组织反对新兴社会主义国家的十四国阵营。
1916	Llody George organized a united cabinet. 乔治组建联合内阁。 The government induced compulsory military service in May. 英国政府在5月实行义务兵役制。
1922	The British government acknowledged Egyptian independence. 英国政府承认埃及独立。 BBC was founded. 英国广播公司成立。
1924	Ramsay MacDonald held the first Labor Party government. 麦克唐纳组建第一届工党政府。

1926 the Locarno Treaty
洛迦诺条约

1928 Vote was given to women and men at the age of 21.
年满 21 岁的男女公民得到投票权。

1931 The Statute of Westminster
威斯敏斯特法案

1935 Baldwin replaced MacDonald as Prime Minister.
鲍德温取代麦克唐纳成为首相。

1936 George VI came to the throne.
乔治六世即位。

1937 Baldwin resigned to be succeeded as Prime Minister by Neville Chamberlain.
张伯伦代替鲍德温成为英国首相。

1939 On Sep. 3, Chamberlain broadcast to the nation that Britain was in WWⅡ.
9 月 3 日张伯伦宣布英国参加二战。

1940 Winston Churchill formed a coalition government.
丘吉尔组建联合政府。
In Dec. British forces in Egypt defeated the Italians.
11 月英国军队在埃及打败意大利。

1941 The turning point of WWⅡ.
“二战”转折点

1943 In Nov. Churchill and Roosevelt met Stalin and decided to start a second front in Western Europe.
11 月丘吉尔、罗斯福会见斯大林并决定开辟西欧第二战场。

1944 The Allied Forces landed in Normandy.
同盟军在诺曼底登陆。

1945 On May 7, Germany surrendered unconditionally.
5 月 7 日德国无条件投降。

1946 The Cold War began.
“冷战”开始。

1948 The government introduced the National Health Service.
英国政府实行全民健康服务。

1949 NATO was established.
北约成立。

1950 Rationing began to be phased out.

紧缩政策开始废除。

1952　Elizabeth Ⅱ came to the throne.
伊丽莎白二世登基。

1955　Clean Air Act was passed.
颁布空气治理法案

1956　The Suez Crisis broke out.
苏伊士危机爆发。

1969　The Open University was founded.
开放式大学成立。

1973　Britain joined the European Community on Jan. 1.
英国在1月1日加入欧盟。
Buckingham University was established.
伯明翰大学成立。

1978　British doctors created the world's first "test tube baby".
英国医生成功测试世界上第一个试管婴儿。

1979　Margaret Thatcher became Prime Minister.
撒切尔成为英国首相。

1981　Prince Charles married Lady Diana Spencer.
查尔斯王子和戴安娜举行世纪婚礼。
The world's longest Suspension Bridge was completed.
世界最长的吊桥完工。

1982　Britain won the war against Argentina.
英国赢得对阿根廷战争。

1984　Mrs. Thatcher visited China.
撒切尔夫人访华。
The National Union of Mineworkers began a nationwide strike.
煤炭工人进行全国范围罢工。
The IRA bombed at the Conservative Party Conference.
爱尔兰共和军对保守党会议进行恐怖爆炸。

1990　John Major became Prime Minister.
梅杰继任英国首相。

1993　Britain ratified the Maastricht Treaty.
英国承认马斯垂克条约。
Britain and Ireland signed the Downing Street Declaration.
英国和爱尔兰签订唐宁街宣言。

1997　Tony Blair became Prime Minister.

布莱尔当选英国首相。
Hong Kong returned to Chinese sovereignty.
香港回归中国。
Diana Princess died in a car crash on Aug. 31.
戴安娜王妃在8月31日车祸中去世。

2001 Blair re-elected British Prime Minister on June 8.
布莱尔在8月8日大选中连任。

2003 Britain and America attacked Iraq in March.
英美俩国于3月联合攻打伊拉克。

2005 Blair won the third term as Prime Minister.
布莱尔赢得第三次大选。
London became the host city of 2012 Olympic on July 6.
伦敦在6月6日赢得2012年奥运会主办权。

2006 An alleged airplane bomb plot threw Britain in chaos.
飞机轰炸传闻使英国处于惊恐状态。

2007 A clash between Britain and Iran in March.
英国和伊朗在3月份发生冲突。
Tony Blair stepped down from office on June 27 and Gordon Brown entered the No. 10 Downing Street.
布莱尔6月27号离职,布朗入住唐宁街10号。

二、美国历史大事年表

Chronological Table of the Major Events in American History

1492　Christopher Columbus arrived at Salvador Island, thus discovering the "New World"
哥伦布到达萨尔瓦多岛,发现新大陆.

1607　The first group of English colonies came to America and built their settlement of Charleston which later was expanded into the first English colony known as Virginia.
最早的英国殖民者到达美洲,定居查理斯敦,后来发展为英国第一个在美洲的殖民地弗吉尼亚州.

1620　Some English immigrants (Puritans) sailed to Plymouth on a ship called the "Mayflower"
英国清教徒乘"五月花号"到达普利茅斯.

1621　Thanksgiving Day was first celebrated by the pilgrims of the Plymouth Colony.
普利茅斯殖民地的移民者首次庆祝感恩节.

1630　Boston was founded by a group of Puritans.
清教徒建立波士顿.

1636　Harvard was founded.
哈佛大学成立.

1682　Philadelphia was founded.
费城建立.

1701　Detroit was founded by French.
法国人建立底特律.
Yale was founded.
耶鲁大学成立.

1733　Georgia, the last of thirteen English colonies, was founded.
乔治亚,13 个殖民地中的最后一个成立.

1765　The Stamp Act was passed.
颁布印花税.

1766　The Stamp Act was repealed.

印花税被废除.

1770 The Boston Massacre took place.

波士顿惨案发生.

1773 There appeared the event of the Boston Tea Party.

波士顿倾茶事件发生.

1774 The first Continental Congress was held.

第一次大陆会议召开.

1775 Minute Men of Lexington and Concord counterattacked the invading English troops, marking the prelude of Independence War on April.

莱克星顿枪声打响,美国独立战争拉开序幕.

The second continental congress was called in May.

五月召开第二次大陆会议.

The Battle of Bunker Hill took place on June 17th.

6月17日,邦克山战役.

1776 The Declaration of Independence was signed and issued.

起草并发表《独立宣言》

The Battle of Trenton took place.

特灵顿战役.

San Francisco was established.

旧金山城建立.

1777 The Battle of Saratoga took place, which marked the turning point of the war.

撒拉托加战役爆发,标志着独立战争的转折点.

1778 The Battle of Monmouth took place on June 28th, which was the last large battle in the North.

6月28日,北方最后一场大型战役,蒙茅斯战役爆发.

1781 General Cornwallis and his 7000 men surrendered at Yorktown on Oct. 19th, which was the real end of the war.

10月19日,康瓦里斯将军及其7000名士兵在约克镇投降,美国独立战争结束.

1783 Paris Peace Treaty was signed between America and England on Sep. 3rd.

9月3日美国和英国签订巴黎和约.

The last of the British left America.

英军全部撤出美国.

1787 The Constitutional Convention was called.

制宪会议召开.

1789　The Federal Government was established.
联邦政府成立.
George Washington was elected the first president of the United States.
华盛顿当选美国第一任总统.

1791　The first ten amendments, the Bill of Rights, were added to the Constitution.
最初的10条修正案,"权利法案"被加入宪法中.

1792　Thomas Jefferson began to organize the Democratic Republican Party.
杰斐逊开始组建民主共和党.
White House was built.
白宫建成.

1793　The cornerstone of the Capital Hill was laid.
国会山开始奠基.

1796　John Adams was elected the second president.
亚当斯当选美国第二任总统.

1799　Washington died.
华盛顿去世.

1800　Thomas Jefferson was elected president.
杰斐逊当选美国总统.

1803　The U.S. purchased Louisiana from France.
美国从法国收购路易斯安娜州.

1804　Jefferson was reelected.
杰斐逊连任美国总统.

1809　In March, Jefferson left the presidency.
3月,杰斐逊离任.

1812—1814　The Second Anti-English War broke out and the U.S. won.
美国第二次反英战争.

1819　The Spanish colony of Florida became part of American territory.
西班牙殖民地佛罗里达成为美国领土.

1823　The Monroe Doctrine came forth.
门罗主义出台.

1828　The Democratic Republican Party split into National Republicans and Democrats.
民主共和党分裂成国家共和党和民主党.
Andrew Jackson was elected president.

杰克逊当选美国总统.

1832 The Whig Party came into being from National Republicans.

国家共和党发展成为辉格党.

1844 The U. S. forced the Chinese Government to sign the first unequal treaty of Wangxia.

美国强迫中国政府签订第一个不平等条约,望厦条约.

1845 Texas was annexed by the U. S. .

德克萨斯被美国吞并.

1846—1848 The U. S. launched an aggressive war upon Mexico and seized away nearly half of her territory.

美国发动对墨西哥战争并占领墨西哥一半的领土.

1852 The novel entitled "Uncle Tom's Cabin" was published.

《汤姆叔叔的小屋》出版.

1854 The Republican Party was founded.

共和党成立.

Douglas Bill was introduced.

颁布道格拉斯法案.

1859 John Brown led the slaves' treason.

约翰·布朗领导奴隶暴动.

1860 Abraham Lincoln was elected president.

林肯当选美国总统.

1861 The South Confederate Government was set up and the Civil War broke out.

南方联邦政府成立,美国内战爆发.

The Battle of Bull Run broke out in July.

6 月爆发布尔伦河畔战役.

1862 ThE Homestead Bill was issued in May.

5 月颁布宅地法

The Emancipation Proclamation was issued on Sep. 22nd.

9 月 22 日发表《解放宣言》.

Seven days' battle from June 25th to July 1st.

6 月 25 日到 7 月 1 日,七日战争.

1863 The Battle of Gettysburg took place and it was the turning point of the Civil War.

葛底斯堡战役爆发,迎来美国内战的转折点.

On October 3rd, Lincoln issued the first National Thanksgiving

Proclamation.
10 月 3 日，林肯第一次宣布感恩节为全国节日.

1865 The South surrendered and the Civil War ended.
南方投降，内战结束.
President Lincoln was assassinated.
林肯总统被刺杀.
The U.S. purchased Alaska from Russia.
美国从俄国购买阿拉斯加.

1866 The U.S. invaded Korea with France.
美法联合侵略朝鲜.

1867 The Reconstruction Act was passed in March.
3 月颁布重建法案.

1868 The U.S. forced the Chinese government to sign "The Treaty of Tianjin"
美国强迫中国政府签订天津条约.

1872 The National Labor Party was set up.
国家工党成立.

1874 Japan invaded Taiwan with the help of the U.S..
日本在美国的帮助下侵略台湾.

1877 American Socialist Labor Party came into being.
美国社会主义工党成立.

1878 The first National Assembly of the Knights of Labor was set up.
劳动骑士团第一次全国大会召开.

1881 The Revolutionary Socialist Labor Party was organized.
革命社会主义工党组建.

1886 The American workers held a universal strike for eight-hour workday on May 1.
5 月 1 日美国工人举行 8 小时工作日大罢工.
There occurred the Haymarket Massacre in Chicago.
芝加哥发生秣市惨案.
The American Federation of Labor was founded.
美国工党联盟成立.
On Oct. 28, The Statue of Liberty was presented to the U.S. by France.
10 月 28 日法国赠与美国自由女神像.

1892 The Homestead Strike happened.
荷姆斯特德罢工.

1893 The Hawaiian Island fell into the U. S.' control.
美国开始统治夏威夷群岛.

1894 The America's industrial output held the first place in the world.
美国工业产值跃居世界第一.
The Pullman Strike occurred.
普尔曼罢工.

1897 The Socialist Democratic Party was created.
社会主义民主党成立.

1898 The U. S. -Spanish War broke out.
美国-墨西哥战争爆发.

1899 The American Socialist Party was established.
美国社会主义党成立.

1901 Theodore Roosevelt became president.
罗斯福当选美国总统.

1908 The first American film was made in Los Angeles.
美国第一部电影在洛杉矶拍摄.

1909 Women workers in Chicago held a big strike on March 8.
3月8日美国女工在芝加哥举行大罢工.

1914 The First World War broke out on July 28th.
7月28日第一次世界大战爆发.

1917 America participated in the First World War.
美国参加"一战".

1918 President Wilson issued the "Fourteen Points"
威尔逊总统发表"十四条".
The First World War ended on NoV. 11th.
11月11日"一战"结束.

1919 The Paris Peace Conference was held on Jan. 18th and the Treaty of Versailles was signed on June. 28th.
1月18日召开巴黎和会,6月28日签订凡尔赛条约.
The Communist Party of the U. S. A. was founded.
美国共产党成立.

1921 The Washington Conference was held and the Versailles-Washington System was established.
华盛顿会议召开,建立凡尔赛-华盛顿体系.

1929 The Great Economic Depression emerged.
经济大萧条开始.

1933　Franklin D. Roosevelt became president and began to enforce the "New Deal"
罗斯福当选美国总统并推行"新政".

1939　Germany attacked Poland. England and France declared war on Germany. The Second World War broke out. America maintained a neutral stand.
德国攻占波兰,英法对德宣战,第二次世界大战爆发,美国中立.

1941　Roosevelt and Churchill issued a joint declaration, the "Atlantic Charter".
罗斯福和丘吉尔共同签署"大西洋宪章".
The Japanese navy and air forces make a sudden attack on the navy base of the Harbor American Pacific Fleet in Pearl on Dec. 7. Thus the U. S. entered the Second World War.
日本海军和空军在 12 月 7 日偷袭美国第七舰队海军基地珍珠港. 美国加入"二战".

1942　The Battle of Midway Island took place. It was the turning point of the Pacific arena.
中途岛战役爆发,标志着太平洋战场的转折点.

1943　The Cairo Declaration was published at the Cairo Conference.
开罗会议上发表《开罗宣言》.
The heads of the Soviet Union, the U. S. A. and Britain held a meeting in Teheran.
苏联,美国和英国领导人在德黑兰会晤.

1944　The Allied armies of Britain and the U. S. landed on Normandy.
英美联军在诺曼底登陆.
The Readjustment Act was passed.
颁布重整条例.

1945　President Roosevelt passed away and Vice President Truman succeeded him.
罗斯福总统去世,副总统杜鲁门继任.
A conference was called in San Francisco to found the United Nations.
在旧金山召开会议决定成立联合国.
Germany surrendered on May 8 and Japan on August 14.
5 月 8 日和 8 月 14 日德国和日本分别无条件投降.
The Second World War ended.

	二战结束.
	On August 6th, the U. S. dropped two atom bombs on Japan.
	8 月 6 日美国向日本两城市投放原子弹.
	The first computer came into being.
	第一台计算机问世.
1946	The Truman Doctrine came forth.
	杜鲁门主义出台.
	Marshall Plan came out.
	马歇尔计划颁布.
1949	The North Atlantic Treaty of Organization was set up.
	北大西洋公约组织成立.
	The People's Republic of China was founded, witnessing the complete failure of American aggressive policy against China.
	中华人民共和国成立,标志美国对华侵略政策的破产.
1950-1953	The Korean War broke out and ended in the failure of the U. S..
	朝鲜战争爆发并以美国的失败而告终.
1957	The Eisenhower Doctrine came into being.
	艾森豪威尔主义出台.
	The U. S. launched her earth satellite into the orbit.
	美国发射第一颗地球卫星.
	The first real black resistance occurred in Little Rock.
	小石城爆发第一次真正的黑人反抗运动.
1963	President Kennedy was assassinated in Dallas.
	肯尼迪总统在达拉斯被刺杀.
1964	The Civil Rights Act was passed.
	民权法案颁布.
1965	In August the Voting Rights Act was passed.
	8 月颁布投票法案.
1968	On April 14th, Martin Lurther King was assassinated.
	4 月 14 日马丁·路德金被暗杀.
1969	Two American astronauts landed on the moon.
	两名美国宇航员登月.
1970	In April, Nixon cast American troops into Cambodia.
	四月尼克松总统派兵柬埔寨.
	The floppy disc appeared.
	软塑料磁盘诞生.

1971 The ‘Ping-pang” diplomacy helped normalize the relations between China and America.
乒乓外交帮助中美关系正常化.

1972 President Nixon visited China.
尼克松总统访华.

1973 The long-lasting Vietnam War came to end.
越南战争结束.

1976 The National Air and Space Museum opened.
航空航天博物馆开馆.

1979 China and the U. S. A. normalized their relationships.
中美关系正常化.

1991 The U. S. launched military attack coded Desert Storm on Iraq.
美国发动名为”“沙漠风暴”的对伊拉克战争.

1992 Rodney King riots took place in Los Angeles.
洛杉矶爆发罗德尼金轰动事件.

1997 Chinese President Jiang Zemin visited the U. S. A..
中国主席江泽民访美.

1998 On June President Bill Clinton visited China.
6 月克林顿总统访华.

1999 U. S. -led NATO mounted air strike on Yugoslavia.
美国领导的北约袭击南斯拉夫.
The U. S. promised to support China’s entry to WTO.
美国承诺支持中国加入世界贸易组织.
The U. S. -led NATO bombarded Chinese Embassy in Belgrade.
美国领导的北约炸毁中国驻巴格达大使馆.
On April 6 to 14, Premier Zhu Rongji visited the U. S. A..
4 月 6 日到 14 日,朱容基总理访问美国.

2001 On Sep. 11, the World Trade Center Towers in NYC were destroyed in 1 hour and 42 minutes. This is known as “9.11 Event”.
9 月 11 日位于纽约的世贸大厦在 1 小时 42 分钟内被炸毁,“9.11 事件”爆发.

2003 On March 20, America started the Iraq War.
3 月 20 日美国发动伊拉克战争.

2006 On Dec. 30, the former Iraqi President Saddam Hussein was executed by hanging.
12 月 30 日,伊拉克前总统萨达姆被处以绞刑.

第三部分　专有名词

一、英国概况专有名词

A

B

C

D

E

G

H

I

K

L

M

N

O

P

Q

R

S

T

U

V

W

Y

二、美国概况专有名词

A

C

D

E

H

J

L

M

N

O

P

Q

R

S

T

U

V

W

Y

三、加拿大概况专有名词

四、澳大利亚概况专有名词

五、新西兰概况专有名词

第四部分

各章知识巩固练习

Britain（英国）

Part One Geography

Chapter I A Brief Introduction to Physical Geography

I. Fill in the blanks

1. The British Isles are mainly consists of ________, ________, ________.
2. ________ occupies the northern portion of Great Britain; ________ lies in the south; and Wales is in the ________.
3. The official name of the United Kingdom is ______________.
4. ________ is the largest and most populous of the three political divisions on the island of Great Britain.
5. A ________ language is spoken in parts of the Highlands.
6. ________ (1343 meters) is the highest mountain in Britain.
7. ________ is considered as the Backbone of England.
8. The Midland Valley of Scotland is a region of lower hills and rolling country drained by ________ and ________, and containing the two principal cities of Scotland ________ and ________.
9. The climate of Britain is moderated by the ________.
10. The longest river of the United Kingdom is ________; the most important river of the nation is ________.

II. Translate the following terms into Chinese:

1. Bristol Channel
2. The Act of Union
3. The Scottish Highlands
4. The Grampian Range
5. English channel

III. Translate the following terms into English:

1. 凯尔特语
2. 切维厄特丘陵带
3. 湖区

4. 泰晤士河
5. 迪河河口

Ⅳ. Answer the following questions briefly.

1. Describe the geographical position of Britain.
2. What are the geographic features of Britain?
3. Why is British climate much milder than that of many places in the same latitude?

Chapter Ⅱ Natural Resources

Ⅰ. Fill in the blanks

1. The United Kingdom is rich in ________, ________, tin, copper, lead and ________.
2. Most of the industrial areas in Britain are based on ________ which were mined in the 18th and 19th century.
3. ________ in Britain provide abundant surface water.
4. In 1970, large oil deposit was discovered under ________.
5. Nuclear power stations in Britain are operated by ________.

Ⅱ. Translate the following terms into Chinese

1. the North Sea
2. Cleveland Hills
3. the Atomic Energy Authority
4. Yorkshire

Ⅲ. Translate the following terms into English

1. 铅矿石
2. 盐矿
3. 瓷土
4. 诺丁汉郡

Ⅳ. Answer the following questions briefly.

1. What problems occur to British iron and steel industry?
2. When and where were oil and natural gas deposits found in Britain? How important are they to Britain's economy?

Chapter Ⅲ Economy

Ⅰ. Fill in the blanks

1. Britain is one of the world's most advanced ________ and ________ nations.

2. The British economy was the first to have been fully ________.
3. The British labor force is remarkably ________.
4. Most of the industrial areas in Britain are based on ________ which were mined in the 18th and 19th century.
5. ________ are now responsible for about 97% of the auto output.
6. In 1967, iron and steel industry of Britain was ________ again, and now it is administered by a wholly ________ concern.
7. ________ predominates in the farming economy of the country because a large part of the crops grown are produced for animal feed and fodder.
8. Britain is basically an importer of ________ and ________ and an exporter of ________.
9. ________ is the center of the British financial system, which was founded in 1694 and was nationalized in 1964.
10. Britain's main economic problem is one of ________ rather one of inflation.

Ⅱ. Translate the following terms into Chinese

1. development area
2. craft industry
3. capital-intensive
4. invisible trade
5. bank rate

Ⅲ. Translate the following terms into English

1. 人均收入
2. 造船业
3. 有形贸易
4. 再贴现率
5. 财政政策

Ⅳ. Answer the following questions briefly.

1. When and where were oil and natural gas deposits found in Britain? How important are they to Britain's economy?
2. Why is British agricultural industry said to be one of the most efficient in Europe?

Chapter Ⅳ The People

Ⅰ. Fill in the blanks

1. In early time, Britain was invaded by ________, Saxon, ________ and

________.

2. The earliest migrants of Britain were ________, who were dark-haired Mediterranean race.
3. The modern Scots and Irish are the descendants of the ________ of the Celtic tribes.
4. The modern Scots and Irish are the descendants of the ________ of the Celtic tribes, who gave their name to the whole island of ________.
5. The three great Germanic tribes: ________, ________ and ________, which invaded Britain, form the basis of the modern British people.
6. About 80% of the British population live in cities or towns, so the United Kingdom is of a high degree of ________.
7. People in Britain may speak several kinds of languages, but ________ is the official language.

Ⅱ. Translate the following terms into Chinese

1. Angle
2. Saxon
3. Viking
4. Norman
5. fertility rate

Ⅲ. Translate the following terms into English

1. 盖尔语
2. 日耳曼部落
3. 加勒比地区
4. 死亡率
5. 大布列颠人

Ⅳ. Answer the following questions briefly.

1. Describe the distribution of Britain's population.
2. What is the difference between the ancestors of the English and Scots, Welsh and Irish?

Chapter Ⅴ The Main Cities

Ⅰ. Fill in the blanks

1. ________ is the capital of England and of Great Britain, the political center of the Commonwealth, and a major port, 65 km, from the mouth or the ________.
2. The ________ is the business center of London where large financial

organizations are located, such as the Bank of England, the Stock Exchange and Lloyd's.

3. Greater London is made up of ________, ________, and ________.
4. The West End includes ________, the area of central government administration.
5. ________ is an industrial and manufacturing city, in the West Midland, the second largest city in England, and the market centre of the Black country.
6. ________ is the second largest port of England.
7. ________ is the capital city of Wales.
8. Edinburgh is the capital of ________.
9. Belfast is a seaport, the capital of ________.

Ⅱ. Translate the following terms into Chinese

1. the Covent Garden Opera House
2. St Paul's Cathedral
3. the Tower of London
4. Glasgow
5. the Black Country

Ⅲ. Translate the following terms into English

1. 英联邦
2. 内伦敦
3. 伦敦港
4. 伦敦西区
5. 大英博物馆

Ⅳ. Answer the following questions briefly.

1. What role does London play in the Commonwealth?
2. Which city is the second largest port of England? What industries does it have?

Part Two History

Chapter Ⅰ Pre-feudal Society

Ⅰ. Fill in the blanks

1. The very first known settlers of Britain were ________ form the Mediterranean lands who sailed right up to the west coast of England and around Scotland in about 3000 BC.

2. From about 750 BC, ________ tribes who had crossed form Europe settled in Britain. The first to come were ________. In about 500 BC ________ from whom the modern Welsh are mainly descended came to Britain.
3. Britons had a civilization of their own. Their society practiced a kind of ________.
4. Between 55 BC and 54 BC ________ then a Roman general invaded Britain twice.
5. With the occupation of Romans, some of the British native people became slaves of the Romans; ________ was introduced into England.
6. About 5th century, the Germanic tribes: ________, ________ and ________ began to invade Britain.
7. ________, a brave leader of Celts, was defeated by Anglo-Saxons and was pushed back into the mountains of Wales and Scotland.
8. In 829 Wessex won the overlordship of all the rest kingdoms, so the king of Wessex, ________ began to style himself "________".
9. In the late 6th century ________ was introduced into England. Within a hundred years, all England was united under one well-organized church.
10. Around the turn of the 8th century northern warriors, called the ________ invaded England, but the main body came form ________.
11. ________ was considers the greatest Old English poem during Anglo-Saxon times.
12. ________ as lord of all the English fought against Danes, who also built a naval force and later became known as "________".

Ⅱ. Translate the following terms into Chinese

1. Gaul
2. primitive communism
3. the Hadrian Wall
4. Roman Empire
5. Heptarchy

Ⅲ. Translate the following terms into English

1. 古英语
2. 亚瑟王
3. 基督教
4. 坎特伯雷大主教
5. 丹麦人的统治

Ⅳ. Answer the following questions briefly.

1. Explains the reasons for the limited Roman influence on Britain?

2. What was the contribution of King Alfred to British history?

Chapter Ⅱ The Growth of Feudalism

Ⅰ. Fill in the blanks

1. In 1042, after the death of Hardecanute, Edward, known as the ________ for his reputation for saintliness, became English king.
2. On Christmas Day 1066 Duke William Known in history as William ________ was crowned in ________.
3. The Norman Conquest caused important consequences. It increased the process of ________ which had begun during Anglo-Saxon times.
4. Along with the Normans came the ________ language, which would be the language of the court and upper classes until the 14th century.
5. In the Norman ruling class, there were a number of lords, but the most important class were the ________, who were a small landowners and experienced professional ________.
6. ________ was the first king of the House of Plantagenet.
7. During the reign of Henry Ⅱ, he enforced a ________ which over-rode local law and private law, was gradually established in place of the customs of the manor.
8. The murder of ________ caused unexpected result which clearly testified to the great influence of ________ in the Middle Ages.
9. In 1215, ________ was forced to sign the famous document in British history, Magna Carta, also called ________, which was essentially a ________ document.
10. The English Parliament originated in ________.
11. In 1265, ________ called for the first Parliament in British history, known as ________, which was considered the "beginning of parliament".
12. In 1272, Edward succeeded his father and he successfully conquered ________.

Ⅱ. Translate the following terms into Chinese

1. *the Domesday Book*
2. *Assize of Arms*
3. the Third Crusade
4. The Battle of Hastings
5. House of Plantagenet

Ⅲ. Translate the following terms into English

1. 模范议会

2. 庄园制度
3. 基督教
4. 坎特伯雷大主教
5. 诺曼公爵

Ⅳ. Answer the following questions briefly.

1. What is the significance of the *Great Charter*?
2. What was feudalism like in England under the rule of William I?

Chapter Ⅲ The Decline of Feudalism in England

Ⅰ. Fill in the blanks

1. Hundred Years' War refers to the war between ________ and ________ from ________ to ________.
2. Before the Hundred Years' war, the economic interests of England and France clashed in ________.
3. Feudalism in England began to decline in the early ________ century. A natural economy gradually gave way to a ________ economy.
4. During the first half of the Hundred Years' War, the Parliament develop rapidly towards its present form. It was divided into three parts ________, ________ and ________.
5. ________ and his followers provided ideological preparation for the labor movement of the 14th century.
6. In 1381, under the leadership of ________, the rising of the English peasants took place.
7. ________ was the last ruler of the House of Plantagenet.
8. In 1399, with the abdication of Richard, Henry Bolingbroke became King ________, thus staring a new dynasty ________.
9. The Wars of Roses were fought between the two branches of the Plantagenet family: the family of ________ and the family of ________, which was a ________ civil war.
10. The War of Roses lasted 30 years and ended in ________ with the accession of ________ as Henry Ⅶ, the founder of ________.

Ⅱ. Translate the following terms into Chinese

1. the Statutes of Laborers
2. Lollards
3. When Adam delved and Eve span, Who was then the Gentlemen?
4. Joan of Arc

5. Merciless Parliament

Ⅲ. Translate the following terms into English

1. 黑死病
2. 农奴制度
3. 自然经济
4. 人头税
5. 内阁

Ⅳ. Answer the following questions briefly.

1. What were the result and the significance of Wat Tyler's rising?
2. What do you know about the nature and the consequence of the Wars of the Roses?

Chapter Ⅳ Growth of Capitalism and the Rule of the Tudors

Ⅰ. Fill in the blanks

1. By the beginning of the Tudor reign, ________ had already declined and had been replaced gradually by a ________ economy.
2. During the ________, a lot of arable farms were turned into pastures for sheep-raising.
3. In the reign of the Tudors, there were two forms of primitive accumulation: ________ and ________, including the slave trade.
4. In 16th century ________ and ________ were the most well-known British navigators.
5. In 1600, ________ was formed in India.
6. The eternal pretest for the Reformation of 16th century was the divorce case of ________.
7. After the Reformation, the Roman Catholic Church was ________; the English church was strictly ________.
8. In 1588, ________ became Queen, who was the last ruler of House of Tudor.
9. Renaissance refers to Europe rediscovering its origins in the cultures of ________ and ________.
10. The thinkers in Renaissance, who worked for freedom and enlightenment, were called ________.
11. The greatest English humanist was ________, and his work ________ became a humanistic classic in the world's literature.
12. The greatest dramatist of the time of Renaissance was ________, who gave

the fullest expression to England and the English in the transitional period between feudalism and ________.

13. The most ambitious product in British poetry in Renaissance was John Milton's ________.
14. The late part of the Renaissance in England was also the period of English Materialism whose progenitor was ________.

Ⅱ. Translate the following terms into Chinese

1. the Black Death
2. the Enclosure Acts
3. yeomen class
4. Constantinople
5. the Court of the Star Chamber

Ⅲ. Translate the following terms into English

1. 特许公司
2. 宗教改革
3. 至尊法案
4. 新教徒
5. 血腥玛丽
6. 文艺复兴

Ⅳ. Answer the following questions briefly.

1. What were the results of the Enclosure Movement?
2. Why and how did the Reformation happen in England?

Chapter Ⅴ The Bourgeois Revolution

Ⅰ. Fill in the blanks

1. When Elizabeth died childless in 1603, ________, descended from a sister of Henry Ⅷ, was heir to the English throne; and he was the first ruler of ________.
2. Upon the death of James I in 1625, ________ ascended the throne.
3. In April 1640, the Parliament only had a session of 23 days, which was called ________.
4. In the British Civil War, the supporters of Parliament were called ________ and the supporters of the King were called ________ or ________.
5. Before the Civil War, the leaders of the Commons were ________, Hampden and ________.
6. After the Bourgeois Revolution, the revolutionary camp divided openly into

three parts, the ________, the ________ and the ________.

7. In January ________, the head of Charles I was cut off, and England was declared a ________.
8. In April 1649 ________ began to dig and plough of the soil on St George's Hill.
9. In 1653 Parliament was dissolved and Cromwell was made ________.
10. Charles Ⅱ supported ________, which was founded in 1660 and was a prestigious scientific body of Europe.
11. After the Bourgeois Revolution, the Cavaliers and Roundheads had settled down to become England's first political parties, the former the ________ and the latter the ________.
12. In 1689 Parliament achieved a decisive victory expressed in law by ________, limiting the power of the crown.

Ⅱ. Translate the following terms into Chinese

1. the Divine right of Kings
2. the Addled Parliament
3. the Long Parliament
4. the Mutiny Act
5. Protectorate
6. the Habeas Corpus Act

Ⅲ. Translate the following terms into English

1. 铁甲军
2. 航海条例
3. 光荣革命
4. 新模范军
5. 短期议会

Ⅳ. Answer the following questions briefly.

1. What were the two conditions of capitalist production? How were the conditions accomplished?
2. What do you know about the British Bourgeois Revolution?
3. What was the significance of the British Bourgeois Revolution?

Chapter Ⅵ The Development of Britain after the Revolution

Ⅰ. Fill in the blanks

1. The slave trade increased after the middle of the 17th century, when Negro labor was in great demand in the plantations of ________.

2. To fight against Spain and France, England rallied Holland and ________, forming ________.
3. ________ was regarded as the first Prime Minster of Britain.
4. George I spoke no English, which prevented him from holding council and so led to the ________ system of government.

Ⅱ. Translate the following terms into Chinese

1. Spanish Armada
2. Seven Years' War
3. the Jacobite
4. House of Hanover
5. the Industrial Revolution

Ⅲ. Answer the following questions briefly.

1. What were the consequences of the Seven Years' War?
2. What were the political features of Britain at the beginning of 18th century?

Chapter Ⅶ The Industrial Revolution, the American Revolution and the French Revolution

Ⅰ. Fill in the blanks

1. On July 4, 1776, ________ was published, which greatly encouraged the American colonists.
2. Thomas Paine, who had worked for the American struggle for independence, published ________.
3. During the latter half of the 18th century, there were so many new inventions that the whole series of changes is often describes as the ________.
4. In 1769, James Watt created a ________ and little by little improved it.
5. In 1814 George Stephenson constructed the first successful ________.

Ⅱ. Translate the following terms into Chinese

1. Waterloo
2. Entente Cordiale
3. the Power Loom
4. Spinning Jenny
5. the Spinning Mule

Ⅲ. Translate the following terms into English

1. 三角贸易
2. 世界工厂

3. 波士顿茶叶党事件
4. 资本家

Ⅲ. Answer the following questions briefly.

1. What do you know about the background of American Revolution?
2. What were the results of the Industrial Revolution?

Chapter Ⅷ Developing Great Britain

Ⅰ. Fill in the blanks

1. In 1815, the Parliament passed a new ________ designed to keep up grain prices and tents by taxing imported grain, and in 1848 it was repealed.
2. ________ of 1832 was concerned with giving the middle classes a stake in responsible government rather than with changing the basis of government.
3. In the middle of 19th century, British commercial policy began to be committed to principles of ______, for the industrial revolution had nearly ended and Britain had become the first industrialized country.
4. In 1836 ________ took place in Britain, after which the English working-class entered a period of conducting independent political movements against the bourgeoisie.

Ⅱ. Translate the following terms into Chinese:

1. Peterloo Massacre
2. rotten borough
3. Poor Law Bastilles
4. the People's Charter
5. London Working Men's Association

Ⅲ. Translate the following terms into English:

1. 自由党
2. 保守党
3. 道义派
4. 暴力派
5. 全国宪章派协会

Ⅲ. Answer the following questions:

1. What were the consequences of the Reform Bill of 1832?
2. What were the result and the significance of the Chartist Movement?

Chapter Ⅸ Colonial Expansion and Parliamentary Reforms

Ⅰ. Fill in the blanks

1. Because of the balance of power in Europe and the desire of the western

powers, in 1845, the ________ War broke out.

2. In 1840, under the pretext of protecting her trade, Britain launched an aggressive war against China, known as ________.
3. By the end of the 19th century Britain occupied about a quarter of the earth's habitable area, a land mass that was about ________ times the size of its own territory. So Great Britain boasted that she ran an "________."
4. In 1868 the first Trade Union Congress met in ________. Unions thereafter aimed at sending workingmen or spokesmen to ________.
5. ________, founded in 1883—— 1884, included intellectuals, such as GB Shaw and ________, who were to play an important part in the 20th century.

Ⅱ. Translate the following terms into Chinese

1. Danube River
2. Treaty of Nanjing
3. Boers
4. Orange Free State
5. *the Reform Act*

Ⅲ. Translate the following terms into English

1. 义和团运动
2. 南非联盟
3. 自由贸易
4. 保护贸易主义者
5. 工党

Ⅳ. Answer the following questions briefly.

1. What were the two outstanding characteristics of imperialism in Britain in the mid- 19th century?
2. How did the Labor Party came into being?

Chapter X Britain in the Two World Wars

Ⅰ. Fill in the blanks

1. Before World War I, the Triple Alliance, including ________, ________ and ________, was formed.
2. The 1914 crisis began in the ________, an old storm center, where the Austro-Hungarian throne was assassinated at ________.
3. In January 1919 the ________ was held in Paris and the ________ was established and the Treaty of ________ was signed.

4. 1929, there began a disastrous American slump, and it rapidly spread ruin and unemployment all over the world, known as the ________.
5. December 10, 1936 ________ abdicated and his brother was proclaimed King ________.
6. In April 1940, the invasion of Denmark by Germany forced Chamberlain to resign; and Churchill formed a ________ with a real war cabinet of five members.
7. In 1940, Germans invaded Belgium and Holland, and Churchill led Britain during the "miracle of ________".
8. In 1941, the Japanese attack on ________ brought the USA into the war, and ________ was formed.
9. On June 6, 1944, the allied forces landed in ________ and therefore most France was liberated by the end of September.
10. In August 1945, atomic bombs were dropped on ________ and ________ and Soviet Union entered into the war with Japan.

Ⅱ. Translate the following terms into Chinese

1. splendid isolation
2. Entete Cordiale
3. British Expeditionary Force (BEF)
4. Bolshevik Russia
5. Suez Canal
6. the Irish Republican Army
7. blitz

Ⅲ. Translate the following terms into English

1. 联合政府
2. 新芬党成员
3. 《洛迦诺条约》
4. 假战
5. 纵容绥靖
6. 马其诺防线
7. 英国皇家空军

Ⅳ. Answer the following questions briefly.

1. What are the effects of the First World War on Britain?
2. What are the effects of World War Ⅱ on Britain?

Chapter XI Britain after World War II

I. Fill in the blanks.

1. During the dark year of the WW II, economist William Beveridge had put forward proposals for postwar ________ social security to establish ________.
2. In 1947, relief appeared in the form of the ________, introduced by the US to help the European economy recover.
3. In 1951, the Conservatives resumed control of the British government. Under the leadership of ________, the balance of payment deficit had become a surplus.
4. After the WW II, American became the leader of the "free world" and established the ________ in 1949. The counterpart was the ________ in Eastern Europe.
5. In 1956, ________ broke out in Egypt.
6. Along with most of the industrialized nations of the world, Britain entered a period of depression in the 1970s, which is known as ________ in British history.
7. In 1979, the conservative leader ________ became the nation's first woman Prime Minster.
8. In 1993, Britain and Ireland signed the ________, agreeing that the future of Northern Ireland should depend on the wishes of the majority.

II. Translate the following terms into Chinese

1. nationalization
2. an iron curtain
3. the Truman Doctrine
4. *Clean Air Act*
5. EEC
6. the Beatles
7. Operation Desert Shield
8. the Desert Storm

III. Translate the following terms into English

1. 冷战 r
2. 朝鲜战争
3. 铁娘子
4. 世纪婚礼

5. 试管婴儿
6. 香港特别行政区
7. 欧盟

Ⅳ. Answer the following questions briefly.

1. What measures did the Thatcher government take to improve the nation's economy?
2. Describe the evolution of the British economy since WW Ⅱ.

Chapter Ⅻ Britain in the Early 21st Century

Ⅰ. Fill in the blanks

1. After the September 11 attacks on the ________ in 2001, Blair allied George W. Bush in a global war against ________.
2. In 2003, with a motion opposing the government's policy and strong public opposition to the war, Blair and Bush led a coalition of military to a war with ________ .
3. On June 27th Blair's successor ________ entered Nor. 10 Downing Street.
4. Britain is one of the world's major centers for investment in the life sciences and ________.
5. Some 80% of mobile phones sold worldwide are ________ phones.

Ⅱ. Translate the following terms into Chinese

1. United Nations Security Council
2. Middle East Quartet
3. UCL
4. UK Medical Research Council
5. Nanotechnology

Ⅲ. Translate the following terms into English

1. 八国集团
2.《能源白皮书》
3. 短信服务
4. 英国医学委员会
5. 人类基因组计划

Ⅳ. Answer the following questions briefly.

1. What is the background of the Iraq War?
2. What measures has Britain taken to overcome environmental problems?

Part Three Culture

Chapter Ⅰ Education

Ⅰ.

1. There are two systems of primary and secondary education in Britain—the ________ school and the ________ school, the former is in the majority; the latter are few in number.
2. All the children in the UK must, by law, receive a full-time education from the age of ________ to ________.
3. The state school system at secondary level includes ________, ________ and ________.
4. G. C. E refers to ________.
5. The term "old university" refers to ________ and ________.
6. There are three academic degrees in Britain: ________, ________ and ________.

Ⅱ. Translate the following terms into Chinese

1. the Department of Education
2. Her Majesty's Inspectors
3. G. C.E
4. Eleven Plus examination

Ⅲ. Translate the following terms into English

1. 伊顿公学
2. 开放大学
3. 导师制
4. 多科性技术学院

Ⅳ. Answer the following questions briefly.

1. What is the special feature in the education of public schools in the UK?
2. What are the teaching systems in Cambridge and Oxford?

Chapter Ⅱ The Media of UK

Ⅰ. Fill in the blanks.

1. The British press is now divided into two different types of national newspapers: the ________ newspapers and ________ newspapers.
2. The British press has a long history. The earliest known printed newspaper

in Britain was published in ________.

3. ________ is the most famous of all British papers and the oldest at that.

4. ________ was for centuries the home of the newspaper industry and the name is still used to describe the British national press.

5. ________ is perhaps the most influential and most substantial periodicals.

6. ________ of Britain is one of the four major new agencies in the West.

Ⅱ. Translate the following terms into Chinese.

1. *Daily Mirror*
2. BBC
3. *Daily Express*
4. *The Observer*
5. *The Sun*

Ⅲ. Answer the following questions briefly.

1. What is the difference between national papers and local papers in Britain?
2. What are the features of the British press?

Chapter Ⅲ Sports

Ⅰ. Fill in the blanks.

1. ________ is more popular than association football in Wales.
2. ________ claims the highest popular attendance in the country.
3. Horse racing, which is divided into two kinds: ________ and ________, is chiefly a ________ sport.

Ⅱ. Translate the following terms into Chinese.

1. Golf
2. snooker
3. Football pools

Ⅲ. Answer the following questions briefly.

1. Please describe the sports in Britain briefly.
2. Why is cricket the most English of all games?

Chapter Ⅳ Science

Ⅰ. Fill in the blanks.

1. ________ was the first to revolutionize scientific thought in Britain, though he was a statesman and man of letters.
2. The Royal Society reached perhaps the pinnacle of its prestige in 1703, when ________ became its president.

3. John Dalton was an English chemist and physicist, who is best known for developing ________.
4. The best-known scientific achievement in the 19th century was Darwin's development of a theory of ________, and he published his book ________.

Ⅱ. Translate the following terms into Chinese.

1. Royal College of Physicians of London
2. DNA
3. immunology

Ⅲ. Answer the following questions briefly.

1. What is the significance of Darwin's theory?
2. List some world's first inventions in Britain?

Chapter Ⅴ British Art, Music and Film

Ⅰ. Fill in the blanks.

1. In the 18th century, ________ is the more characteristic theme of British art in England and Scotland.
2. Christopher Wren was famous ________ of the 17th century.

Ⅱ. Translate the following terms into Chinese.

1. the Edinburgh International Festival
2. BAFTA Awards

Ⅲ. Answer the following questions briefly.

1. List some art institutions in Britain.
2. Describe the history of BAFTA.

Chapter Ⅵ Literature

Ⅰ. Fill in the blanks.

1. ________ was the golden age of the novel in Britain.
2. Charles Dickens is the outstanding reprehensive of ________.
3. Vanity Fair is Thackeray's masterpiece, with subtitle ________.
4. English poetry began in about the ________ century, and ________ was a folk legend brought to England by the Anglo-Saxons.
5. English drama is completely dominated by ________.
6. Oscar Wild, an Irish ________ in the 19th century.

Ⅱ. Translate the following terms into Chinese.

1. *The Canterbury Tales*

2. *Paradise Lost*
3. John Keats

Ⅲ. Answer the following questions briefly.

1. List some women novelists of 19th century in Britain and their works.
2. What is the position of William Shakespeare in British literature?

Chapter Ⅶ Scenic Spots and Historical Sites

Ⅰ. Fill in the blanks.

1. ________ is the seat of the British Houses of Parliament.
2. The most popular symbolic part of the Hoses of Parliament is the Clock Tower, which is called ________.
3. ________ in the centre of London is one of the world's most famous city parks.
4. ________ is an ancient fortress occupying nearly 13 acres, which was founded by William the Conqueror.
5. ________ is the monarchs present London home.

Ⅱ. Translate the following terms into Chinese.

1. Speaker's Corner
2. St. Paul's Cathedral
3. Madame Tussaud's
4. Stonehenge

Ⅲ. Translate the following terms into English.

1. 大英博物馆
2. 白厅
3. 格林尼治天文台

Ⅳ. Answer the following questions briefly.

1. How do you understand the saying, "when a man is tired of London he is tired of life; for there is in London all that life can afford."
2. Where is the British Museum and what does it consist of?

Part Four Social Life

Chapter Ⅰ The Family

Ⅰ. Fill in the blanks.

1. In Britain, no children can marry below the age of ________.

2. Working class families have small late evening meal, called ________.
3. In Britain, ________ usually do the house work.

Ⅱ. Translate the following terms into Chinese.

1. engagement ring
2. mortgage
3. afternoon tea

Ⅲ. Answer the following questions briefly.

1. What courses does a British dinner include?
2. How do you understand "Marriage signifies the beginning of a new and independent family"?

Chapter Ⅱ Character and Manners

Ⅰ. Fill in the blanks.

1. The right to privacy and ________ are unquestioned by the British.
2. Rigid behavior is familiar to the ________.

Ⅱ. Answer the following questions briefly.

1. Why are British people exclusive?
2. Why do some people say that the upper-class English man is like a cold fish?
3. Describe British people's sense of humor.

Chapter Ⅲ Customs and Habits

Ⅰ. Fill in the blanks.

1. Three "INGS" refer to ________, ________, and ________ then ending for each of which is ING
2. British people bet mainly on ________ and ________.
3. In some hotels of Britain, a service chard of ________ to ________ percent will be added to your bill.
4. ________ is the nickname for Britain.

Ⅳ. Answer the following questions briefly.

1. Why do British people like talking about weather?
2. What are three "Don'ts" in Britain?

Chapter Ⅳ Holidays and Festivals

Ⅰ. Fill in the blanks.

1. ________ is the greatest of the Christian festivals, commemorating as it

does the birth of Jesus Christ.

2. The birthday of the British Monarch is a ________ in Britain.

Ⅱ. Translate the following terms into Chinese.

1. Boxing Day
2. Christmas carols
3. April Fool's Day
4. Armistice Day
5. Bank Holiday

Chapter Ⅴ Wages and Social Benefits

Ⅰ. Fill in the blanks.

1. There are tow things every employed man and woman has to par the state. One is ________, and the other is ________.
2. The State Pension age for men is ________ and is between ________ and ________ for women.

Ⅱ. Translate the following terms into Chinese.

1. Occupational Pension
2. Personal Pension
3. State Pension
4. Pension Credit
5. SERPS

Ⅲ. Answer the following questions briefly.

1. What is the difference between wage and salary?
2. What are the sources of the British people's house income?

Chapter Ⅵ Religion in Britain

Ⅰ. Fill in the blanks.

1. There are three main world religions — ________, ________ and ________.
2. Christianity came into being in ________.
3. Christianity has three main groups: ________, ________, and ________.
4. Christianity has molded the shape of ________ civilization.
5. The most important denomination in Britain is ________.
6. Puritanism arose in the late ________ century.

Ⅱ. Translate the following terms into Chinese.

1. Gentile

2. Primate
3. the Archbishop of Canterbury
4. the Methodist
5. Anglican Church
6. Presbyterian Church

Ⅲ. Answer the following question briefly.

1. What are the tendency and main feature of religion in Britain?
2. What do you know about the Anglican Curch?

Part Five Political System

Chapter Ⅰ The Monarchy

Ⅰ. Fill in the blanks.

1. The British Monarchy is ________.
2. The Constitutional Monarchy started at the end of ________ century.
3. Practically, everything the Queen does is done on the advice of her ________, and everything has been decided in advance by ________ or the ________ together with his cabinet.
4. The Queen summons, prologues and dissolves ________.

Ⅱ. Translate the following terms into Chinese.

1. On Her Majesty's Service
2. the House of Hanover
3. peerage
4. Constitutional Monarchy

Ⅲ. Answer the following questions briefly.

1. What is a constitutional monarchy? When did it begin in Britain?
2. How do you understand "She reigns but she does not rule"?

Chapter Ⅱ Parliament

Ⅰ. Fill in the blanks.

1. The British Parliament consists of three elements: ________, ________ and ________.
2. The British Parliament is often referred to as the ________— the body which makes or unmakes laws.
3. The life of Parliament is fixed at ________ years.

4. When a bill is proposed, it first begins in ________.
5. The government cannot legally spend any money without the permission of the House of ________.
6. ________ is the oldest party of Parliament. It evolved form a ________.
7. The House of Commons which is also known as ________ is where the real power lies
8. The head of the House of Commons is the ________ or President of Chamber.
9. The quorum is in the House of Commons is ________ members.
10. The arrangement of the benches on either side in the House of Commons suggests a ________ system.

Ⅱ. Translate the following terms into Chinese.

1. a resthouse of the retired in political circles
2. the House of Commons
3. the House of Lords
4. Question Time
5. M. P.

Ⅲ. Answer the following question briefly.

What are the functions of British Parliament?

Chapter Ⅲ The Government

Ⅰ. Fill in the blanks.

1. The British government is the supreme ________ institution which manages state affairs.
2. The Cabinet is made up of ________, the Lord President of the ________, he heads of the most important Departments and a few ministers without portfolios.
3. As a rule, the leader of the majority party in the House of Commons is the ________ who is automatically appointed by the Sovereign.
4. The work of each minister is always kept under observation by an unofficial "Shadow Cabinet" organized by ________.
5. The Prime Minister works and lives in his or her famous residence—— ________.
6. The income of local government comes from tow major sources—— ________ and grants of ________.
7. Every local council of a county of district has its presiding officer called the

________, but in a district which is called a borough of city he is called ________ or ________.

Ⅱ. Translate the following terms into Chinese.

1. Privy Council
2. Cabinet
3. Shadow Cabinet
4. the Civil Service Commission
5. Metropolitan county

Ⅲ. Answer the following questions briefly.

1. What are the functions of the Privy Council in Britain?
2. What are the functions of the Cabinet?

Chapter Ⅳ Parties and Elections

Ⅰ. Fill in the blanks.

1. There are two major parties in Britain today, and they are ________ and ________, which have been in power by turns since ________.
2. A general election is normally held every ________ years.
3. The division into tow parties grew out of the establishment of a Protestant Church of England in the ________ century.

Ⅱ. Translate the following terms into Chinese.

1. Labor Party
2. Conservative Party
3. General Election
4. Tow-Party System

Ⅳ. Answer the following questions briefly.

1. What are the features of the Conservative Party?
2. How often does a general election take place? How is it conducted?

Chapter Ⅴ The Judiciary

Ⅰ. Fill in the blanks.

1. In the UK, ________ is the supreme executive body of law.
2. In the judiciary system of UK, there is no Minister of ________ in the British Government.
3. In British law, there is no ________ and ________.
4. According to British law, there must be the presence of a ________ in most trials, which consists ________ people.

5. There are two kinds of lawyers in UK, ________ and ________.
6. British policemen in England and Wales are under the responsibility of ________.

Ⅱ. **Translate the following terms into Chinese.**

1. Civil Court
2. Court of Criminal Appeal
3. Scotland Yard
4. Attorney General

Ⅲ. **Answer the following questions briefly.**

1. What are the common features of all systems of law in Britain?
2. What is the function of a jury?

America（美国）

Part One Geography

Chapter Ⅰ A General Introduction to Physical Geography

Ⅰ. Fill in the blanks

1. The United States is situated in the central part of ________.
2. The USA includes ________ states and a federal district, the District of ________, which is the seat of the Federal Government.
3. The Colorado Plateaus are threaded by many deep valleys, among which the best known is ________, also called ________, in northern Arizona.
4. In eastern California lies ________, which is the lowest point in the whole of North America.
5. The Black Hills of South Dakota form the region's only upland area which is opened up for tourism with two memorials—— ________ and ________.
6. ________ is the longest and the most important river in the system of the Gulf.
7. Among the Five Great Lakes, Lake ________ is the largest freshwater lake of its kind. Lake ________ is wholly within the United States.
8. In northern Utah, there is a lake called the ________, which is the largest inland salt lake in North America.
9. In 1867, America purchased the present state of Alaska from ________.
10. The United States today is the ________ largest country in size in the world.

Ⅱ. Translate the following terms into Chinese

1. Gulf of Mexico
2. Appalachian Range
3. Niagara Falls
4. Gulf Plains
5. Black Hills

Ⅲ. Translate the following terms into English

1. 落基山脉

2. 黄石国家公园
3. 波托马克河
4. 夏威夷群岛
5. 伊利湖

Ⅳ. Answer the following questions briefly.

1. What are the geographic features of America?
2. What are the major types of climate in the United States?

Chapter Ⅱ Population

Ⅰ. Fill in the blanks

1. Most of the inhabitants in America are of ________ origin.
2. The ________ were the original inhabitants on the continent.
3. In the USA, the two important Chinatowns are located in ________ and ________.

Ⅱ. Translate the following terms into Chinese

1. Indian Reservations
2. Potato famine

Ⅲ. Answer the following questions briefly.

1. What is your understanding of the term "melting pot"?
2. What do you know about "Indian Reservations"?

Chapter Ⅲ The Fifty States

Ⅰ. Fill in the blanks

1. ________ is the smallest state in size and the most densely populated state of the USA.
2. Three-fourths of the country's country foreign trade pass through ________, ________ and ________, all of which lie within the Middle Atlantic Region.
3. In the past, the South Region grew no other important crops than ________ and ________.
4. About one-fifth of the country's Indians are now living in the state of ________.
5. ________ Sate dominates the West Region of America.
6. ________ is the chief economy in Alaska but the lumber industry and the production of wood-pulp are also important.
7. ________ is the capital and the largest city of Hawaii Sate.

Ⅱ. Translate the following terms into Chinese

1. Birmingham
2. Memphis
3. Atlanta
4. Detroit
5. Salt Lake City
6. Pearl Harbor
7. Trust Territory

Ⅲ. Translate the following terms into English

1. 新英格兰
2. 芝加哥
3. 休斯顿
4. 西雅图
5. 洛杉矶
6. 旧金山
7. 太平洋舰队

Ⅳ. Answer the following questions briefly.

1. What are the features of the Midwest Region of America?
2. How are the fifty states of America grouped?

Chapter Ⅳ The Development of American Economy

Ⅰ. Fill in the blanks

1. From 1980 until now, the USA has been the biggest ________ country in the world.
2. At the end of 19th century and the beginning of the 20th century the American economy was transformed from free-market to ________ and became a typical ________ country.
3. The fast economic growth contributes many factors, which mainly include ________, ________ and governmental ones.
4. In the middle of 19th century, American agriculture had already gone through ________.
5. The USA produce nearly 50% of the ________ in the world and the country ranks second in the export of ________ in the world after Thailand.
6. After WW Ⅱ America witnessed a highly economical development, especially in ________ industry, electronics and ________.

Ⅱ. Translate the following terms into Chinese

1. Free market principle

2. dairy products
3. the Third Technology Revolution
4. Microsoft

Ⅲ. Answer the following questions briefly.

1. What have contributed to the development of American economy?
2. Compare the functions of big corporations and small businesses in American economy.

Chapter Ⅴ The Main Cities

Ⅰ. Fill in the blanks.

1. The capital city of the USA is ________, situated on the Potomac River between the two states of ________ and ________.
2. New York City is often called "________", which was termed by jazz musicians to describe something that is the ultimate in size, excitement and achievement.
3. The Statue of Liberty was presented to the USA by ________, and dedicated on October 28, 1886 commemorating the alliance between the countries during the ________.
4. Chicago is the ________ city in population in the USA.
5. ________, the base of film industry in Los Angles, is a world-famous film producing centre.
6. "The motor city" of the USA is ________.
7. "Space City of USA" is ________.
8. ________ has the largest Chinese settlement in the United Sates.
9. ________ is known as one of the America's steel making and coal mining area.
10. ________ appears almost at the center of America's continental territory.

Ⅱ. Translate the following terms into Chinese.

1. Capitol Hill
2. Lincoln Memorial
3. World Trade Center
4. Metropolitan Museum of Art

Ⅲ. Translate the following terms into English

1. 白宫
2. 华尔街
3. 百老汇

4. 唐人街

Ⅳ. **Answer the following questions briefly.**

1. What is the function of Washington DC?
2. Why is Philadelphia called "the Athens of America"?

Part Two History

Chapter Ⅰ Colonization of North America

Ⅰ. **Fill in the blanks.**

1. The period of colonization covered the years from ________ to ________.
2. The Indians living in America originated form ________ some 25000 years ago, and the name of Indians was given by ________.
3. Modern American civilization is chiefly rooted in the ________, that is, the European culture which is deeply based upon the ancient ________ and ________ civilizations.
4. In 1507 the New World was named ________ after Amerigo Vespucc Ⅰ.
5. ________ was the first man who sailed around the earth.
6. Many people leaving the Old World to the New wanted to seek ________ of religious and ________.
7. In the autumn of 1620, 73 men and 29 women stated for America in a ship named ________.
8. In colonial days, the legislature was generally composed of two groups or bodies, the ________ and the ________.

Ⅱ. **Translate the following terms into Chinese.**

1. Bering Strait
2. Dark Ages
3. the Cape of Good Hope
4. Thanksgiving

Ⅲ. **Answer the following questions briefly.**

1. Why did the early settlers come to America?
2. What were the features in the colonial period which had influence on later American development?

Chapter Ⅱ The American War of Independence

Ⅰ. **Fill in the blanks.**

1. The Second Continental Congress held in 1775 founded a Continental Army

under the command of ________.

2. During the War of Independence, Thomas Paine published ________ to call on people to take up arms to fight for independence.
3. On July 4th, 1776, ________ was accepted by the 2nd Continental Congress, and then July 4th has been observed as ________ of the United State.
4. The War of Independence started in ________ and ended in ________.
5. The turning point of the War of Independence was ________ in 1777.
6. After the outbreak of the war, America sent ________ to Europe to get help form other countries.
7. In 1787, ________ was held in Philadelphia to revise the Articles of the Confederation.
8. On September 17th, American ________ was finally made.

Ⅱ. Translate the following terms into Chinese.

1. Stamp Act
2. Committee of Correspondence
3. Boston Tea Party
4. Federalists

Ⅲ. Translate the following terms into English.

1. 瞬息民兵
2. 国会
3. 众议院
4. 参议员
5. 《权利法案》

Ⅳ. Answer the following questions briefly.

1. What were the causes of the War of Independence?
2. Which battle marked the turning point of the War of Independence?

Chapter Ⅲ The Growth of the Nation

Ⅰ. Fill in the blanks.

1. After the War of Independence, ________ was chosen as the capital for the time being.
2. George Washington founded a sort of Cabinet in which Thomas Jefferson was chosen as ________, and Alexander Hamilton was appointed ________.
3. In 1803, Jefferson bought ________, a vast territory, from Napoleon who

was then at war and needed much money.

4. The war of 1812 had been called ________.
5. In 1823 President Monroe sent a message to Congress, which is known as ________.
6. From 1830 to 1840 the ________ gained strength, which was the struggle between to social systems.

Ⅱ. **Translate the following terms into Chinese.**

1. *The Sedition Act*
2. Holy Alliance
3. Indian Reservation
4. genocide policy
5. the US-Mexican war

Ⅲ. **Answer the following questions:**

1. What was the effect of the 1812 War?
2. What was the effect of Monroe Doctrine?

Chapter Ⅳ The American Civil War

Ⅰ. **Fill in the blanks.**

1. Negro slaves were first brought to America at the beginning of the ________ century to meet the needs of the ________.
2. In 1852, a novel entitled ________ came out, which aroused a great and universal hatred for slavery.
3. Before the Civil War, a new party began to form in 1845. Later it became known as the ________, and the participants were those who were opposed to slavery.
4. In 1859 there were a man called ________ in the North who intended to settle the slavery trouble by force.
5. In May 1862 Lincoln issued the ________, which stimulated the development of capitalist agriculture in the south.

Ⅱ. **Translate the following terms into Chinese.**

1. Westward Movement
2. *Douglas' Bill*
3. Confederate Union of America
4. Fort Sumter
5. the Battle of Gettysburg

Ⅲ. **Answer the following questions briefly.**

1. What was the significance of the Emancipation Proclamation?

2. What was the significance of the Civil War?

Chapter Ⅴ The U. S. Imperialism and the First World War

Ⅰ. Fill in the blanks.

1. The American capitalists, through the Civil War and ________ in the South, consolidated the regime over the whole nation and removed the ________, the greatest obstacle of the capitalist development.
2. By 1900, the United stated had 185 big ________, which showed that the US was in the transformation from ________ to ________ capitalism.
3. By the end of 19th century, the US had grown into a highly developed industrial country and reached the stage of ________.
4. The US convened the ________ in order to establish its control in Latin America.
5. ________ was the first imperialist war for redividing the world. It marked a new stage in which the United States transformed into ________.
6. In Sino-American relations, Theodore Roosevelt advanced and exercised the so-called ________, invading China by means of both force and ________.
7. The 1880's was noted for the labor movement of striving for ________.
8. On March 8th, 1909, a well-known women's strike took place in ________, and March 8th each year has been observed as ________.
9. Before WWⅠ, there were two military alliances, ________ and ________.
10. The First War broke out in ________ and ended in ________.
11. In January 1918, Wilson proposed his ________ as a basis of peace negotiation.
12. The Washington Conference consolidated the imperialist powers' domination of ________ and ________.

Ⅱ. Translate the following terms into Chinese.

1. Ku Klux Klan
2. Radical Republicans
3. Rockefellers
4. Greenback Party
5. Haymarket Massacre
6. Knights of Labor

Ⅲ. Translate the following terms into English.

1. 大棒政策

2. 二月革命
3. 五四运动
4. 华盛顿会议
5. 巴黎和会
6. 凡尔赛-华盛顿体系

Ⅳ. Answer the following questions briefly.

1. What was the result of the US-Spanish War? Why was it important in American history?
2. Why did America enter WWI?

Chapter Ⅵ America Before and During the Second World War

Ⅰ. Fill in the blanks.

1. The 1920s was noted for the so-called "________" or prosperity and ________.
2. ________ of 1929-1933, like a hurricane, shook the United States and the whole capitalist world to is foundation. In November, 1929, there swept a ________. Te New York Stock Market failed.
3. The source of the WW Ⅱ、in Europe came from ________.
4. In WWW Ⅱ, the war on the European arena was proceeding on mainly between ________ and ________, together with the African arena.
5. On August 14th, 1941, Roosevelt and Churchill declared a joint document, the well-known ________.
6. On December 7th, 1941, the base of the America Pacific Fleet, ________, was suddenly attacked by ________ air force and navy, and then the US finally participated in the war.
7. In June, 1942, ________ was the turning point of the Pacific War.
8. In June, 1941, Nazi forces made an attack upon ________, and the Battle of ________ in 1943 marked the turning point of the Second World War.
9. In 1941, 40 nations of the world made a wartime alliance against fascism and the Axis. This alliance was called the ________.

Ⅱ. Translate the following terms into Chinese.

1. Good Neighbor Policy
2. blitzkrieg
3. Nazi Party
4. Axis Powers

Ⅲ. Translate the following terms into English.

1. 华沙条约

2. 北大西洋公约组织
3.《开罗宣言》
4. 波茨坦会议

Ⅳ. Answer the following questions briefly.

1. What were the contents of Roosevelt's New Deal? What was the effect of the New Deal?
2. What role did America play in WW Ⅱ?

Chapter Ⅶ America During the "Cold War" (1945-1991)

Ⅰ. Fill in the blanks.

1. After WW Ⅱ, the two big allies—— the USA as the head of the ________ and the Soviet Union as the head of the ________ —— were gradually formed.
2. ________ was a different conflict from earlier American wars, and it marked a new beginning in foreign affairs.
3. Right before the end of the war, the USA achieved prominent breakthroughs in three fields of ________, ________, and ________, which has led to ________.
4. In 1986 the space shuttle ________ exploded after liftoff at Cape Canaveral, which killed all 7 astronauts.
5. After WW Ⅱ, President Truman declared his notorious ________, aiming at expanding American sphere of influence and suppressing the revolutionary struggle being carried on by the people in various countries of the world.
6. In 1947, Secretary suggested a sweeping program to restore the economies of Europe, which was known as ________.
7. After Kissinger's secret visit to Beijing, ________ came to visit China, and issued ________.
8. Martin Luther King was an outstanding leader of the ________.

Ⅱ. Translate the following terms into Chinese.

1. Great Society
2. Federal Reserve
3. Apollo program
4. Human Genome Project
5. *Civil Rights Act*

Ⅲ. Translate the following terms into English.

1. 冷战

2. 水门事件
3. 越南战争
4. 乒乓外交
5. 反战运动

Ⅳ. **Answer the following questions briefly.**

1. What were the origins of the Cold War?
2. What was the third scientific and technological revolution?

Chapter Ⅷ America in the 1990s and the Early 21st Century

Ⅰ. **Fill in the blanks.**

1. Along with the disintegration of the Soviet Union in 1991, ________ became the sole power in the world.
2. On January 17th, 1991, backed by international coalition, the US launched military attack coded ________ on Iraq.
3. On March 24th, 1999, US-led NATO mounted an air strike on ________.
4. In May 1999, the friendly bilateral elation of America and China was sabotaged by the US-led NATO's bombardment on ________ in Belgrade.
5. On September 11, 2001, Islamist terrorists hijacked two passenger airplanes and flew them into ________ in New York City.
6. Immediately after the 9. 11 event, President ________ declared war on terrorism.
7. The first target of the Afghan War was ________ in Afghan and terrorist group typified by Osama bin Laden and his ________ network.

Ⅱ. **Translate the following terms into Chinese.**

1. WTO
2. Kosovo
3. "China Threat"
4. Department of Homeland Security
5. Operation Enduring Freedom
6. Pentagon

Ⅲ. **Answer the following questions briefly.**

1. What do you think of the American eight-year sanction on Iraq?
2. What was the relation between the US and China in 1990s?
3. Why did the US attack Yugoslavia in 1999?

Part Three Culture

Chapter Ⅰ Education

Ⅰ. Fill in the blanks.

1. In USA, most children begin their school education at the age of ________. Most state schools offer ________ years of training.
2. Many students can gain a ________ degree after the completion of the four-year program. They are called ________.
3. Two-year College was originally called Junior College, but now it is called ________.
4. Four-year College in America is often called a liberal arts colleges or ________.
5. The oldest college in America is ________.

Ⅱ. Translate the following terms into Chinese.

1. Credits
2. Liberal Arts
3. Caltech

Ⅲ. Translate the following terms into English.

1. 常青藤联盟
2. 国会图书馆
3. 硅谷

Ⅳ. Answer the following questions briefly.

1. What is the general view of Americans on education?
2. What are the three principal functions of institution of higher education?

Chapter Ⅱ The Media of U. S. A.

Ⅰ. Fill in the blanks.

1. In America, the major radio and TV networks are ________, ________ and ________.
2. All the newspapers and magazines in America are ________ owned.

Ⅱ. Translate the following terms into Chinese.

1. VOA
2. Associated Press
3. United Press International

Ⅲ. Translate the following terms into English.

1.《纽约时报》

2.《时代周刊》

3.《读者文摘》

Ⅳ. Answer the following questions briefly.

1. Describe briefly the conditions of radios and televisions in the U. S. A.

2. Can you name two or three famous American magazines?

Chapter Ⅲ Sports and Recreation

Ⅰ. Fill in the blanks.

1. The USA is a sports-loving nation. Since the mid-19 century, ________ was first played aas an organized sport.

2. ________ is most popular in autumn.

3. ________ is the winter sport in American schools and colleges, and ________ is the most famous league in America.

Ⅱ. Translate the following terms into Chinese.

1. NBA

2. spectator sports

3. participant sport

4. National Hockey League

Ⅲ. Answer the following questions briefly.

1. What do Americans usually do for recreations during their spare time?

2. What people introduced bowling into the New York areas in the 17th century? And how is it acted nowadays?

Chapter Ⅳ Science and Technology

Ⅰ. Fill in the blanks.

1. America, nowadays, still occupies the leading position in three symbols of modern technology—the technology of ________, ________, and ________.

2. NASA refers to ________.

Ⅱ. Translate the following terms into Chinese.

1. R&D

2. NASA

3. John Kennedy Space Center

4. Project Mercury

Ⅲ. Answer the following questions briefly.

1. What do you know about Nobel Prize?
2. How many American scientists have won the Nobel Prizes in the 20th century?

Chapter Ⅴ American Art and Music

Ⅰ. Fill in the blanks.

1. In 1920s and 1930s Harlem was hot with ________, and so-called devil's music.
2. In 1950s and 1960s the first type of music to come to most people's mind is ________.
3. In the Mid-20th century, to show raw emotions, art became more ________, which is known as ________ School.

Ⅱ. Translate the following terms into Chinese.

1. Optical art
2. high art
3. National Gallery of Art

Ⅲ. Answer the following questions briefly.

1. What was the feature of the artists of Abstract Expressionism?
2. What do you know about the early rockers in 1950s and 1960s?

Chapter Ⅵ American Film

Ⅰ. Fill in the blanks.

1. The world's famous movie industry center— Hollywood is in ________ City, ________.
2. In Hollywood there is world's famous sidewalk: ________.
3. Oscar is a nickname of ________.

Ⅱ. Translate the following terms into Chinese.

1. MGM
2. Paramount
3. Beverly Hills
4. Golden Globe Awards

Ⅲ. Answer the following questions briefly.

1. When was the first Academy Awards held?
2. Make a comment on Golden Globe Awards.

Chapter Ⅶ Brief Introduction to American Literature

Ⅰ. Fill in the blanks.

1. Washington Irving was regarded as ________.
2. The most famous novel of Hawthorne is ________.
3. Edgar Allan Poe is regarded as ________.
4. Theodore Dreiser is regarded as one of the great American ________ or ________.
5. ________ is the first writer in America to win the Nobel Prize.
6. Saul Bellow is the descendant of a ________ and grew up in Chicago.
7. Whitman is remembered for his poems ________, which is about man and nature.
8. America did not have its own drama until the turn of the ________ century.
9. ________ was foremost to open a new American theatre.

Ⅱ. Translate the following terms into Chinese.

1. *The Call of the Wild*
2. *The Sun Also Rises*
3. the National Book Reward
4. *A Streetcar Named Desire*
5. *The Bluest Eye*

Ⅲ. Answer the following questions briefly.

1. What is the contribution of Hemingway to American literature?
2. Name some of the famous American playwrights.

Part Four Social Life

Chapter Ⅰ Family

Ⅰ. Fill in the blanks.

1. A remarkable characteristic of American society is ________.
2. ________ is another characteristic of American families.

Ⅱ. Translate the following terms into Chinese.

1. senior citizen
2. senior center
3. the rate of divorce

Ⅲ. Answer the following questions briefly.

1. Describe the positions of family members in American families.

2. What do you think of marriages in America?

Chapter Ⅱ Food and Dining Customs

Ⅰ. **Fill in the blanks.**

1. Americans cook the meat of different animals, but their favorite meat is ________.
2. ________ and ________ can be regarded as American national desserts.
3. The ________ is the favorite quick lunch for most Americans.
4. ________ is the most popular American drink and it is ordered almost at all hours of the day.
5. ________ is a favorite sauce for many Americans

Ⅱ. **Translate the following terms into Chinese.**

1. cafeteria
2. snack bar
3. brunch
4. drive-ins

Ⅲ. **Answer the following questions briefly.**

1. Why are food and drinks in America so different?
2. What are the attitudes of Americans towards the three meals of a day?

Chapter Ⅲ Customs and Traditions

Ⅰ. **Fill in the blanks.**

1. February 14th, ________ is sweetheart's day, on which people in love with each other express their tender emotions.
2. The national day of the United States of America falls on ________.
3. ________ is a favorite holiday for children who play the important part while their parents just support.
4. ________, which originated in America and was first celebrated in 1621 by the Pilgrims of Plymouth Colony.
5. ________ is the most festive time in the United Sates.

Ⅱ. **Translate the following terms into Chinese.**

1. Sweethearts' ball
2. Easter
3. Independence Day
4. Halloween's Day
5. Santa Clause

6. Christmas Carol

Ⅲ. Answer the following questions briefly.

1. Can you describe briefly the American holidays?
2. Could you say something about Christmas Day.

Chapter Ⅳ Attitudes and Views

Ⅰ. Fill in the blanks.

1. American is characterized by much more ________ and less ________ than many other country.
2. Americans care a great deal about ________ and they generally do not like to be considered inferior.
3. Custom by which a man shows respect for ________ are still popular in America.
4. The peculiarity of American history made the American spirit of ________.

Ⅱ. Translate the following terms into Chinese.

1. frankness
2. do-it-yourself
3. classless society

Ⅲ. Answer the following questions briefly.

1. What are the attitudes of Americans toward manual labor?
2. What is the popular American belief?

Chapter Ⅴ Religion in the U. S. A

Ⅰ. Fill in the blanks.

1. In 1620, the ________ took British Puritans from Plymouth in Old England to the New Plymouth in ________.
2. The largest Protestant group are the ________.
3. The main Protestant groups with origins in Europe and especially in ________, are flourishing, and seem to have taken on a distinctively American character.
4. It is still considered almost impossible that a ________ could be elected President of the United States, because there are strong built-in prejudices of the Protestant majority.

Ⅱ. Translate the following terms into Chinese.

1. Mormonism
2. Roman Catholics

3. the Orthodox Church

4. People's Temple

Ⅲ. Answer the following questions briefly.

1. What are the characteristics of the religious practice of America?

2. What problems exist in American religion today?

Chapter Ⅵ Social Problems

Ⅰ. Fill in the blanks.

1. In American society, as far as incomes and possessions are concerned, there is much ________ in America.

2. In American history, ________ Presidents have been assassinated.

3. In America, guns are ________.

4. The most important reason for American social problems is ________

Ⅱ. Translate the following terms into Chinese.

1. shopping bag ladies

2. drug-abuse

3. racial discrimination

4. Federal Bureau of Investigation

Ⅲ. Answer the following questions briefly.

1. What do you think of the American society?

2. What are the social causes for the social problems in America?

Part Five Political System

Chapter Ⅰ The State System and the Constitution

Ⅰ. Fill in the blanks.

1. The United States of America is a state of the dictatorship of the ________.

2. The political system of the United States is established on the basis of three main principles—— ________, ________ and respect for the ________ and rule of ________.

3. The Federal Constitution of the United States was adopted in ________ and came into effect in 1789.

4. A proposal to make a change must first be approved by ________ of the majorities of both Houses of Congress and then ratified by 3/4 of the states—— that is, ________ of the 50 states.

Ⅱ. Translate the following terms into English.

1. 联邦制
2.《联邦宪法》

Ⅲ. Answer the following questions briefly.

1. What role does *the Constitution* play in America?
2. What is federalism?

Chapter Ⅱ The Federal Government

Ⅰ. Fill in the blanks.

1. The Constitution determines the government and divides the powers of government into three branches ________, ________, and ________.
2. ________ as the chief executive, is the most important figure of the government.
3. ________ is the official presidential residence.
4. ________ is the legislative branch of the federal government, which is made up of two houses: the ________ and the ________.
5. ________ of the United States is the ex-official president of the Senate; while the House of Representatives chooses its own ________.
6. The judicial power of the United States is rested in the ________ and some inferior courts.

Ⅱ. Translate the following terms into Chinese.

1. System of Checks and Balances
2. State of the Union Message
3. National Security Council
4. Central Intelligence Agency

Ⅲ. Translate the following terms into English.

1. 总统否决权
2. 听证会
3. 弹劾

Ⅳ. Answer the following questions briefly.

1. What is the nature of the U. S. government?
2. Tell the main functions of the three branches of the government.

Chapter Ⅲ Political Parties and Elections

Ⅰ. Fill in the blanks.

1. The tow main parties in America are ________ and ________.

2. The Republican Party came into being in ________, which was a party of the northern capitalists who opposed ________.
3. The symbol of Democratic Party is a ________, while Republican, a (n) ________.
4. ________ was the only president who served more than two successive terms (1933-1945).

Ⅱ. Translate the following terms into Chinese.

1. primary election
2. electors

Ⅲ. Answer the following questions briefly.

1. Tell briefly the history of the two-party system in the US.
2. What are the characteristics of the two major parties in the USA today?

Chapter Ⅳ The State and Local Governments

Ⅰ. Fill in the blanks.

1. The state government follow much the pattern as the ________.
2. The state legislative branch is the ________.
3. ________ is the executive of a state.
4. The state judicial branch is composed of ________.

Ⅱ. Translate the following terms into Chinese.

1. State Congress
2. state governor

Ⅲ. Answer the following questions briefly.

1. What are the main features of the state governments?
2. Is there any election of legislatures and executives in state and city governments?

Canada, Australia, New Zealand
(加拿大、澳大利亚、新西兰)

Chapter I Canada

I. Fill in the blanks.

1. Canada is the ________ largest country in the world. The country includes ________ provinces.
2. ________ River is the Mother River of Canada.
3. ________ in Ontario is the capital of Canada.
4. John Cabot, an ________ explorer, discovered Canada in ________.
5. By 1600, ________ was the most powerful nation on the Continent.
6. In 1774, the British parliament passed the ________, in which the people of the province were granted as French Canadians and linguistic and religious freedom were guaranteed to the French colonists.
7. ________ was one of Canada's greatest prime minister and nation builders.
8. The ________ refers to the mixture of Europe and Indian bloods, living in Manitoba Province.
9. In Canadian history, without the building of ________, there were no settlement of the western plains and Canadian economic development.
10. ________ was the turning point for Canada as an independent nation.
11. ________ of 1931 recognized Canada as an equal member of the Commonwealth to Britain. r
12. Most French-Canadians only seek more autonomous rights within Canada, but ________ advocated independence.
13. Canada is one of the world's greatest ________ produces and ________ and pulp industries are very important.
14. The basic political system of Canada is ________.
15. Canada's parliament consists of ________, ________ and ________.
16. Canadian cabinet is composed of ________.

II. Translate the following terms into Chinese.

1. Canadian Shield
2. Arctic Islands

3. Inuit
4. the Yukon Territory
5. FTA

Ⅲ. Translate the following terms into English.

1. 爱斯基摩人
2. 亚太经济合作组织
3. 总督
4. 进步保守党
5. 加拿大的新民主党

Ⅳ. Answer the following questions briefly.

1. How many geographical regions can Canada be divided into? What are they? In what way does Quebec differ form the other provinces of Canada?
2. What are the two main political parties in Canada? Why is Canada's party system characterized by one party rule?

Chapter Ⅱ Australia

Ⅰ. Fill in the blanks.

1. Australia belongs to ________ and it is the ________ largest country in the world.
2. ________ is the capital of Australia, which is also a beautiful garden city.
3. The official name of Australia is ________.
4. The lowest point of Australia is ________ while the highest point is ________.
5. ________ is the largest artesian basin in the world.
6. The capital of New South Wales is ________, which is the oldest and largest city in Australia.
7. The ________ and ________ are typical representatives of the native desert animals.
8. In 1770, Captain ________ finally landed the east coast of Australia and claimed it for King George Ⅲ.
9. On January 1, 1901, ________ became Australia's first Prime Minister.
10. During WWⅡ, the two famous battles, ________ and ________ reversed the Pacific War.
11. In 1950 Australia initiated the ________ to aid undeveloped South and South Asian countries.
12. ________ is Australia's biggest iron and steel company.

13. Australia's political system is a ________, ________ system recognizing British monarch as sovereign.
14. The Constitution of Australia can be changed only by ________.
15. Australia's Federal Parliament is ________, consisting ________ and ________.
16. The leader of majority or leader of a majority coalition is usually appointed ________ by the governor general for a ________ -year term.
17. There are four major political parties in Australia and they are ________, ________, ________, and ________.
18. ________ has been essential to Australians development since the beginning of European settlement in 1788.
19. ________ is Australia's largest broadcaster, entertainment and marketing organization.
20. The Olympic Games of 2000 is known as ________ for its ecological concerns.

Ⅱ. Translate the following terms into Chinese.

1. Great Victoria
2. Ayers Rock
3. Great Barrier Reef
4. *Endeavour*
5. ANZAC Pact
6. APEC Forum
7. Colleges of TAFE
8. ELICOS
9. Australia Associated Press

Ⅲ. Translate the following terms into English.

1. 大分水岭
2. 悉尼歌剧院
3. 墨尔本
4. 黄金海岸
5. 石油危机
6. UN Charters
7. 残疾津贴
8. 白澳政策
9. 空中学校

Ⅳ. Answer the following questions briefly.

1. What are the tow principles the Australian Constitution is based on? Are

both clearly defined in the Constitution?

2. What is Australian manufacturing industry like today?

Chapter Ⅲ NewZealand

Ⅰ. Fill in the blanks.

1. New Zealand is located in the ________ hemisphere.
2. The official languages of New Zealand are ________ and ________.
3. New Zealand is made up of ________, and ________, Stewart Island and various small islands surrounding.
4. The longest river in New Zealand is ________ River.
5. ________ is New Zealand's largest plain.
6. The capital city of New Zealand is ________.
7. With ________ signed by British Government and Maoris, Modern New Zealand was founded.
8. The general elections have been held about every ________ years since 1879.
9. The leader of the party with a majority of members in the House of Representatives becomes ________.
10. The two major parties of New Zealand are ________ and ________.
11. IToday New Zealand's major markets are ______, Japan, USA and ______.
12. n New Zealand, school is compulsory for children aged from ________ to ________ years old.

Ⅱ. Translate the following terms into Chinese.

1. Lake Taupo
2. Tongariro
3. Southern Alps
4. ANZUS Treaty
5. CER

Ⅲ. Translate the following terms into English.

1. 库克海峡
2. 基督城
3. 联合国环境与发展大会
4. 混合比例代表制
5. 毛利人学前教育中心

Ⅳ. Answer the following questions briefly.

1. What is Maoritanga?
2. What are New Zealand's main exports?

第五部分

练习参考答案

一、各章知识巩固练习参考答案

Britain(英国)

Part One Geography

Chapter Ⅰ A Brief Introduction to Physical Geography

Ⅰ.

1. England Scotland Wales
2. Scotland England west
3. The United Kingdom of Great Britain and Northern Ireland
4. England
5. Celtic
6. Ben Nevis
7. The Pennines
8. River Clyde, River Forth, Edinburgh, Glasgow
9. The Atlantic Gulf Stream
10. River Severn, the Thames

Ⅱ.

1. 布利斯托尔海峡
2. 合并法
3. 苏格兰高地
4. 格兰扁山脉
5. 英吉利海峡

Ⅲ.

1. Celtic
2. Cheviot Hills
3. Lake District

4. the Thames
5. Dee estuary

Ⅳ.

1. Britain is an island country, lying in the north Atlantic Ocean off the north coast of Europe. It is separated from the rest of Europe by the English Channel in the south and the North Sea in the east.
2. The north and west of Britain are mostly highlands; and the east and southeast are mainly lowlands. In the north and west, there ate highlands, mountains and valleys. In the east and southeast, there are hills, basins and plains.
3. Firstly, the climate of Britain is moderated by the Atlantic Gulf Stream, which is a warm current, passes the western coast of British Isles and warms them. Secondly, the Westerlies, which blow over the country all the year round and bring warm and wet air from the Atlantic Ocean. Thirdly, Britain is surrounded by seawaters, which can balance the seasonal differences by heating up the land in winter and cooling it off in summer.

Chapter Ⅱ Natural Resources

Ⅰ.

1. coal, iron silver
2. coalfield
3. free-flowing rivers
4. North Sea
5. the Atomic Energy Authority

Ⅱ.

1. 北海
2. 克利夫兰山
3. 原子能管理局
4. 约克郡

Ⅲ. Translate the following terms into English

1. lead ore
2. saline deposit
3. china clay
4. Nottingham

Ⅳ. Answer the following questions briefly.

1. Today British iron and steel industry has declined just for the following

reasons. First, local deposits of iron ore have become exhausted. Second, old-fashioned furnaces for making coke cannot recover valuable by-products, causing high cost. Third, blast furnaces, steel works, and rolling mills are often separated from each other and thus cannot perform as well as more compact operations do. Last, many steelworks have to be closed down, causing major unemployment.

2. Natural gas was discovered in 1964——1966 and oil deposit was found in 1970 under the North Sea. Now Britain is not only self-sufficient in oil but has a surplus for export. The transport and domestic heating systems mostly depend on oil. So does the food supply, because most agriculture is highly mechanized.

Chapter Ⅲ Economy

Ⅰ.

1. manufacturing, trading
2. Industrialized
3. Homogeneous
4. Coalfields
5. Four large groups
6. nationalized, state-owned
7. Animal husbandry
8. food, raw materials, manufactures
9. The Bank of England
10. an adverse payments balance

Ⅱ.

1. 经济开发区
2. 手工业
3. 资本密集型
4. 无形贸易
5. 银行贴现率

Ⅲ.

1. per capital income
2. shipbuilding industry
3. visible trade
4. rediscount rate
5. fiscal policy

Ⅳ.

1. Natural gas was discovered in 1964——1966 and oil deposit was found in 1970 under the North Sea. Now Britain is not only self-sufficient in oil but has a surplus for export. The transport and domestic heating systems mostly depend on oil. So does the food supply, because most agriculture is highly mechanized.
2. The land available for farming in England, Wales, Scotland and Northern Ireland is 29.3 million acres, and it shrinks every year as demands for roads and the expansion of towns slowly erodes the areas of farmland. Nevertheless, British farmers produce enough food to supply tow thirds of the needs of population. With a hired labor force of less than 500000 and gross sales valued at 2 billion, the British agriculture industry is one of the most efficient in Europe.

Chapter Ⅳ The People

Ⅰ.

1. Roman, Viking, Norman
2. Iberians
3. Gaels
4. Britons, Britain
5. the Angles, the Saxons, the Jutes
6. urbanization
7. English

Ⅱ.

1. 盎格鲁人
2. 萨克森人
3. 北欧海盗
4. 诺曼人
5. 出生率

Ⅲ.

1. Gaelic language
2. Germanic tribe
3. Caribbean
4. mortality rate
5. Briton

Ⅳ.

1. With more than 60 million people inside its borders, the United Kingdom is

one the most populous countries of Europe. A dense population such as Britain's implies a high degree of urbanization. About 80% of the population live in cities or towns, whereas 20% live in the vast countryside.

2. The English are Anglo-Saxons, but the Scots, Welsh and Irish are Celts. The Celts originally came form European Continent. They came to Britain about 750 BC. One group of them was called Britons who gave their mane to the whole island of Britain. The Germanic tribes, Angles and Saxons conquered Britain in the Mid-5th century when the Roman Empire fell. They named the land where they lived England, meaning Angles' land.

Chapter Ⅴ The Main Cities

Ⅰ.

1. London, River Thames
2. City of London
3. the city of London, Inner London, Outer London
4. Westminster
5. Birmingham
6. Liverpool
7. Cardiff
8. Scotland
9. Northern Ireland

Ⅱ.

1. 科文特花园皇家歌剧院
2. 圣保罗大教堂
3. 伦敦塔
4. 格拉斯哥
5. 黑乡

Ⅲ.

1. the Commonwealth
2. Inner London
3. the Port of London
4. the West End
5. British Museum

Ⅳ.

1. London is the capital of England and of Great Britain, the political center of

the Commonwealth, and a major port form the mouth of the River Thames. Especially, the city of London, on the north bank of the Thames, is one of the world's leading banking and financial centers.

2. Liverpool is the second largest port of England. Its industries include shipbuilding, engineering, food processing and sugar refining.

Part Two History

Chapter I Pre-feudal Society

Ⅰ.

1. Iberians
2. Celtic, Gaels, Britons
3. primitive communism
4. Julius Caesar
5. slave society
6. Angles, Saxons, Jutes
7. King Arthur
8. Egbert, king of the English
9. Christianity
10. Vikings, Denmark
11. Beowulf
12. Alfred the Great, the Father of the British Navy

Ⅱ.

1. 高卢
2. 原始共产主义
3. 哈德良长城
4. 罗马帝国
5. 七国时期

Ⅲ.

1. Old English
2. King Arthur
3. Christianity
4. the Archbishop of Canterbury
5. the Danish rule

Ⅳ.

1. Explains the reasons for the limited Roman influence on Britain.

——There was a marked contrast in attitude towards the Roman occupation between the lowland Britons on the one hand and the inhabitants of Wales and mountainous Scotland on the other. The lowland Britons had an economy based on settled agriculture, and they soon accepted and appreciated the Roman way of life. The hill dwellers had an economy based on sheep and their freedom of life was threatened by the Roman urban civilization. Therefore, the resulting growth of its civilization was more obvious in urban areas than among the agricultural peasants and weakest in the resistant highland zone. Besides, the Romans came to govern and to trade, not to settle; and they were too few in number to change the language and customs of the people as they did in France and Spain.

2. What was the contribution of King Alfred to British history?

——He defeated the Danes and signed a friendly agreement with them. The Danes gained control of the north and east, while he ruled the rest. He also converted some leading Danes into Christians. He founded a strong fleet and is known as " the father of the British navy". He reorganized the Saxon army, making it more efficient. He translated some Latin works into English. He also established schools and formulated a legal system. All this earns him the title "Alfred the Great".

Chapter Ⅱ The Growth of Feudalism

Ⅰ.

1. Confessor
2. the Conqueror, Westminster Abby
3. feudalism
4. French
5. knights, soldiers
6. Henry Ⅱ
7. Common law
8. Thomas Becket, church
9. *the Great Charter*, *feudal*
10. the Great Council
11. Simon de Montfort, All Estates Parliament
12. Wales

Ⅱ.

1. 末日审判书

2. 武器法
3. 第三次十字军东征
4. 黑斯廷斯战役
5. 金雀花王朝

Ⅲ. **Translate the following terms into English**

1. the Model Parliament
2. manor system
3. Christianity
4. the Archbishop of Canterbury
5. the Norman Duke

Ⅳ.

1. What is the significance of *the Great Charter*?

——Although *the Great Charter* has long been regarded as the foundation of English liberties, it was a statement of the feudal and legal relationships between the king and the barons, a guarantee of the freedom of the Church and a limitation of the powers of the king. The spirit of the *the Great Charter* was the limitation of the powers of king, keeping them within the bounds of the feudal law of the land. It also had a progressive significance. It granted to the townspeople freedom of trade and self-government. The merchants and craftsmen (third estate) in England appeared for the first time as a new political force.

2. What was feudalism like in England under the rule of William I?

——According to the English feudal system, the king owned all the land personally. William gave his barons large estates in return for goods and services, and the barons in turn for distributed land to the lesser nobles, knights and freemen, also in return for goods and services. The lowest of the feudal scale were villains or serfs. William retained most of the old English customs of government. He called the nobles and churchmen together to great councils. His policy towards the church was to keep it completely under his control, but at the same time to uphold its power. In the reign of the Norman kings the Norman culture flowered on the English soil.

Chapter Ⅲ The Decline of Feudalism in England

Ⅰ.

1. France, England, 1337,1453

2. Flanders
3. 14th, money
4. a House of Commons, a House of Lords, a small permanent council
5. John Wycliffe
6. Wat Tyler
7. Richard Ⅱ
8. Henry Ⅳ, the House of Lancaster
9. Lancaster, York, feudal
10. 1485, Henry Tudor, the House of Tudor

Ⅱ.

1. 劳工法令
2. 罗拉德派
3. 当亚当耕种夏娃织布时,那是哪有贵人?
4. 圣女贞德
5. 残酷议会

Ⅲ.

1. the Black Death
2. serfdom
3. natural economy
4. Poll Tax
5. the Cabinet

Ⅳ.

1. What were the result and the significance of Wat Tyler's rising?

——Tyler was killed and many hundreds of rebels were put to death by the king. Though the uprising was brutally suppressed, it had great social significance in English history. The serfs were not to remain serfs for long. All the forces of social development were against the continuation of serfdom. It was impossible to keep forced labor on the manor, and landlords had to gibe up useless old feudal rights. Serfs became either free peasants or wage laborers, just as Karl Marx has said: "In England, serfdom had practically disappeared in the last part of the 14th century." A new class of yeomen farmers emerged, paving the way to the development of capitalism.

2. What do you know about the nature and the consequence of the Wars of the Roses?

——The Wars of the Roses was a feudal civil war, and deeply it was a war between the commercial-minded gentry in the South and the backward landowners in the North and West. The Wars of the roses lasted 30 years and ended in 1485 with the accession of Henry Ⅶ, the founder of the House of Tudor. It also weakened the old feudal nobility. As Engels said: " it was lucky for England that the old feudal barons slaughtered one another in the Wars of the Roses as the beginning of the formation of the English nation. Therefore, the ending to the Wars of the Roses was seen as the ending of the Middle Ages in European history and the beginning of the modern world history.

Chapter Ⅳ Growth of Capitalism and the Rule of Tudors

Ⅰ.

1. manorial, money
2. Enclosure Movement
3. foreign trade, colonial plunder
4. John Hawkins, Francis Drake
5. the East India Company
6. Henry Ⅷ
7. international, national
8. Elizabeth
9. Greek, Rome
10. humanists
11. Thomas More, Utopia
12. William Shakespeare, capitalism
13. *Paradise Lost*
14. Francis Bacon

Ⅱ.

1. 黑死病
2. 圈地运动
3. 自由民
4. 君士坦丁堡
5. 星室法庭

Ⅲ.

1. Chartered Company
2. the Reformation
3. the Act of Supremacy

4. Protestant
5. Bloody Mary
6. Renaissance

Ⅳ.

1. What were the results of the Enclosure Movement?

—— There were two results of the Enclosure Movement. It provided primitive accumulation of capital. Second, it supplied cheap labor for the developing British industry. These two results paved the way for the development of capitalism.

2. Why and how did the Reformation happen in England?

——First the church of the Middle Ages had not been only a religious body; it had been a political and legal power as well. Second by the 16th century the new national spirit of the English people had become impatient of the greed and laziness of the church, which was hindering the social and political progress of England. Third, Henry Ⅷ I needed money, and the extensive lands of the church were certainly a great temptation to him as well as to the rising bourgeoisie. Therefore, the bourgeois and absolutist interests led Henry Ⅷ I to alter his church policy. The reform began as Henry Ⅷ I wanted to divorce Catherine but was refused by Pope. Henry's reform was to get rid of the English Church's connection with the Pope, and to make an independent Church of England.

Chapter V The Bourgeois Revolution

Ⅰ.

1. James I, House of Stuart
2. Charles I
3. Short Parliament
4. Roundheads, Cavaliers, Royalists
5. Pym, Cromwell
6. Presbyterians, Independents, Levellers
7. 1649, Commonwealth
8. Diggers
9. Lord Protector
10. the Royal Society
11. Tories, Whigs
12. *the Bill of Rights*

Ⅱ.

1. 天赋皇权
2. 残缺议会
3. 长期议会
4.《反哗变法》
5. 护国制
6.《人身保护法》

Ⅲ.

1. the Ironsides
2. *the Navigation Act*
3. the Glorious Revolution
4. the New Model Army
5. the Short Parliament

Ⅳ.

1. What were the two conditions of capitalist production? How were the conditions accomplished?

——The appearance of a capitalist mode of production needs tow basic conditions: first, a large number of employed workers and the consequent expansion of the domestic market; second, a large amount of capital. The tow conditions are to be accomplished by primitive accumulation. England, the earliest and most typical country of primitive accumulation, achieved these by the "Enclosure Movement" and foreign trade and colonial plunder.

2. What do you know about the British Bourgeois Revolution?

——Because of the absolute rule of Charles I, the confrontation between Charles I and the Parliament developed into the Bourgeois Revolution, or the Civil War. Charles I gained the support of nobles and gentry in the north and west of the country and Wales. Parliament, on the other hand, derived its strongest support from yeoman farmers, middle-class town people and artisans in south-east England and London. The king's men were called "Cavaliers", and the supporters of Parliament were called Roundheads because of their short hair-cuts. Charles I was captured and executed in 1649. Later England was declared a Commonwealth.

3. What was the significance of the British Bourgeois Revolution?

——The English Bourgeois Revolution is an epoch-making event in the history of the world. It concluded the medieval period —— the period of feudalism, and marks the beginning of the modern period of feudalism, and marks the beginning of the modern period—— the period of capitalism. It paved the way for the rapid growth of capitalism in England.

Chapter Ⅵ The Development for Britain after the Revolution (1702—1706)

Ⅰ.

1. South America
2. Austria, the Grand Alliance
3. Robert Walpole
4. cabinet

Ⅱ.

1. 西班牙无敌舰队
2. 七年战争
3. 詹姆斯党
4. 汉诺威王朝
5. 工业革命

Ⅲ.

1. What were the consequences of the Seven Years' War?

—— England made great gains through the Seven Year's War: First, France ceded Canada and her American possessions east of the Mississippi, with the exception of New Orleans. Second, France gave up four of her West Indian islands, as well as her African possessions. Third, Spain, who had joined the war, ceded Florida to England together with all her possessions east of the Mississipp Ⅰ. Fourth, France agreed not to fortify her settlements in India and to acknowledge the native princes whom the English had established as puppets. France's power in India was destroyed and Britain became the world's chief colonial power.

2. What were the political features of Britain at the beginning of 18th century?

——Though parliament was the unquestioned victor in the long struggles with 17th century kings, England was by no means yet a country as it is now today. Political rights were not yet thought of as the rights of individuals, but as the rights of property owners, and the common people often thought that loyalty to the opinions of their landlords was their principal political duty. Voting was public, and voters were in consequence open to bribery and intimidation. George I spoke no English, which prevented him form holding council and so led to the cabinet system of government. The Parliament, at that time, was controlled by the two parties: the Whig and the Tory.

Chapter Ⅶ The Industrial Revolution, the American and French Revolutions

Ⅰ.

1. *the Declaration of Independence*
2. *the Rights of Man*
3. Industrial Revolution
4. steam engine
5. steam locomotive

Ⅱ.

1. Waterloo
2. Entente Cordiale
3. the Power Loom
4. Spinning Jenny
5. the Spinning Mule

Ⅲ.

1. triangle trade
2. the factory of the world
3. Boston Tea Party
4. Capitalist

Ⅳ.

1. What do you know about the background of American Revolution?

   ——By the middle of the 18th century most of the American colonies were in the hands of the British. But the English capitalist and landlords, form the time of the first settlement in 1606, and spared no effort to stifle the American Colonies' independent economic and political growth. They set up all kinds of laws to make these colonies become their markets for raw materials and for industrial goods. Manufacture in the colonies of goods which could be made in England was restricted or even forbidden. In spite of all this capitalism had continued to grow.
2. What were the results of the Industrial Revolution?

   ——The Industrial Revolution was not only a technological revolution but also a great social upheaval. It exerted a great influence on both British society and the world.

The Industrial Revolution promoted the development of production. Within a short period the Industrial Revolution took over all industries in Britain and replaced other system of production. Britain began to produce large quantity of low-priced goods in a more efficient manner. Many new cities came into being; population increased; the home market was enlarged. British goods almost achieved a monopoly position in the world market. The Industrial Revolution laid a good foundation for the "factory of the world".

A factory system was established. Workers were employed and managers became capitalists. Two conflicting classes were born.

Chapter Ⅷ Developing Great Britain

Ⅰ. Fill in the blanks

1. Corn Law
2. *The Reform Bill*
3. free trade
4. the Chartist Movement

Ⅱ. Translate the following terms into Chinese

1. 彼得卢大屠杀
2. 衰落的城市
3. 济贫法巴士底狱
4.《人民宪章》
5. 伦敦工人协会。

Ⅲ. Translate the following terms into English

1. the Liberal
2. the Conservative
3. moral force
4. physical force
5. National Charter Association

Ⅳ.

1. What were the consequences of the Reform Bill of 1832?

——The Reform Bill was concerned with giving the middle classes a stake in responsible government rather than with changing the basis of government. It made three important changes: First, a number of "rotten boroughs" were abolished. Second, additional seats were given to the most populous counties. Third, the total electorate was increased, with the vote extended to such men as had a certain amount of property or paid a certain amount of rent. Yet the working classes and some sections of the lower middle classes still remained voteless on account of the high property qualification.

2. What were the result and the significance of the Chartist Movement?

——The Chartist Movement failed because of its divided leadership and lack of a strong basis for class unity. But it was "the first broad, really mass, political formed, proletarian revolutionary movement". It was after the Chartist Movement that the English working-class entered a period of conducting independent political movements against the bourgeoisie.

Chapter Ⅸ Colonial Expansion and Parliamentary Reforms

Ⅰ.

1. Crimean
2. the Opium War
3. 135, empire on which the sun never sets
4. Manchester, Parliament
5. The Fabian Society, HG Wells

Ⅱ.

1. 多瑙河
2. 《南京条约》
3. 布尔人
4. 奥兰治自由邦
5. 《选举改革法》

Ⅲ.

1. the Chinese Boxer Movement
2. the Union of South Africa
3. Free Trade
4. Protectionist
5. the Labor Party

Ⅳ.

1. What were the two outstanding characteristics of imperialism in Britain in the mid- 19th century?

——In the middle of the 19th century England already revealed at least two outstanding characteristics of imperialism: first, vast colonies; and second, monopoly profit due to her monopolistic position in the world market.

2. How did the Labor Party came into being?

——The Labor Party had its origins in the Independent Labor Party, which was formed in January, 1893. In 1900, representatives of trade unions, and a number of small socialist held a labor representation conference and set up the Labor Representation Committee. This conference marked the beginning of the 20th century Labor Party.

Chapter X Britain in the Two World Wars

I.

1. Germany, Austria-Hungary, Italy
2. Balkans, Sarajevo
3. Paris Peace Conference, League of Nations, Versailles
4. Depression
5. Edward Ⅷ, George VI
6. Coalition government
7. Dunkirk
8. Pearl Harbor, Grand Alliance
9. Normandy
10. Hiroshima, Nagasaki

Ⅱ.

1. 光荣孤立
2. 英法协约
3. 英国远征军
4. 布尔什维克俄国
5. 苏伊士运河
6. 爱尔兰共和军
7. 闪电战

Ⅲ.

1. Coalition government
2. Sinn Feiners
3. *Locarno Treaty*
4. Phoney War
5. Appeasement
6. the Maginot Line
7. the Royal Air Force

Ⅳ.

1. What are the effects of the First World War on Britain?

——The First World War had great effects on British society. Britain lost over a million people. The war caused serious disruption of the economy and Britain became a debtor nation after the war London was replaced by New York as the world's most important financial centers. The unemployment caused many strikes and hunger marches after the war. Traditional English value that stressed temperance and reservation was confronted with new challenges.

2. What are the effects of World War Ⅱ on Britain?

——When World War Ⅱ was over, Great Britain had triumphed over all her enemies. Casualties were comparatively small. But economic losses were great, and one quarter of its national wealth was lost. The ending of World War Ⅱ hastened the end of the independence movement of the colonies. The British Empire came to an end and gave way to the British Commonwealth.

Chapter Ⅺ Britain after WW Ⅱ

Ⅰ.

1. Cradle-to-grave, the Welfare State
2. Marshall Plan
3. Winston Churchill
4. NATO, Warsaw Pact
5. Suez Crisis
6. the Age of Stagflation
7. Margaret Thatcher
8. Downing Street Declaration

Ⅱ.

1. 国有化
2. 铁幕
3. 杜鲁门主义
4. 《空气清洁法案》
5. 欧洲经济共同体
6. 甲壳虫乐队
7. 沙漠盾牌行动
8. 沙漠风暴行动

Ⅲ.

1. the Cold War
2. the Korean War
3. the iron lady
4. Wedding of the Century
5. test tube baby
6. Hong Kong Special Administrative Region
7. the European Union

Ⅳ.

1. What measures did the Thatcher government take to improve the nation's economy?

——To improve the nation's economy, Thatcher's government took the following measures: 1) Privatization of some state-owned enterprises; 2) Deregulation and market liberalization replacing prices and incomes control and state intervention; 3) Emphasis on improving the long run supply performance of the economy; 4) Labor legislation to change labor-capital relation for the good; 5) Reform of taxation to stimulate private investment; 6) Control over foreign transactions, company dividends, installment purchase and bank lending; 7) Encouraging competition among financial institutions.

2. Describe the evolution of the British economy since WW Ⅱ.

——There are three periods in the evolution of the British economy after the Second World War. 1) Steady development in the 1950s and 1960s—— the British economy in this period is characterized by slow but steady growth, low unemployment and great material prosperity with rising standards of consumption. 2) Economic recession in the 1970s—— in the 1970s among the developed countries, Britain maintained the lowest growth rate and the highest inflation rate, and the high record of trade deficits. 3) Economic recovery in the 1980s—— an outstanding feature of the economic recovery in the 1980s was its length, lasting seven years. Another was the improved financial position the government, with stronger current account of the balance of payments.

Chapter Ⅻ Britain in the Early 21st Century

Ⅰ.

1. USA, terrorism

2. Iraq
3. Gordon Brown
4. biotechnology
5. GSM

Ⅱ. Translate the following terms into Chinese

1. 联合国安理会。
2. 中东问题有关四方
3. 伦敦大学学院
4 英国医学委员会。
5. 纳米技术

Ⅲ. Translate the following terms into English

1. G-8
2. Energy White Paper
3. SMS
4. UK Medical Research Council
5. Human Genome Project

Ⅳ.

1. What is the background of the Iraq War?

——In early 21st century, many shocking events happened in the world. After the September 11 attacks on the United States in 2001, Blair allied the United Kingdom and the United States and its president, George W Bush, in a global war against terrorism. In early 2003, following a passage by the United Nations Security Council of a resolution mandating the return of weapons inspectors to Iraq, Blair and Bush tried without success to persuade other Security Council members that continued weapons inspections would not succeed in uncovering any weapons of mass destruction held by the Iraqi government of Saddam Hussein. Despite deep divisions within the Labor Party and strong public opposition to a war with Iraq, Blair, with Bush, led a coalition of military forces in an attack on Iraq in March 2003.

2. What measures has Britain taken to overcome environmental problems?

——1) In order to ensure a better quality of live for everyone, now and for future generations, the British government makes a sustainable development strategy. In this sprit, the government published a white paper "Our Energy Future's Creating a Low Carbon Economy", which defined a long-term strategic vision for energy policy combining Britain's environmental security of supply, competitiveness and social goals. 2) It also tries to have the international cooperation to overcome environmental problems. The British government is determined to ensure that Britain should contribute to international efforts to improve the global environment. Addressing climate change will require a sustained global effort over decades to reduce emissions of greenhouse gases, through clean energy and transport and other changes in technology and behavior. 3) Britain is a global leader in many areas of energy and environmental science and research, including renewable energy research and innovation.

Part Three Culture

Chapter Ⅰ Education

Ⅰ.

1. state, independent
2. 5, 16
3. Comprehensive school, grammar school, secondary modern school
4. General Certificate of Education
5. Oxford, Cambridge
6. Bachelor's degree, Master's degree, Doctor's degree

Ⅱ.

1. 英国政府的教育科学部
2. 女王陛下的督学
3. 一般水平普通教育证书
4. 11 岁儿童入学考试

Ⅲ.

1. Eton College
2. Open University
3. tutorial system
4. polytechnic

Ⅳ.

1. What is the special feature in the education of public schools in the UK?

——The public schools in the UK aim at shaping characters as well as individuality. Traditionally they emphasize tow factors in education. One is the study of classics and science, the other is the development of what is called "character". Classical education is due to the aristocratic influence and scientific education to the needs of the bourgeoisie. The so-called public school spirit is founded on the development simultaneously of both team spirit and leadership and it is through games that these qualities of character are first developed.

2. What are the teaching systems in Cambridge and Oxford?

——At the beginning of each term a list is published showing all the lectures being given during the term. Every student can choose the lectures he likes. Attendance at university lectures is not compulsory and nor records of attendance are kept. Apart from lectures teaching is by means of the tutorial system, which is a system of individual tuition organized by the colleges and has been, in modern times, one of the chief foundations of the greatness of Oxford and Cambridge among universities.

Chapter Ⅱ The Media of UK

Ⅰ.

1. quality, popular
2. 1513
3. *The Times*
4. The Fleet Street
5. *The Economist*
6. Reuters

Ⅱ.

1. 《每日镜报》
2. 英国广播公司
3. 《每日快报》
4. 《观察家报》
5. 《太阳报》

Ⅲ.

1. What is the difference between national papers and local papers in Britain?

——A general distinction between national papers and local papers is obvious. The former contain news of national interest and are sold national wide. The latter contain news of interest to a particular region or town and sold in that locality.

2. What are the features of the British press?

——There are tow other features of the British press: One is that a paper printed in London or elsewhere in Britain around midnight can be at a breakfast table anywhere in Britain the next morning. The other is that running a newspaper is a very difficult and highly competitive business; independent small newspaper publishers find it very difficult to survive.

Chapter Ⅲ Sports

Ⅰ.

1. Rugby football/ Rugger
2. Association football/ Soccer
3. flat-racing, hurdle racing, betting

Ⅱ.

1. 高尔夫球
2. 台球
3. 足球压彩

Ⅲ.

1. Please describe the sports in Britain briefly.

   ——England was the first home of many of the modern world's most popular sports. The English people are great lovers of competitive sports. It is natural for them to begin talking with a sports discussion even when they are neither playing nor watching games. They still have an admiration for sportsmanship, for playing with respect for the rules and the opponents and for winning with modesty and losing with good temper.

2. Why is cricket the most English of all games?

   ——Cricket is regarded as the most English of all games. A liking for it seems to reflect the English character. Its comparative slowness and quietness is associated with its gentlemanly sportsmanship.

Chapter Ⅳ Science

Ⅰ.

1. Sir Francis Bacon
2. Isaac Newton
3. an atomic theory
4. evolution, *On the Origin of Species*

Ⅱ.

1. 伦敦皇家内科医师学会

2. 脱氧核糖核酸
3. 免疫学

Ⅲ.

1. What is the significance of Darwin's theory?

——Darwin's theory of evolution advanced the idea of change with time. This idea subsequently spread into all branches of human thought. Engles once said, "Darwin discovered the law of development of organic nature." However, his theory was furiously attacked by religious believers because it denies the creative power of God, especially with regard to man. Evidence was proved Darwin's theory of evolution true, though a great many of the details still have to be worked out.

2. List some world's first inventions in Britain?

——Britain produce the world's first turbo-jet airliner, the world's first nucleus power station, the world's first large radio telescope and the world's first hovercraft.

Chapter Ⅴ British Art, Music and Film

Ⅰ.

1. portrait
2. architect

Ⅱ.

1. 爱丁堡国际艺术节
2. 英国电影和电视艺术学院奖

Ⅲ.

1. List some art institutions in Britain.

——In Britain, there are many art institutions, such as Allied Artists' Association, Royal College of Art, Royal Society of Arts, Royal Academy, and Tate Gallery.

2. Describe the history of BAFTA.

——The British Academy of Film and Television Arts is a British organization that hosts annual awards for film, television, children's film and television, and interactive media. BAFTA was founded in 1947 as The British Film Academy. In 1958, BFTA incorporated the Guild of Television Producers and Directors in merger to form the Society of Film and Television, which later became The British Academy of Film and Television Arts in 1976 .

Chapter Ⅵ Literature

Ⅰ.

1. The 19th century
2. critical realism
3. A Novel Without a Hero
4. 7th, *Beowulf*
5. William Shakespeare
6. playwright

Ⅱ.

1.《坎特伯雷故事集》
2.《失乐园》
3. 约翰·济慈

Ⅲ.

1. List some women novelists of 19th century in Britain and their works.

——19th century England produced many great women novelists, the earliest of whom was perhaps Jane Austen. Her most-widely read novel is *Pride and Prejudice*, *Sense and Sensibility*, *and Emma*; The Bronte sisters, Emily and Charlotte are noted for their *Wuthering Heights* and *Jane Eyre.* Elizabeth Cleghorn Gaskell wrote novels in all including the humorous *Granford* and the tragic *Ruth*, and the realistic *North* and *South* and *Mary Barton*, and so on.

2. What is the position of William Shakespeare in British literature?

——He is the great playwright and poet of the Renaissance, widely regarded by the people of the world as one of the greatest writers who ever lived. He has a remarkably imaginative and creative mind, though he invents few plots or stories, if any. He simply gets an old play and remodels it into something which is wholly his. This old familiar material glows with the deepest thoughts and tenderest feelings under his pen and stands the test of time. Each new generation finds it more wonderful than the last, though for different reasons. He wrote 37 plays, mostly in verse, many of which are still frequently acted. His plays contain a surprising variety of human qualities and moods, and a wealth of eloquence and word mastery. Yet almost nothing is known of Shakespeare himself beyond the fact that he was born at Stratford-on-Avon, which today has Memorial Theatre in memory of him.

Chapter Ⅶ Scenic Spots and Historical Sites

Ⅰ.

1. Westminster Place
2. Big Ben
3. Hyde Park
4. The Tower of London
5. Buckingham Place

Ⅱ.

1. 演讲者之角
2. 圣保罗大教堂
3. 杜莎夫人蜡像馆
4. 巨石阵

Ⅲ.

1. The British Museum
2. Whitehall
3. Greenwich Royal Observatory

Ⅳ.

1. How do you understand the saying, "when a man is tired of London he is tired of life; for there is in London all that life can afford."

   ——In Britain, there are many historical sites and scenic spots, such as Westminster, the British Museum, Hyde Park, the Tower of London, St. Paul's Cathedral and so on. London can offer people many historical relics to see.

2. Where is the British Museum and what does it consist of?

   ——The British Museum is in London's Great Russell Street; it consists of the British National Museum of Antiquities and Ethnography and the British National Library. It is one of the greatest museums in the world.

Part Four Social Life

Chapter Ⅰ The Family

Ⅰ.

1. 16
2. supper

3. wives

Ⅱ.

1. 订婚戒指
2. 按揭购买
3. 下午茶

Ⅲ.

1. What courses does a British dinner include?

——The first course is soup, then the Main course, which consists of meat, potatoes and other vegetables. The meat is normally beef or lamb. After the main course there is always a light course called the dessert or sweet.

2. How do you understand "Marriage signifies the beginning of a new and independent family"?

——British society is based on family life and the family is a self-contained economic and social unit with mother, father and children living together alone in their own house. So marriage signifies the beginning of a new and independent family. The newlymarried couples must find a place where they can live alone.

Chapter Ⅱ Character and Manners

Ⅰ.

1. personal freedom
2. upper class

Ⅱ.

1. Why are British people exclusive?

——Perhaps there are many reasons. Of these reasons, two are very important. One is the special geographical location of Britain. Britain is an island country, which is cut off, separated and isolated from the rest of the world. The other reason is the distinct development of its history. The English people are very proud of their history.

2. Why do some people say that the upper-class English man is like a cold fish?

——One main quality of the British people is phlegm. It means calm and undemonstrative behavior. The British do not show their feelings very much. They, especially the upper classes do not show their emotion if they are very happy and nor if they are sad.

3. Describe British people's sense of humor.
The English sense of humor is self-deprecating, that is the act of laughing at oneself. An Englishman laughs at his own faults, his own shortcomings, his own failures and his own embarrassment. Humor is highly valued in Britain, so people always say, "He has no sense of humor."

Chapter Ⅲ Customs and Habits

Ⅰ.

1. betting, drinking, tipping
2. horse racing, Bingo
3. 10, 15
4. John Bull

Ⅱ.

1. Why do British people like talking about weather?
——One reason is that the uncertainty of the weather. In Britain is constantly changing. Some people even say, "One can experience four seasons in the course of a single day." The other reason is that talking about the weather, unlike discussing politics, seems a way of being friendly without getting heated. The weather is a subject which is quite safe to talk about.
2. What are three "Don'ts" in Britain?
——Don't jump a queue. Don't ask a woman her age. Don't try to bargain.

Chapter Ⅳ Holidays and Festivals

Ⅰ.

1. Christmas Day
2. National Day

Ⅱ.

1. 节礼日
2. 圣诞圣歌
3. 愚人节
4. 休战纪念日
5. 银行假日

Chapter Ⅴ Wages and Social Benefits

Ⅰ.

1. National Insurance, Income Tax
2. 65, 60, 65

Ⅱ.

1. 职业养老金
2. 个人养老金
3. 国家养老金
4. 退休津贴
5. 国家收入关联养老金计划

Ⅲ.

1. What is the difference between wage and salary?

   ——Wages means a payment usually of money for labor or services according to contract and on an hourly, daily or piecework basis, while salary means a fixed compensation periodically, usually monthly paid for regular work. Thus wage-earning workers are paid weekly, usually getting their wages handed to them in cash; salary earners are paid once a month or less frequently, by checks handed to them or paid into their bank accounts.
2. What are the sources of the British people's house income?

   ——In the United Kingdom, households receive income form a number of sources including earnings, social security benefits/tax credits and interest on investments and pensions.

Chapter Ⅵ Religion in Britain

Ⅰ.

1. Buddhism, Islam, Christianity
2. 30 AD
3. Catholicism, the Orthodox Eastern Church, Protestantism
4. Western
5. the Anglican Church
6. 16th

Ⅱ.

1. 异教徒
2. 大主教

3. 坎特伯雷大主教
4. 卫理会
5. 英国国教会
6. 长老会

Ⅲ.

1. What are the tendency and main feature of religion in Britain?

——In Britain, the tendency of religion includes unity among the churches and co-operation among the churches. Meanwhile, the religion is more social and up-to-date. There is no Christian political party in Britain and there is a wide-spread interest in religion.

2. What do you know about the Anglican Church?

——The Anglican Church is the most important denommination in England. It is the established church of the English nation, though perhaps a quarter of the people belong to other religious denominations. The Anglican church is also called the Church of England. It came into being during the European Reformation of the 16th century.

Part Five Political System

Chapter Ⅰ The Monarchy

Ⅰ.

1. hereditary
2. 17th
3. minister, Parliament, prime minister
4. Parliament

Ⅱ.

1. 为女王陛下效劳
2. 汉诺威皇室
3. 贵族头衔
4. 君主立宪制

Ⅲ.

1. What is a constitutional monarchy? When did it begin in Britain?

——Constitutional monarchy refers to an institution of government, in which the Head of State is a king or a queen. In practice, the Sovereign reigns, but does not rule. The whole state is governed by the leading members of whichever party the electors have voted into office. In the UK today, the Queen acts solely on the advice of her ministers. This system began to establish itself in the UK in 1688 when King William and Mary became the joint rulers of Britain and accepted the Bill of rights. From then on the constitutional monarchy came into being.

2. How do you understand "She reigns but she does not rule"?

——Though the Queen in Britain has various constitutional rights, she has no real power and was controlled by the Parliament and the cabinet. The United Kingdom is governed in the name of the Crown.

Chapter Ⅱ Parliament

Ⅰ.

1. the Crown, the House of Lords, the House of Commons
2. legislature
3. 5
4. the House of Commons
5. Commons
6. The House of Lords, council
7. the Lower House
8. Speaker
9. 40
10. two-party

Ⅱ.

1. 政界退休人员养老院
2. 下议院
3. 上议院
4. 下议院质询时间
5. 议员

Ⅲ.

What are the functions of British Parliament?

——The main functions of British Parliament include: 1) to pass laws; 2) to provide the means of carrying on the work of government; 3) to examine government policy and administration; 4) to debate the major issues of the day.

Chapter Ⅲ The Government

Ⅰ.

1. administrative
2. the Prime Minister, Privy Council
3. Prime Minster
4. the Opposition
5. No. 10 Downing Street
6. local tax, central government
7. Chairman, Mayor, Lord Mayor

Ⅱ.

1. 枢密院
2. 内阁
3. 影子内阁
4. 民事委员会
5. 都市县

Ⅲ.

1. What are the functions of the Privy Council in Britain?

——The Privy Council, originated form the King's Council in the 13th century, remained powerful until the 18th century when most of its work was taken over by the Cabinet. Today its role is largely formal, advising the sovereign to approve certain government decrees and issuing royal proclamations. It is the supreme governmental institution according to law, that is, it still has the formal powers of the executive. A plenary session of the Privy Council is convened only when a king dies or when he declares his marriage. The Privy Council and it alone has the power to make some executive orders and proclamations in the presence of the sovereign. However, the Privy Council is of no importance in terms of exercising real political power. There are some committees under the Privy Council. The most important one is the committee of justice. It is the supreme organ of justice.

2. What are the functions of the Cabinet?

——The cabinet, as the nucleus of the government, performs a pivotal role in the British government. It is very influential. It is a decision-making organ, determining government policies. Although it is not recognized by any formal law, it has real powers. Most of the important bills under the debate in the Parliament originate in the Cabinet. It controls a majority of the seats in the Parliament and policies proposed by the Cabinet can often win the approval of Parliament.

Chapter Ⅳ Parties and Elections

Ⅰ.

1. the Labor Party, the Conservative Party, 1945
2. 5
3. 16th

Ⅱ.

1. 工党
2. 保守党
3. 大选
4. 两党制

Ⅲ.

1. What are the features of the Conservative Party?

——The Conservatives enable monopoly capitalists and big land-owners to gain greater profits. They Conservatives are those who have something to conserve and want very much to keep it. If a great change takes place in Great Britain, they will lose something. The Conservative is the party of the relatively rich and privileged. Generally speaking the more you have in society the more likely you are to be a conservative. The Conservative Party maintains the existing institutions as its policy. The Conservative organization is rich and its members often have a higher standard of culture and administrative experience.

2. How often does a general election take place? How is it conducted?

——A general election must be held every five years and is often held at more frequent intervals. For electoral purposes Britain is divided into constituencies, each of which returns on member to the House of Commons. Elections are by secret ballot. British citizens, together with citizens of other Commonwealth countries and citizens of the Irish Republic resident in Britain, may vote provided they are 1) aged 18 or over; 2) included in the annual register of the electors for the constituency, and 3) not subject to any disqualification.

Chapter Ⅴ The Judiciary

Ⅰ.

1. the House of Lords
2. Justice
3. civil code, criminal code
4. jury, 12
5. barristers, solicitors
6. The Home Secretary

Ⅱ.

1. 民事法院
2. 刑事上诉法院
3. 苏格兰场
4. 总检察长

Ⅲ.

1. What are the common features of all systems of law in Britain?
   ——A feature common to all systems of law in Britain is that there is no civil code and criminal code. Another common feature is the distinction made between criminal law and civil law.
2. What is the function of a jury?
   ——The jury's job is deciding whether the accused person is guilty or innocent in the light of evidence. They have no hand in deciding on the "sentence" which is up to the judeges.

America (美国)

Part One Geography

Chapter Ⅰ A General Introduction to Physical Geography

Ⅰ.

1. North America
2. 50, Columbia

3. Colorado Valley, Grand Canyon
4. Death Valley
5. Mount Rushmore National Memorial, Crazy Horse Memorial
6. Mississippi River
7. Superior, Michigan
8. Great Lake
9. Russia
10. 4th

Ⅱ.

1. 墨西哥湾
2. 阿巴拉契亚山脉
3. 尼亚加拉大瀑布
4. 滨海平原
5. 布莱克丘陵

Ⅲ.

1. Rocky Mountains
2. Yellowstone National Park
3. Potomac River
4. the Hawaiian Islands
5. Lake Erie

Ⅳ.

1. What are the geographic features of America?

——Mainland America can be generally divided into three regions: 1) the eastern part which is made up of the highlands formed by the Appalachian Range. 2) the western part consists of high plateaus and mountains formed by the Great Cordillera Range, extending from Canada through the western part of the United States to Mexico and further south. 3) between the Rocky Mountains and the Appalachians lies the central plain which occupies one second land mass on the continent.

2. What are the major types of climate in the United States?

——There are different types of climate in the United States: humid continental climate; humid subtropical climate; humid continental and humid subtropical climate; continental steppe climate; continental desert climate; maritime climate; and Mediterranean climate.

Chapter Ⅱ Population

Ⅰ. Fill in the blanks

1. European
2. Indians
3. San Francisco, New York City

Ⅱ. Translate the following terms into Chinese

1. 印第安人保留区
2. 土豆饥荒

Ⅲ. Answer the following questions briefly.

1. What is your understanding of the term "melting pot"?

——Melting Pot means that as immigrants from different regions and cultures came to live in the United Stats, their old ways of life melt away and they became part of the American culture. The United Sates was compared to a big pot of soup that had bits of flavor form each different cultures.

2. What do you know about "Indian reservations"?

——The Indians were the original inhabitants on the North American continent. After the European colonists came to the "New World", they were driven into barren desert regions, which is called "Indian Reservations". They were treated cruely, and their life was hard. Now their situation is better off.

Chapter Ⅲ The Fifty States

Ⅰ.

1. Rhode Island
2. New York City, Philadelphia, Baltimore
3. cotton, tobacco
4. Oklahoma
5. California
6. Fishing
7. Honolulu

Ⅱ.

1. 伯明翰
2. 孟菲斯
3. 亚特兰大

4. 底特律
5. 盐湖城
6. 珍珠港
7. 托管地

Ⅲ.

1. New England
2. Chicago
3. Houston
4. Seattle
5. Los Angeles
6. San Francisco
7. the Pacific Fleet

Ⅳ.

1. What are the features of the Midwest Region of America?

——This region composed of eight states. It les in the general area of the Great Lakes and it is one of the richest sections of the whole United States. It has large mineral resources, rich soil, a good climate, fertile plains and low rolling hills. The principal agricultural products are corn, and diary goods. Manufactured articles mainly include automobiles, trucks, refrigerators, farm machinery and other articles for daily life.

2. How are the fifty states of America grouped?

——From a historical and geographic point of view, the fifty states may be grouped into eight regions: the New England Region, the Middle Atlantic Region, the South Region, the Midwest Region, the Region of the Great Plains, the West Region, Hawaii and Alaska.

Chapter Ⅳ The Development of American Economy

Ⅰ.

1. Industrial
2. monopoly, imperialist
3. geographic, historic
4. mechanization
5. corn, rice
6. nuclear energy, aircraft

Ⅱ.

1. 自由市场原则

2. 乳制品
3. 第三次技术革命
4. 微软公司

Ⅲ.

1. What have contributed to the development of American economy?

——The development of American economy has benefited from many factors, which mainly include geographic, historic and governmental ones. Nature has offered America rich natural resources and fertile farmland as well as suitable climate for farming. Through American history, the American Independent War and Civil War respectively eliminated British colonist governing and feudal handicaps, and cleared the road for the American capitalistic development. In addition, having suffered less in the WW Ⅱ, American business was in position to expand internationally. It is also obviously seen that American society has attached close attention to individual creativity, capability and perseverance. The government has always been playing an important role in the development of American economy, and has to continue to act as a regulator in America's economic development.

2. Compare the functions of big corporations and small businesses in American economy.

——Big corporations are the most easily recognizable and highly publicized feature of the American economy. While small businesses are also very essential. The value of output produced by small businesses accounts for 40% of total value. Small businesses play an important and vital part in innovation of new ideas and invention of new products. Many American big companies of high technique developed from small enterprises.

Chapter Ⅴ The Main Cities

Ⅰ.

1. Washington DC, Maryland, Virginia
2. The Big Apple
3. France, American Revolution
4. second
5. Hollywood
6. Detroit

7. Houston
8. San Francisco
9. Pittsburgh
10. St. Louis

Ⅱ.

1. 国会山
2. 林肯纪念堂
3. 世贸中心
4. 大都会艺术博物馆

Ⅲ.

1. White House
2. Wall Street
3. Broadway
4. Chinatown

Ⅳ.

1. What is the function of Washington DC?
——It is the capital of the United States, and is the headquarters of all the branches of the American federal system: Congress, the Supreme Court and the Presidency.
2. Why is Philadelphia called "the Athens of America"?
——Philadelphia was the birthplace of the nation, and was the largest city in colonial days. It played an important role during the Revolution as the seat of the Continental Congress. Most of the major historical spots in the city are in the Independence National Historical Park, including Independence Hall, where the Declaration of Independence was drawn up, the Liberty Bell, placed on the top of the building, once announce the signing of the Declaration of Independence in 1776.

Part Two History

Chapter Ⅰ Colonization of North America

Ⅰ.

1. 1607, 1776
2. Asia, Christopher Columbus
3. Greek, Roman

4. America
5. Magellan
6. freedom, better living
7. Mayflower
8. Council, House of Representatives

Ⅱ.

1. 白令海峡
2. 黑暗的中世纪
3. 好望角
4. 感恩节

Ⅲ.

1. Why did the early settlers come to America?

——Many settlers came to the English colonies in search of religious freedom and better living because there were the victims of religious persecution. The colonists were building a new way of life in the New World.

2. What were the features in the colonial period which had influence on later American development?

——There were a number of features which play a role in forming the American character. They were representative form of government, rule of law, respect of individual rights, religious tolerance and a strong spirit of individual enterprise.

Chapter Ⅱ The American War of Independence

Ⅰ.

1. George Washington
2. *Common Sense*
3. the Declaration of Independence, National Day
4. 1775, 1783
5. the Victory of Saratoga
6. Benjamin Franklin
7. the Constitutional Convention
8. Constitution

Ⅱ.

1.《印花税法》
2. 通讯委员会

3. 波士顿茶叶党案
4. 联邦党人

Ⅲ.

1. minute men
2. Congress
3. House of Representatives
4. Senate
5. *Bill of Rights*

Ⅳ.

1. What were the causes of the War of Independence?

——The British government wanted to bring the development of the colonies under control and to collect more taxes. It practiced unfair price policies and put into effect many taxes, such as Stamp Tax and Tea Tax. The people in the colonies wanted more power to determine their own business and opposed the unfair treatment and all these polices. Thus a war was the only solution.

2. Which battle marked the turning point of the War of Independence?

——The victory of Saratoga in 1777 was the turning point of the War of Independence. It had great significance because it saved New York State and the whole New England. Also the British plan of separating New England from the other states failed. Furthermore, it made it possible for the Americans to make a treaty of alliance with France.

Chapter Ⅲ The Growth of the Nation

Ⅰ.

1. New York City
2. Secretary of State, Secretary of the Treasure
3. Louisiana
4. the Second War of Independence
5. Monroe Doctrine
6. the abolition movement

Ⅱ.

1.《镇压叛乱法》
2. 神圣联盟
3. 印第安保留地
4. 种族灭绝政策

5. 美墨战争

Ⅲ.

1. What was the effect of the 1812 War?

——The War of 1812 had been called the Second War of Independence, and it was in fact a continuation of the War of Independence. It was only after this war that the United Sates completely got rid of the British control and began a new period of rapid development from a semi-colonial economy to an independent and self-reliant capitalist economy.

2. What was the effect of Monroe Doctrine?

——Monroe Doctrine stopped the Holy Alliance's program, and prevented the European countries from extending their influence in South America. However, it also revealed that the United States meant to control the whole of the Americas. The Monroe Doctrine marked a new beginning in American history and it was an important symbol of American expansionism.

Chapter Ⅳ The American Civil War

Ⅰ.

1. 17th, laborers
2. *Uncle Tom's Cabin*
3. Republican Party
4. John Brown
5. *Homestead Bill*

Ⅱ.

1. 西进运动
2.《道格拉斯法案》
3. 美国南部同盟
4. 萨姆特炮台
5. 葛底斯堡战役

Ⅲ.

1. What was the significance of the Emancipation Proclamation?

——The Emancipation Proclamation was of great importance. It was a progressive event, helping to end the war sooner. After it was issued many Negroes actually took part in the war and made great contributions to the victory of the North. The North began to gain advantage in the war.

2. What was the significance of the Civil War?

——The Civil War was an epoch-making event in American history. It was a bourgeois revolution in nature, a continuation and expansion of the War of Independence. It was a struggle of life and death between two social systems, between the progressive and the backward, between the one that could push history forward and the one that would drag history to the old times. It was the broad masses who secured the victory with life and blood. They played a very important role in influencing the progress and the outcome of the war. The abolition of slavery and the emancipation of the Negroes enabled the country to develop more rapidly in every field. It took America only three decades after the war to assume the lead as an industrial country in the world. Most Americans were glad to see that their country was no longer associated with slavery and the Union was held together. It also extended its far-reaching influence to the European revolutions.

Chapter Ⅴ The U. S. Imperialism and the First World War

Ⅰ.

1. Reconstruction, slave system
2. trusts, nonmonopoly, monopoly
3. Imperialism
4. Pan-American Conference
5. The US-Spanish War, an imperialist power
6. Open Door Policy, culture
7. eight-hour workday
8. Chicago, International Women's Day
9. The Central powers, Allies
10. 1914, 1918
11. Fourteen Points
12. the Far East, the Pacific Region

Ⅱ.

1. 三K党
2. 激进共和党人
3. 洛克菲勒财团
4. 绿背纸币党
5. 秣市惨案
6. 劳动骑士团

Ⅲ.

1. Big Stick

2. February Revolution
3. the May 4th Movement
4. Washington Conference
5. Paris Conference
6. Versailles-Washington System

Ⅳ.

1. What was the result of the US-Spanish War? Why was it important in American history?

——In early July of 1898, the American fleet destroyed the main force of Spanish battleships. Spain was defeated and had to give up Cuba and Puerto Rico to the US, and had to sell the Philippines to the United Sates for 20 million dollars. The US-Spanish War was the first imperialist war for redividing the world. It marked a new stage in which the United States began its modern history.

2. Why did America enter WWI?

——Firstly, the Germans announced that submarines were to be used to sink ships going to England. This would greatly injure the American trade. Secondly, a German plot was discovered and made public. It was a scheme for an alliance with Mexico in case the US entered the war against Germany. If Mexico helped Germany to win, Mexico could regain her lost territory. Thirdly, Germany had sent many spies to America to set fire to factories and put bombs in ships that were carrying goods across the ocean. Fourthly, after more than two years of fighting, the both sides grew weary. This was a good chance or America to enter the war. And the last cause was that the February Revolution took place in Russia in 1917. The American Government thought that Russia might withdraw from the war and the Allies might be crushed, and this would greatly harm the interests of American capitalists who had invested a huge deal of capital in the Allies.

Chapter Ⅵ America Before and During the Second World War

Ⅰ. Fill in the blanks.

1. boom, isolationism
2. The Great Depression, Great Crash
3. Germany
4. Germany, the Soviet Union

5. *Atlantic Charter*
6. Pearl Harbor, Japanese
7. the Midway Island Battle
8. the Soviet Union, Stalingrad
9. United Nations

Ⅱ. **Translate the following terms into Chinese.**

1. 睦邻政策
2. 闪电战
3. 纳粹党
4. 轴心国

Ⅲ. **Translate the following terms into English.**

1. Warsaw Pact
2. NATO
3. the Cairo Declaration
4. Potsdam Conference

Ⅳ. **Answer the following questions briefly.**

1. What were the contents of Roosevelt's New Deal? What was the effect of the New Deal?

——1) At home, many public projects were launched to create employment through a huge increase in government responsibility. Crops were destroyed and agricultural production was cut down to stabilize the falling farm prices. The big industries were also compelled to make reforms.

2) At abroad, Roosevelt took efforts to consolidate the old markets and to conquer new ones under the cloak of the Good Neighbor Policy.

3) Roosevelt also took some measures of "social security", paying pensions to the old, unemployed and the injured.

The New Deal had a certain historical importance. It relaxed the economic crisis, made some concessions to the working people, stopped the national economy form collapsing and especially prevented the US from becoming a fascist state such as Germany, Italy and Japan. The Roosevelt Government carried out a progressive foreign policy against fascist aggression and wars.

2. What role did America play in the WWⅡ?

——Before the US was dragged the WWⅡ, it provided the allied forces with a great deal of munitions serving as an arsenal of democracy, through which the US also strengthened its own position in the world and laid foundation its becoming a superpower after the war. After it was dragged into the war, the US made great efforts in the fight against the German and Italian fascists and in opening up the European battlefield. In the Pacific War, the US smashed the Japanese navy and air forces. In a word, the US was an important power in the anti-fascist war.

Chapter Ⅶ America During the "Cold War" (1945-1991)

Ⅰ.

1. NATO, Warsaw Pact
2. The Korean War
3. atomic energy, electronic computers, space navigation, the third scientific and technological revolution
4. Challenger
5. Truman Doctrine
6. Marshall Plan
7. Nixon, *Sino-America Joint Commuique*
8. Civil Rights Movement

Ⅱ. **Translate the following terms into Chinese.**

1. 伟大社会计划
2. 联邦储备系统
3. 阿波罗计划
4. 人类基因组计划
5.《民权法案》

Ⅲ. **Translate the following terms into English.**

1. Cold War
2. Watergate
3. Vietnam War
4. ping-pang diplomacy
5. Anti-War Movement

Ⅳ. **Answer the following questions briefly.**

1. What were the origins of the Cold War?

——After the war, the two big allies—— the United Sates as the head of NATO and the Soviet Union as the head of the Warsaw Pact, were gradually formed. These two big allies were constantly in a state of hostility because of different political and ideological convictions. The USA and the USSR bother had several millions of armed forces and possessed ten thousands of nuclear warheads. Therefore, the tow superpowers dared not start a war. But they wanted to weaken and defeat the opposite side. Then they took various means (except military forces), such as economic blockades, political export, and armament races, to defeat the other. This is the "Cold War".

2. What was the third scientific and technological revolution?

——Right before the end of WW Ⅱ, the USA achieved prominent breakthroughs in the three fields of atomic energy, electronic computers and space navigation. These three inventions, together with other inventions in military scope, were applied to civil industries in the postwar period, which has led to the third great scientific and technological revolution in man's history. It was originated from the USA and it benefited the USA most.

Chapter Ⅷ America in the 1990s and the Early 21st Century

Ⅰ.

1. the USA
2. Desert Storm
3. Yugoslavia
4. Chinese Embassy
5. the World Trade Center
6. Bush
7. Taliban, Al Queda

Ⅱ.

1. 世界贸易组织
2. 科索沃
3. "中国威胁论"
4. 国土安全部
5. 恒久自由行动
6. 五角大楼

Ⅲ.

1. What do you think of the American eight-year sanction on Iraq?

—— For many years since the new century the United States has continued to show off its "strength" in many places. But many facts prove that it has become tougher rather than more powerful, because behind the artificial toughness lies its weaknesses which are shown in its ability falling short of its wishes and its failure in carrying out its intention. The Iraq issue is the most troublesome. The United States had planned to quickly put things in order in Iraq after toppling Saddam Hussein, but the result was that United States was bogged down deep in a quagmire. Resistance attacks and hostage events frequently happened. US troops in Iraq suffered ever-heavier casualties and losses. As for the Iraqi people, they had all the more sufferings.

2. What was the relation between the US and China in 1990s?

——Although there were some frustrations in Sino-American relation in 1990s, this decade saw a good relation between the US and China in general. The year of 1999 was the 20th anniversary of foundation of Sino-American diplomatic relationship. For the last twenty years the relations between the two countries had been pushed forward though it experienced some twists and turns.

3. Why did the US attack Yugoslavia in 1999?

——After the Cold War, the US tried to make NATO as a tool of its global expansion. Yugoslavia is the sole barrier for NATO's eastward expansion. Yugoslavia had friendly relation with Russia. If US-led NATO is able to occupy Kosovo and to separate Yugoslavia, the US would keep Russia under control and it would easily be able control the Middle East, which would further help the US realize the dream of global expansion and its dominance of the world.

Part Three Culture

Chapter Ⅰ Education

Ⅰ.

1. 6, 12
2. bachelor, undergraduates
3. community college
4. college of arts and science
5. Harvard University

Ⅱ.

1. 学分
2. 文科

3. 加州理工学院

Ⅲ.

1. Ivy League
2. Library of Congress
3. Silicon Valley

Ⅳ.

1. What is the general view of Americans on education?

——It is general view that every American has the right and obligation to become educated. Americans believe that, through education, an individual acquires the knowledge, skill, attitudes and abilities which will enable him to fit into society and improve his social status. Education helps to shape the society and develop the national strength. Very often, they look to education as the cause of personal and national success and the cure of social and economic diseases, holding the view that the future of the nation depends largely on education.

2. What are the three principal functions of institution of higher education?

——The system of higher education in the US has three principal functions: teaching, research and public service. Each college or university has is own emphasis with regard to its functions.

Chapter Ⅱ The Media of U. S. A.

Ⅰ.

1. CBS, NBS, ABS
2. privately

Ⅱ.

1. 美国之音广播公司
2. 联合通讯社/ 美联社
3. 合众国际社

Ⅲ.

1. *New York Times*
2. *Times*
3. *Reader's Digest*

Ⅳ.

1. Describe briefly the conditions of radios and televisions in the U. S. A.

——About more than 200 million radios are in use and 96 percent of American homes have televisions. There are more than 6 thousand radio stations and 1 thousand television stations.

2. Can you name two or three famous American magazines?

——*Times*, *Reader's Digest*, *and Newsweek.*

Chapter Ⅲ Sports and Recreation

Ⅰ.

1. baseball
2. football
3. basketball, NBA

Ⅱ.

1. 全国篮球协会
2. 观赏性运动
3. 参与性运动
4. 美国冰球职业联赛

Ⅲ.

1. What do Americans usually do for recreations during their spare time?

——They enjoy fishing, hunting, boating, swimming, skiing; and playing tennis, golf, and bowling.

2. What people introduced bowling into the New York areas in the 17th century? And how is it acted nowadays?

——The Dutch introduced bowling into New York in the 17th century. Nowadays, it seems to be enjoyed mostly by workingmen. Millions of bowlers take part in competitions organized by the American Bowling Congress, formed in 1895.

Chapter Ⅳ Science and Technology

Ⅰ.

1. atomic energy, computers, space
2. The National Aeronautics and Space Administration

Ⅱ.

1. 研究与开发
2. 美国国家航空航天局/美国太空总署
3. 约翰·肯尼迪航天中心
4. 水星计划

Ⅲ.

1. What do you know about Nobel Prize?

——It is any of the prizes awarded annually by four institutions (three Swedish and one Norwegian) from a fund established under the will of Alfred B. Nobel. The will specified that awards should be given "to those who, during the preceding year, shall have conferred the greatest benefit on mankind." Since 1901, prizes have been awarded for physics, chemistry, physiology or medicine, literature, and peace; since 1969, a sixth prize, established by the Bank of Sweden, has been awarded in economic sciences. The Nobel Prizes are regarded as the most prestigious prizes in the world.

2. How many American scientists have won the Nobel Prizes in the 20th century?

——In the 20th century, 180 American scientists won the Nobel Prizes.

Chapter V American Art and Music

Ⅰ.

1. Jazz
2. rock-and-roll
3. abstract, New York

Ⅱ.

1. 欧普艺术
2. 高雅艺术
3. 国家艺术馆

Ⅲ.

1. What was the feature of the artists of Abstract Expressionism?

——Abstract Expressionism, also known as the New York School, was chaotic and shocking in an attempt to maintain humanity in the face of insanity.

2. What do you know about the early rockers in 1950s and 1960s?

——Rock music in 1950s and 1960s was developed form a blend of Southern blues and gospel music with an added strong back beat, this type of music was popular with teenagers who were trying to break out mainstream conservative American middle class mold. The influence of these early rockers has been felt in popular music worldwide today. Among them, the Beatles from England burst into popularity with innovative rock music that appealed to all ages.

Chapter Ⅵ American Film

Ⅰ.

1. Los Angeles, California
2. the Hollywood Walk of Fame
3. the Academy Awards

Ⅱ.

1. 米高梅电影公司
2. 派拉蒙电影公司
3. 比弗利山庄
4. 金球奖

Ⅲ.

1. When was the first Academy Awards held?

   ——The awards were first given at a banquet in the Hollywood Roosevelt Hotel on May 16, 1929.

2. Make a comment on Golden Globe Awards.

   ——The Golden Globe Awards are American awards for motion pictures and television programs , given out each year during a formal dinner. Run as a fundraiser since 1944 by the Hollywood Foreign Press Association (HFPA), the awards are a major part of the film industry's "awards season" which culminates each year with the Oscars and Screen Actors Guild Awards.

Chapter Ⅶ Brief Introduction to American Literature

Ⅰ.

1. the father of American Literature
2. *The Scarlet Letter*
3. the father of detective stories
4. realists, naturalists
5. Sinclair Lewis
6. Jew
7. *The Leaves of Grass*
8. 20th
9. Eugene O'Neill

Ⅱ.

1. 《野性的呼唤》

2.《太阳照常升起》
3. 国家图书奖
4.《欲望号街车》
5.《最蓝的眼睛》

Ⅲ.

1. What is the contribution of Hemingway to American literature?
——The twenty years between the two world wars may be considered the golden time of American literature. Among the Nobel Prize winners in literature, Hemingway is the most influential both in America and in Europe. His works are very popular. His subjects were often about war and its effects on people, or contests, such as hunting or bull fighting, which demand stamina and courage. Hemingway's style of writing is striking. His sentence are short; his words are simple; yet they are filled with emotion, and deep meaning. He preferred the art of expressing with a few words.
2. Name some of the famous American playwrights.
——O'Neill, Tennessee Williams, and Arthur Miller.

Part Four Social Life

Chapter Ⅰ Family

Ⅰ.

1. the diversity of people
2. The nucleus family

Ⅱ.

1. 老年人
2. 养老院
3. 离婚率

Ⅲ.

1. Describe the positions of family members in American families.
——In the American family, equal rights are often exercised between the husband and wife when they make a decision. The children also can have a say in family affairs when they are old enough. They old rule "children should be seen and not heard" is generally broken, and they are often allowed to do things independently. Parents do not interfere in what they

wish to do, and children are encouraged to be independent at an early age.

2. What do you think of marriages in America?

——In America, marriage is a matter of individual responsibility and decision for the young. They have their own right to deal with their marriages and are independent of their parents. They often fall in love with each other in spite of the disapproval of their parents. American young people are generally more affectionate and they usually regard love as more important than social class, education, money or religion. They like to have romantic love. Young people can get married with each other even if they have different religious beliefs or backgrounds. But marriages between blacks and whites are still rare. Because of the social prejudices probably less than 1 percent of all the marriages each year are between blacks and whites.

Chapter Ⅱ Food and Dining Customs

Ⅰ. **Fill in the blanks.**

1. steak
2. ice cream, apple pie
3. hamburger
4. coffee
5. tomato sauce/ ketchup

Ⅱ.

1. 自助餐厅
2. 快餐店
3. 早午餐
4. 免下车餐馆

Ⅲ.

1. Why are food and drinks in America so different?

——America is a "melting pot", that is to say, many immigrants from different nations all over the world combined to make one nation — America. The immigrants brought different ways of cooking to America.

2. What are the attitudes of Americans towards the three meals of a day?

——Most Americans eat breakfast and lunch quickly unless a social business or family occasion. The evening meal is usually longer and a time for the family to gather together.

Chapter Ⅲ Customs and Traditions

Ⅰ.

1. Valentine's Day
2. July 4th
3. Halloween
4. Thanksgiving Day
5. Christmas Day

Ⅱ.

1. 情人舞会
2. 复活节
3. 独立日
4. 万圣节
5. 圣诞老人
6. 圣诞圣歌

Ⅲ.

1. Can you describe briefly the American holidays?
   ——Americans have many holidays: New Year's Day, January 1st; Valentine's Day, February 14th; Easter, a Sunday in March or April; Independence Day, July 4th; Halloween, October 31st; Thanksgiving, late November; Christmas, December 25th.
2. Could you say something about Christmas Day.
   ——Christmas Day falls on December 25th on which Christian people believe Jesus Christ was born. This is the biggest and best-loved holiday in the US. People usually have Christmas food, e. g. turkey or ham, sweets, sweet potatoes, vegetables etc. Most popular Christmas customs are exchanging gifts, children's receiving toys or sweets from Santa Claus, in fact from their parents, people's singing Christmas carols, sending Christmas cards, having Christmas tree in every house.

Chapter Ⅳ Attitudes and Views

Ⅰ.

1. informality, social distinction
2. equality
3. a woman

4. do-it-yourself

Ⅱ.

1. 坦率
2. 自己动手
3. 无阶级社会

Ⅲ.

1. What are the attitudes of Americans toward manual labor?

——Manual labor is highly valued. The people who make their living by manual labor get good salaries.

2. What is the popular American belief?

——Every cowboy can dream of becoming a great man, even the president of the country.

Chapter Ⅴ Religion in the U.S.A.

Ⅰ.

1. Mayflower, New England
2. Baptists
3. Britain
4. Jew

Ⅱ.

1. 摩门教
2. 罗马天主教
3. 东正教
4. 人民圣殿教

Ⅲ.

1. What are the characteristics of the religious practice of America?

——The fist characteristic of the religious practice is the wide variety of denominations and the attitude of permissiveness and the tolerance that exist among them. The second important characteristics of the religious practice in the United States is the emphasis on social problems and humanitarian ideals. The third characteristic of American religious practice is the separation of church and state.

2. What problems exist in American religion today?

——Some of the small religious sects are intolerant, some are rather emotional; some are odd and brutal; some are hysterical. They did many kinds of crimes, such as the People's Temple.

Chapter Ⅵ Social Problems

Ⅰ.

1. inequality
2. 4
3. privately owned
4. the capitalist system

Ⅱ.

1. 提袋女士
2. 吸毒
3. 种族歧视
4. 联邦调查局

Ⅲ.

1. What do you think of the American society?

——The U. S. A. is a highly-developed country with a high degree of advanced science and technology, one of the richest countries in the world, but many kinds of social evils are prevalent, such as racial discrimination, unemployment, starvation, moral corruption, etc.

2. What are the social causes for the social problems in America?

——The causes are as the followed: 1) Film, TV programs and novels which are full of violence and robbery influence people, especially the young. 2) The laws in some states are not severe. 3) There is a constant corruption in the police. 4) Guns are privately owned. 5) The most important cause is the capitalist system of America.

Part Five Political Systems

Chapter Ⅰ The State System and the Constitution

Ⅰ.

1. bourgeoisie
2. federalism, the separation of powers, constitution, law
3. 1787
4. 2/3, 38

Ⅱ.

1. Federalism

2. Federal Constitution

Ⅲ.

1. What role does the Constitution play in America?

——The Constitution of the US is the basic instrument of American government and supreme law. It has basis for political stability, economic growth and social progress.

2. What is federalism?

——The federal system was set up by the Constitution, which has two layers of rule. There is a central of federal government for the nation which along has the power to answer questions that affect the nations as a whole. There are also state and local governments. Each layer of government has separated and distinct power laid down in the Constitution.

Chapter Ⅱ The Federal Government

Ⅰ.

1. the Legislative, the Executive, the Judicial
2. The president
3. The White House
4. Congress, Senate, House of Representatives
5. The Vice-president, speaker
6. Supreme Court

Ⅱ.

1. 相互制约原则
2. 国情咨文
3. 国家安全委员会
4. 中央情报局

Ⅲ.

1. Pocket Veto
2. hearing
3. impeachment

Ⅳ.

1. What is the nature of the U. S. government?

——The U. S. Federal government's power is divided into three branches: the Executive, headed by the president; the Legislative, including both houses of Congress; and the Judicial headed by the Supreme Court.

2. Tell the main functions of the three branches of the government.

——1) the Executive Branch: It consists of 13 departments and many individual agencies. The department heads forms the cabinet which advises and assists the president. 2) The legislative Branch: Congress is this branch which is the law-making and supreme legislative body. 3) The Judicial Branch: It consists of the Supreme Court and some inferior courts. The Supreme Court has the sole right to interpret the Constitution and review laws to see whether they are in agreement with the Constitution.

Chapter Ⅲ Political Parties and Elections

Ⅰ.

1. Democratic Party, Republican Party
2. 1854, slavery
3. donkey, elephant
4. Franklin D. Roosevelt

Ⅱ.

1. 初选
2. 总统选举人

Ⅲ.

1. Tell briefly the history of the two-party system in the US.

——Political parties are the basis of the American political system. In general, America has two-party system. This means that two major political parties—— now the Democrats and the Republicans——dominated politics at the federal, state and local levels. The party system arose in the last years of the 18th century when the debate over the ratification of the Constitution gave rise to the beginnings to the first two major parties—— the Federalists and the Anti-Federalist. Later most of the Anti-Federalists accepted *the Constitution* which the Bill of Rights, and began to call themselves Democratic-Republicans with Thomas Jefferson as their leader. After he became the 3rd president of the US in 1800, the Federalists declined and disintegrated. After the election of 1828, Andrew Jackson became the president and the Democratic-Republican Party split. The main faction, led by Andrew Jackson, called themselves the Democratic Party, while the faction opposed to Jackson formed the Whig Party in 1834. As the struggle over slavery intensified, the majority of the Whig Party, party of the democrats and other anti-slavery elements, especially northern capitalists, founded the Republican Party in 1854.

2. What are the characteristics of the two major parties in the USA today?

——On economic issues, the Democrats traditionally favor government intervention while Republicans stress the role of market more. On social issues, the Democrats support a strong security system while the Republicans oppose large government security programs. In spite of these differences, the two parties both believe in individualism, defend capitalism and uphold private ownership of means of production. In terms of organization, the two parties are actually loose political coalitions. However, the lack of a strict party discipline does not mean that parties are insignificant in political life or that of the party's support is not important for its members.

Chapter Ⅳ The State and Local Governments

Ⅰ.

1. Federal Government
2. State Congress
3. The State Governor
4. courts

Ⅱ.

1. 州议会
2. 州长

Ⅲ.

1. What are the main features of the state governments?

——Each state in the United States has its own state constitution, according to which the state government is composed of three branches: the legislative, the executive and the judicial

2. Is there any election of legislatures and executives in state and city governments?

——Yes. The state governments and city governments follow much the pattern as the Federal

Canada, Australia, New Zealand
(加拿大、澳大利亚、新西兰)

Chapter I Canada

I.

1. 2nd, 10
2. St Lawrence
3. Ottawa
4. Italian, 1497
5. France
6. *Quebec Act*
7. John A Macdonald
8. Metis
9. Canadian Pacific Railway
10. World War I
11. *The Statute of Westminster*
12. Quebec Separatist Movement
13. timber, paper
14. constitutional monarchy
15. the Queen, the Senate, the House of Commons
16. Privy Councilors

II.

1. 加拿大地盾区
2. 北极群岛
3. 因努特人
4. 育空地区
5. 《自由贸易协定》

III.

1. Eskimos
2. APC
3. the Governor-General

4. the Progressive Conservatives
5. New Democratic Party

Ⅳ.

1. How many geographical regions can Canada be divided into? What are they? In what way does Quebec differ form the other provinces of Canada?
——From east to west Canada can be divided into five geographical regions: Atlantic Provinces, St Lawrence-Great Lakes Provinces, Prairie Provinces, British Columbian, and Canadian Territory.
Quebec is one of Canada's most important provinces. It differs form the other provinces of Canada because it has a strong French culture. Most of Canada's French Canadians live in the province of Quebec.
2. What are the two main political parties in Canada? Why is Canada's party system characterized by one party rule?
——There are two main federal parties in Canada. They are the Liberal Party and the Progressive Conservative Party. Historically, the federal government has always been formed by one or the other of the tow parties. Therefore, it is absolutely reasonable to affirm that Canada's system of political parties is characterized by one party rule.

Chapter Ⅱ Australia

Ⅰ.

1. Oceania, 6th
2. Canberra
3. Commonwealth of Australia
4. Lake Eyre, Mount Kosciusko
5. The Great Artesian Basin
6. Sydney
7. Kangaroo, emu
8. James Cook
9. Edumund Barton
10. the Coral Sea Battle, the Middle Way Battle
11. Colombo Plan
12. BHP
13. democratic, federal-state
14. referendum
15. bicameral, Senate, House Representatives

16. Prime Minister, 3

17. Australian Labor Party, the Liberal Party, the National Party, the Australian Democrats

18. Immigration

19. The Australian Broadcasting Corporation/ ABC

20. Green Olympics

Ⅱ.

1. 维多利亚大沙漠
2. 艾尔斯巨石
3. 大堡礁
4. 努力号
5.《澳大利亚-新西兰军事协议》
6. 亚太经济合作组织论坛
7. 职业技术教育学院
8. 海外留学生英语专修课程
9. 澳大利亚联合新闻社

Ⅲ.

1. Great Dividing Range
2. Sydney Opera House
3. Melbourne
4. the Gold Coast
5. Oil Crisis
6. *UN Charters*
7. Invalid Pension
8. White Australian (policy)
9. school of the air

Ⅳ.

1. What are the tow principles the Australian Constitution is based on? Are both clearly defined in the Constitution?

——The Australian Constitution is based on the principle of federalism and the principle of responsible government. Federalism is a system of government in which political functions are divided constitutionally between two tiers of government in which executive authority is vested in a ministry whose members in Australia must be Members of Parliament. In the Australian Constitution federalism is clearly stated but the basic rules of responsible government are not.

2. What is Australian manufacturing industry like today?
——Today, Australian has a broad industrial base. It can produce manufactured goods ranging form fashion garments to food, complex electronic devices to household appliances, base metals to precision instruments. The manufacturing industry now accounts for about 15% of GDP. Manufacturing represent more than a quarter of Australia's total exports.

Chapter Ⅲ NewZealand

Ⅰ.

1. southern
2. English, Maori
3. the North Island, the South Island
4. Waikato
5. Canterbury Plain
6. Wellington
7. *Treaty of Waitangi*
8. 3
9. Prime Minister
10. the Conservative National Party, Left-leaning Labor Party
11. Australia, European Union
12. 6, 16

Ⅱ.

1. 陶波湖
2. 汤加里罗火山
3. 南阿尔卑斯山
4.《澳纽美条约》
5. 紧密经济关系协定

Ⅲ.

1. Cook Strait
2. Christchurch
3. UNCED
4. MMP
5. Te Kohanga Reo

Ⅳ.

1. What is Maoritanga?

——Maoritanga is Maori culture, the Maori way of life and view of the world. Maoriganga is a growing and changing part of life in Aotearoa and Zealand. Maoris have adopted many aspects of western culture as their own, and more and more New Zealanders now share in the rich heritage of Maori culture. Maori views of the world, of nature, of education, of spirituality and of death are becoming more and more part of the New Zealand way of life.

2. What are New Zealand's main exports?

——New Zealand is one the world's largest exporters of meat, dairy products and wool. Western European and particularly Britain have traditionally been New Zealand's major export market.

二、《英美概况》第四版练习参考答案

(一) Britain (英国)

Part One Geography

Chapter Ⅰ A Brief Introduction to Physical Geography

Exercise 1 Answer the following questions:

1. Where is the U. K.? And what is it made up of? What is its total area?

   — The U. K. is situated in Northwestern Europe, lying to the north of France and the west of the Netherlands and Denmark. It is made up of England, Scotland, Wales, and Northern Ireland. Its total area is 242 534 square kilometers.

2. Which mountain is the highest in the U. K., and in which part of the Scottish Highland?

   — Ben Nevis, 1343 meters high, is the highest mountain in the U. K. and it is in the western part of the Scottish Highlands.

3. Why is the climate of Britain much milder than that of many places in the same latitude?

   — Firstly, the climate of Britain is moderated by the Atlantic Gulf Stream, which is a warm current, passes the western coast of British Isles and warms them. Secondly, the Westerlies, which blow over the country all the year round and bring warm and wet air from the Atlantic Ocean. Thirdly, Britain is surrounded by seawaters, which can balance the seasonal differences by heating up the land in winter and cooling it off in summer.

4. What are the present features of the climate of Britain?

   — Britain has a maritime climate—— winters are not too cold and summers are not too hot. Therefore, its temperature varies within a small range, rarely falling below -5℃ in winter or rising about 24℃ in summer. Sunshine hours are fewer than in more southerly climates. Meanwhile, it has a steady rainfall through the whole year. There is rain in Britain every month.

5. Where does the main rivers parting in Britain run?

— The main rivers parting in Britain run from north to south, keeping well to the west until the basin of the River Severn.

6. What are the characteristics of the Spey, Don, Tay, Forth, Tweed of eastern Scotland?

— These rivers flow fast and run generally across impermeable rocks, and their discharges increase rapidly after rain.

Exercise 2 Explain the following terms:

1. the English Channel: It is a strait between southern England and northern France. It connects the Atlantic Ocean with the North Sea through the Strait of Dover . It is 560 km long and gradually narrows from about 180 km in the west to only 34 km in the east.
2. the Dee estuary: It is a large estuary where the River Dee flows into Liverpool Bay.
3. the Act of Union of 1801: In 1801 the English Parliament passed an act by which Scotland, Wales and the Kingdom of England were constitutionally joined as the Kingdom of Great Britain.
4. Gaelic: It is one of Celtic Languages, and is spoken in parts of the Highlands of Britain.
5. the "backbone of England": It refers to the Pennines, a range of hills extending about 257 km southward from the Cheviot Hills on the Scottish border to central England.

Chapter II Natural Resources

Exercise 1 Answer the following questions:

1. What minerals is U. K. rich in?

— The United Kingdom is rich in coal, iron, tin, copper, lead, and silver.

2. When was the natural gas and the oil in the North Sea discovered?

— Natural gas was discovered in 1964-1966; the major oil deposits were discovered in 1970.

3. What percentage of the country's water requirements are obtained from underground sources

— About 38% of the country's water requirements depend on underground sources.

4. The U.K. has some of the big coalfields of the world. Where do they lie?

— Britain's big coalfields of the world are in the mid land valley of Scotland, exactly in eastern Cambria, Northumberland, Durham, Lancashire, Derbyshire and Nottingham in England, and in South Wales.

5. What is the feature of British lead ores?

— British lead ores contain silver.

Exercise 2 Explain the following terms:

1. lead ore: British lead ores have been worked since pre-Roman times. It contains silver.
2. china clay: The deposits of china clay in Cornwall are of great economic value.
3. saline deposit: Most of the common salt used in Britain is obtained from controlled brine-pumping of the thick salt series beneath Cheshire. Reserves are believed to be adequate for centuries to come.
4. the Atomic Energy Authority: It was established in 1954 as a statutory corporation to oversee and pioneer the development of nuclear energy within the United Kingdom. It is now an executive non-departmental within the Department of Trade and Industry.

Chapter Ⅲ Economy

Exercise 1 Answer the following questions?

1. What are the characteristics of the British economy?

— The British economy was the first to have been fully industrialized. Britain was one of the world's most advanced manufacturing and trading nations. The pound sterling is the exchange currency for about one third of the world's foreign trade. The agriculture does not produce enough food to meet the country's basic needs and part of all vital foodstuffs has to be imported. The labor force is homogeneous.

2. What was the industrial structure of the U. K. based on before the Second World War? What are the main mining industries?

— Before World War Ⅱ the industrial structure of the United Kingdom was based largely on export trades developed in the 19th century. Most of the industries were concentrated in specialized industrial areas. The specialized manufacturing regions were also the chief coal-mining districts, for coal had bee the most powerful localizing force.

The main mining industry are coal and iron-ore mining industries.

3. How much land is available for farming in Britain? What crops are grown there?

— The land available for farming in Britain is 29.3 million acres, and it shrinks every year as demands for roads and the expansion of towns slowly erodes the areas of farmland.

The crops grown in Britain are wheat, barley, oats, rye, corn, potatoes, sugar beets, kale, and beans.

4. What are the chief livestock industries?

— The chief livestock industries include cattle, sheep, pigs and poultry.

5. What does Britain import and export?

— Britain is basically an importer of food and raw materials and an exporter of manufactures.

6. Is the Bank of England the centre of the British financial system? When was it founded and when was it nationalized?

— Yes, it is the centre of the British financial system. It was founded in 1694 and was nationalized in 1946.

7. What are the policies that the Bank financially applies in order to maintain the British economy and government control?

— The preferred policies of the Bank of England are usually of an restrictive kind because it sees its role as protecting the gold and currency reserve and maintaining the international value of pound. One of the two traditional instruments of financial policy in Britain is the "bank rate"—— the official rediscount rate charged by the Bank of England. The bank rate trends to determine the general level of all interest rates in London. The other is the fiscal policy which is not only used for purposes of economic control but also has to provide for a complex set of desiderata expected form the budget.

Exercise 2 Explain the following terms:

1. the development areas: These areas refer to the relatively poor areas of the north and west of England.
2. the Bank of England: It is the centre of the British financial system, founded in 1694 and nationalized in 1946.
3. "bank rate": It is one of the two traditional instruments of financial policy in Britain, that is, the official rediscount rate charged by the Bank of England.
4. "invisible trade": It is the trade related to profits, dividends and capital investment.

Chapter Ⅳ The people

Exercise 1 Answer the following questions:

1. What is the population of the U. K.?
— Britain has a growing population. In mid-2005, British population increased to 60.2 million.
2. What language is the official language? What other languages are spoken in the U. K.? And in which part of the country are they spoken mainly?
— The official language is English. In Wales one in four people speak Welsh, and in Scotland about 80000 people in the Highlands speak Gaelic language.
3. Which race invaded England in the earliest times?
— In the earliest times the dark-haired Mediterranean race called the Iberians sailed up to the west coast of England.
4. What are the three Germanic tribes who form the basis of the modern British people?
— The Angles, the Saxons and the Jutes which invaded Britain form the modern British people.
5. What does British dense population imply? How much percentage of the population live in cities or towns?
— A dense population such as Britain's implies a high degree of urbanization. About 80% of the population live in cities or towns.
6. What has become an increasingly important factor in population changed since the late 1990s?
— Since the late 1990s, although there has still been natural increase, net international migration into the UK from abroad has been an increasingly important factor in population change.
7. Why do the British people think of themselves as Englishmen, Scotsmen, Welshmen and Irishmen?
— In normal times, they take the national division very much for granted. They have their own traditions. For example, Scotland has its own national church and its own system of law. Wales speaks its own language and has a culture of its own.

Exercise 2 Explain the following terms:

1. Briton: It is one of a Celtic people inhabiting ancient Britain at the time of the Roman invasion 2. urbanization: It means the changing from a rural into a town or city character.

3. Anglo-Saxon: It refers a member of one of the Germanic peoples, the Angles, the Saxons, and the Jutes, who settled in Britain in the fifth and sixth centuries.
4. the Norman: It is a member of a Scandinavian people who settled in northern France in the 10th century and they conquered England in the 11th century.
5. Celtic: A subfamily of the Indo-European language family comprising the Insular and the Continental branches. Now in Britain it is the language of many Welsh.
7. Iberians: They were one of the ancient peoples that inhabited the Iberian Peninsula, who were dark-haired Mediterranean race. They invaded Britain in about 3000 BC.

Chapter V The Main Cities

Exercise 1 Answer the following questions:

1. Which city is the capital of England and Great Britain? Is it the political centre of the Commonwealth?
   — London is the capital of England, and it is also the political centre of the Commonwealth.
2. What does London consist of administratively?
   — London administratively consists of the city of London, the original nucleus, retaining a medieval system of government of courts of aldermen and an elected lord mayor; and Greater London a metropolitan county, made up of Inner London boroughs and 20 Outer London boroughs.
3. What is the population of Birmingham? What is Birmingham famous for?
   — Birmingham is the second largest city in the U. K. has one million people. It is famous for metal goods, hardware, cars, electrical equipment, machine tools, jewellery, small arms and plastics.
4. Where can you find the University of Glasgow and Strathclyde University?
   — The University of Glasgow and Strathclyde University are both in the city of Glasgow in Scotland.
5. Which city is the capital of Scotland? What kind of international festival is held there every year?
   — The capital of Scotland is the city of Edinburgh. International festival of music and art is held there every year.

Exercise 2 Explain the following terms:

1. Queen's University of Belfast: It is one of the high educational institutions in the capital of Northern Ireland, the city of Belfast. The University traces its roots to

Queen Victoria's founding of the Queen's University in Ireland in 1845.

2. the Manchester Ship Canal: It is a 58 km long river with a minimum depth of 9 M, connecting Manchester and West England, with the Mersey estuary at Eastham, above Birkenhead. Begun in 1887, it was opened in 1894 and changed Manchester from a river port to a seaport.
3. Black Country: It is a highly industrialized region of west-central England centered on Birmingham. It was named for the grime accumulated from factory smoke and other industrial pollutants.
4. Covent Garden Opera House: It is a theatre in London, now also known as the Royal Opera House, built in 1858; it is the home of the Royal Opera and Royal Ballet. So it is also one of cultural institutions in London.
5. Greater London: It is a metropolitan county (pop. 7 million), made up of 12 Inner London boroughs, 20 Outer London boroughs.
6. Cardiff: It is the capital and largest city of Wales, at the mouth of the river Taff, in the southeast part of the country on Bristol Channel. Therefore, it is also a port. Its industries are shipping, iron and steel. It is now an educational and industrial center.

Part Two History

Chapter I Pre-Feudal Society

Exercise 1 Answer the following questions:

1. What do you know about the Roman influence on Britain?

   — The Roman occupation lasted for almost 350 years. The resulting growth of its civilization was more obvious in urban areas than among the agricultural peasants and weakest in the resistant highland zone. In the southeastern part, the Romans influenced life and culture radically. The English upper classes were thoroughly Romanized and transformed into Roman landlords and officials. Yet the Romans came to govern and to trade, not to settle; and they were too few in number to change the language and customs of the people as they did in France and Spain. Some of the native people become slaves of the Romans; true slave society was introduced into England.
2. How did the Heptarchy come into being during the Anglo-Saxon times?

   — The three Germanic tribes came to England in the middle of the 5th century. They combined all the qualities that were necessary to develop and defend an independent island. Before long the distinction between these three tribes lost significance. By the end of 7th century, they regarded themselves as "the nation of the English". But they lacked unity and England was divided into seven kingdoms and therefore called "heptarchy".

3. Who were the Vikings and how did they invade Britain?

— They were northern warriors, some of them came form Norway but the main body came from Denmark, and they invaded Britain around the turn of the 8th century. They attacked the rocky coasts of Scotland and northern England. They sailed up the rivers of the east and south, seized one small Saxon kingdom after another.

Exercise 2 Explain the following terms:

1. Hadrian's Wall: About 122 A. D., in order to keep back the Picts and Scots, the Romans built a wall from the Solway to the Tyne, which was called Hadrian's Wall.
2. Julius Caesar: He was a Roman general, and between 55 and 54 B. C., he led his army to invade Britain twice.
3. Alfred: He is the King of Wessex in Britain in the turn of 8th century who defeated the Danes. He was considered the first national hero in Britain.
4. Edmund: He is son of the King Ethelred in Britain who fought heroically against the Danes.
5. Vikings: They were the northern warriors, mainly from Norway and Denmark, who invaded Britain around the turn of the 8th century.

Chapter II The Growth of Feudalism

Exercise 1 Answer the following questions:

1. What were the consequences of the Norman conquest?

— (1) The Norman Conquest caused important consequences. It increased the process of feudalism, which had begun during Anglo-Saxon times. By the early part of 12th century, the manor system had replaced the village system completely, and Feudalism was finally established in England.

(2) William the Conqueror established a strong monarchy in England. The feudal system of England acquired a more centralized character than in other European countries of the time.

(3) It brought about changes in the church. The upper ranks of the clergy were Normanized and feudalized, following the pattern of lay society,

(4) Along with the Norman came the French language, which would be the

language of court and upper classes until the 14th century.

2. In what ways did Henry Ⅱ consolidate the monarchy?

— Henry Ⅱ took some measures to consolidate the monarchy. Firstly, he carried out a serious of reforms to strengthen his power. He strengthened the Great Council. But the most important step is to reform the law courts, which reduced the influence of local barons on the law court system. The reform of law courts led to the emergence of common law. Secondly, he greatly strengthened the Court and extended its judicial work. He divided the whole country into six circuits and appointed justices to each. During his reign, a common law was gradually established in place of the previous laws of the local barons. He also introduced a new jury system to replace the old ordeal-based trial system. Besides, he shifted the trial of clergymen charged with criminal offenses from the Bishop's court to the King's court. Thirdly, as for the administration, the major reform of his reign was the Inquest of Sheriffs in 1170. Inquiries were instituted into the details of local administration. This led to dismissal of many sheriffs, especially those in shires in which local barons had become too great in the control of their offices. In 1181, Henry Ⅱ issued the Assize of Arms, therefore, he relied for armed support upon a militia composed of English freemen.

3. What were the contents and the nature of the Great Charter?

— Contents: (1) the king was not to exact extra payments from the feudal vassals without their consent; (2) laws were not to be modified by the arbitrary action of the king; (3) If the king should attempt to free himself from law, the vassals had the right to force the king to obey it, by civil war or by otherwise. Nature: It was essentially a feudal document. It was made in the interests of feudal lords, great and small.

4. Why and how did the English parliament come into being?

— The English Parliament originated in the Great Council, an advisory assembly of the king's chief feudal vassals, including the clergy. The main purpose of the king's summoning parliament was to get consent for taxation. The king, Henry Ⅲ wanted to defeat the lords and their charter. He took some measures, such as dismissing his justiciar, etc. So the baron rose up in opposition. Led by Simon de Montfort, the King's brother-in-law, they forced the king to dismiss his foreign advisers and accept their own council of advisers instead. In 1264 Montfort defeated the royal army and took the king prisoner. In the following year he called Parliament, which is known as the "All Estates

Parliament". The Parliament of 1265 is generally considered "the beginning of parliament".

Exercise 2 Explain the following terms:

1. William, the Conqueror: He was the Duke of Normandy and King William I of England. In 1066 in the Battle of Hastings he defeated English King Harold Ⅰ. On Christmas Day of the same year Duke William known in history as William the Conqueror was crowned in Westminster Abbey. He established a strong monarchy in England. In 1086 William the Conqueror had his officials to go through England to make a general survey of the land, known as *Domesday Book*. He retained most of the Old English customs of government.
2. the Battle of Hastings: The battle took place in 1066, nine miles from Hastings between Duke William's army and the King, Harold's army. Harold was killed and his army completely defeated. The Battle of Hastings paved the way for the conquest of England.
3. Henry Ⅱ: He was king of England from 1154 to 1189. Henry Plantagenet established the House of Plantagenet in 1154 as Henry Ⅱ. During his reign the power of the crown was intensified further. And he made a serious of reforms, such as the Inquest of Sheriffs; he enforced a common law, and issued *the Assize of Arms.* On the issue of the relationship between church and state he clashed with the Archbishop of Canterbury, Thomas Becket. Later the barons rose in revolt and his sons in France took up against him. After crushing all the revolts Henry Ⅱ died in 1189.
4. the Assize of Arms: It was issued in 1181 by Henry Ⅱ. It was compulsory for every freeman in England to be provided with arms. Those arms were used only when their owner was called out for national service by the king's command.
5. the Great Charter: It was a feudal document signed by King John (the Lackland) in 1215. Under great pressure, King John granted the list of demands that the bishops, the barons and the townsmen had drawn up. It contained three sets of provisions and made some restriction to the King's power. It was made in the interests of the feudal lords and was a feudal document. It has been regarded as the "corner stone" of English history.
6. All Estates Parliament: In 1265, Simon de Montfort called Parliament. Besides the usual lords and churchmen, it included knights form each county and representatives from each borough. It was the first time that representatives of both the counties and towns were called to attend Parliament. Therefore, the Parliament of 1265 is known as the "All Estates Parliament" and is considered

the beginning of Parliament.

7. Model Parliament: King Edward I was engaged in wars with Wales, Scotland and he needed a lot of money. In 1295 he summoned the "All Estates Parliament" which included more than 400 members. This is considered a model for all succeeding ones, and it has been known in history as the "Model Parliament".

Chapter Ⅲ The Decline of Feudalism in England

Exercise 1 Answer the following questions:

1. Why did the Hundred Years' War happen in the history of Britain?

   — Ostensibly the War happened because of the claim of Edward Ⅲ to be the rightful king of France, but the causes were deeper and more complex. For example, the English kings tried to get back the land Henry Ⅱ owned in France, while the French kings tried to weaken and reduce English power. The economic interests of England and France clashed in Flanders.

2. What do you know about Wat Tyler's Rising?

   — Since the Hundred Years' War, the conditions of the peasants were not improved, the villeins struggled for full freedom. The government of Edward Ⅲ and the parliament issued *Statutes of Laborers* which made the people who had no land or other means of living to work for landlords and proprietors at the same rate as before Black Death. This aroused the hatred against the ministers, lawyers and landlords. All of these led to the rising led by Wat Tyler in 1381. It was precipitated by the collection of the Poll Tax. The rising started in Essex and soon spread to the neighboring countries. The peasants believed the king, Richard's promise, half of them went home, and the leaders remained. But in a conference with Richard, the mayor of London killed Wat Tyler; many peasants were killed and dispersed. Though it failed, the rising had far-reaching consequences. The serfs were not to remain serfs for long. All the forces of social development were against the continuation of serfdom. It was impossible to keep forced labor on the manor and landlords had to give up useless old feudal rights. Serfs became either free peasants or wage laborers, just as Karl Marx: "In England, serfdom had practically disappeared in the last part of the 14th century."

3. What were the nature and consequences of the Hundred Years' War?

   — The nature: It was a feudal and trade war to seize the power, enlarge the dominion between England and France.

The consequences: By 1453, the English dominion in France shrank to Calais and a strip of the Gascon coast. The ending of the Hundred Years' War deprived the English king of his possessions on the Continent.

4. What do you know about the nature and consequence of the Wars of the Roses?

— The nature: It was a feudal civil war, the war for power and wealth and at last for the possession of the Crown between the Lancastrians and the Yorkists. The consequence: The wars of the Roses lasted 30 years and ended in 1485 with the accessions of Henry Tudor as Henry Ⅶ, the founder of the Tudor Monarchy. The ending of the Wars of the Roses was seen as the ending of the Middle Ages in European history and the beginning of the modern world history.

Exercise 2 Explain the following terms:

1. Black Death: It is the modern name given to the deadly epidemic disease spread by rat leas across Europe in the 14th century. It started in Italy and soon swept through Europe. In England about one half of the population died of this disease, which resulted in the shortage of labor and much land was left untended.
2. the Lollards: Followers of John Wycliffe in late medieval England. They preached the confiscation of the wealth of the church. He advocated that all goods should be held in common. They called attention to the natural equality of men by crying: When Adam delved and Eve span, Who was then the Gentlemen. Therefore, they provided ideological preparation for the labor movement of the 14th century.

Chapter Ⅳ Growth of Capitalism and the Rule of the Tudors

Exercise 1 Answer the following questions:

1. What do you know about the economic development in the Tudor Monarchy?

— In the Tudor Monarchy, manorialism declined and was replaced by a money economy, villein status ceased to have any importance. Lords turned into landlords and serfs became tenants. Money rents replaced labor services and dues. Agriculture was the dominant economic activity; manufacture woolen cloth became important source of wealth and a major export.

2. How did capitalism begin to grow in the reign of the Tudors?

—During the reign of the Tudors, a lot of arable lands were converted into pastures, which was known as the Enclosure Movement. This movement first provided the primitive accumulation of capital, and second it supplied continuously cheap labor for the developing industry. So the Enclosure Movement paved the way for the development of capitalism.

3. In what ways was the centralized Monarch strengthened?

—In order to consolidate his power, Henry Ⅶ took the following measures: (1) Henry Ⅶ confined his rival - Edward, the Earl of Warwick in the Tower. (2) He promised pardon to those who had stood on the side of the House of York. (3) In 1486 Henry Ⅶ married Elizabeth of York, uniting the rival House of York and Lancaster. (4) He put down armed rebellions. (5) He established good relations with Spain and France through the marriage of his son and daughter.

4. How did the Reformation happen in England and what was the effect?

— The Church of the Middle Age had not been only a religious body, but a political and a legal power as well. The greed and laziness of the Church hindered the social and political progress of England. During that time Henry Ⅷ had troubles in his divorce. He realized that foreign interference in England must be stopped forever. At last Henry had the divorce settled by a special act of Parliament, he broke with the Pope - head of the Church. In 1534 Parliament passed the "Act of Supremacy", according to it Henry Ⅷ was declared the head of the English Church. Thus the English Church became independent of Rome. The Roman Catholic Church was international; the English Church was strictly national.

5. What do you know about the English Renaissance?

— Renaissance means "rebirth" - Europe rediscovering its origins in the cultures of ancient Greek and Rome. It was a cultural movement that arose with rise of the bourgeoisie. They were disintegrating movements, but also liberating ones and they were consistently related, by cause and effect, to liberating movement in politics, commerce and society in every country. The thinkers who worked for freedom and enlightenment were called humanists. The great English humanist was Sir Thomas More, who wrote his masterpiece Utopia. The English Renaissance was largely literary. Shakespeare was the greatest dramatist of the age.

Exercise 2 Explain the following terms:

1. the Enclosure Movement: In the end of 15th century the manufacture woolen cloth in England became an important source of wealth and a major export. The cloth industry increased the value of wool. Raising sheep became more

profitable. This encouraged the landlords to covert arable land and the "Commons" into pastures. Later some of the nobility and merchants started to enclose the land. Large areas of land were fenced without any warning to the peasants. This process was known as Enclosure Movement.

2. Francis Drake: He was one of the most well-known navigators in England who set sail on a voyage round the world in 1577.
3. Chartered companies: These were type of corporations that evolved in the 16th century in Europe. Under a charter granted by the state's sovereign authority, the company had certain rights and obligations which usually gave it a trading monopoly in a specific geographic area or for a specific type of trade item. In the 17th century, chartered companies were encouraged by the English government to assist trade and encourage overseas exploration. Those companies formed for trade with the Indies, such as East India Company which had the most wide-reaching influence. Some chartered companies were also involved in the settlement of colonists.
4. the East India Company: one of the most well-known English trade company formed at the end of 16th century for trade with East and Southeast Asia and India. It began as a monopolistic trading body, establishing early trading stations.
5. Henry Ⅶ: He was king of England from 1485 to 1509. He was a successful usurper, the founder of the Tudor dynasty. On the battle-field of Bosworth Henry Ⅶ was crowned and his title was accepted by Parliament at the end of 1485. He took some measures to consolidate his power, such as, confining his rival Edward in Tower. In order to retain his crown he took a series of steps. He strengthened the law courts, increased the income of government. He encouraged education and exploration, increased the trade but he did not deal with the problem, the Church. He died in 1509.
6. Francis Bacon: He was the progenitor in the period of English materialism of the Renaissance in England. In two influential books he maintained that the learning of the medieval philosophers was of little value and advised men to study nature and thus acquire real knowledge which might be of practical benefit to mankind. He was also a statesman and an essayist.

Chapter Ⅴ The Bourgeois Revolution

Exercise 1 Answer the following questions:

1. What was the economical and political background of the Bourgeois

Revolution?

— In the first half of the 17th century Capitalism grew rapidly, the national industry, cloth-making spread all over the country. New industry also developed, such as coal-mining, ship-building, glass-making etc. Foreign trade had been expanding and colonial plunder increasing too. Capitalistic enterprises continued to replace feudal landlords. The conflict between bourgeoisie and the crown became complete during this period. The bourgeoisie had gained economic supremacy, but everywhere it encountered feudal restrictions. The foundation of feudal society had already fallen down, but the feudal nobility with the ding as their head was still the ruling class. Feudal system of land tenure remained. All this the bourgeoisie could no longer put up with. This period also saw the growth of popular discontent. The peasant movement reached new heights.

2. What do you know about the absolutist rule of the Stuarts?

— James I, insisted on the Divine Right to Kings, believing that kings were only responsible to God and not to any Parliament. In his view the king's will was the only law. After his death, his son Charles I followed the same belief, and had uneasy relations with Parliament. His inflexibility of rule encouraged confrontation with Parliament. Charles I called Parliament frequently for his won benefits, and each time when he was refused the request, he would dissolve Parliament. He also persecuted the Puritans. He asked people for "loans", and those who refused were put into prison. At the same time the financial policy of the government led to a decline in commerce and production. Ordinary as well the bourgeoisie found the feudal oppression intolerable.

3. How did the Civil War break out? What were the consequences of the Civil War?

— Because of the absolute rule of Charles, the confrontation between Charles I and the Parliament developed into the Civil War. The war began on August 22, 1642; Charles gained the support of nobles and gentry in the north and west of the country and Wales. Parliament, on the other hand, derived its strongest support form yeoman farmers, middle-class town people, and artisans in south-east England and London. The king's men were called "Cavaliers", and the supporters of Parliament were called "Roundheads".

Consequences: The king Charles's army was defeated. Charles I was beheaded. In 1649 the House of Lords and the office of King were abolished and a Council of State was set to carry the executive work of the government, and England was declared a Commonwealth.

4. What were the Commonwealth and Lord Protector?

— In February 1649, the Parliament made a resolution of abolishing the monarchy and the House of Lords. On 19 May, the Parliament officially declared England a Commonwealth. The establishment of Commonwealth was the climax of the Bourgeois Revolution. Cromwell, with a large army behind him, became the real ruler and was made Lord Protector.

5. Why did the Restoration take place?

— When Oliver Cromwell died in 1658, and was succeeded by his son, Richard, the regime began immediately to collapse. In May 1660 the son of Charles I was proclaimed King Charles Ⅱ of England. Under the reign of Charles Ⅱ, Anglicanism was restored. The Cavaliers got back the land and had the most of the seats in the new Parliament. They used the power to take revenge on their enemies - Roundheads. They would not let them work in local government; they dismissed most of Cromwell's army. Thus feudal forces were restored.

6. What do you know about the "Glorious Revolution"?

— After three years of struggle, the Whig and Tory leaders at last united against James Ⅱ, who intended to establish absolutism in England with the aid of France and had restored Roman Catholics in civil government, etc. The leaders of the two parties planned a coup d'etat. In June 1688 the leaders of Parliament invited William of Holland and Mary, daughter of James Ⅱ, to come and take the throne. William landed with army and he was so welcomed that James Ⅱ ran away to France. William and Mary were then crowned as joint rulers. This was known in history as "The Glorious Revolution".

Exercise 2 Explain the following terms:

1. the Short and the Long Parliament: Charles I's attempts in 1637 to impose worship in Scotland led to a rebellion, which in turn forced Charles to summon Parliament in 1640. But the Parliament refused to vote the King until English grievances had been considered, so Charles I dissolved it after a few weeks. Hence it was nicknamed "Short Parliament".
2. After Charles I angrily dismissed Parliament, the Scots invaded England. The situation forced Charles to call Parliament once more. This Parliament lasted until 1653, become known in England history the "Long Parliament".
3. Oliver Cromwell: the leader of the Independents during the British Bourgeois

Revolution. In the Civil War he led his new army "New Model Army" and defeated the king's army. In 1649 he signed to execute Charles I and established Commonwealth. He suppressed the Diggers. In 1653 Parliament was dissolved and Cromwell was made Lord Protector for life and started his military dictatorship openly. The Commonwealth became the Protectorate. He died in 1658.

4. New Model Army: It was the new army led by Oliver Cromwell in the Civil War, and the main power to defeat the Cavaliers. It was chiefly composed of peasants, partly of craftsmen, undermasters and apprentices, who could be subject to strict discipline.
5. the Diggers: In April 1649 the peasants' collective digging and ploughing the soil appeared on St. George's Hill, Surrey, soon it spread to Nottingham, Kent and other counties. These peasants were called Diggers.

Chapter Ⅵ The Development of Britain after the Revolution (1720—1760)

Exercise 1 Answer the following questions:

1. How did Britain become the world's chief colonial power after the Bourgeois Revolution?

   — Britain strengthened its foreign expansion. First it seized the sea power through the victory over the Spanish Armada. And after the War with Spain and the War with France, Britain signed two treaties with Spain and France—— *the Treaty of Utrecht and the Treaty of Paris*, and got more colonies from the concessions of Spain and France, thus Britain became the chief colonial power.
2. What was the effect of the succession of Hanover?

   — The succession of Hanover had an important effect on both the foreign and domestic polices of the country. The substitution of Hanover for Stuart implied a completely different set of European connections. The official connection between Britain and Germany was further strengthened by the continued employment of German troops in the British Isles and in British Wars overseas. The Hanoverian succession also marked very distinctly a new era in the working of the British constitution. It established the principle that the monarch reigned by Act of Parliament. During the reign of George I, the cabinet system of government developed, and the Parliament was controlled by the two parties—— the Whig and the Tory.

3. What was the Parliament like during the first half of the 18th century?
— During the first half of the 18th century, political rights were not yet thought of as the rights of individuals but as the rights of property of owners. The representatives to the House of Commons were not elected. In the Parliament, there were a number of sinecures, which were posts distributed to Members of Parliament by statesmen holding ministerial office in return for their support. The Parliament was controlled by the Whig and the Tory.
4. What were consequences of the agricultural revolution?
— The adoption of new methods in agriculture and enclosure of land encouraged the development capitalistic farming. England was divided into farms in which progressive methods of agriculture could be practiced. Production increased to such an extent that it was able to supply the industrial cities adequately with raw materials and foodstuffs. As a result there was the appearance of labor reserve, who drifted to cities and towns and had to make a living by selling their labor. Planters and capitalist entrepreneurs stood in need not only of the means of consumption but also of the means of production. These were essential conditions for stimulating the Industrial Revolution.

Exercise 2 Explain the following terms:

1. *the Treaty of Utrecht*: The treaty was signed in 1723 between Britain and Spain, France. According to the treaty, Spain agreed that England should keep Gilbraltar as a navy base to protect her trade. France gave up claims to various part of Canada and handed over Belgium to Austria.
2. the Seven Years' War: the war between Britain and France, lasting from 1756 to 1763. The war was carried on mainly in India and America. Through the war England made great gains both in North America and India, and became the world's chief colonial power.
3. the Treaty of Paris: It was signed in 1763 after the war between England and France. It had four points: First, France ceded Canada and her American possessions east of the Mississippi, with the exception of New Orleans. Second, France gave up four of her West Indian islands, as well as her African possessions. Third, Spain, who had joined the war, ceded Florida to England together with all her possessions east of the Mississipp I. Fourth, France agreed not to fortify her settlements in India and to acknowledge the native princes whom the English had established as puppets. France's power in India was destroyed and Britain became the world's chief colonial power.
4. the House of Hanover: It is a British royal house of German origin. It was

descended from George Louis, elector of Hanover, who succeeded to the British crown as George Ⅰ in 1714. During his reign, the cabinet system was established and the monarch was reigned by *the Act of Parliament.*

Chapter Ⅶ The Industrial Revolution, the American and French Revolutions

Exercise 1 Answer the following questions:

1. What do you know about the American Revolution and the French Revolution?
   — American Revolution refers to the American War of Independence. It broke out in 1775 and ended in 1783. Britain recognized the independence of the United States after the War. The French Revolution broke out in 1789. The British radicals sympathized with French revolutionists. But the British government was against them, and became the main organizer of the military alliance with Austria and Prussia. In 1815 Napoleon was defeated by the allies under Wellington at Waterloo.
2. Why did the Industrial Revolution first take place in Britain?
   — Because Britain had some special conditions which no other country could match. These conditions are: the accumulation of capital; the development of capitalistic farming; the appearance of a labor reserve; and the expansion of markets, domestic and foreign.
3. How did the Industrial Revolution exert a great influence on both British society and the world?
   — The Industrial Revolution was not only a technological revolution but also a great social upheaval. It exerted a great influence on both British society and the world. The Industrial Revolution promoted the development of production. It began to produce large quantity of low-priced goods in a more efficient manner. New cities came into being; population increased; the home market was enlarged. The British goods almost achieved a monopoly situation in the world market. A factory system was established. Workers were employed and managers became capitalists. Two conflicting classes were born.

Exercise 2 Explain the following terms:

1. the Treaty of Paris: It was signed in 1783 by Britain and the United States after the Independent War. Britain recognized the Independence of the United States.
2. George Stevenson: In 1814 he constructed the first successful steam locomotive. This made transportation much easier and more convenient.

3. James Watt: He was the famous inventor who created a steam engine in 1769. The invention and application of the steam engine played an important role in British Industrial Revolution.
4. "factory of the world": It refers to Britain after the Industrial Revolution because the Industrial Revolution promoted its development of production. Britain began to produce large quantity of low-priced goods in a more efficient manner.

Chapter Ⅷ The Developing Great Britain

Exercise 1 Answer the following questions:

1. What do you know about the postwar economy and society in Britain?

   — After the war against Napoleon, though agricultural and industrial production increased, the national debt quadrupled. Due to the immediate fall in the demand for manufactured goods, some factories closed, and therefore the unemployment was more serious. A new *Corn Law* was passed in 1815 to keep up grain prices and rents by taxing imported grain, which was rejected by the industrial bourgeoisie and working class people. Strikes and mass meetings were often held in many cities, especially from 1815 to 1819 saw constant unrest.
2. What was the political reform? What was its effect on Britain?

   — The Reform Bill of 1832 made three important changes: (1) A number of "rotten boroughs" were abolished; (2) Additional seats were given to the most populous counties; (3) Only the men who had on certain amount of property or paid a certain amount of rent had the right to vote.

   It had a strong effect on Britain. It concerned with giving the middle classes a stake in responsible government rather than with changing the basis of government. Yet the working classes and some sections of the lower middle classes still remained voteless on account of the high property qualification.
3. How did the Chartist Movement take place in Britain? What was the reason for the failure of the Movement?

   — In 1836 the London Working Men's Association was organized. In 1837 a petition, known as *the People's Charter* was drawn up. The main point was to seek universal suffrage, which was the beginning of the Chartist Movement.

   The failure of the Movement is its divided leadership and lack of a strong basis of class unity. During the movement the Chartists could be divided into two groups—— moral force, which believed in reform by peaceful means; and physic an force, which advocated violence.

Exercise 2 Explain the following terms:

1. *the Corn Laws*: It refers to a series of laws for regulating trade in corn, including raising the grain prices and rents by taxing imported grain in 1815 or so, which made labor-price dearer, shrank the home market and hampered the development of foreign trade. So the middle class and the working-class people resented the laws. In 1848 they were repealed.
2. the Peterloo Massacre: In August 1819 a demonstration was organized in Manchester to demand universal suffrage, vote by ballot, annul Parliament and the repeal of the Corn Laws. It was suppressed by the government with 11 persons killed and over 400 wounded.
3. the Reform Bill: It was put forward by the new Whig-led government in 1832. It made three important changes for the election system: (1) A number of "rotten boroughs" were abolished; (2) Additional seats were given to the most populous counties. (3) The total electorate was increased by 217 000. But the working class and some sections of the lower middle classes still remained voteless.
4. Lord Viscount Melbourne: The English statesman William Lamb, the 2nd Viscount Melbourne, served as prime minister in 1834 and from 1835 to 1841. He was the stern suppressor of early trade unionism and the political mentor of the young Queen Victoria.
5. the Anti-Corn Law League: It was an organization formed in 1838 under Bright and Cobden in Manchester, which was against the Corn Laws. It was rooted in many earlier working-class and radical movements for the improvement of social conditions.
6. the Chartist Movement: It was a movement of the working class for realizing the *People's Charter* of 1837 which was about universal suffrage. The chartists could be divided into two groups - "moral force", "physical force". The Chartist Movement reached its height in 1839 - 1848. Three petitions were presented to Parliament, but all the three were rejected. The Movement declined after 1848. Although the Chartist Movement failed, it had a great influence. It was after the Movement that the English working class entered a period of conducting independent political movements against the bourgeoisie.

Chapter IX Colonial Expansion and Parliamentary Reforms

Exercise 1 Answer the following questions:

1. What was the colonial expansion like during the 19th century?

— In Asia Britain launched an aggressive war against China. This was the Opium War. The corrupt Qing government was forced to sign the unequal Treaty of Nanjing. From 1856 to 1860 Anglo-French forces occupied some cities in China. In 1900 Britain, allied with other seven countries invaded China and got the lower and middle Yangtze valley as well as a large amount of money according to the Treaty of Beijing. In 1842 Britain occupied Singapore, Malaya, in 1886 Burma. In Africa Britain defeated the Boers and annexed the two semi-independent Boer republics in 1901. And in fact Britain occupied one-third of the whole Africa. From the mid-19th century a number of British colonies were organized into dominions. They were the domination of Canada, Australia, New Zealand and South Africa. By the end of the 19th century Britain had occupied about a quarter of the earth's inhabitable area. So Britain boasted that she ran an "empire on which the sun never sets".

2. How did the British industrial monopoly decline?

— By the 1870's the decadence and parasitism of British imperialism began increasingly to affect the British economy. The British industrial monopoly declined after the middle of the 19th century. The interests of different sections of the community diverged. In particular, arable and meat-producing farmers felt the full weight of foreign competition. Many industrialists felt the growing pressure of foreign competition both in old and new industries. British textile industry was declining rapidly. The world markets were lost. Exports fell. The whole industry declined faster than ever before.

3. What do you know about the parliamentary reforms?

— The two British political parties, the Conservative and the Liberals were in power alternately during 19 century. Both parties realized that the parliamentary reform was irresistible, so they fell over each other to get credit from it. Yet it was Disraeli who claimed the credit for the act of 1867. In a parliament where Disraeli was in a minority, he eventually carried a bill, which lowered property qualifications and extended the franchise to all householders in the boroughs. It gave the vote to many workingmen in the towns and cities. The country franchise was not substantially changed, but some new seats were created by taking one member from existing borough constituencies. The industrial bourgeoisie was politically strengthened. Members of upper layers of the working class shared the fruits of the reform but millions of agricultural laborers, as well as the urban workers who were not house holders, remained voteless.

4. How did the Labor Party come into being?

— In February 1900 a labor representation conference was held in London at which trade unions, co-operatives and the Independent Labor Party, the Fabian Society agreed to found a Labor Representation Committee, with Ramsay MacDonald as first secretary, to promote the return of Labor members of Parliament. With Liberal support, it won 29 seats at the general election of 1906 and was renamed the Labor Party in the same year.

Exercise 2 Explain the following terms:

1. the Crimean War: The War broke out in 1845 and ended in 1856. It was a war between Britain, Turkey, France and Russia for the balance of power in Europe and the desire of the Western powers to keep Turkey as a barrier against Russian expansion into the Balkans. In 1856 peace was signed at Paris. Russia agreed not to fortify Sebastopol which was the great fortress in Crimea. And the Danube River was opened to free navigation.
2. the Opium War: From 1780 to 1839 Britain exported a lot of opium to China each year. In 1840 under the pretext of protecting her trade, Britain launched an aggressive war against China. This was the Opium War. The corrupt Qing government surrendered to the British invaders and was forced to sign the first unequal Treaty of Nanjing in 1842.
3. Viscount Palmerston: The Prime Minister of Britain during 1859 to 1865, was the image of the successful bourgeois. In domestic policy he resisted any reform and delayed overdue reform. After his death the question of parliamentary reform was re-opened.
4. the Fabian Society: It was a socialist society founded in 1883 18884 in London, to establish a democratic socialist state in Britain. It included intellectuals, such as G. B. Shaw and H. G. Wells, who played an important part in the 20th century labor politics.

Chapter X Britain in the Two World Wars

Exercise 1 Answer the following questions:

1. What was the background before the First World War?

— In Britain the Edwardian Age began and the Liberals were in power in 1905. The election was fought on the issues of free trade, temperance reform and education. The English working class movement reached new heights with a wave of strikes between 1911 and 1914. The suffragettes fought for women's rights. The Irish question created the greatest difficulties and Ireland was on the brink of Civil War. The capitalist world began to enter the new age of imperialism. The rivalry among the old and young capitalist powers became acute. The two blocks of capitalist states formed.

2. How did Britain take part in the First World War?

— After the Germans invaded Belgium in August 4, 1914, thereby violating a neutrality that Britain was committed by treaty to support, Britain took part in the war.

3. What was the aftermath of the First World War for Britain?

— Britain seemed to have won the victory, but the price was high: more than a million dead, a gigantic war debt, and loss of many foreign markets forever. After the World War I, Britain attended the Paris Peace Conference and got some colonies from Turkey and Germany. The British government organized "the campaign of fourteen states" against the new Socialist State.

4. What role did Winston Churchill play in the Second World War?

— He played an important role in the Second World War. In the crisis of the Second World War, Winston Churchill took over as Prime Minster in 1940. Winston Churchill also led the country during the "miracle of Dunkirk" at the end of May in 1940. That was 338 000 Allied troops' evacuation to Britain from Dunkirk. He and Roosevelt, Stalin decided to open the second battlefield in Europe at the Teheran Conference. He proposed to continue to fight against Japan until the end of the war. Although Britain's island status protected it from invasion, the civilians were involved in the war in a way that had never happened before. German bombing raids destroyed many cities, including London. However, Churchill and his people never gave up, and he received massive popular support as a war leader and led his country to final victory in 1945.

Exercise 2. Explain the following terms:

1. splendid isolation: the foreign policy carried by Britain from 1863 to the end of the century, through which Britain got less involvedt in European affairs.
2. the Treaty of Versailles: The treaty was signed at the Paris Peace Conference in 1919. According to the treaty Britain took Palestine and Mesopotamia from Turkey and seized a large number of German colonies in Africa and in the Pacific Ocean.
3. the Statute of Westminster: It was passed in 1931 and it gave legislative recognition to the relation between the British empire and her dominions. It made the dominions become independent states in all but name.

4. the Battle of London: It occurred on the first days of World War Ⅱ. There was a series of air raid on London. Two days before, the evacuation from danger zones began. Outdoor household steel shelters were constructing to protect people against air attack.

Chapter Ⅺ Britain after WW Ⅱ

Exercise 1 Answer the following questions:

1. What changes took place in Britain immediately after the end of World War Ⅱ?
—Immediately after the end of WW Ⅱ, Britain underwent enormous social changes. 1) The country was bankrupt after the war. The Labor party returned to power with a huge majority. Britain took a long time to recover from the cost of war—— nothing less than a reconstruction of the nation. 2) With the War over, Britain had to face the fact that it was no longer a major power. 3) The Labor Government struggled heroically to deal with the problems about improve standards of living and took on an emergency welfare responsibility, which was called a "cradle-to-grave" social security to built a "Welfare State". 4) The Labor Government also took control of industry and public utilities, and a two-year period beginning in 1946, saw the nationalization of the Bank of England, the coal industry; electricity and gas; air transport, along with road rail and waterways.
2. What was the Clean Air Act?
— Since the time of the Industrial Revolution, air pollution has been a major public health problem. So in October 1955, London passed this act. The purpose of the Act is to ban the burning of untreated coal to prevent a recurrence of the killer smog in London.
3. Why 1970s is called "the Age of Stagflation" in Britain?
—Along with most of the industrialized nations of the world, Britain entered a period of depression in the 1970's. In 1974, the great strike by the country's coal miners caused the Conservatives to lose the general election but under Labor, inflation spiraled and economic decline continued despite the social contract between the government and the trade unions. Therefore, 1970s in British history is called the Age of Stagflation.
4. What was the situation of Thatcher government in 1980s?
— Mrs. Thatcher's government took numerous measures to improve the efficiency of the economy during the 1980s. First, the government brought down the rate of inflation and achieved price stability. Second, Thatcher's

government cut back of expenditures on health, social services and education, which made the government extremely unpopular with the masses. 3) The government continued the policies of tight economic control, the privatization of industry and dismantling of the welfare state. The 1980s, indeed, were a decade of prosperity.

5. State briefly the new development in science and technique in the last two decades of the 20th century Britain.
   — In 1974, the computed axial tomography scanner was developed in England. In 1978, British doctors at London's Oldham Hospital created the world's first "test tube baby" Louis Brown. The 1990s saw the birth of the famous sheep Dolly (the first mammal produced from a doctor cell taken from an adult rather than from an embryo); and then Polly, transgenic animal produced through cloning. Britain was also busy creating its own "silicon valleys". In 1981, the World's longest bridge, Humber Bridge was completed. The world's longest high-speed optical fiber link connected Birmingham with London.

Exercise 2 Explain the following terms:

1. NATO: Its full name is the North Atlantic Treaty Organization, established in 1949. It is an international military alliance created to defend Western Europe against a possible Soviet invasion.
2. "Super Mac": It is nickname for Harold Macmillan. Macmillan was Prime Minister of Britain from 1957 to 1963. For his efficiency and skill, he was known "Super Mac".
3. Margaret Thatcher: She was the first woman Prime Minister in British history. She had her administration for two terms (1979-1990). She gained her reputation as the "iron lady" for her tight control of Britain's monetary policy. Mrs Thatcher really gained prosperity of Britain in 1980s. Under ten years of her ministry, Britain was beginning to come to terms with the loss of much of its heavy industry and the increasing reliance on finance, communications, oil, insurance, tourism, accounting and other service industries.
4. Diana Princess of Wales: It refers to Lady Diana Spencer. In July 1981 Diana Spencer married Prince Charles of Wales, then she became Princess of Wales. This marriage was known as the "Wedding of the Century" and it brought much glamour to the Royal family. The couple had two sons and soon they had divorce. Diana Princess of Wales died in a car crash in Paris on August 31, 1997.
5. *The Downing Street Declaration*: This is an agreement between Britain and

Ireland. It was signed in 1993, agreeing that the future of Northern Ireland should depend on the wishes of the majority.

6. IRA: It refers to Irish Republican Army. It is generally regarded as a terrorist organization.

Chapter XII Britain in the Early 21st Century

Exercise I Answer the following questions:

1. What event threw whole Britain in chaos in August 2006?

— In August, there was a most sensational event of the world—— an alleged airplane bomb plot threw whole Britain in chaos. British authorities warned travelers to remain vigilant, saying they may still be in the cross hairs of Islamic terrorists. Airlines cancelled almost a third of the flights from Britain's busiest airport. May passengers missed their flights dues to delays caused by the heightened security measures.

2. State briefly the clash between UK and Iran in March 2007.

— In March 2007, there was a clash between UK and Iran. On March the 23re, naval forces of Iran's Revolutionary Guards captured 15 British sailors and marines in the Persian Gulf and they declared the British soldiers had violated Iranian waters. But the British Foreign Ministry insisted the soldiers were operating in Iraqi waters. It summoned the Iranian ambassador in London and demanded that Tehran return the detainees. After marathon negations on March 29th, the UN Security Council announced its support for the crew's release but stopped short of condemning the seizure. The Europe3an Union called on Iran to immediately and unconditionally release 15 British sailors and marines being held. But although neither side agreed on the location of the sailors when they detained, both sides softened their rhetoric in the last two days. After 13-day standoff Iran released 15 British soldiers.

3. What was Tony Blair appointed to do by UN after he left No. 10 Downing Street?

— At the time he left his office as Prime Minster, Tony Blair was appointed to represent the Middle East negotiating Quartet as its envoy and he would serve as their reprehensive to promote peace in the region.

4. What problems does the new Prime Minister Gordon Brown face?

— First the British economy has seen low interest rates, falling unemployment and has been characterized by fiscal prudence during Gordon Brown's term in office. Second new prime minister is facing a country still divided by the Iraq war and seeking response to the recent call for a referendum on the new European Union treaty, which was agreed during a summit to replace the dead EU constitution treaty. Furthermore, there is rising speculation that Brown would soon occupy himself with an early general election. In organizing his government he showed his new ideas that he would reach out beyond the narrow party interest and build a government.

5. Give a brief account of Britain's information and commutation technology.
   — Britain's Information and Communications Technology sector is internationally recognized and respected for its entrepreneurship and innovation. Britain, for example, has 80% of the leading telecom equipment manufactures in the world, and those companies employ around 35,000 people and generate approximately $10.6 billion in annual revenue.
6. State briefly UK's economic development in the new century.
   — In the new century, UK's economy has developed in a curving wary. GDP grew by 0.7% in the previous three quarters of 2006. The level of GDP is now 2.7% higher than the third quarter of 2005. The output of the production industries rose by 0.1% in the latest quarter. The output of manufacturing grew by 0.6% and output of utilities grew by 0.3%. This was offset by a 3.9% decline in mining and quarrying.
7. What was the employment rate in 2006 in Britain?
   — The employment rate for people of working age was 74.5% for the tree months ending in September 2006, down 0.1 over the quarter and down 0.3 over the year. The number of people in employment for the three months ending in September 2006 was 28.99 million, up 56 000 over the quarter and up 192 000 over the year. Total hours worked per week were 925.4 million, down 0.9 million over the quarter but up 1.3 million over the year.

Exercise 2 Explain the following terms:

1. Gordon Brown: He is the Prime Minister of the United Kingdom of Great Britain and Northern Ireland. He took office on 27 June 2007, three days after becoming leader of the Chancellor of the Exchequer . Prior to this he served as the Chancellor of the Exchequer in Tony Blair's government from 1997 to 2007, becoming the United Kingdom's longest serving Chancellor.
2. Our Energy Future Creating a Low Carbon Economy: It is a white paper published by British Government in February 2002. It defined a long-term strategic vision for energy policy combining Britain's environmental security of supply, competitiveness and social goals.

3. microsatellite technology: It was developed by Britain to provide an innovative and low-coast alternative to the more traditional, and more expensive optical satellites, making it easier to provide wide access to the images generated, increasing the number of people who can see them, and expanding their areas of use. Microsatellite images are currently being used in many remote-sensing applications.
4. IRCs: It is the abbreviation of Interdisciplinary Research Collaborations. They are centers of internationally-acknowledged scientific and technological excellence, with sufficient critical mass to make a real impact in areas of key future industrial relevance to the UK.
5. governmental final consumption expenditure: It consists of expenditure, including imputed expenditure, incurred by general government on both individual consumption goods and services and collective consumption services.

Part Three Culture

Chapter Ⅰ Education

Exercise 1 Answer the following questions:

1. How many years does a pupil study at a primary state school?
   — Six years, from the age of five to eleven.
2. Which type of schools enrolls the top pupils at secondary education?
   — Grammar schools enrolls the top pupils at secondary education.
3. How many types of universities are there in Britain? Which two universities are the most famous ones?
   — There are five types: 1) old universities, 2) the four Scottish universities, 3) the middle-aged universities, 4) the new universities, 5) the Open University and Buckingham University (independent university). Oxford and Cambridge are the oldest and the most famous in the world
4. How are "public" schools financed?
   — Public schools in the UK are financed mainly by fees paid by parents and private funds.
5. What do you think of the two British educational systems?
   — Generally speaking, there are two systems of primary and secondary education in the UK, the state school and independent schools. The great

majority of parents send their children to state schools, where education and equipment, including textbooks and stationery, are entirely free. While independent schools are run by an individual person or a company and financed mainly by fees paid by parents and private funds. Therefore, minority of parents send their children to such schools because of the high fees.

6. What do you know about Oxford University?

—The University of Oxford, located in the city of Oxford, England , got started in the 12th century. It is the oldest university in the English-speaking world , and is also regarded as one of the world's leading academic institutions. Oxford is one of Europe's most innovative and entrepreneurial universities and is also the UK pioneer in developing a university intellectual property policy.

Exercise 2 Explain the following terms:

1. "G. C. E.": It is an examination taken by the students of the secondary schools. G. C. E. stands for the General Certificate of Education.
2. Eton College: It is one of the largest independent secondary schools in England and one of the most prestigious.
3. Polytechnics: They are the institutes of technology and polytechnics, which have existed at least since the 18th century , but became popular after World War II with the expansion of technical education, associated with the new needs created by industrialization. In some cases, polytechnics or institutes of technology are engineering schools or technical colleges.
4. the Open University: It was founded in 1969, is a most interesting innovation of higher education. It is open to everybody, and does not demand the same formal qualifications as the other universities, though preparatory work may be required. The universities offers courses through one of the BBC's television channels and by radio, and has tutors and counselors all over Britain, who read papers written by students and discuss them at meetings or by correspondence.
5. M. A. : It is the abbreviation of Master of Arts.
6. The Oxford University Library Service: It is made up 38 libraries housed across the university. Together these libraries hold over eleven million volumes, many with research collections of national significance.
7. Kettle's Yard: It is an art gallery and house in Cambridge University, where contemporary art could be found.
8. the Regent House: Since the Cambridge is a self-governing body, the Regent House is the legislative authority, which consists of the three thousand or so

members of the teaching and administrative staff of the University and Colleges who have the MA or a higher degree.

Chapter Ⅱ The Media of UK

Exercise 1. Answer the following questions:

1. What are the two central features of the British press?

—(1) A paper printed in London around midnight can be read anywhere the next morning.

(2) The press is mostly owned by one of five large organizations; independent small newspaper publishers find it difficult to survive. The national papers contain news of national interest and are sold nationwide. The local papers contain news of interest to a particular region or town and are sold in that locality.

2. Which is the most famous and oldest British daily?

— *The Times* is the most famous and oldest British daily.

3. What are the most important journals? What do you know about them?

— *Economist*, *New Statesmen*, *Spectator New society*, *Private and Punch* are the most important journals in Britain, especially *The Economist* is the most influential and the most substantial. It seriously comments every event of any political or economic interest that has taken place in the world. *The New Statesmen*, and *Spectator* are reviews of books and publish articles on the political or social affairs.

4. Name the two main radio and television companies. When were they founded? What are their main features respectively?

— (1) The British Broadcasting Corporation (B. B. C.): It was founded in 1922 and does all sound broadcasting in Britain. There are four B. B. C. radio channels which have different tastes during the day. The B. B. C. World Service operates international short-wave services in 39 languages. There is no advertising on B. B. C. sound or television programmes. And B. B. C. is financed by payment from all people who possess TV sets. If the payments are not enough, the Government gives grants to the rest of expenditure.

(2) The Independent Broadcasting Authority: It was founded in 1955. It is a commercial broadcasting and T. V. organization and advertisements are inserted between programmes or in natural breaks in particular programmes, so it gets money from advertising.

5. How is the B. B. C. financed?

— It is financed by payments from all people who possess T. V. sets.

6. What are the main news agencies in Britain? What do you know about Reuters?

   — Reuters, the Press Association Ltd., and the Exchange Telegraph Co. Ltd are the main news agencies in Britain. Reuters is one of the four major news agencies in the world. It was founded in 1851 in London. It has about 1200 reporters stationed in 183 countries and regions. It is an important propaganda tool of the British monopoly bourgeoisie.

Exercise 2 Explain the following terms:

1. the ITC: It is the abbreviation of the Independent Television Commission, which is an important television medium in Britain.
2. BBC: It refers to the British Broadcasting Corporation, which is the largest broadcasting corporation in the world
3. *the Times*: It is a daily newspaper published in London, one of Britain's oldest and most influential, and one of the world's greatest newspapers.
4. *the Spectator*: It is a periodical given much space to reviews of books and to literary and other artistic matters and publish articles on the political and social affairs of the day.
5. Reuters: It is one of the four major news agencies in the West; the principal news agency in every country in the world is affiliated to Reuters.
6. Extel Financial: It is a news agency based in London and has a network of offices in Europe and the United States and direct representation in Japan and South-East Asia.
7. Radio Authority: It is one of the British major radio and Television companies.
8. *the Economist*: It is the most influential and most substantial periodical in Britain, making serious comments each week on every event of any political or economic interest that has taken place in any part of the world.

Chapter Ⅲ Sports

Exercise 1 Answer the following questions:

1. What is the temperament of the British Sportsmen?

   — It is admiration for sportsmanship, playing with respect for the rules and opponents, winning with modesty and losing with good temper.

2. How is cricket played?

   — Cricket is played comparatively slowly and quietly. It seems to reflect the English character, gentlemanly sportsmanship.

3. What is the most popular sport in Britain?

— Association football(soccer) is the most popular sport in Britain, The season is from from mid August to early May.

4. What do schoolgirls play in winter?

— They play netball (a kind of baseball) and hockey.

5. What is the popular betting sport in Britain? When and where is the climax of hurdle racing?

— Horse racing is the popular betting sport. The Grand National steeplechase at Liverpool in March is the climax of hurdle racing.

6. How many players are there usually in golf? How does one win in it?

— There are usually two players playing against each other. The winner is one who completes the course in the smallest number of strokes.

Exercise 2 Explain the following terms:

1. Cricket: It the most English game, reflecting the English character: comparative slowness and quietness.
2. Soccer: It claims highest attendance in Britain. The season is from mid August to early May. It is played in most of the schools and there are thousands of amateur teams all over the United Kingdom.
3. Flat-Racing: It is a kind of horse racing which is run over a level track at a predetermined distance. The race is a test of speed, stamina and the skill of the jockey in determining by when he or she chooses to hold the horse back or to make the horse work harder.
4. Football "pools": It is the bet on the results of matches, and it provides amusement for millions of people, both men and women.

Chapter Ⅳ Science

Exercise 1 Answer the following questions:

1. Who revolutionized scientific thought in Britain in the 17th century? What was he?

— Sir Frances Bacon revolutionized scientific thought in Britain in the 17th. He was a statesman and a man of letters.

2. What makes Isaac Newton one of the founders of modern science?

— Newton was undoubtedly one of the greatest scientific minds in the field of pure science and mathematics. With the publication of Mathematical Principles of Natural Philosophy, he bound together the whole of nature by one universal force, gravity. The calculus, the nature of white light and other discoveries make him one of the founders of modern science.

3. Who developed atomic theory in the 18th century? And what was he?
   — John Dalton developed atomic theory in the 18th century. He was an English chemist and physicist.
4. What did Charles Robert Darwin develop? What do you know about his theory?
   — Charles Robert Darwin developed a theory of evolution. His theory of evolution is that all living beings, including men are evolved from more primitive species instead of being created by God.
5. What were the first inventions in Britain?
   — The first inventions in Britain is the world's first turbo-jet airliner, the world's first nucleus power station, the world's first large radio telescope and the world's first hovercraft.

Exercise 2 Explain the following terms:

1. the Royal Society: It is a British organization for the advancement of science which was formed in London in 1660. The great scientist Isaac Newton was its president for 23 years. It is one of the most prestigious scientific bodies in the world.
2. immunology: It is a branch of biomedicine concerned with the structure and function of the immune system. The science of immunology was first put forward by Edward Jenner, an English physician.
3. the theory of evolution: It is the theory developed by the British naturalist, Charles Robert Darwin in 19th century which considered the human beings are not created by God, but evolved from more primitive species.
4. *On the Origin of Species*: It is a famous book written by Charles Robert Darwin. The book provided reasons why the old idea of the special creation of species by God was untenable and showed that all living things, including men, are similar and not had been individually created, but had evolved from more primitive species.
5. Robot: It is a machine that can move and do some of the work of a man, especially an imaginary machine figure that moves or acts as if alive.
6. DNA: It was a great discovery of particular significance in 1952. It was the solution of molecular structure of the genetic substance. Francis Crick and an American, J. D. Watson determined DNA's self-replicating processes which revolutionized biochemical science.

Chapter V Art, Music and Film

Exercise 1 Answer the following questions:

1. When did the British artists begin to have their own British characteristics in their art works?
   — In the 18th century native British artists at last make their mark. Portrait painting is the more characteristic them of British art, in England and also in Scotland. Meanwhile another very British theme develops, from the second half of the 18th century, in the tradition of landscape watercolors. The first English painter on a grand scale is also the most English of painters.
2. What happened to Victorian art by 1920?
   — By 1920 Victorian art was totally unfashionable ad despised, wit pictures being virtually unsaleable, or of little value.
3. Do you know music festivals in Britain? Show some Examples.
   — There are important music festivals in towns such as Aldeburgh, Bath, and Cheltenham. Pop music festivals draw thousands of people, especially young people. The Proms is the biggest annual classical music festival. The Edinburgh International Festival, founded in 1947, attracts a wide audience and eminent musicians and orchestras.
4. What do you know about Jazz and pop music in Britain?
   — The British jazz scene holds an important place in the world, and there are several large festivals all over the country. London has a very active jazz scene with many well-known pubs and clubs.
5. Could you name some charity work Katie Melua did in her career?
   — *Call off the Search, a new version of Do They Know It*'s Christmas, Call off Search, Too Much Love Will Kill You, Piece by Piece *are charity work of Katie Melua.*
6. *What is BAFTA Award?*
   — *It refers to the British Academy of Film and Television Arts, is a British organization that hosts annual awards shows for film, television, children*'s film and television, and interactive media. It was founded in 1947 as the British Film Academy.

Exercise 2 Explain the following terms.

1. The Royal Society of Arts: It was founded in 1768 by a group of leading artists. It also gave an opportunity for artists to exhibit and sold their work at an annual Summer Exhibition.

2. The Tate Gallery: It was opened at Milbank in 1807. It had eight galleries and housed 65 paintings donated by Sir Henry Tate.
3. William Turner: He was one of the finest landscape artists of Britain, who was born in 1775. His work was exhibited when he was still a teenager. His entire life was devoted to his art and he was successful throughout his career.
4. Sarah Lucas: She is one of the leading figures in an outstanding generation of young British artists who emerged during the 1990s. She was gained an international reputation for provocative works that frequently employ coarse visual puns and a defiant bawdy humor.
5. Bonnie Tyler: She is a Welsh-born rock star of Britain. She is widely recognizable by her highly distinctive, husky voice.
6. Dido: She is an electronic pop singer of Britain.
7. Sir Alfred Hitchcock: He is an English-American film director, writer, and producer.
8. Kate Winslet: She is an English actress. She is noted for having played a wide range of diverse characters over her career, but is probably best-known for her critically acclaimed performance as Rose in the film *Titanic* in 1997.

Chapter Ⅵ Literature

Exercise 1 Answer the following questions:

1. Who are the greatest British novelists? And what are their finest works?
   — Daniel Defoe, *Robinson Crusoe*; Charles Dickens, *David Copperfield*, *Great Expectations*, *A Tale of Two Cities*; William Makepeace Thackeray, *Vanity Fair*; Thomas Hardy, *Tess of the D'Urbervilles*; John Galsworthy, *The Forsyte Saga*; James Joyce, *Ulysses*.
2. What makes Charles Dickens one of the most popular creative writers?
   — His vivid description about the characters in his novels, the cunning and the innocent, the heroes and the villains, the meek and the bold, the tragic and the comic, the merry and the miserable, the simple and the complicated come alive before us.
3. Who was the father of English poetry? What is his contribution to English poetry?
   — Geoffrey Chaucer was the father of English poetry. His main contribution to English poetry is the introduction of rhyming stanzas of various types from France.
4. Name two of the famous poets of this century who were both awarded Nobel

Prize. When did this happen?

— William Butler Yeats won the Nobel Prize for literature in 1923 and Thomas Stearns Eliot won the Nobel Prize for literature in 1948.

5. How many plays did William Shakespeare write? Why are his plays still frequently acted?

— He wrote thirty-seven plays in his life, including comedies, tragedies and historical plays. His plays contain a surprising variety of human qualities and moods, and a wealth of eloquence and word-mastery.

6. How many Irish playwrights do you know? What are their chief works?

— There are five Irish playwrights. 1) Oscar Wilde, the chief works : *Lady Windermere's Fan*, *A Woman of No importance* 2) George Bernard Shaw, chief works: *Widower's Houses*, *Mrs. Warren's Profession* 3) William Butler Yeats, chief works: *Fairy and Folk Tales and The Countess Cathleen* 4) John Millington Synge, chief works: *Riders to the Sea* 5) Sean O'Casey, chief works: *Cathleen Listens In and Juno and the Paycock.*

Exercise 2 Explain the following terms:

1. Robin Hood: He is the main character in a best loved story. He was a popular hero living under the greenwood with his men, taking from rich and giving to the poor and waging war against bishops and archbishops.
2. the Renaissance: Europe rediscovering its origins in the culture of ancient Greek and Rome. It was a cultural movement that arose with the bourgeoisie. The representatives of this thought were called humanists, such as Sir Thomas More, William Shakespeare.
3. "art for art's sake": It is a theory advocated by Irish playwright Oscar Wilde. His novel *the Picture of Dorian Gray* is the product of this theory.
4. the Garden of Eden: It refers to the garden in the Bible where Adam and Eve lived before their disobedience to God.
5. *Vanity Fair*: It was the famous English novelist William Thackeray's masterpiece published in 1847, and its subtitle is *A Novel without a Hero.*
6. the Angry Young Men: It is the title often to the playwrights who wrote the dramas which described the lower class life.

Chapter Ⅶ The Scenic Spots and Historical Sites

Exercise 1 Answer the following questions:

1. Where does sightseeing in London begin for most travelers?

— Westminster Abbey is where sightseeing in London begins for most travelers.

2. Where is the British Museum and what does it consist of?

— The British Museum is in London's Great Russell Street; it consists of the British National Museum of Antiquities and Ethnography and the British National Library.

3. Where can you find the world-famous Speakers' Corner?

—It can be found at the northeast end, Marble Arch in Hyde Park.

4. What is the Tower of London like? Who was the first prisoner in it?

— The Tower of London is an ancient fortress occupying nearly 13 acres. It is situated on the east side of the city and on the northern side of the River Thames. The Tower is surrounded by a ditch. Gardens surround it on the north and west, and an embankment borders the river on the south. Two lines of fortifications enclose the inner bail, in which can be found the White Tower, flanked by four turrets.

5. Which is the biggest and best-known church in London?

— St. Paul's Cathedral is the biggest and best-known church in London.

6. What is in Madame Tussaud's?

—It is a famous wax museum in London with collection of wax effigies of famous figures from the worlds of politics, entertainment, music and sports, both living and long gone.

Exercise 2 Explain the following terms:

1. Greenwich Royal Observatory: It is an astronomical observatory, oldest scientific institution in Britain, founded for navigational purposes in 1675. It is located about five miles down the river from central London. The prime meridian of longitude and official mean time is reckoned from Greenwich for the purpose of geography and navigation.
2. Buckingham Palace: It is the monarch's present London home, facing St. James Park.
3. Whitehall: It is the most important street in London where some of the government offices, such as the Home Office, the Treasury, the War Office, are located.
4. St. Paul's Cathedral: It is the biggest and most well-known church in London, a typical example of the architecture of the Renaissance.
5. the British Museum Library: It is one of the three parts of the British Museum, one of the largest and richest libraries in the world. There are many treasures, in particular, many unique manuscripts, and all kinds of English books. Karl Marx once came to study and work in the museum library regularly and

completed most of his famous book *Das Kapital* (Capital) there.

6. Westminster Abbey: It is a veritable national shrine. Many of the country's greatest literary and scientific figures are buried in the abbey.
7. The London Eye: It is one of London's most modern landmarks. It is the world's biggest Ferris wheel. From the highest point of 450 feet, it promises views up to 25 miles.

Part Four Social Life

Chapter I The Family

Exercise 1 Answer the following questions:

1. Why is it almost impossible to describe an English family in general?

   — The concept of the English family is an elastic one. Their languages are different, and their wealth and class origins are also different.
2. How do you understand "Marriage signifies the beginning of a new and independent family"?

   — British society is based on family life and the family is a self-contained economic and social unit with mother, father and children living together alone in their own house. So marriage signifies the beginning of a new and independent family.
3. How do the newlyweds solve the problem of housing?

   — 1) They look through advertisements to find a house for rent. 2) They may mortgage a house through a building society. 3) If they have enough money they may buy a house, but this seldom happens.
4. What is the first course of an English lunch? Do you think it similar or different from the Chinese way of serving food?

   — The first course of an English lunch is a small quantity of soup. It is different from the Chinese way of serving food. In China this is usually the last course.
5. What clothes does an English man wear in winter? When does an English woman wear trousers instead of a skirt?

   — In winter an English man usually wears a woolen pullover, a suit or a jacket with trousers of different color, grey trousers and dark jacket are especially common in Britain. An English woman wears trousers instead of skirt mainly for casual wear.

Exercise 2 Explain the following terms:

1. London Cockney: It is a dialect spoken by some Londoners。

2. newlywed: It refers to a man or usually a woman who has recently married.
3. "going steady": It means that the relation between a young man and a girl becomes steady. So they are going to marry, and they will meet their parents to tell the news.
4. mortgage a house: It means to get a house by mortgage. The person who mortgages a house must pay back a little of the loan on the house each month. If they pay off the debt in certain period, they will become the owner of the house. If not they will lose the house.
5. corporal punishment: It is the punishment to the body, such as beating, whipping. In Britain corporal punishment is hardly used at home and sticks, whips are looked upon as a horror by most parents.

Chapter Ⅱ Character and Manners

Exercise 1 Answer the following questions:

1. What are the two reasons why the British people have the characteristic of exclusiveness?

   — One is the special geographical location of Britain; the other is the distinct development of history.
2. Can you show us an example of the conservative characteristic of the British people?

   — One example is that the British people have been slow adopting rational reforms, such as the metric system.
3. When does an Englishman say "Oh! Please don't bother"?

   — When he wants politely to refuse an offer of service he says "Oh! Please don't bother!" In Britain, all politeness is based on the basic rule of showing consideration for others. The British people do not readily ask you to do anything inconvenient for them.
4. How do you know that the British people love privacy? Give an example or two.

   — The right to privacy is unquestioned by the British. There is a common saying among the British people, "My home is my castle. The wind can come in, but the Kings and Queens are human beings who can never come in without my permission." When an Englishman moves into a new house, the first thing he does is to build a fence around his house to separate himself from his neighbors.
5. Some people say that the Englishman is like a cold fish that has just come out of

the ice. What do you think of that?

— This may be true. The British people are cold by nature. They do not show their feelings very much and do not show their emotion if they are very happy and neither do they if they are sad. For example, when you work at a factory, the guy, whom you work with, never tells you anything about himself. You may work with him for years, yet you even don't know where he lives, how many children he has and what his interests are.

6. What is the British sense of humor?

—The British sense of humor is self-deprecating, that is the act of laughing at oneself. An Englishman laughs at his own faults, his own shortcomings, his own failures and his own embarrassment, even his own ideals.

Exercise 2 Explain the following terms:

1. phlegm: It is one quality of the British people, it means dull or apathetic coldness or indifference.
2. fierce individualism: It is the idea that the rights and freedom of the individual are the most important rights.
3. exclusiveness: This is the best-known quality of the British people. It means, "I am English. You stay away from me. I am exclusive. I am quite happy to be myself. I do not need you. Leave me alone."
4. rational reform: It refers to the reform which is rational, such as the metric system.

Chapter Ⅲ Customs and Habits

Exercise 1 Answer the following questions:

1. What did John Bull denote in the seventeenth century and what is his image?

— John Bull denotes Britain or any Englishman in the 17th century. His image is short and fat, with a tall hat on his head and pair of boots on his feet.

2. Why does an Englishman like to talk about the weather?

— There are probably two reasons. One is the uncertainty of the weather. Another reason is that weather is a subject which is quite safe, friendly to talk about.

3. What are the three "Don'ts"? And three "ings"?

— Three "Don't's": Don't jump up the queue. Don't ask a woman's age. Don't try to bargain in Britain when you do shopping. Three "Ings": betting, drinking and tipping.

4. How did the yearly ceremony of the Queen's parliamentary speech come into

being?

—The ceremony came into being three hundred years ago. One day in 1642, Charles I angrily stepped into the House of the Commons and tried to catch five members of the Commons. The Speaker refused his request, and said he would only obey the Parliament order. Having no way out, Charles I had to leave the House. Then the members shouted, "Privilege! Privilege!" to protest the King's rude act. Later, the newly-risen bourgeois House of Commons decided to have such a ceremony every time Parliament opened.

Exercise 2 Explain the following terms:

1. John Bull: It is the nickname of England or a typical Englishman.
2. jumping the queue: In refers to obtaining an unfair advantage over others who have been waiting longer.
3. a cocktail lounge: It is a kind of public room in a hotel, restaurant, club, etc., where cocktails or other drinks may be served.
4. the Speaker: It is the presiding officer of the British House of Commons.

Chapter Ⅳ Holidays and Festivals

Exercise 1 Answer the following questions:

1. How long approximately do the industrial workers have for holidays?

   — The industrial workers have at least four weeks' paid holiday.
2. How do the English people usually spend holidays?

   — They usually spend their holidays at the resorts of the seaside. There they have swimming, bathing, or have other kinds of amusement, such as shooting, roundabouts, watching a beauty contest, going to a concert or a party. And some of the people go abroad for sightseeing.
3. How many public holidays do the people in England and Wales have and what are they?

   — In England and Wales there are five public holidays. They are: New Year's Day, Good Friday, Easter Monday, Christmas and Boxing Day.
4. What festival is the greatest in Britain? What is its significance and at what time is it celebrated?

   — Christmas Day is the greatest festival in Britain. Its significance is to commemorate the birth of Jesus Christ which is on December 25.
5. What do you know about the Christmas pudding?

   — The Christmas pudding is dark brown, rich and fruity, sometimes with a few silver coins hidden in it.

6. How is New Year's Day celebrated in Scotland?
— The main celebration is on New Year's Eve. People stay up late, often at a party or a religious "Watch-night service" to see the New Year in. As the clocks strike midnight between December 31st and January 1st, church bells strike ringing joyfully, and the people, at their parties, drink a toast to New Year, wishing their friends happiness and prosperity.

Exercise 2 Explain the following terms:

1. Christmas: Christmas Day is on December 25, which is the greatest of the Christian festivals, commemorating it as the birth of Jesus Christ. It is basically a home or family festival. Those who live away try to get back home to celebrate the day with the family. People send presents; cards to each other, especially children have their presents from Santa Claus. People usually have a sumptuous dinner, many kinds of amusement.
2. Boxing Day: Boxing Day is the first weekday after Christmas. It is a public holiday in England, Wales and Northern Ireland, when Christmas gifts or boxes are traditionally given to household employees and other service workers.
3. "Hogmanay": It refers to the New Year's Eve in Scotland and the parties, drinking etc. take place then.
4. Easter Monday: It is an anniversary of the resurrection of Jesus Christ.
5. Guy Fawkes Day: It is a Day which celebrates a historical event, when Guy Fawkes, one of the conspirators attempted to blow up the English parliament on November 5th. He was caught in the cellar of the House of Commons where the gunpowder had been placed in readiness.
6. Armistice Day: The Day is also called Remembrance Day. It is an important patriotic festival on about November 11th, when the British remember millions of people, both British and foreigners, who died in the two World Wars.

Chapter V Incomes and Social Benefits

Exercise 1 Answer the following questions:

1. How long is the standard working week usually in Britain?
— The standard working week is usually thirty-five and forty hours, and often spread over five days, from Monday to Friday.
2. What is the difference between wages and Salary?
— Wages is payment made or received for work or services, usually week in cash. Salary is payment for regular work, usually monthly.
3. What does every employed man or woman have to pay the government? And

how does he or she pay them?

— One is the National Insurance and National Health, the other is Income Tax. They are levied by the central government.

4. What do your know about the average incomes by family type?

— In the UK, households receive income from a number of sources including earnings, social security benefits or tax credits and interest on investments and pensions. In 2003 and 2004 76% of UK average income came form earnings and 13% form benefits and tax credits.

5. How many kinds of pensions in the United Kingdom?

— There are mainly six kinds of pensions in the United Kingdom. They are Occupational Pension, Personal Pension, State Pension, Pension Credit, Over 80 Pension and Stakeholder Pension.

6. Do the salaries of different group of people vary? Show some examples.

— Yes, the salaries of different group of people vary. For example, in the army, the starting salary is £ 14000 to £ 23000. A general may earn 170000 to 175000. In the field of education a qualified teacher in England and Wales is £ 20,133 per year. A head teacher is looking at a salary of £ 35000 at the very least. A head at a big secondary school could earn as much as£ 98000.

Exercise 2 Explain the following terms:

1. Pension Credit: It is an entitlement for people aged 60 or over living in Great Britain.
2. Personal Credit: It is also known as a private pension. They are provided by pensions companies and are intended to give you a second pension to help you have a secure retirement.
3. State Pension: It is paid to entitled people who claim it having reached State Pension Age. It is based on National Insurance contributions and it is made up of different elements.
4. Stakeholder Pension: It is a type of low-charge pension. People can buy a stakeholder pension from a commercial financial services company, such as a bank, insurance company or building society.
5. Over 80 Pension: It is a non-contributory pension for people aged 80 or over with little or no State Pension.

Chapter Ⅵ Religion in Britain

Exercise 1 Answer the following questions:

1. What are the three great religions of the world? When were they founded? Who

were their founders?

— Buddhism was founded in the 6th century B. C. by Sakyamuni; Islam was founded in the 7th century by Mohammed; Christianity was founded in 30 A. D. by Jesus Christ.

2. What are the three main groups of Christianity? Which group does the Church of England belong to?

— The three groups of Christianity are Catholicism, the Orthodox Eastern Church, and Protestantism. The Church of England belongs to Protestantism.

3. What is the most important religious denomination in Britain? When did it come into existence?

— The most important denomination is the Church of England. It came into existence during the European Religious Reformation of the 16th century.

4. What are the Nonconformist Churches in Britain? Why and when did they break away from the Church of England and form their own denominations?

— They are Methodist, the Congregational, the Baptist, Quakers, the Presbyterian Church, the Pentecostal Church and the Salvation Army. After the Reformation many Protestants thought the Church of England had not completely thrown away the rules and services of the Church of Rome. So they broke away from the Church of England and formed their own churches.

5. What are the main features and tendencies of religion in Britain?

— The main features are: 1) There is no "Christian" political party, no anti-religious or anti-clerical party either. 2) There is a widespread interest in religion. The main tendencies of religion in Britain are 1) the unity among the churches, 2) more social, 3) up-to-date.

Exercise 2 Explain the following terms:

1. Buddhist Scriptures: It is the doctrine of Buddhism.
2. Apostles: They are the twelve men chosen by Jesus to spread his teaching.
3. Protestantism: It is a main group of Christianity, separated from the Roman Catholic Church at the Reformation in the 16th century.
4. Catholicism: It is a main group of Christianity, separated from Orthodoxy in 1054.
5. the Orthodox Eastern Church: It is a main group of Christianity, separated from Catholicism in 1054.
6. the Quakers: The other name is the Society of Friends which was founded in the 17th century. They have no ministers and no organized services. They believe in peace and helping people in trouble.

7. the Salvation Army: It is one of the main nonconformist denominations, founded in London in 1865. They preach the story of Jesus Christ and do social work among the poor and sick. Their organization is almost military.
8. the Holy Bible: It is the doctrine of Christianity.

Part Five Political System

Chapter I The Monarchy

Exercise 1 Answer the following questions:

1. When and how did the Constitutional Monarchy take shape?
   — It took shape at the end of the 17th century. The Parliament then established its rights. The power gradually passed into the hands of ministers and a two-party system was developed.
2. Why does the King or Queen have no real power?
   — The King or Queen seems to have an unlimited power. But practically everything he or she does is done on the advice of her ministers and everything has been decided in advance by Parliament or the prime minister together with his cabinet. He or she does it automatically without any alternative.
3. How do you understand "She reigns but she does not rule"?
   — Though the Queen in Britain has various constitutional rights, she has no real power and was controlled by the Parliament and the cabinet. The United Kingdom is governed in the name of the Crown.
4. What are Crown's constitutional rights?
   — The Queen appointed all ministers in the Government. She summons, prologues and dissolves Parliament. She concludes treaties and declares war. In the new session she makes the opening speech and outlines her government's programme. She gives her assent to bills before they become law. She confers peerages and other honors.
5. Who is the present Sovereign and what is her present title?
   — The present Sovereign is Queen Elizabeth Ⅱ. The title is "Elizabeth the Second by the Grace of God of the United Kingdom of Great Britain and Northern Ireland and of Her Other Realms and Territories Queen, Head of the Commonwealth, Defender of Faith."
6. What is the use of the Crown?
   — The Crown is used as a symbol and is described as the representative of the

people.

Exercise 2 Explain the following terms:

1. the Judiciary: It refers to English Courts of Justice.
2. the peerage: It refers the formal body of aristocracy, distinguished by titles and by the right to sit in the House of Lords.
3. the Crown or Sovereign: It refers to the supreme ruler, the rank of a King or Queen.
4. the Monarchy and Monarch: The Monarchy refers to the rule by a king or queen without any limitation; Monarch means a ruler of a state —— a king, queen, emperor, or empress who has right by birth, not to be elected.
5. the Commonwealth: It is the British Commonwealth of Nation, referring to Britain and her colonies

Chapter Ⅱ Parliament

Exercise 1. Answer the following questions:

1. What is the process of law-making in Britain?

   — When a bill is proposed, it first begins in the House of Commons. It has "three readings" there. If the Commons and the Lords pass it, it must finally go to the Queen for her signature.
2. What are the titles of the nobility in Britain?

   — The titles are Duke, Marquis, Earl, Viscount, Baron.
3. Why do few people pay much attention to the House of Lords? And why are the British people unwilling to lose it?

   — For the House of Lords has no real power except judicature, for example, the House of Lords has no power to prevent the passing of legislation approved by the House of Commons. The House of Lords seems to be useless, yet the British people are unwilling to lose something they have had for so long.
4. What is the position of the Speaker?

   — The Speaker is the head of House of Commons. He is only next to the Prime Minister in position. He has the right to maintain the Order of the Chamber, to decide which member should speak first, to appoint members of the quorum.
5. What do you think of "Question Time"?

   — At "Question Time" the ministers answer the questions such as "Is the Minister aware that ?" one by one. Question time is the most widely-known and admired procedural device of the British House of Commons which many other countries imitate in some way.

6. Who are the real law-makers in the House of Commons? Why is that?
   — The real law-makers in the House of Commons are the members of stronger part because the stronger party forms the Government in Britain.

Exercise 2 Explain the following terms:

1. Parliament: It is the legislature of the state—— the body which makes or unmakes laws. The British Parliament consists of three elements—— the Crown, the House of Lords and the House of Commons.
2. the Opposition: The weaker party in the House of Commons forms the Opposition. The Opposition criticizes government policy, exposes its weak points, suggests government policy etc.
3. the Chancellor of the Exchequer: the minister of finance in Britain.
4. the House of Lords: The House of Lords is the oldest part of Parliament which evolved from the Great Council. Theoretically the House of Lords is equal in power with the House of Commons, except in matters of taxation and expenditure. No bill of Parliament can become law unless the House of Lords has been consulted. But since 1949, the House of Lords has no power to prevent the passing of legislation approved by the House of Commons.
5. the House of Commons: The House of Commons came into being at the end of 13th century. It has real power. The members of it are not appointed, but elected at the present time. The Commons consists of 650 members. The stronger party in the Commons forms the Government and the weaker party forms the Opposition. The Government is the real law-maker and has real power.
6. President of the Chamber: It can be also called the Speaker, who is the head of House of Commons and is chosen by a vote of the House. He is very influential, next only to the Prime Minister in rank.

Chapter Ⅲ The Government

Exercise 1 Answer the following questions:

1. What is the core of the leadership of the British government?
   — The Cabinet is the core of the leadership of the British government.
2. What does the Cabinet consist of?
   — The Cabinet consists of the Prime Minister, the Lord President of the Privy council, the heads of the most important Departments and a few ministers without portfolios.
3. What was the function of the Privy Council in the 17th century?

— Its function in the 17th century was in charge of foreign affairs and had great power. The King and some councilors of the Privy Council got together in a cabinet to discuss foreign and domestic affairs.

4. What is the difference between the Cabinet and the Government departments?

— Government is the collective name for all the ministers and junior ministers, plus four legal members and about twelve ministerial whips. Cabinet is made up of the Prime Minister, the Lord President of the Privy Council, the heads of the most important Department and a few ministers without portfolios.

5. Where does the expenditure of the local government come from?

— It comes from two major sources. One is from local taxes; the other is from the grants of central government.

Exercise 2 Explain the following terms:

1. The Privy Council: The Privy Council was established in the 15th century, which played an important part in foreign and domestic affairs. With the establishment of Cabinet government at the beginning of the 18th century, the Privy Council gradually lost its important. Most of its power was transferred to the Cabinet except the executive. It consists of about 390 (1987) councilors with the Lord President as the head.
2. the Cabinet: The Cabinet is the core of leadership of the British government. It is made of the Prime Minister, Lord President etc., and every important decision is made and carried out by the Cabinet, which directs, controls the armed forces, the police, the courts, the prisons and other organs.
3. government: The British government is the supreme administrative institution which manages state affairs. It is divided into central government and local governments.
4. the Lord President: It is the head of the Privy Council.
5. No. 10 Downing Street: It is the residence of the Prime Minister.
6. Lord Mayor: It is the officer of a borough or a city in Britain.

Chapter Ⅳ Parties and Elections

Exercise 1 Answer the following questions:

1. Which are the two major parties in Britain today?

— They are the Conservative Party and the Labor Party.

2. When was the name "Troy" changed into that of "Conservative"?

— In 1833 the name "Troy" changed into that of Conservative.

3. How many constituencies are there in Britain today? And how many members

are there in the House of Commons?

— There are 650 constituencies, so there are 650 members in the Commons.

4. How long does a general election normally take place?

— A general election normally takes place every five years.

5. Why do you think the British workers are excluded from candidates in the general election?

— Because Labor election committees often choose middle-class rather than workers for they believe these candidates will appeal to a wider spectrum of voters and will be more likely to win.

Exercise 2 Explain the following terms:

1. the Cavaliers: They were the non-Puritan Anglicans who supported the King Charles I and the Church during the Civil War.
2. the Roundheads: They were the Puritans who support the Parliament during the Civil War.
3. M. P. : Member of Parliament
4. Returning Officer: It refers to the official in each town or area who arranges an election to Parliament and gives out the result.

Chapter V Judiciary

Exercise 1 Answer the following questions:

1. Who presides over the administration of Justice in Britain?

— the Lord Chancellor

2. What are the courts of two levels in terms of judicial organizations?

— They are the central courts and the local courts.

3. How do you divide the British courts according to the nature of cases?

— They can be divided into two systems: the Civil Courts and the Criminal Courts.

4. What does the civil courts system do?

— The civil courts system take cases of debts, contracts, divorce, questions arising out of wills, individual properties.

5. What is the jury's job?

— The jury's job is deciding whether the accused person is guilty or innocent in the light of evidence.

Exercise 2 Explain the following terms:

1. Scotland Yard: It is the headquarters of the Criminal Investigation Department in London. It has a history of 150 years. And it administers police action, traffic

management, criminal detection, police training and other activities.

2. the criminal court system: It deals with cases involving various crimes. The punishments are chiefly imprisonments, but fines are imposed as well.
3. the Home Secretary: It is a minister who is responsible for British police in England and Wales, and can approve or disapprove of appointments and removals of Chief Constables and has the right to stop giving grants to the local police partly and wholly.

(二) America 美国

Part One Geography

Chapter Ⅰ A General Introduction to Physical Geography

Exercise 1 Answer the following questions:

1. How is America situated?

— It is situated in the central part of North America, with Alaska in the northwestern part of North America and Hawaii in the central Pacific. On the north it is bounded by Canada, the south by Mexico and the Gulf of Mexico, the east by the Atlantic Ocean and the west by the Pacific Ocean.

2. How is the American territory on the continent divided?

— It is divided into three parts: 1) The eastern part which is made up of the highlands formed by the Appalachian Range. 2) The western part consists of high plateaus and mountains formed by the Great Cordillera Range, extending from Canada through the western part of the United States to Mexico and further south. 3) Between the Rocky Mountains and the Appalachians lies the central plain which occupies one second land mass on the continent.

3. What are the features of the three divisions?

— (1) The system of the Gulf: the Mississippi River and its tributaries form an important inland navigation and irrigation system. (2) The system of the Atlantic: The Hudson River, linked by canals with the five Great Lakes, is one of the main arteries for inland water traffic. There are also Potomac River, St. Lawrence River which serves as an international river forming part of the boundary between U. S. A. and Canada. (3) The system of the Pacific: two major rivers, the Columbia River and the Colorado River which are rich in potential water power.

4. What are the types and features of the climate in the U. S. A.?

— The climate in the United States varies from coast to coast. The climate in the country may classified as one of continental or as one of mild subtropical zones with only the southern part of Florida being tropical.

Features：The south，southwest and California have a warmer climate with moist air；In the Western plateaus，days are hot and nights cool. The weather is dry and there is little rain；The northeast and the areas around the Great Lakes are hot in summer，and cold in winter. There is much rain and snow；The Gulf plain and southeastern part are warm，and moist；The central plain is hot in summer，and cold in winter. There is also much snow in winter.

Exercise 2. Explain the following terms：

1. the District of Columbia：It is a Federal district，the seat of the federal Government.
2. the Fall Line：It is a point where water-falls or rapids suddenly drop from a higher level to the lower one.
3. the Appalachian Range：It is a mountain system of eastern North America extending about 1200 miles，consists of the Piedmont Plateau，Appalachian Plateaus and Appalachian Range.
4. the Cordillera Range：It is composed of the Coast Range，the Cascades and the Rocky Mountains.
5. the Great Basin：It is the part between the Colorado and Columbia Plateaus.
6. the great central plain：It is the landmass between the Rocky Mountains and the Appalachians.
7. the Great Plains：It is the western part of the central plain of America.
8. the Mississippi River：It is the longest，the most important river in the U. S. A. It has a drainage area of 3 225 000 square kilometers.
9. the five Great Lakes：They are Lake Michigan，Superior，Erie，Huron and Ontario.
10. the Niagara Falls：It is a world-famous falls on the USA Canadian boundary between Lake Erie and Lake Ontario. The width of the Falls is about 1240 meters，the drop averages 49 meters.
11. Yellowstone National Park：It is located in the northwestern part of Wyoming. It is the oldest national park in the world and the largest wildlife preserve in the U. S. A.
12. Grand Canyon：It is in northern Arizona，one of the great natural wonders of the world. It measures about 277 miles long，up to 18 miles wide，and more than a mile deep. Its walls show layers that tell the story of the formation of the earth.
13. Old Faithful：It is the most famous geyser in Yellowstone National Park，erupting more than 100 feet in the air about every 73 minutes.

Chapter Ⅱ Population

Exercise 1. Answer the following questions:

1. How is the American population made up?

   — The population of the USA is of a very complex composition. Most of the inhabitants are of European origin. There are also many black people, Mexicans, Indians Puerto Rican, Chinese, Japanese, Philippines, etc.

2. Why is the U. S. A. called "Melting Pot"?

   —The U. S. A. is a country where there are many different races, and these races mixed and assimilated after they immigrated into this country. "Melting Pot" just signifies this mixture and assimilation.

3. How is the American population distributed?

   — There is a rather uneven distribution of the population in the USA. 1) along the Atlantic seaboard, 50 million; 2) around the five Great Lakes: 30 million; 3) along the Pacific coast: 24 million; 4) along the Gulf of Mexico: 10 million.

Exercise 2 Explain the following terms:

1. Chinatown: It is an area in a city where many Chinese people live and where there are Chinese shops, restaurants, clubs; There are two important Chinatowns in New York City and San Francisco.
2. Indian Reservation: It refers to the barren desert regions where only Indians live exclusively.

Chapter Ⅲ The Fifty States

Exercise 1 Answer the following questions:

1. How are the fifty states geographically located?

   — From a historical and geographical point of view, the fifty states may be grouped into eight regions.

2. What are the general features of each region?

   —1) The New England consists of six states, with mountains, valleys and rivers. 2) The Middle Atlantic Region: it consists of six states, and densely populated. It is called "industrial Northeast" for it is rich in minerals. 3) The South Region: It consists of eleven states with warm climate; so it is an important agricultural area. 4) The Midwest Region: it is composed of eight states with good climate, fertile plains, rich soil and large mineral resources, and good water transportation. (5) The Region of the Great Plains: it consists of six states with the smallest population, poor soil, and little rain. It is an area agriculture and husbandry. 6) The West Region consists of eleven states, and it is a mountainous area, and rich in minerals oil. It is also an area of husbandry. 7) Alaska: It is a large peninsular divided into three parts, of which the southern coastal lowland and north west-southeast coastal land for agriculture; and it full of glaciers, waterfalls. Fishing and lumber industry are the main industries here. Now large deposits of oil has been found and being mined. 8) Hawaii: It is composed of eight major islands and over one hundred small islets in central Pacific. It has ideal climate. Sugar cane, pineapple and coffee and fruits are the main crops here.

Exercise 2 Explain the following terms:

1. New England: It consists of six states: Maine, New Hampshire, Vermont, Massachusetts, Rhode Island and Connecticut. This region is featured with mountains, valleys, rivers.
2. the Mountain States: It refers to Montana, Wyoming, Colorado, and New Mexico.
3. the Pacific Coast States: They are Washington, Oregon and California.
4. Mount Mekinley: It is 6187 meters high, on the middle of the Alaska, the highest peak on this continent.
5. Pearl Harbor: It the base of the Pacific Fleet of the U. S. A. near the city of Honolulu in Hawa II.

Chapter IV The Development of American Economy

Exercise 1 Answer the following questions:

1. Why has the U. S. A. enjoyed extraordinary dominance in the world economy in the past century?

   — Geographically, nature offered America rich natural resources, fertile farmland, suitable climate for farming; Historically, no war has ever taken place in its own land; Socially American society has attached close attention to individual creativity, capability and perseverance.
2. What role does American government play in the development of economy?

   — American government has always been playing an important role in the development of American economy. It is true that the U. S. now has a "free market" system. But there still exists the involvement of government, and the degree of the involvement changes with different period of the nation's history.
3. What are the main agriculture products?

   — They are wheat, corn, cotton, tobacco, fruits, meat and milk.

4. State briefly about American industry.

— American industry is developing so rapidly that it has been in the leading position for the past century. Many manufacture goods rank the first three in the world. Its major industry includes aircraft, computers, chemicals, electronics, motor vehicles, textiles, etc. There are many big companies and small enterprises, which both play important roles in American economy.

5. What is the economic situation of America in 1990s?

— In 1990s America embraced its best years of economic development. In 1997, the economic growth increased by 3.9%, the highest point over the past nine years, the inflation rate was the lowest over the last 30 years. America got little negative effects from Asian financial crisis.

Exercise 2 Explain the following terms:

1. Gross National Product: It is an economic term to evaluate the economic situation of a country.
2. free market principles: It represents no government interference in economic development.
3. Microsoft: It is the world famous computer company founded in 1975 by Bill Gates.

Chapter V The Main Cities

Exercise 1 Answer the following questions:

1. For what are the cities of Houston and Los Angeles important?

— Houston is the center of petro-chemical industry, refinery. Not far form Houston is the Manned Spacecraft Center, so the city is also called "Space City of USA". Los Angeles is the center of shipping and communication, leading the country in the manufacture of aircraft, and spare parts, an aviation and electronic center.

2. What part do the major cities play in America's economy?

— The major cities play a very important part in America's economy, because the important industries, such as oil refining, automobiles, space aircraft, electronics all concentrated in the major cities. Financial centers and big companies are mostly in big cities as New York, Chicago or Los Angeles.

Exercise 2 Explain the following terms:

1. the Statue of Liberty: It is a national monument standing magnificently on Liberty Island in New York Harbor. It was presented to the USA by France and dedicated on October 28, 2886 commemorating the alliance between the countries during the American Revolution.

2. Wall Street: It is America's financial nerve center. The world famous New York Stock Exchange is diagonally across the street. Wall Street is the symbol of American monopoly capitalism.
3. Motor City: It refers to Detroit. It includes almost 40% of all the auto workers in America.
4. the Space City: It refers to Houston, because not far form downtown Houston is the Manned Spacecraft Center.
5. the Iron and Steel City: It refers to Pittsburgh. One-fifth of the America's steel making capacity lies in the Pittsburgh area.
6. the gateway to the West: It refers to St Louis because the city appears almost at the center of America's continental territory.
7. the largest industrial city: It should be Chicago, with both heavy and light industries highly developed.
8. the gateway to the East: It refers to San Francisco located on the central party of the California shoreline.
9. the National Mall: It is between Constitution Avenue and Independence Avenue, 3200 meters long, extending form the Capitol to the Lincoln Memorial on the Potomac Riverside.
10. Capitol Hill: It is the seat of the USA government in Washington DC.
11. White House: It is the official presidential residence, located at 1600 Pennsylvanian Avenue, Washington DC.
12. the National Air and Space Museum: It is a museum in Washington, DC. It maintains the largest collection of aircraft and spacecraft in the world.
13. Rockefeller Center: It is the world's largest privately-owned business and entertainment complex, with 19 buildings, covering a striking architectural group in New York City.
14. the United Nations Headquarters: It is a distinctive complex in New York City that has served as the headquarters of the United Nations since its completion in 1950.
15. the Sears Tower: It is a world-famous skyscraper in Chicago. It is a building of 110-storey, 443 meters high, serving as a shopping mall.

Part Two History

Chapter I Colonization of North America

Exercise 1 Answer the following questions:

1. How was the New World discovered? Why was it important?

— As the result of Renaissance some brave people started their expedition by sailing west across the Atlantic. Christopher Columbus is believed to have been the discoverer of America. In his journey to India and China in 1492, he and his men got a group of islands which he mistook for part of India and so he called the people there Indians. In his third voyage in 1498, he discovered the mainland of South America, but he didn't realize that was the New World. Later Amerigo Vespucci confirmed that a new continent rather than Asia had been discovered. So the New World was named after him, "America." The discovery of the Mew World widened people's horizon, opening fresh ground for the rising bourgeoisie. It promoted the development of commerce, sea navigation and industry, and provided the way for the rapid development of early capitalism.

2. What is the significance of the early explorations?

— The two great continents were discovered and people got a better idea of the size of the earth. It also laid the foundation for the creation of nations in North and South America, though the majority of the explorers failed in their original purpose of finding gold and silver.

3. How were the thirteen colonies of England established?

— The thirteen colonies were the earliest colonies of England. The land would really belong to the people who settled on it and lived there. It took more than a century for the British to establish the thirteen colonies, from Maine to Georgia, along the Atlantic coast.

4. How was the life in colonial days?

— The life was simple, hard, rough but happy. Shelter was the roughest. Some colonists lived in caves. Food was plentiful. Though there was so much work to be done, colonial life was not all work. Most men and boys enjoyed hunting and fishing and hose races. Girls at time got married quit young.

Exercise 2 Explain the following terms:

1. Christopher Columbus: He was the discoverer of America. He was an Italian, born in 1451, died in 1506. He believed that the earth was round and after he discovered America in 1492, he made three more voyages between 1493 and 1504. And in 1498 he discovered the mainland of South Americas.
2. the New World: It refers to North and South Americas.
3. the Old World: It refers to Europe, Asia and Africa, especially Europe.
4. Mayflower: It is a ship's name which took some British Puritans to America in 1620.

5. Magellan: He was a Portuguese but sailed for the Spanish King, so he was regarded as a Spanish explorer. In 1520 he entered a strait which was later named after him, the straight of Magellan. He was the first who sailed round the earth and proved the earth was round.

Chapter Ⅱ The American War of Independence

Exercise 1 Answer the following questions:

1. What led to the breakout of the American War of Independence?
   — In order to speed up the economic exploitation and plunder more wealth from the 13 colonies in North America, the British rulers passed some aggressive acts since 1763, such *as the Stamp Act*, *the Townshend Acts* but they were strongly opposed by the colonial people, and were repealed. Later Boston Massacre happened and it aroused people's indignation. They organized and fought against the British government. The people of the colonies held the First Continental Congress. At last the sharp contradictions and conflicts between the colonial people and England led to the breakout of the War of Independence.
2. Why was the Declaration of Independence important?
   — It greatly encouraged the struggling people, made them think they should be independent, they have right to enjoy liberty. All doubts in their mind were cleared away, and they were determined to go ahead to win their independence by war.
3. How did the war develop? And which battle marked the turning point of the war?
   — The war started in 1775 and ended in 1783, lasting about eight years. At the beginning the advantages was in England's side. But the American army, led by General Washington, fought heroically. In December 1776 Washington took a great victory. In the spring of 1777 American General Gates took a victory in Saratoga, this is the turning point. In October 1781 the British General Cornwallis and his 7000 men surrendered at Yorktown. This is the end of the war.
4. What is the significance of the war?
   — 1) A new republic emerged and it marked a new beginning of American history. 2) It tells the world that a just cause will sooner or later win while the evil cause will certainly lose. 3) It greatly encouraged the people in the colonies ruled by the Spanish and promoted the national liberation struggle of

the other colonies in the world.

Exercise 2. Explain the following terms:

1. *the Stamp Act*: In 1765 Britain passed this act in. According to this act stamped paper in the 13 colonies of North America must be used for all legal documents and other articles. However, because of the opposition both in America and England, British Parliament repealed it in 1766.

   the Townshend Acts: They were a series of important tax acts thought up by Charles Townshend, and passed by British Parliament. According to it all goods imported into the colonies must be taxed. They were repealed except the tax on tea in 1770.
2. the Boston Massacre: It happened in spring of 1770. Some British soldiers fired at the people, killed four, and wounded many. The event made the people indignant.

   Committees of Correspondence: In 1772, the Boston town meeting appointed a "Committees of Correspondence" to inform the colonial people of other towns about the England's treatment of the settlers, Boston Massacre and called them to unite to fight against England.
3. the Boston Tea Party: According to the "Tea Act" the East India Company sold their tea to the colonies and made profit. On December 16th, 1773, some Boston men boarded an English ship in Boston Harbor, broke open the tea chests and poured the tea into the sea. It showed the fighting spirit of the people of the colonies.

   the Intolerable Acts: As an punishment on the Boston people for the Boston Tea Party, the English parliament passed several laws, one of them was the "Boston Port Act", declaring the close of Boston Harbor. And the other was deprivation of self-government for the Massachusetts people.
4. the First and Second Continental Congress: the First Continental Congress was held in Philadelphia in September 1774. The representatives drew up a protest against the objectionable laws. The colonies would buy or send no more goods from England until the objectionable laws were repealed.

   The Second Continental Congress was held in Philadelphia in May 1775. It decided to take charge of the troops around the Boston and appointed George Washington as commander to fight for their freedom and independence.
5. The Articles of the Confederation: It was a constitution which was to stipulate how the United States should be governed was drawn up near the end of the War of Independence. In 1781 it was accepted by all the states.

6. the Bill of Rights: It is the first ten amendments put into the American Constitution in 1791, which include freedom of speech, the right to assemble and other democratic rights.
7. the constitutional convention: It was held in Philadelphia in 1787 to revise the Articles of the Confederation. But the revised constitution had many anti-democratic elements. Freedom of speech, the right to assemble, the Negro slaves, the women's right to vote etc. were not found in the constitution. And the slave system was still kept . So it met a strong opposition.

Chapter Ⅲ The Growth of the Nation

Exercise 1 Answer the following questions:

1. What were the contradictions between the Federalists and the Republicans? What was the nature of these contradictions?
— The Federalists were for the Hamilton's four plans. The Republicans were against the Hamilton's four plans. The nature of the contradictions was whether the government would be too tyrannical and was only for the rich people.
2. What were the contributions made by Thomas Jefferson to American history?
— Jefferson was a very important statesman in American history. He abolished the Sedition Act, cut down the expenses in every department, reduced taxes, and diminished the number of the army and the navy, paid off one-third of the national debt in 8 years. In 1803, he bought Louisiana from Napoleon. The purchase of it doubled the American territory. He did much to develop the young nation. He chose the direction in which the country should develop. He was a patriot and a true lover of democracy for which he struggled to his last breath. Jefferson's policy paved the smoother road for the new nation's development.
3. What was the importance of the War of 1812-1814?
— After the war, the United States completely got rid of the British control and began a new period of rapid development from a semi-colonial country to an independent and self-reliant capitalist economy. It was also called the Second War of independence.
4. What role did Andrew Jackson play in the development of American history?
— He was one of the most outstanding politicians in American history. In the course of the development of the United States, he could follow the trends of the day and make reformations accordingly. He played an active part in promoting the progress of economic construction, maintaining the unity of the

Union and consolidating the capitalist regime of the Union and consolidating the capitalist regime of the country. Jackson was the first American president who developed the power of veto into one of the means of making laws. Another deed that made Jackson famous was to smash the southerners' attempt to divide the Union.

Exercise 2 Explain the following terms:

1. the Four Great Plans: It was advanced by Alexander Hamilton includes 1) paying the public debt; 2) the government's assumption of the state debts; 3) giving the government more income; 4) the establishment of a United States bank.
2. *the Sedition Act*: It was a policy adopted by President John Adam, which forbade anybody to stir up hatred against any government official. This Act was opposed by the Republicans and was abolished by President Jefferson in 1800.
3. the Holly Alliance: After the war of 1812, some European colonies in south America started independent republics, such as Chile, Peru, Mexico and Brazil. So some European countries formed a group called the Holly Alliance which seemed ready to help put down the South American revolutions.
4. Monroe Doctrine: In 1823 President Monroe sent a message to Congress, which was known as Monroe Doctrine. It included three points: 1) The European countries ought not to start any new colonies in North or South America. 2) The European countries ought not to interfere with the newly-established South American republics. 3) The United States ought not to interfere in the affairs of European countries. Monroe Doctrine was an important symbol of American expansionism.
5. the U. S.-Mexican War: In May 1846, the American troops started the aggressive war against Mexico. The war ended in 1848. But according to the treaty, Mexico lost half of her territory.

Chapter Ⅳ The American Civil War

Exercise 1 Answer the following questions:

1. What was the situation before the Civil War?

   — From 1840 to 1860, the Westward Movement, the two different economic systems of the North and the South and the upsurge of the workers' movement formed the main aspects of the situation before the Civil War.
2. What was the importance of *the Emancipation Proclamation*?

   — *The Emancipation Proclamation* was of great importance. It was a progressive event, helping to end the war sooner. After it was issued many Negroes actually took part in the war and made great contributions to the victory of the North. The North began to gain advantage in the war.

3. What was the significance of the Civil War?

— The Civil War was an epoch-making event in American history. It was a bourgeois revolution in nature, a continuation and expansion of the War of Independence. It was a struggle of life and death between two social systems, between the progressive and the backward, between the one that could push history forward and the one that would drag history to the old times.

It was the broad masses who secured the victory with life and blood. They played a very important role in influencing the progress and the outcome of the war.

The abolition of slavery and the emancipation of the Negroes enabled the country to develop more rapidly in every field. It took America only three decades after the war to assume the lead as an industrial country in the world. Most Americans were glad to see that their country was no longer associated with slavery and the Union was held together.

It also extended its far-reaching influence to the European revolutions.

Exercise 2 Explain the following terms:

1. The Westward Movement: Between 1815 and 1830, many immigrants, landless farmers, and jobless workers moved westward to open the vast area of wilderness in America.
2. *Uncle Tom's Cabin*: It is a famous novel written by Harriet Beecher Stowe in 1852. The novel described the cruel things that might happen to a slave under a cruel master. It had a very strong influence and aroused a great and universal hatred for slavery.
3. Douglas' Bill: It was a bill advanced by Stephen A. Douglas, a Democrat in the Senate, which made slavery possible in the new states, such as Kentucky and Nebraska.
4. the Whig Party: This party came into being from National Republicans in 1832. But before the Civil War, it began to break up.
5. the Republican Party: The Party was founded in 1854. Its participants were those who were opposed to slavery, including farmers, leaders of workers, the Whigs and those Democrats disliking slavery.
6. Abraham Lincoln: He was the 16th American President. In 1860 he was elected as an anti-slavery president. He played a very important role in the Civil War

by adopting the two important measures. One was the Homestead Bill, the other was Emancipation Proclamation which helped to end the war quickly and promote the development in every field. In 1864, he was reelected president. He was assassinated in April 14, 1865. He saved the Union and most Americans considered him a great national hero.

7. John Brown: He was a leader of an uprising in the North who tried to settle the slavery trouble by force in 1859. The uprising was put down, he was hanged for treason. But his act promoted the outbreak of the Civil War.
8. the Confederate Union of America: After the anti-slavery president Lincoln was elected in 1860, the seven Southern states, South Carolina, Georgia, Alabama, Mississippi, Florida, Louisiana and Texas sent men to a meeting in Montgomery to draw up a constitution and set up a new country called "the Confederate Union of America." Later North Carolina, Arkansas, Virginia and Tennessee joined the Confederacy. They wanted to keep the slave system in the Southern states which led to the Civil War at last.
9. Fort Sumter: It was a fort on the edge of Charleston, South Carolina where some American troops were stationed. The Southerners attacked it first and the Civil War broke out.
10. the Battle of Gettysburg: It was the battle at Gettysburg in 1863. The Union army won a great victory and this greatly encouraged the Union army. It was also the turning point of the Civil War.
11. *the Homestead Bill*: In May 1862 Lincoln issued *the Homestead Bill*. According to the Bill, many farmers or settlers got enough land, which stimulated the development of capitalist agriculture in the South and Lincoln got support from the broad masses during the War.

Chapter V The U.S. Imperialism and the First World War

Exercise 1 Answer the following questions:

1. How do you see the struggle over the question of Reconstruction of the South after the War?

   — The struggle consolidated the regime over the whole nation, removed the greatest obstacle of the capitalist development, the slave system. And therefore it paved the way for the rapid growth of capitalism and laid the political foundation for the Union to grow into a world power.
2. Do you know anything about the great changes in every field during the three decades after the Civil War?

—1) Changes in population: The number of American population increased grew due to a large number of immigrants that were flooding unceasingly into the United States after the Civil War. The west as well as the Middle of the country began to fill up. Many new states entered the Union.

2) Changes in the cities: After the Civil War, people began to pour cities and the cities, therefore, grew larger and larger. Meanwhile taller and taller buildings were put up.

3) Changes in industry: After the War, the industry continued to develop and more factories were being set up in the West as well as in the East. Along with the rapid development of industry, competition became more and more acute. Small factories were swallowed up by the big ones. In fact, the big companies began to monopolies the manufacture of various products. The US was in the transformation from nominally to monopoly capitalism.

4) Changes in everyday Life: During this time, many discoveries and inventions were made and came into people's life.

5) Changes in education, culture and social life: Education became improved during the three decades. Girls began to be admitted to colleges including the early-established men's colleges. In the south, many schools were built and some were set up for the Negro children. More books, magazines and newspapers came out during the time. Women began to gain more rights, such as controlling their own property, controlling of their children, and working. Women began to depend more and more upon themselves.

3. What did the U. S. - Spanish War show?

— It was the first imperialist war for redividing the world. It marked a new stage in which the United States transformed into an imperialist power. From that time the United States began its modern history.

4. What were the causes of World War I?

— The first and also the fundamental cause was to redivide the world colonies. The second was the system of military alliance between the Central Powers and the Allies. The two blocs confronted each other and the tense arms race was increased between the two. But the direct fuse was the assassination of an Austria prince, Arch duke Fedinand, in 1914 in Serbia.

5. Why did the U. S. finally enter the World War I?

—Firstly, the Germans announced that submarines ere to be used to sink ship going to England. This would greatly injure the American trade. Secondly, a German plot was discovered and made public. It was a scheme for an alliance with Mexico in case the US entered the war against Germany. If Mexico helped Germany to win, Mexico could regain her lost territory. Thirdly, Germany had sent many spies to America to set fire to factories and put bombs in ships that were carrying the goods across the ocean. Fourthly, after more than two year of fighting, the both sides grew weary. This was a good chance for America to enter the war. and the last cause was that the "February Revolution" took place in Russia might withdraw form the war and the Allies might be crushed, and this would greatly harm the interests of American capitalists who had invested a huge deal of capital in the Allies.

Exercise 2 Explain the following terms:

1. Presidential Reconstruction: It was a movement carried out by President Andrew Johnson. After the Civil War, President Andrew Johnson carried on a series of policies against the blacks. Although the Negroes in the South were free in name, they were deprived of all the rights.
2. Congressional Reconstruction: After the Civil War, the Congressmen and Northerners in general were dissatisfied with President Andrew Johnson and his reactionary policies against the blacks. They insisted on a severe punishment on the former Confederates, and believed Congress was the only power that could direct a thoroughgoing Reconstruction. The Congressional election of 1866 brought an overwhelming success to the Radicals and the Congressional Reconstruction moved ahead.
3. the Ku Klux Klan: It is the most notorious terrorist society which persecuted the enfranchised blacks cruelly in the South since 1867. It was under the control of an ex-Confederate general, Nathan Bedford Forest.
4. the Radicals: They were the congressmen who were against president Andrew Johnson and his policies.
5. the Trusts: They were the big companies which monopolize the manufacture of various products. By 1900, the United States had had 185 big trusts. This showed that the US was in the transformation from nonmonopoly to monopoly capitalism.
6. "Big Stick": It was the foreign policy of aggression and expansion carried by President Theodore Roosevelt. Through this policy, the US brought most of the Caribbean countries under the US control.
7. the "Open Door Policy": It was the policy advanced by Theodore Roosevelt in Sino-American relations. That was invading China by means of both force and culture.

8. the American Socialist Party: It was a party of workers established in 1899 during the socialist movement.
9. Haymarket Massacre: In May 1886, a national strike occurred in support the eight-hour workday. In Chicago, there took place an event known as Haymarket Massacre, during which some strikers were killed and four leading men executed.
10. the Knights of Labor: It was the first national labor union in America, which was established after the Haymarket Massacre.
11. the American Federation of Labor: It was the first permanent national union in America.
12. the Homestead Strike: The Strike took place at Carnegie's Homestead Steel Plant in 1892, but it failed.
13. the Pullman Strike: It was a famous strike which occurred in 1894 at Pullman factory which was suppressed by the federal troops.
14. the League of Nations. It was an organization of nations which was established according to one of Wilson's Fourteen Points in the Paris Peace Conference, to guarantee the political independence of all nations and to preserve international peace. After the forming of it, England and France controlled the body.
15. the Paris Peace Conference: After the end of World War I, twenty-seven victorious nations, including China, attended the Paris Conference on January 18th, 1919 to divide the spoils and redivide the colonies. It was controlled by America, England, France, Italy and Japan.
16. the Versailles Treaty: It was a peace treaty signed by Germany and the Allies on June 28, 1919 at the end of World War I.
17. the Washington Conference: In November 1921, the U. S., Belgium, England, China, France, Italy, Japan, Holland and Portugal, nine countries in all, held a meeting in Washington, which is called the Washington Conference. It consolidated the imperialist powers' domination of the Far East and the Pacific Region.
18. the Versailles-Washington System: It refers to a series of treaties signed in the Paris Conference and Washington Conference. The Paris Conference adjusted the relationships among the imperialist powers in the west; and the Washington Conference was the continuation of the Paris Conference, which consolidated the imperialist powers' domination of the Far East and the Pacific Region. For the time being, it alleviated the contradictions among the

imperialist powers.

Chapter Ⅵ America Before and During the Second World War

Exercise 1 Answer the following questions:

1. Why was the prosperity in the 1920's false?

— American economy at that time was not based upon a solid foundation.

2. What were the causes of the Second World War? And what was the nature of the War?

— The source of the war in Europe came from Germany. After Hitler rose to power in 1933, he and Nazis prepared for a large aggressive war. They broke the Versailles Treaty and began to reorganize the German war industry. They also developed an army trained in blitzkrieg. In 1936 Hitler reoccupied Rhineland, Italy and reduced Abyssinia to subjection. In Asia, Japan, the fascist nation launched war on China in 1931. On December 7th, 1941 Japan made a sudden raid on the United States' naval base at Pearl Harbor. The next day America declared war on Japan.

3. Why did the U. S. enter the War?

— At first the United States kept a so-called neutral stand and the business men carried on the wartime trades, making huge profits. Right before the country got involved in the war form 1936 to 1939, problems had already emerged at home. The contradictions between the laboring people and the monopolies had grown more acute. The New Deal had lost its initial effect and the economic situation became serious again. Something had to be done to save the situation. In response to the external reactionaries of fascists, the fascist organizations were getting rampant at home, representing the most reactionary elements, especially in 1939, they were trying to change the United States into a fascist nation. The situation at abroad seemed desperate. Hitler's mechanized forces were dominating western and central Europe. And Japan, in the Far East, was advancing and taking away large portions of China, threatening the interests of various powers including America. When the base of the American Pacific Fleet, Pearl Harbor was suddenly attacked by the Japanese air force and navy, the U. S. finally entered the War.

4. What were the consequences of the War?

— WW Ⅱ was very destructive. It cost more than thirty-six million lives. Millions were left homeless. Nazi Germany had attempted racial extermination, especially of the Jews of whom six million died. After the war, there emerged a new balance of power between the USSR and the USA. WW Ⅱ was an anti-fascist war. Although it caused disastrous destruction in the world, the war gave rise to revolution. Many countries became socialist or democratic and many colonies won their independence.

Exercise 2 Explain the following terms:

1. the Great Depression: It was an economic recession that began on October 29, 1929, following the crash of the U. S. stock market. The Great Depression originated in the United States, but quickly spread to Europe and the rest of the world. Lasting nearly a decade, the Depression caused massive levels of poverty, hunger, unemployment and political unrest. It was also the main cause of the Second World War.
2. the New Deal: It refers to the programs and policies to promote economic recovery and social reform introduced during the 1930s by President Franklin D. Roosevelt. 1) At home, many public projects were launched to create employment. Crops were destroyed and agricultural production was cut down to stabilize the falling farm prices. The big industries were compelled to make reforms. 2) At abroad, he took efforts to consolidate the old markets and to conquer new ones.
3. Franklin D. Roosevelt: He was the 32nd American President, a Democrat. He advanced the New Deal which relaxed the economic crisis, and prevented America becoming a fascist country. He also took some measures of "social security", paying pensions to the old, unemployed and the injured. He was the only president who was elected three times in succession. He was also remembered as a wartime president to the country, who made great contributions in defeating the Axis and fascists in WW Ⅱ.
4. the Axis Powers: They are the fascist countries in WW Ⅱ, including Germany, Italy, Japan.
5. the Allies: They are Britain, America, France, Soviet Union, China and others, which were the main powers in fighting against fascists in WW Ⅱ.
6. the Battle of Britain: It refers to a series of air battles over southern England between the Royal Air Force and the German Luftwaffe during World War Ⅱ from August to October, 1940. German bombers attacked British coastal defenses, radar stations, and shipping in preparation for an invasion, then began a campaign of night bombings over London, and other cities. The RAF lost about 900 planes, and the Luftwaffe some 2, 300; the battle was Germany's first major setback of World War Ⅱ, and invasion plans were

abandoned.

7. the Battle of Stalingrad: It was a long-running WW II battle in 1942 and 1943 for control of the Russian city of Stalingrad. In mid-1942 German troops had reached the outskirts of the city of Stalingrad, their deepest penetration of their forces into Russia. They met fierce resistance and were unable to prevail, finally Germany was defeated. This battle was the turning point of WW II.
8. the Battle of Midway Island: It was a major World War II naval battle between the U. S. and Japan from June 3 to 6, 1942. Japanese were defeated by America's Pacific fleet and air forces, and had to abandon efforts to land on Midway. This battle marked the turning point of the Pacific warfare.
9. NATO: It was the abbreviation of North Atlantic Treaty Organization, an alliance formed in 1949 by Belgium, including Britain, Denmark, France, Iceland, Italy, Luxemburg, the Netherlands, Norway, Portugal and U. S. A. Greece, Turkey and West Germany joined later. The main purpose of NATO was military defense and political cooperation.
10. *the Atlantic Charter*: It was the joint declaration issued by Roosevelt and Churchill on a cruiser near Newfoundland in 1941. It expressed the idea that joint efforts should be made to crush Nazi atrocities and the people of all countries should have right to choose the form of their own governments, to carry on free trade and to have free navigation.
11. *the Cairo Declaration*: It was issued at the Cairo Conference in 1943 which announced that China's territory that Japan had occupied since the First World War should be returned to China.
12. the Teheran Conference: The meeting was held by the heads of Soviet Union, the U. S. A. and Britain in 1943. At the meeting the heads mainly discussed the problem of opening the second battlefield in Europe.
13. the Yalta Conference: In February 1945, a meeting was held at Yalta in the Crimea of the Soviet Union. In the meeting many matters such as the final defeat of Germany, the founding of the United Nations, the final settlement of the frontiers of Poland were discussed.
14. the Potsdam Conference: In July 1945, Britain, the United States and the Soviet Union met at Potsdam to formulate an occupation policy and set up a program for the future of Germany.
15. the United Nations: In April 1945 forty-eight countries attended the conference at San Francisco in America to organize a peacetime, permanent organization in the world. Thus the United Nations was founded.

16. the Communist Party of the United States: The party was founded in 1919. Foster was the general secretary. During the Second World War it once played an active part in the anti-fascist war.
17. the Warsaw Pact: It was a treaty signed in 1955 of defense and mutual assistance signed by the USSR and east European countries in response to the formation of NATO.

Chapter Ⅶ America During the "Cold War"

Exercise 1 Answer the following questions:

1. What is the "Cold War"?

— After the war, the two big allies— the United Sates as the head of NATO and the Soviet Union as the head of the Warsaw Pact, were gradually formed. These two big allies were constantly in a state of hostility because of different political and ideological convictions. The USA and the USSR bother had several millions of armed forces and possessed ten thousands of nuclear warheads. Therefore, the tow superpowers dared not start a war. But they wanted to weaken and defeat the opposite side. Then they took various means (except military forces), such as economic blockades, political export, and armament races, to defeat the other. This is the "Cold War".

2. Why was there a short period of prosperity right after the Second World War? And why did it disappear so quickly?

— After war, at home, there was wartime scarcity, high wages, accumulated savings and industrial expansion. There was a pent-up demand for consumer goods. The establishment of new factories, the expansion of internal and external markets and the increasing employment all account for the prosperity. At abroad Germany, Japan and Italy lost their capacity for competition with America. They relied greatly upon the aid and products from the USA. This prosperity disappeared so quickly because it was based upon the war time economy.

3. Why did economic crises occur so frequently after the War? And why was it inevitable?

— There occurred six economic crises after the war in the U. S. because the capitalist economy is rather flimsy and backward in nature. And the capitalists can not solve the problems existing in the capitalist system.

4. What were the major achievements of science and technology in the U. S. during and after the war?

—1) It achieved prominent breakthroughs in the three fields of atomic energy, electronic computers and space navigation.

2) Organ and Limb transplants were tried, such as heart transplants.

3) New drugs and preventatives were discovered such as polio vaccine, vaccinations against smallpox etc.

5. What were the main features of the American foreign policies during the "Cold War"?

— After WW Ⅱ, President Truman, while carrying out an aggressive and expansive policy abroad. WW Ⅱ brought America to leadership in the capitalist world. To consolidate its position, the USA began to organize a new international order under America's control, with its world prime economic strength and the atom bombs standing behind. For the purpose of establishing the USA hegemony in the postwar world, President Truman appeared declared "Truman Doctrine", aiming at expanding American sphere of influence and suppressing the revolutionary struggle being carried on by the people in various courtiers of the world. Secretary of State suggested a sweeping program to restore the economies of Europe. This came to be known as "Marshall Plan".

6. How do you evaluate the people's movements in the U. S. during the "Cold War"?

— The people's movements including anti-war movement, the workers' movement, the black Americans Civil Rights Movement showed that the American people never stopped their struggles against the federal government's reactionary policies during the 1950's and the 1960's. They played an important role in the postwar American history.

Exercise 2 Explain the following terms:

1. Truman Doctrine: In 1947, The doctrine was declared by President Truman, which aimed at expanding American sphere of influence and suppressing people's revolutionary struggle in various countries of the world.
2. the Eisenhower Doctrine: It was the foreign policy carried by the Eisenhower government. The Doctrine contains the points of instant and massive retaliation, avoidance of getting involved in frustrating wars of containment, such as the war in Korea.
3. the Korean War: The Korean War broke out in 1950, ended in 1953. This was an American aggression against Korea. Chinese volunteers, asked by the Korean people, entered the war in October 1950. In the summer of 1953 the U. S. finally had to sign a ceasefire agreement which marked the failure of the

U. S. aggression.

4. Un-American Activities: In 1949, President Truman issued an executive order to investigate and assess the loyalty of employees in the executive branch of the federal government. The most notorious were the Un-American Activities Committee and Senator Joseph. R. McCarthy who led in the persecution to communists.
5. the Marshall Plan: The plan was suggested by Secretary of State George C. Marshall in 1947. The plan was to restore the economies of Europe and offered American money, supplies and machinery to any European nation that wished to participate in.
6. the Vietnam War: The war was started under Eisenhower and ended in January 1973. It ended with a victory of the North Vietnamese people and a thorough failure of the United States. The Vietnam War was an example of American imperialism for the benefit of the American corporate military interests.
7. the sit-in: It a kind of demonstration used by the blacks to fight against racial segregation in 1960s.
8. the Civil Rights Movement: the movement carried by the blacks to get the civil rights in 1950s to 1960s and to fight against racial segregation. As the result of their struggle, the Civil Rights Act was passed in 1964. And the Voting Rights Act was passed in 1965.
9. Martin Luther King: He was an outstanding leader of the Civil Rights Movement, a Baptist clergyman. He upheld "non-violence" struggle. He organized Montgomery blacks into the Montgomery Improvement Association and set up a boycott of the bus lines. He led the largest civil rights rally in 1963 and the Civil Rights Act was passed in 1964. He protested against voting-rights restriction. From 1965-1968 his struggle turned to the discrimination and injustice in the North and protested against the Vietnam War. He was assassinated in April 1968.

Chapter Ⅷ America in the 1990s and the Early 21st Century

Exercise 1 Answer the following questions:

1. What do you think of the American eight-year sanction on Iraq?

— For many years since the new century the United States has continued to show off its "strength" in many places. But many facts prove that it has become tougher rather than more powerful, because behind the artificial toughness lies its weaknesses which are shown in its ability falling short of its wishes and its failure in carrying out its intention. The Iraq issue is the most troublesome. The United States had planned to quickly put things in order in Iraq after toppling Saddam Hussein, but the result was that United States was bogged down deep in a quagmire. Resistance attacks and hostage events frequently happened. US troops in Iraq suffered ever-heavier casualties and losses. As for the Iraqi people, they had all the more sufferings.

2. What was the relation between the US and China in 1990s?

—Although there were some frustrations in Sino-American relation in 1990s, this decade saw a good relation between the US and China in general. The year of 1999 was the 20th anniversary of foundation of Sino-American diplomatic relationship. For the last twenty years the relations between the two countries had been pushed forward though it experienced some twists and turns.

3. Tell briefly the American economic situation in 1990s.

— In the 1990s, the American economy experienced the second-longest period of growth in the nation's history. The economy grew at an average rate of 3—4 percent per year and unemployment fell below 5 percent. In addition, there were dramatic gains in the stock market and many of the nation's largest companies had record profits. Finally, a record number of Americans owned their own homes.

4. What impact did the "9.11 event" have on the United States?

— It was a most terrible tragedy in history. It had great impact on the United States both on internal affairs and foreign policy. After the "9.11 event", the United States launched two wars in Afghan and Iraq, and took military actions against terrorism in other regions of the world.

5. What's your opinion and comment on George Bush's Iraq War policy?

— George Bush's Iraq war policy has been challenged all the time. US troops in Iraq suffered ever-heavier casualties and losses, and the anti-war demonstrations frequently take place. At the same time, the situation in Iraq went even worse. So mounting causalities, injured and killed US soldiers and civilians, and an uncertain future in Iraq are really a terrible scene that has worn out Americans. The failure to find weapons of mass destruction, the deaths of more than three thousand US troops, tens of thousand of Iraqis and continued conflict have weighed down support for the war and President Bush.

6. What social problems does the US have in the last decade of 20th century and the early 21st century?

— In the last decade of the 20th century, there were still some problems in economic development. The major problem for the American economy was growth of a two-tier economy, with some Americans enjoying very high income levels while others remains in poverty. After the "Cold War", many big issues such as health care, social security reform and gun control unresolved and debated all the time in the United States. Violence and sec scandals seemed a party of life.

Exercise 2 Explain the following terms:

1. Desert Storm: It was the multinational bombing campaign against Iraq, beginning in January 1991, after Iraq had failed to meet the demands of a U. N. resolution that it withdraw from Kuwait . The operation was led by the USA and sought to disable Iraq's war-making ability by systematically destroying its military and support infrastructure.
2. air strike on Yugoslavia: On March 24, 1999, US-led NATO mounted an air strike on Yugoslavia. The reason the US held for their military action was that they hoped to peace in Kosovo and to help solve its political crisis. In fact, the American military interference on Yugoslavia internal affairs is out of American political and strategic consideration.
3. NAFTA: It is the abbreviation of the North American Free Trade Agreement which was approved by the Congress in 1993. This agreement eliminated trade tariffs on goods and services traded between the United States, Canada and Mexico.
4. Rodney King: He was the black motorist whose beating by white police officers ultimately sparked widespread rioting in Los Angeles in 1992.

Part Three Culture

Chapter I Education

Exercise 1 Answer the following questions:

1. What colleges were set up before the American Revolution?

   — Harvard College, Yale College, College of New Jersey, College of Philadelphia, King's College, and Rhode Island College.
2. Can you briefly describe elementary and secondary education in America?

   — 1) elementary education: Children began their study at the age of six. The academic year lasts nine months. Classes are held five days a week, from Monday till Friday; Courses for children include reading, writing, history, geography, the civics of government, science, art and music, cooking and manual skill, physical exercises. Teachers must have a Bachelor of Arts degree with a major in education.

(2) secondary education: There is no entrance exam to high school. Courses include English literature, composition, social science, mathematics, laboratory experiments, foreign languages, art, music and physical education. In most high schools, there is also vocational training for specific occupations. Teachers must have Masters of Arts degree in education.

3. How many types of higher educational institutions are there in America?
   — There are three types: two-year college, four-year college, and universities.
4. What are the general activities for students of higher education?
   — It is common in the USA students to work to earn money not only in vacations but also, sometimes working part-time during the term time. Students often get these useful earnings for their tuitions and living expenses. Many students are very interested in students' organizations which play an important part in university life. Universities of USA often hold football matches between one another. So American college students often attend the football teams or watch the games.
5. Briefly describe the Academic Degrees of higher education.
   — Bachelor's Degree, Master's Degree and Doctor's Degree.
6. Give a brief account of "Ivy League".
   — "Ivy League" is the name generally applied to 8 universities: Brown, Columbia, Cornell, Dartmouth, Harvard, Pennsylvania, Princeton and Yale. Now the Ivy League is popular because people know it refers to the 8 well-known American universities. In addition there are some more well-known universities, such as Stanford, MIT and Caltech.

Exercise 2 Explain the following terms:

1. credit: It is one of the measurements for an undergraduate in academic progress. A credit is defined as one hour of classroom lecture, or tow to three hours of experiments per week for a semester. Students normally take 15 or 16 credits a semester, some take 17 or 18.
2. Harvard University: It is one of the most prestigious universities in the world. It was founded in 1636.
3. The Library of Congress: It is the largest library in the U. S. A. It serves as a reference library for the legislature as well as a reference library for public, and has many books sent out to other libraries on the inter-library loan system. The

library stores materials from many other countries apart from books, manuscripts, maps, photographs, prints and records.

4. Provot's Office: It is an office in Harvard, which was established in 1994. Now it has sought to foster collaboration across the University and manage changed in policies and practices that affect the academic life of the university as a whole.
5. Yale College: It is one of three major academic components of Yale University, which provides undergraduate program.
6. the Beinecke Rare Book Library: It is a library of Yale University, which contains one of the greatest assemblages of rare and historical books and manuscripts in existence.
7. the Main Quad: It is one of the Stanford's first buildings, which is a Mission-Style architecture.
8. Silicon Valley: It is a region of western California southeast of San Francisco known for its high-technology design and manufacturing industries.
9. OTL: It is the abbreviation for Stanford's Office of Technology Licensing, which works to bring technology created at Stanford to market.
10. Open Course Ware project: It was a plan of MIT in 2001, through which MIT would put all of its course materials online by 2007.
11. Caltech: It refers to the California Institute of Technology, a private, coeducational university located in Pasadena, California, in the USA.

Chapter Ⅱ The Media of U. S. A.

Exercise 1 Answer the following questions:

1. Describe briefly the conditions of radios and televisions in the U. S. A.

   — About more than 200 million radios are in use and 96 percent of American homes have televisions. There are more than 6 thousand radio stations and 1 thousand television stations.
2. What are the influences of the TV programs in the U. S. A. ?

   — Some TV entertainment programs full of killing, sex excitement, fighting and other violent actions have a harmful influence on the attitudes and behavior of young people.
3. Can you tell the major newspapers in the U. S. A. ?

   — *New York Times*, *Washington Post*, *Los Angeles Times*, *Christian Science Monitor*, *Wall Street Journal*, *New York Daily News*.
4. Can you name two or three famous American magazines?

— *Times*, *Reader's Digest*, *Newsweek*.

Exercise 2 Explain the following terms:

1. networks: A network is a group of broadcasting that linked or joined in their operations so that each station can use the same program.
2. Early Bird: It is the name of the first communication space satellite launched by the U. S. in 1965.
3. VOA: It is the abbreviation Voice of America, the most famous of the radio stations of the U. S. A. for the expansion of propaganda to foreign countries. It is in Washington, and established in 1924. Now it has 16 broadcasting stations, sending news to the whole world in 41 languages.
4. AP: It refers to the Associated Press one of the major wire services in the U. S. A.
5. UPI: It refers to the United Press International, one of the major wire services in the U. S. A.
6. *Reader's Digest*: It is a famous major news magazine of America, nearly 19 million copies a month.

Chapter Ⅲ Sports and Recreation

Exercise 1. Answer the following questions:

1. What sport is most popular in autumn in America?
   — Football is the most popular sport in autumn in America.
2. Can wrestling, boxing and horseracing be called sports? What kind of sports are they?
   — Yes, they can be called sports, and they are spectator sports.
3. What do Americans usually do for recreations during their spare time?
   — They enjoy fishing, hunting, boating, swimming, skiing; and playing tennis, golf, and bowling.
4. What people introduced bowling into the New York areas in the 17th century? And how is it acted nowadays?
   — The Dutch introduced bowling into New York in the 17th century. Nowadays, it seems to be enjoyed mostly by workingmen. Millions of bowlers take part in competitions organized by the American Bowling Congress, formed in 1895.
5. What are Americans' popular leisure pursuits?
   — Americans' popular leisure pursuits are photography, stamp collection, needlework, gardening, etc..

Exercise 2 Explain the following terms:

1. Spectator sports: They are the sports in which are completive struggles which draw huge crowds to cheer their favorite team to victory; e. g. horseracing, boxing, etc..
2. participant sports: They are the sports without fixed spectators, drawing a crowd of onlookers only on special occasions, such as tournaments.
3. NBA: It is the abbreviation of the National Basketball Association, which is the most famous league in America.
4. The National Hockey League: It is a major professional hockey league in North America, and 24 of its 30 teams are based in the United States; the other 6 are located in Canada.

Chapter Ⅳ Science and Technology

Exercise 1 Answer the following questions:

1. What is the difference of science and technology before and after World War Ⅱ in terms of financial support?

   — Before WW Ⅱ science and technology research was mainly controlled by private monopolized enterprises and provided with finance. After WW Ⅱ the state became the main organizer and money provider of scientific research. America has a large scientific organization and each year provides millions of dollars, which promotes the development of science and technology.

2. What kind of a framework did American Association for the advancement of science propose for federal science policy in late twentieth century?

   — In late 20th century, American Association for the Advancement of Science proposed a framework for federal science policy. It strongly supported a science and technology policy that commits the federal government to "maintaining US preeminence in all major areas of scientific research and education; fostering the intricate and powerful linkages among science, technology, and societal goals, and providing the world's best education for advanced science and engineering, while cultivating the scientific and technological literacy essential for our diverse citizenry to participate effectively in the decisions and events that shape their lives."

3. What changes of national priorities and the role of R&D took place in early 21st century?

   — In 21st century the relative priority of different areas of R&D has varied for the years, reflecting changing national priorities and the role of other R&D within them. Spending defense R&D has exceeded all other R&D spending (grouped together as "nondefense R&D") for most of the past four decades, although the relative size of the tow sectors has varied considerably over the years. So the fiscal year 2005 budget for federal R&D continued with large increases for weapons development and homeland security R&D, but flat or declining funding for the rest of the federal R&D portfolio.

4. What were the objectives of Project Mercury?

— Its objectives were specific: to orbit a manned spacecraft around the earth; to investigate man's ability to function in space; and to recover both man and spacecraft safely.

5. What do you know about Nobel Prize?

— It is any of the prizes awarded annually by four institutions (three Swedish and one Norwegian) from a fund established under the will of Alfred B. Nobel. The will specified that awards should be given "to those who, during the preceding year, shall have conferred the greatest benefit on mankind." Since 1901, prizes have been awarded for physics, chemistry, physiology or medicine, literature, and peace; since 1969, a sixth prize, established by the Bank of Sweden, has been awarded in economic sciences. The Nobel Prizes are regarded as the most prestigious prizes in the world.

6. How many American scientists have won the Nobel Prizes in the 20th century?

—In the 20th century, 180 American scientists won the Nobel Prizes.

7. Tell briefly about American scientist John Mather.

— John Mather is a top scientist with the National Aeronautics and Space Administration. He was the main investigator in developing the COBE satellite.

8. Who won the 2006 Nobel Prize in Medicine or Physiology?

— The 2006 Nobel Prize winners in Medicine or Physiology are Craig Mello and Andrew Fire. Craig Mello is a professor at the University of Massachusetts Medical School in Worcester, Massachusetts. Andrew fire is a professor at the Stanford University School of Medicine in Palo Alto, California. They found they could control genes in the creatures with injections of specially designed ribonucleic acid.

Exercise 2. Explain the following terms:

1. R&D: It means research and development.
2. NASA: It refers to the National Astronautics and Space Administration which has launched hundreds of spacecraft with and without astronauts since 1958.
3. John Kennedy Space Center: It was an important American space center

established in 1961. From the early Gemini, Apollo and Skylab projects to today's space Shuttle and International Space Station Programs, the center continues to lead NASA's efforts in human space exploration.

4. COBE: It is Cosmic Background Explorer.
5. RNA: It is ribonucleic acid, a polymeric constituent of all living cells and many viruses. The structure and base sequence of RNA are determinants of protein synthesis and the transmission of genetic information. Also
6. DNA: It is a nucleic acid that carries the genetic information in the cell and is capable of self-replication.

Chapter V American Art and Music

Exercise 1 Answer the following questions:

1. How have American arts been influenced by European paintings?
   — European arts were very often introduced to America. In 1913, the Armory Show in New York first brought the ideas of the leading French painters to the U.S. and it caused more excitement than any art exhibit before or since.
2. What did the Civil War artists usually depict in their paintings?
   —American realism began with paintings depicting the Civil War and industrial scenes. Civil War artists painted touching scenes depicting.
3. What was the feature of the artists of Abstract Expressionism?
   —Abstract Expressionism, also known as the New York School, was chaotic and shocking in an attempt to maintain humanity in the face of insanity.
4. What do you know about the early rockers in 1950s and 1960s?
   —Rock music in 1950s and 1960s was developed form a blend of Southern blues and gospel music with an added strong back beat, this type of music was popular with teenagers who were trying to break out mainstream conservative American middle class mold. The influence of these early rockers has been felt in popular music worldwide today. Among them, the Beatles from England burst into popularity with innovative rock music that appealed to all ages.
5. What was the situation for music in the last decade of the 20th century?
   — In the last decade of the 20th century there were more music choices available than ever, although radio stations tended to find a niche and stick to it rather than playing a mix. Latino music grew in popularity. Country music became more mainstream.
6. Tell as much as you know about the pop star Pink (Alecia Beth Moore).
   — Pink is a pop singer who first gained prominence in North America in early

2000 as a pop and R&B musician, before adding elements of rock into her material. She has released four albums—— *Can't Take Me Home*, *Misunderstood*, *Try This*, *and I'm Not Dead*—— and is known for her unorthodox clothing fashion, harsh yet soulful sound. Quite recently Pink joined the ranks of musicians voicing their opinions against President Bush.

Exercise 2. Explain the following terms:

1. Gilbert Stuart: He was the first great American artist. He played an important part in American's art, a master of the American art tradition.
2. Hudson River School: It refers to a group of American painters in the 19th century, who adopted a romantic attitude nature and it became highly popular. This romantic art depicted images of America's wilderness. They concentrated on painting the natural beauty of the USA.
3. Andy Warhol: He was a leading figure in the avant-grade trend of art in 1960s and 1970s.
4. Philharmonic Society of New York: It is the oldest permanent orchestra founded in America in 1842.
5. Christopher Isaak: He was a famous American pop singer in the second half of 20th century, whose music can be described as a blend of country, blues, rock and roll, pop and surf rock. His best-known song is *Wicked Game*.

Chapter Ⅵ American Film

Exercise 1 Answer the following questions:

1. Who opened Hollywood's first film studio in an old tavern on the corner Sunset and Gower?

   — In 1911, the Nestor Company opened Hollywood's first film studio in an old tavern on the corner of Sunset and Gower.
2. When was the first Academy Awards held?

   — The awards were first given at a banquet in the Hollywood Roosevelt Hotel on May 16, 1929.
3. Why "Beverly Hill" can be called "an extremely handsome extravagant neighborhood"?

   —Its commercial streets are immaculate and filled with exclusive boutiques and sophisticated shoppers. Its Civic Center is a gorgeous, mission-style landmark. Its residential thoroughfares are lined with multi-million dollar mansions, towering trees, and miles of manicured green lawns.

3. Why is "Academy Awards" also called "Oscar" Award?

— This name was said to be born when Margaret Herrick saw the statuette of Academy Award on a table and said: "It looks just like my uncle Oscar!"

4. Make a comment on Golden Globe Awards.

—The Golden Globe Awards are American awards for motion pictures and television programs, given out each year during a formal dinner. Run as a fundraiser since 1944 by the Hollywood Foreign Press Association (HFPA), the awards are a major part of the film industry's "awards season" which culminates each year with the Oscars and Screen Actors Guild Awards.

5. What's your evaluation of Arnold Schwarzenegger?

— He is one of the biggest movie stars of Hollywood, with starring roles in Total Recall, True Lies and so on. He has been around for what seems like forever. He initially made it big with numerous bodybuilding titles before making it in Hollywood, where he gained fame not only for the otherworldly physique, but for his sense of humor and charisma. His bodybuilding career was merely a prelude to the enormous success he would achieve as an action movie star. He is a man who has achieve the American Dream.

Exercise 2 Explain the following terms:

1. The Hollywood Walk of Frame: It is the world's most famous sidewalk in Hollywood. The renowned sidewalk stars on it salutes the celebrities who made Hollywood great——from the silent film stars of the past years of the modern action heroes of today's blockbusters. These sidewalk stars honor not only movie actors, but radio, TV and stage performers, directors, singers, songwriters, and other well-known show-biz personalities.
2. The Golden Triangle: It refers to a area in between Wilshire and Sunset Boulevards, bounded by Santa Monica. Within it is a grid of seven smaller commercial streets filled with shops and restaurants.
3. The HFPA: It refers to the Hollywood Foreign Press Association which was founded more than 60 years ago by a group of Los Angeles-based journalists working for overseas publications.
4. Steven Spielberg: He has written, acted, directed and produced about 400 films. He is perhaps Hollywood's best known directors and one of the wealthiest filmmakers in the world. He has countless big-grossing, critically acclaimed credits to his name, as producer, director and writer.
5. *Million Dollar Baby*: It is an Academy Award movie winning 2004 dramatic film directed by Clint Eastwood. And Hilary Ann Swan won the Best Actress Oscar, SAG and Golden Globe for her performance in this movie.

Chapter Ⅶ Brief Introduction to American Literature

Exercise 1 Answer the following questions:

1. Give a brief description of American Literature.

   — It was a branch of British literature when it first appeared in America. Until the War of Independence and the founding of U. S. A., American literature showed its own characteristics as a mirror reflecting the society. Many famous writers such as Mark Twain, Theodore Dreiser, Ernest Hemingway, appeared since the beginning of the 19th century. And American literature showed importance in the world since then.

2. Who is the writer called "Father of American Literature"? Why?

   — Washington Irving is called "Father of American Literature" because he was the first American to achieve international literary reputation.

3. Can you say something about American poetry?

   — Before the War of Independence, or even after it, the poets of America mainly followed the European tradition. Walt Whitman began the real American poetry. He influenced some other poets, domestic and abroad, such as Yeats, Frost etc.

4. Name some of the famous American playwrights.

   — O'Neill, Tennessee Williams, Arthur Miller.

5. How many American Nobel Prize winners are there in literature? Name some of them.

   — From 1930 to 1978, 9 American Nobel Prize winners in literature, such as Sinclair Lewis, Eugene O' Neill, Ernest Hemingway, and John Steinbeck.

Exercise 2. Explain the following terms:

1. *Rip Van Winkle*: It is the famous story written by Washington Irving.
2. Edgar Allan Poe: Poe is a critic, a poet and a novelist. He wrote 50 stories, 70 poems. His famous works are *The Fall of the House of Usher*, *The Black Cat.*
3. *The Leaves of Grass*: It is a major work about man and nature by the poet Walt Whitman, and is known as a strikingly original masterpiece that introduced Whitman's own poetic form, the lyric epic.
4. Ernest Hemingway: He is a famous American novelist, a Nobel Prize winner for the masterpiece *The Old Man and the Sea.* His other novels include *The Sun Also Rises*, *A Farewell to Arms*, *For Whom the Bell Tolls.*
5. Eugene O'Neill: He is the famous American playwright, the first one to open a new American theatre. His famous plays include *The Hairy Ape*, *Desire under*

the Elms, and *Ah, Wilderness*! etc.

6. Arthur Miller: He is a playwright of social philosophy, and his main works are *Death of a Salesman*, *The Crucibe*, *Incident at Victory*, *The Price*.
7. Jack London: He is a famous American novelist, and his best novels are *The Call of the Wild*, *White Fang*, *The Sea Wolf*, *Martin Eden*. He committed suicide in 1916 because of pessimism.

Part Four Social Life

Chapter I Family

Exercise 1 Answer the following questions:

1. What is typical American middle-class family like?

   — 1) Both the husband and wife have high school education.

   2) The husband works and earns about $11 000 a year.

   3) The family has a house of their own, a car, and T family durable goods, such as TV set, radio, washing machine, refrigerator, and so on.
2. What do you think of marriages in America?

   —Marriage is a matter of individual responsibility and decision for the young. They have their own right to deal with their marriages and are independent of their parents. They often fall in love with each other in spite of the disapproval of thei r parents. American young people are generally more affectionate and they usually regard love as more important than social class, education, money or religion. They like to have romantic love. Young people can get married with each other even if they have different religious beliefs or backgrounds. But marriages between blacks and whites are still rare. Because of the social prejudices probably less than 1 percent of all the marriages each year are between blacks and whites.
3. What are the conditions for women, both in the family and in society?

   — Since the 1960s the women's liberation movement began, women's position in the society and family have been improved. Owing to the struggle of women and their supporters, the gap between the average earnings of men and women has narrowed. In the American family, equal rights are often exercised between the husband and wife when they make a decision.
4. What is your opinion of the independence of young people in American family life?

— Most American young people live independently after marriage. Parents do not interfere in what they wish to do, and children are encouraged to be independent at an early age. However, this Patten of independence often brings about serious problems for the old parents of a nucleus family. When their children are old enough, they begin to leave their parental families and get married, and begin the life of their own family. As a result, the aged suffer from the feeling of loneliness and uselessness with neither an occupation nor a close family group.

5. Can you say something about the difference between the black families and white families in America?

   — 1) Black family incomes are 40 percent lower than that of white families. 2) The rate of unemployment for black men is doubled than that for white. 3) almost one-third black families are headed by women. 4) Kin-ship relations seem to be stronger among blacks than among whites.

6. What are average annual incomes of a middle class family?

   — The average annual income of a middle class family is about $30700.

Exercise 2. Explain the following terms:

1. the nucleus family: It is a family which usually is composed of a father, mother and two children, parents seldom live with their married children. Relatives usually live separately.
2. Senior Centers: They are the social centers for old people. At the senior centers, the aged can make friends and take part in various of activities, such as games, trips, lectures and discussion groups.
3. double dating: It means two young people go out together to a dance, a football game or a picnic before marriage.
4. baby-sitters: It refers to a person who is employed to take care of children for a specific length of time while the parents are out for evening, going to a party or a course of study.

Chapter Ⅱ Food and Dining Customs

Exercise 1 Answer the following questions:

1. Why are food and drinks in America so different?

   — America is a "melting pot", that is to say, many immigrants from different nations all over the world combined to make one nation - America. The immigrants brought different ways of cooking to America.

2. Can you briefly describe American restaurants?

— Many kinds of restaurants can be found in cities. There is great variety in the price. Many restaurants put the menus on windows. Some don't put the menus on windows. People can't judge the price according to the appearance of restaurants.

3. Can you name some informal eating places in American meal?

— cafeterias, drugstores, diners, drive-ins.

4. What are the main courses for an American meal?

— American meal usually includes meat, fish or poultry, but seldom served together at the same meal.

5. What are the attitudes of Americans towards the three meals of a day?

— Most Americans eat breakfast and lunch quickly unless a social business or family occasion. The evening meal is usually longer and a time for the family to gather together.

6. What is the most popular drink in America?

— Coffee.

Exercise 2 Explain the following terms:

1. drive-ins: They are a kind of informal eating place which are surrounded by parking lots, located just off a busy road.
2. a cafeteria: It is a kind of informal eating place where a very quick and cheap meal can be found. You just walk through a line selecting your meal as you go along.
3. black coffee: It is coffee without cream or sugar.
4. diners: Looking like railroad cars, they are found on campuses and on the outskirts of towns. The price is very low, and they are convenient to truck drivers, motorists, students.
5. a hot dog, a hamburger: They are two kinds of the most popular American fast food.
6. BLT: It refers to bacon, lettuce and tomato sandwich.

Chapter Ⅲ Customs and Traditions

Exercise 1 Answer the following questions:

1. Can you describe briefly the American holidays?

— Americans have many holidays: New Year's Day, January 1st; Valentine's Day, February 14th; Easter, a Sunday in March or April; Independence Day, July 4th; Halloween, October 31st; Thanksgiving, late November; Christmas, December 25th.

2. What is the most typical American holidays?
— Christmas Day.
3. Could you say something about Christmas Day.
— Christmas Day falls on December 25th on which Christian people believe Jesus Christ was born. This is the biggest and best-loved holiday in the US. People usually have Christmas food, e. g. turkey or ham, sweets, sweet potatoes, vegetables etc. Most popular Christmas customs are exchanging gifts, children's receiving toys or sweets from Santa Claus, in fact from their parents, people's singing Christmas carols, sending Christmas cards, having Christmas tree in every house.

Exercise 2 Explain the following terms:

1. Valentine's Day: February 14th is Valentine's Day, on which people in love with each other express their tender emotions; people put their love message in a heart-shaped box of chocolates, or a bunch of flower. The symbol of Valentine is a picture with a Heart and Cupid armed with bow and arrow. Many universities, high or elementary schools hold a sweethearts ball.
2. Easter: Easter falls on the first Sunday after the full moon, in March or in April. It commemorates the Resurrection of Jesus Christ. The custom of dyeing eggs is very popular among children. The main meat on Easter Sunday are lamb and ham.
3. Halloween: Halloween (All Hallows' Eve), is on October 31st. It is a night time festival, which is held mostly by children. On Halloween children frighten their parents and other adults by their disguised masks. In 1950 children began to ask for pennies instead of something to eat or play with and then sent the money to poor and miserable children in other countries. This program was awarded the 1965 Nobel Peace Prize.
4. Thanksgiving Day: It falls on the fourth Thursday of November. It is a holiday on which God is thanked for the crops which have been safely gathered.
5. Independence Day: the national day of the United States. It is on the 4th of July.

Chapter Ⅳ Attitudes and Views

Exercise 1 Answer the following questions:

1. What will you do when an American shows his modesty for his accomplishments?
— You may say "Oh, you are really doing well."

2. Can you find examples to show Americans' frankness of admitting certain weakness?

— From the following sentences you can find this point. "I never was very good at mathematics", "I am a rotten tennis player", or "I'm the world's worst bridge player".

3. What are the attitudes of Americans toward manual labor?

— Manual labor is highly valued. The people who make their living by manual labor get good salaries.

4. What is the popular American belief?

— Every cowboy can dream of becoming a great man, even the president of the country.

Exercise 2 Explain the following terms:

1. the American spirit of "do-it-yourself": People are proud of doing everything by themselves. Most of the American families seldom hire people to do housework though they are rich. They try to do what they can do, such as housework; gardening and they enjoy doing them.
2. the white-collar workers: They are workers who do mental labor, have a higher reputation and social position than blue-collar workers even though they have lower pay.
3. the blue-collar workers: They are workers who do manual labor. Some do hard or dirty work with their hand, have a lower reputation and social position than white collar workers.

Chapter Ⅴ Religion in the U. S. A.

Exercise 1 Answer the following questions:

1. How many religious groups exist in America?

— Over 3000 religious groups exist in America.

2. What are the major religious groups which are of native development?

— Mormonism and American Christian Science are of native development.

3. What are the main characteristic of the American religious practice?

—It has three features: 1) the wide variety of denomination; 2) the emphasis on social problems; 3) the separation of church and state.

4. What problems exist in American religion today?

— Some of the small religious sects are intolerant, some are rather emotional; some are odd and brutal; some are hysterical. They did many kinds of crime, such as the People's Temple.

Exercise 2 Explain the following terms:

1. Protestantism: In Protestantism there are about 30 principal groups. The denominations are Baptists, Methodists, Presbyterians, Unitarians, Quakers and the Salvation Army.
2. Quakers: The other name is the Society of Friends. It is a small group with 100 000 members. They take no interest in politics, but they are greatly respected.
3. Christian Science: It is also called Church of Christ, was founded in 1866 in the U. S. A. by Mrs. Mary Baker Eddy.
4. Mormonism: or the Latter-Day Saints founded in 1830 in New York State by Joseph Smith.
5. The People's Temple: It is a small religious group founded by Jones who controlled his followers. In 1977 someone accused Jones of kidnapping and criticized their violation to people's will. So an American congressman with three journalists went to investigate, but they were killed. 914 people of the People's Temple committed collective suicide.

Chapter Ⅵ Social Problems

Exercise 1 Answer the following questions:

1. What do you think of the American society?

   — The U. S. A. is a highly-developed country with a high degree of advanced science and technology, one of the richest countries in the world, but many kinds of social evils are prevalent, such as racial discrimination, unemployment, starvation, moral corruption, etc.
2. Can you name a few social problems in America?

   — The social problems in America included the gap between the poor and the rich, violence, decaying morality, and racial discriminations.
3. How many presidents in American history have been assassinated up to now? Who were they?

   — There have been four presidents who were assassinated, and they are Abraham Lincoln in 1865, James A. Garfield in 1881, William McKinley in 1901, John F. Kennedy in 1963.
4. What are the conditions like for the blacks in America?

   — The blacks had the right to vote after the Civil War, and some were elected mayors, etc. But in general they are still not provided with equal opportunities, especially in the South. The Ku Klux Klan is still a great threat to the blacks. The unemployment rate for the blacks is greater. Social discrimination is still wide-spread.

5. Is there still racial discrimination today in America?

— Yes, especially to the blacks, such as terrible housing, inferior education, poor health, and welfare provisions, high unemployment, unfair job opportunities, etc.

6. What are the social causes for the social problems in America?

— The causes are as the followed: 1) Film, TV programs and novels which are full of violence and robbery influence people, especially the young. 2) The laws in some states are not severe. 3) There is a constant corruption in the police. 4) Guns are privately owned. 5) The most important cause is the capitalist system of America.

Exercise 2 Explain the following terms:

1. nigger: It is an old impolite, insulting term for Negro or black.
2. the city of heroin: It refers to New York City, one out of forty citizens take the drug-heroin.
3. Homosexuality: It is a rather strange social phenomenon, which is a person's love of the same sex.
4. new morality: In the 1960's and early 1970's, new morality appeared among young people. They have premarital sexual relationship and live together before marriage.

Part Five Political System

Chapter I The State System and the Constitution

Exercise 1 Answer the following questions:

1. How is the political system of the United States established?

— It is established on the basis of the three main principles: federalism, the separation of powers and respect for the constitution and the rule of law.

2. What is the nature of the Federal Constitution?

— The Federal Constitution safeguards the interests of the capitalists, the upper classes of America.

Exercise 2 Explain the following terms:

1. federalism: It refers to the state system of U. S. A. , that is, 50 states forming the whole country.
2. the separation of powers: The powers of the government has three branches

—— the Executive, the Legislative, the Judicial and each branch has its own power and its power is also limited.

Chapter Ⅱ The Federal Government

Exercise 1 Answer the following questions:

1. What is the nature of the U. S. government?

— The U. S. Federal government's power is divided into three branches: the Executive, headed by the president; the Legislative, including both houses of Congress; and the Judicial headed by the Supreme Court.

2. What power does the federal government have?

— It has the right to make war, the right to tax, the right to borrow and coin money, and regulate its value; the right to regulate commerce between the states; and the right to maintain a postal system.

3. Tell the main functions of the three branches of the government.

— 1) the Executive Branch: It consists of 13 departments and many individual agencies. The department heads forms the cabinet which advises and assists the president. 2) The legislative Branch: Congress is this branch which is the law-making and supreme legislative body. 3) The Judicial Branch: It consists of the Supreme Court and some inferior courts. The Supreme Court has the sole right to interpret the Constitution and review laws to see whether they are in agreement with the Constitution.

4. What duties does the president perform?

— He is the head of the government and chief of state. With the concurrence of the Senate, he negotiates foreign treaties and appoints government officials. He commands the armed forces, sends and receives diplomatic officials. He makes foreign policy.

5. Tell briefly the two Houses of Congress.

— Congress is made up of two houses: the Senate and the House of Representatives. The Senate has 100 voting members, two from each of the fifty states. The House of Representatives has 435 voting members plus a nonvoting representative from Puerto Rico and the District of Columbia respectively.

6. How does a bill become a law?

— First a bill introduced by member of Congress is sent to an appropriate legislative Congress works. The committee is formed and held hearing on it. Then the recommendations of the bill are reported to the Houses. The bill is debated on the floor of each house. Then the votes began. After the majority approval by both houses, the proposal law goes to the president. If two-thirds of each house of Congress approve it, the bill becomes law in spite of president's veto.

7. What are the major powers of the Supreme Count?

— It has the following powers: 1) interprets laws; 2) can hear appeals from any federal course cases; 3) can hear appeals from state court cases that involve the Constitution or national laws; 4) may declare a law unconstitutional; 5) may declare a presidential act unconstitutional.

8. How are the powers of the Supreme Court limited?

— The powers can be limited by Congress. The Senate approves the appointments of judges. Congress has the power to set up federal courts under the Supreme Court. Congress may impeach and convict any federal judge, and may propose an amendment of the Constitution if the Supreme Court declares a law unconstitutional.

Exercise 2 Explain the following terms:

1. The system of checks and balances: The Constitution limits the power of each government branch, and prevents any one branch from gaining undue power. This balance is always kept among the three branches.
2. veto: It refers to disapprove and refuse to sign.
3. impeachment: If the president is found guilty of high crimes or other improper acts, he is impeached and may be removed from office. Impeachment is the only way in which the president can legally be removed from office.
4. Chief Justice: head of the Supreme Court in the United States.

Chapter Ⅲ Political Parties and Elections

Exercise 1 Answer the following questions:

1. How was the two-party system formed?

— Before the Civil War, the Democratic Party took its present name and the Republican Party was formed; thereafter, the two parties took office by turns and thus the two-party system was formed.

2. What is the true nature of the two major parties in America?

— They are the parties of the bourgeoisie under the close control of U. S. monopoly capitalists.

Exercise 2 Explain the following terms:

1. The Republican Party: It came into being in 1854. It was a party of the northern capitalists who opposed slavery from their own political and economic

interests.

2. The Democratic Party: The Democratic Party grew out of the "Anti-Federalists" that appeared after 1787. It was founded in 1828, led by a group of planters and capitalists and a considerable number of small farmers. Thomas Jefferson was the leader.
3. primary campaign: The parties in the United States choose all their candidates for election at "primary elections", which is held in spring. "Primary elections" are considered the first step and part of the formal voting process and it has many forms. Once the party candidates have been chosen, the primary campaign between the parties begins Sometimes a lot of money is needed for a primary campaign.
4. "winner-take-all" principle: If the candidates of a party for "electors" in a given state receive a majority of the total vote, then the party is entitled to have all the electoral votes for that state.

Chapter Ⅳ The State and Local Governments

Exercise 1 Answer the following questions:

1. What are the main features of the state governments?

   — Each state in the United States has its own state constitution, according to which the state government is composed of three branches: the legislative, the executive and the judicial
2. Is there any election of legislatures and executives in state and city governments?

   — Yes. The state governments and city governments follow much the pattern as the Federal Government. For example, state governor is also directly elected by electors.

Exercise 2 Explain the following terms:

1. state governor: It is the executive of a state.
2. vice-governor: It refers to the occupation that is equal to that of the vice-president in the Federal Government.

（三）加拿大、澳大利亚、新西兰
（Canada, Australia, New Zealand）

Chapter I Canada

Exercise 1. Answer the following questions:

1. How many parts can Canada be divided into according to its geographical features? What are the main features in each division?
—Eight parts: Appalachian Highlands, St. Lawrence_ Great Lakes Lowland, Canadian Shield, Hudson Bay Lowland, Interior Plains, Rocky Mountains, Pacific Mountain and Valley system, and Arctic Islands. As for the main features, please confer "2. Eight Geographical Divisions".
2. Give a brief account of Canada's climate.
— Canada has a continental climate which is arctic in the north and maritime near the west coast, while near the U. S. border a narrow strip has a temperate climate with cold winters.
3. What were the two major events in the history of Canada formation?
— The one was the building of Canadian Pacific Railway. The railway speeded up the settlement of the western plains and Canadian economic development. The other was Louis Riel's execution. Louis Riel was the leader of the Metis in their first revolt. He had the mixed blood of French and Indians. He was regarded as a French-Canadian hero and French-speaking Metis in Quebec. The execution of Louis Riel in 1885 really aggravated the ethnic tensions between French Canadians and British Canadians.
4. State briefly the Canada-U. S. economic relations.
— Canada and U. S. has very close economic relations. The U. S. is the most important trading partner of Canada. The U. S. is Canada's leading foreign investor and Canada's investment is also important for the U. S.
5. Why is Canada called a "constitutional monarchy"?
— The British North America Act of 1867 was a document functioning as a national constitution and was the basis of Canada's government. And Canada has Elizabeth Ⅱ as its Queen. The Queen symbolizes the nation's unity and is

the head of government. Canada has both the Constitution and Queen, so it is called "constitutional monarchy".

6. What is the British North America Act of 1867?

— This act functioned as Canada's national constitution, and was also the basis of Canada's government.

7. Tell briefly about the higher education in Canada.

— Higher education in Canada is a little complex. It has various types such as three or four years colleges, teachers colleges, etc, public community colleges and technical institutes. Degrees, bachelor's, master's, doctor's, are offered in different institutes. Entrance qualifications vary from province to province.

Exercise 2. Explain the following terms:

1. Quebec and Ontario: They are one of the five economic and cultural regions. This region is the economic and political center of the whole country. Ottwa in Ontario is the capital of Canada. Montreal in Quebec is one of the world's longest island ports and a chief center of Canadian culture, industry and education.
2. Vancouver: Vancouver is a major city where many British Columbia's inhabitants live. It is the most important and busiest harbor on the pacific coast of North America. It is also a major financial center.
3. The Quebec Act: In 1774 the British parliament passed the Quebec Act. According to the Act, the people of the province were granted as French Canadians and linguistic and religious freedom were granted to the French colonists.
4. John A. Macdonald: He was born in 1867 and died in 1873. He was one of Canada's greatest prime ministers and nation builders. Under his governing, in the east Prince Edward Island was added to the Dominion, in the west his government made the North West join Canada in 1870.
5. NAFTA: the North American Free Trade Agreement, signed in 1994 between U.S.A. and Canada.
6. Charles G. D. Roberts: a significant writer in Canadian literature, wrote many poems. He also wrote many novels mainly dealing with history of Canada.

Chapter Ⅱ Australia

Exercise 1. Answer the following questions:

1. What led to increased population and a prosperous Australia in the early 19th century?

— The discovery of gold in the 1850s that led to increased population and a prosperous Australia in the early 19th century.

2. How did Australia become a united nation?

— In the early 19th century, many parts of the now Australia were still colonies of the British Empire. In 1891 a draft constitution was drawn up. In 1898 the British Parliament ratified the constitution. On January 1, 1901, the Commonwealth of Australia came into being. The first federal parliament was opened at Melbourne in May 1901 by Duke of York (Later King George V). Since then Australia became a united nation.

3. What did the Whitlam government do to develop Australia's social and economic progress?

— The Whitlam government took many reforms. It cut 25 percent tariff in order to make industry more competitive. The "White Australia" policy was officially abolished and a policy of multiculturalism was introduced. It also tried to pursue a more independent foreign policy especially in its relations with the U. S.

4. State briefly Australian Government's economic policy.

— Australian government exercises micro-control policy. In domestic affairs it reduces unemployment rates, avoids inflation, and cut government spending and reforms taxation. In trades with foreign countries, it keeps the balance of import and export.

5. What principles are the Australian Constitution based on?

— Two principles: the principle of federalism and the principle of responsible government.

6. State briefly the development of Australian society and culture.

— The development of Australia's society and culture can be roughly divided into four periods:

(1) Before 1787: Aboriginal society and culture;

(2) 1787-1970s: under the influence of British society and culture;

(3) 1970s-now: multiculturalism;

(4) Future: Australian society and culture.

7. What is the Australia's educational system?

— Australia's educational system consists of five parts in three different levels. The first level is primary and secondary education. The second level is technical or commercial colleges or other training institutions. In the third level there are universities and colleges of technical and Further Education.

Exercise 2. Explain the following terms:

1. Sydney: It is the capital of New South Wales, and also the oldest and largest city in Australia. It has a population of 36 million. It has the greatest concentration of commerce and industry. Sydney Opera House is very well-known in the world.
2. the Apple Isle: It refers to Tasmania, the smallest of the Australian states. The island has got enough rainfall, and is rich in fruits. Apples are exported to many foreign countries. So it is called the "Apple Isle".
3. Australian Capital Territory: After federation in 1901, it was decided that the new nation should have a new seat of government . In 1913 the site for a new national capital was finally selected. An area of 2333 square km was mapped out of the state of New South Wales. This is the Australian Capital Territory. Then, Canberra, the capital city was completed here.
4. the Statute of Westminster Adoption Act: On October 9, 1942, Australia passed this Act. By this Act Australia officially established its complete autonomy in both internal and external affairs. In 1986 the Australia Act gave the country full independence from Britain.
5. APEC: Asian Pacific Economic Corporation.
6. "Westminster Parliamentary System": It refers to the principle of federalism and the principle of responsible government. See details in "Ⅳ Political System, 1. Constitution".
7. Australian Labour Party: one of the four major political parties in Australia. It is the oldest political party in Australia. It was founded in 1891. It represents the interests of trade unions and liberal groups.
8. the Royal Flying Doctor Service: Its medicare and medical insurance scheme which was carried out by Hawke's Labour government in 1983. Under the Medicare, the federal and state governments fund public hospitals. All permanent Australian residents have free access to public hospital services and treatment. As for those living in isolated places, they can use radio to summon doctors who will come by plane or helicopter. This is called the Royal Flying Doctor Service.

Chapter Ⅲ New Zealand

Exercise 1. Answer the following questions:

1. What is New Zealand's climate?

— New Zealand has a middle latitude marine climate. All months are moderately wet while the high mountains carry snow throughout the year. Seasons are opposite to the northern hemisphere. Winter is between June and August, and summer is between December and February. Temperature averages range from 7℃ in July to 16℃ in January.

2. What are the characteristics of New Zealand's animals and plants?

— New Zealand is isolated from other landmasses, so it has few of the advanced animal species that evolved elsewhere. Apart from two species of bats, there are no native land animals. The kiwi is a national symbol. There are also heavy insects and giant snails. As for plants, there are evergreen tree species, giant tree ferns and epiphytes.

3. What is the content of the Treaty of Waitangi 1840?

— In February 1840, William Hobson, representing Queen Victoria, and some Maori chiefs, signed the Treaty of Waitang I. The treaty has three articles. Under the first article, the Maori people gave the Queen of England the right to make laws for the country. The second article promised the Maori full exclusive undisturbed possessions over their lands, forest, fisheries and other treasured possessions. The third article granted the Maori all the rights and privileges of British subjects.

4. Why could Maoris adopt much of European culture?

— Through interaction and intermarriage with European settlers and missionaries, Maoris adopted much of European culture.

5. What is the main feature of New Zealand's institution?

— New Zealand's social institutions assumed their present form by the 1890s. Old age pensions were introduced in 1898. It became the first country to grant votes to women in 1893. All this built the foundation for New Zealand's version of welfare state.

6. State briefly New Zealand's export economy.

— As agricultural products are the basis of New Zealand's economy, its export economy lies in the agricultural products. New Zealand's economy depends on the exports of meat, diary products and wool.

Exercise 2. Explain the following terms:

1. Maoritanga: Maoritanga is Maoriculture, the Maori customs and traditions. It has its own distinctive indigenous feature. But it has also assimilated much western culture. Now it becomes an inseparable part of rich heritage of New Zealand.
2. Abel Tasman: He was a Dutch navigator. In 1642 he made the first recorded

European sighting of New Zealand and named it Staten Land, which was later changed to New Zealand.

3. the Rainbow Warrior: It is a name of Greenpeace flagship. In 1985 New Zealand banned nuclear weapons and nuclear power ships from its ports. When the Rainbow Warrior was preparing to embark on a voyage to protest of nuclear weapons in French Polynesia, it was sabotaged and sunk in Aukland Harbor by French secret agents, killing one person.
4. MMP: It is a part of electoral system. It refers to a new mixed member system of proportional representation. By this system, each voter has two votes, the first for a candidate in their electorate, the second for a political party.
5. Te Kohanga Reo: It means Maori language preschool. This preschool provides a total immersion learning environment for children up to the age of five.

第六部分

综合自测题及参考答案

自测题一（Britain）

Ⅰ. In each of the following questions there are four choices. Chooe the correct one. (**50%**)

1. The longest river in Britain is ________ .
   A. Severn　B. Thames　C. Clyde　D. Tees.
2. The "Backbone of England" refers to ________ .
   A. Mt. Grapian　B. Pennines　C. Mt. Mourne　D. Cheviot Hills
3. Natural gas was discovered in Britain in ________.
   A. English Chanel　B. The North Sea　C. Lake Noah　D. Irish Sea
4. Britain's main cereal crop is ________.
   A. oats　B. corn　C. barley　D. rye
5. The three Germanic tribes that invaded Britain include the following except ________.
   A. the Angles　B. the Saxons　C. the picts　D. the Jutes
6. St. Paul's Cathedral is in ________.
   A. Birmingham　B. Glasgow　C. London　D. Liverpool
7. The capital city of Northern Ireland is ________.
   A. Cardiff　B. Belfast　C. Lothian　D. Leith
8. The real Roman conquest began in ________.
   A. 43　B. 43 B. C.　C. 420 A. D.　D. 410 B. C.
9. King Arthur was the king of ________.
   A. Picts　B. Celts　C. Scots　D. Jutes
10. The first "King of the English" was ________.
    A. Alfred　B. Egbert　C. Bede　D. Ethelred
11. The Peasants Uprising in Britain was led by ________.
    A. Henry Turner　B. Wat Tyler　C. Richard　D. Stephen
12. The English parliament originated in ________.
    A. Great Council　B. Model Parliament
    C. All Estates Parliament　D. Long Parliament
13. Christianity was introduced into England in the late ________ century.
    A. 14th　B. 10th　C. 8th　D. 6th
14. Between 1337-1453 took place the ________ in Britain.

A. Wars of Roses　　B. Black Death
C. Hundred Years War　　D. Peasants Uprising

15. The English Church was ________.
A. national　B. international　C. regional　D. local

16. The Glorious Revolution in 1688 was in nature a ________.
A. ccup detat　B. peasant uprising　C. workers'strike　D. racial slaughter

17. The first Civil War in Britain lasted from ________ to ________.
A. 1600-1604　B. 1640-1644　C. 1642-1646　D. 1646-1650

18. The author of Utopia is ________.
A. William Shakespeare　　B. Thomas More
C. Christopher Malowe　　D. Ben johnson

19. In 1689, the ________ began in England.
A. Constitutional Monarchy　　B. All Estates Parliament
C. Plague of London　　D. House of Lancaster

20. The Fabian Society was founded in 1883, which had many famous intellectuals, such as ________.
A. William Shakespeare and Ben Johnson
B. G. B. Shaw and H. G. Wells
C. Edmund Spencer and Philip Sidney
D. Christopher Malowe and john Milton

21. James Watt created a ________ in 1769.
A. Spinning Mule　B. Spinning Jenny　C. Steam Engine　D. power loom

22. One of the contributions of the Norman Conquest is ________.
A. the formation of English race　　B. final unification of England
C. change of English customs　　D. Latin alphabet and civilization

23. In 1348-1350 took place ________, the severest of many plagues in the middle ages.
A. flood　B. drought　C. Black Death　D. earthquake

24. The Battle of Hastings took place in ________.
A. 1606　B. 1035　C. 1042　D. 1066

25. The Great Charter (Magna Carta) was signed by ________ in 1215.
A. King Henry Ⅱ　B. King John　C. King William Ⅰ　D. King Richard

26. The religious persecution mainly existed during the reign of ________.
A. Elizabeth Ⅰ　B. Henry Ⅷ　C. Cromwell　D. Charles Ⅰ

27. The Chartist Movement was a worker's movement. The basic Point of the People's Charter was ________.

A. universal suffrage　　B. equal pay for equal work
C. improvement of working conditions　　D. women's rights

28. ________ marked the beginning of the English Parliament.
A. All Estates Parliament　　B. Long Parliament
C. Model Parliament　　D. Short Parliament

29. English Renaissance arose in the ________ th century.
A. 14　　B. 15　　C. 16　　D. 17

30. Wsetminster Palace is the ________.
A. seat of British Houses of Parliament　　B. seat of English church
C. residence of King and Queen　　D. residence of Prime Minister

31. Big Ben is the nickname of ________ .
A. Sir Benjamin Hall　　B. Benjamin Franklin
C. 315-foot Clock Tower　　D. Sir Charles Barry

32. The world famous "Speakers Corners" is inside ________.
A. London Tower　　B. Westminster Palace
C. Hyde Park　　D. Westminster Abbey

33. The author of *On the Origin of Species* is ________ .
A. George Baron　　B. Charles Darwin
C. John Baldwin　　D. Winston Churchill

34. No. 10 Downing Street is ________.
A. official residence of King　　B. seat of English Parliament
C. official residence of Prime Minister　　D. Office of British Navy

35. ________ was once the president of the Royal Society for twenty-three years.
A. Isaac Newton　　B. Francis Bacon
C. William Harvey　　D. John Dalton

36. The national center of the press in Britain is ________.
A. the Fleet Street　　B. Speakers' Corner
C. Great Russell Street　　D. Whitehall

37. The Independent Broadcasting Authority gets its money mainly from ________.
A. govermment　　B. advertising
C. payments from all people who have TV sets　　D. merchants

38. Stratford_on_Avon is a famous place where ________ was born.
A. John Milton　　B. William Shakespeare
C. Ben Johnson　　D. Thomas Gray

39. The oldest university in Britain is ________.
A. Cambridge　　B. Oxford

C. St. Andrews University D. Edinburgh University

40. The oldest Sunday newspapers in Britain is ________.

A. Sunday Times B. The People

C. News of the world D. The Observer

41. The most famous broadcasting company in Britain is ________.

A. British Broadcasting Corporation B. Independent Broadcasting Authority

C. Radio Times D. Reuters

42. Most British couples go to ________ to have their wedding ceremony.

A. meeting_room B. church C. ball_room D. park

43. The best_known quality of the British people is their ________.

A. conservativeness B. exclusiveness C. self_importanceD. phlegm

44. The English sense of humor is ________.

A. self_made B. self_respect

C. self_deprecating D. self_assurance

45. The festival which the British people keep to remember the people who died in two World Wars is ________.

A. Easter Monday B. Guy Fawkes Day

C. Armistice Day D. Boxing Day

46. The oldest part of British Parliament is ________.

A. the House of Commons B. the House of Lords

C. the Shadow of Cabinet D. the Chamber

47. The British Parliament has all powers except ________.

A. the right to control taxation

B. the right to control judges

C. the right to control the govemment's budget

D. the right to make laws

48. Serious offences are dealt with by ________.

A. magistrate's courtsB. high courts C. police courts D. courts of appeal

49. The political system of Britain is that of ________.

A. capitalist country B. constitutional state

C. republic country D. constitutional monarchy

50. The president of the Lords in Britain is called ________.

A. Lord Chancellor B. Speaker C. Prime Minister D. President

Ⅱ. Explain the following terms (30%):

1. Utopia

2. the Enclosure Movement

3. the English Renaissance
4. Roundheads and the Cavaliers
5. Westminster
6. The East Indian Company

Ⅲ. Answer the following questions (20%):

1. Tell briefly the situation of Thatcher government in 1980s.
2. How was the Two-Party System established in Britain?

自测题二（America）

Ⅰ. In each of the following questions there are four choices. Choose the correct one. (50%)

1. The most densely-populated region is ________.
   A. the southern　　B. the northeastern
   C. the middle west　　D. the western
2. ________ has been called the "cradle of American liberty".
   A. Philadelphia　B. Boston　C. Plymouth　D. Chicago
3. Detroit is famous for the production of ________.
   A. bamboo　B. automobiles　C. timber　D. airplanes
4. The state ________ is rich in fishing and trapping.
   A. Hawaii　B. California　C. Alaska　D. New York
5. The world's largest freshwater lake is Lake ________.
   A. Superior　B. Ontario　C. Victoria　D. Michigan
6. The state to which the Mayflower sailed is ________.
   A. Florida　B. Maine　C. Massachusetts　D. Virginia
7. The original name of New York is ________.
   A. New Hampshire　　B. New Amsterdam
   C. New Jersey　　D. New England
8. The city's name, "Philadelphia" means ________.
   A. fishing pit　B. brotherly love　C. waste land　D. wild land
9. Harvard University was founded in ________.
   A. 1366　B. 1633　C. 1636　D. 1363
10. The first immigrants came to America from England to escape ________.
    A. poverty　　B. imprisonment
    C. religious persecution　　D. all of the above
11. The common house during colonial times was ________.
    A. igloo　B. log cabin　C. nest　D. cave
12. The U. S. A. is known as a "Melting Pot" for its ________.
    A. mixture of religions　　B. mixture of nationalities
    C. mixture of climates　　D. mixture of habits
13. The important thing done in the Second Continental Congress was that

________.

A. the Declaration of Independence was signed

B. the Revolutionary War ended

C. Washington was appointed commander of the army

D. a new govemment was discussed

14. The pamphlet "Common Sense" was published by ________.

A. Thomas Jefferson　　B. Thomas Elva Edison

C. Patrick Henry　　D. Thomas Paine

15. The Constitution was called ________.

A. the supreme law of the land　　B. the unique law of the continent

C. the perfect law of the country　　D. the national law

16. The history of the U. S. is generally agreed to have begun in the year of ________.

A. 1620　　B. 1607　　C. 1776　　D. 1492

17. The first English traveler to the New World was ________.

A. Francis Drake　　B. Christopher Columbus

C. John Cabot　　D. Amerigo Vespucci

18. The turning point of the War of Independence was the Battle of ________ in 1777.

A. Yorktown　　B. Saratoga　　C. Bunker Hill　　D. Lexington

19. The first American President who inaugurated in Washington City was ________.

A. George Washington　　B. Thomas Jefferson

C. John Adams　　D. Andrew Jackson

20. The three great tides before the Amercian Civil War were as follows except ________.

A. Westward Movement

B. rapid growth of working class

C. the confrontation class between the two different economic systems

D. the industrial revolution

21. The first imperialist war took place between the U. S. and ________ in 1898.

A. Britain　　B. France　　C. Spain　　D. Mexico

22. The "Big Stick" Policy was advanced by President ________.

A. Theodore Roosevelt　　B. Franklin Roosevelt

C. William Mckinley　　D. Thomas Woodrow Wilson

23. In Jan. 1918, American President ________ prepared his "Fourteen Points" as a

basis of pease negotiation.

A. Woodrow Wilson B. William H. Taft C. Warren D. Harding

24. President Franklin D. Roosevelt proposed a well-known policy called ________ to save the economic situation.

A. the Open Door Policy B. the New Deal

C. Good Neighbor Policy D. the"Big Stick"

25. On Aug. 14, 1941, the U. S. and Britain issued a joint communique called ________.

A. the Atlantic charter B. the Deheren Declaration

C. the Washington Proclamation D. the Cairo Declaration

26. The period of the "Cold War" began when ________ came forth in March 1947.

A. Trumanism B. the Eishenhower Doctrine

C. NATO D. Marshall Plan

27. "Marshall Plan" aimed at the following except ________.

A. restoring the economy of Europe

B. avoiding revolution

C. finding markets for U.S.'extra goods

D. providing funds for all the countries involved in the war

28. McCarthy was notorious for his harsh ________ persecution of theprogressive people.

A. religious B. spiritual C. political D. economical

29. Junior college in America is ________.

A. two-year college B. four-year college

C. thre-year college D. five-year college

30. The largest public library in the U. S. is ________.

A. Library of Congress B. Library of Harvard

C. Franklin Library D. Roosevelt Library

31. The most famous 19 radio stations is ________.

A. the Columbia Broadcasting System B. the American Broadcasting System

C. Voice of America D. The National Broadcasting System

32. The three biggest newspapers are of the following except ________.

A. New York Times B. Reader's Digest

C. Washington Post D. Los Angeles Times

33. Metropolitan Museum is in ________.

A. Washington D. C. B. Boston C. New York D. Philadelphia

34. Rip Van Winkle was written by ________.
A. Herman Melville　　B. Edgar Allan Poe
C. Nathaniel Hawthorne　　D. Washington Irving
35. Empire State Building is in ________.
A. Chicago　　B. Detroit　　C. Washington D. C.　　D. New York
36. Jazz, a great contribution to the world popular music, was originated from the music of ________.
A. Indians　　B. Negroes　　C. Spanish　　D. Portuguese
37. The "Senior Citizens" in the senior centers refer to ________.
A. high officials　　B. professors　　C. presidents　　D. old people
38. You can get quick and inexpensive meals in ________.
A. magnificent restaurants　　B. snack bars
C. guest house　　D. motels
39. The popular American belief is ________.
A. part_time working　　B. self_made man
C. manual labor　　D. being extravagant
40. The largest religious group in America is ________.
A. Roman Catholics　　B. Protestants
C. Orthodists　　D. Presbyterians
41. Urban Hermits refers to ________.
A. people who live in the remote places
B. people who live in mountains and forests
C. shopping_bag ladies in big cities
D. monks and nuns
42. America occupies the leading position in the modern technology in the following areas except ________.
A. atomic energy　　B. computers　　C. space　　D. shipbuilding
43. The main purpose of Ku Kiux Klan is ________.
A. killing politicians　　B. murdering millionaires
C. kidnapping foreigners　　D. persecuting blacks
44. American president has the following power except ________.
A. appointing government officials　　B. commanding the armed forces
C. making foreign policies　　D. interpreting the Constitution
45. Each of the fifty states of the U. S. A. elects ________ senators.
A. two　　B. three　　C. four　　D. one hundred
46. The Head of the Representatives is called ________.

A. Leader　　B. Chancellor　　C. Speaker　　D. Chairman

47. The number of Congressmen from each state varies depending on ________.

A. the size of the area　　B. the size of population

C. the tradition　　D. the wealth

48. The tenure of office of federal judges is ________.

A. four years long　　B. for life

C. eight years long　　D. five years long

49. When the Republican Party came into being in 1854, it was chiefly made up of ________.

A. farmers　　B. workers

C. merchants　　D. northern capitalists

50. The Federal Government is supposed to ________ the states governments.

A. guide　　B. rely on

C. control　　D. keep independent from

Ⅱ. Explain the following terms (30%):

1. the Boston Massacre
2. "winner-take-all" principle
3. checks and balances in American political system
4. the People's Temple
5. the American Civil Rights Movement
6. Wall Street

Ⅲ. Answer the following questions (20%):

1. What important measures did Abraham Lincoln take during the Civil War? How do you evaluate them?
2. What are the three branches of the U. S. government? What are the main functions of the three branches?

自测题三

(Britain, America, Canada, Australia and New Zealand)

Ⅰ. Fill in the blanks with proper words or terms according to the Textbook. (10%)

1. The most well-known news agency of Britain is ________.
2. The library ________ in was the first private library in the U. S. A..
3. The Democratic and the Republican parties gradually lost their differences after ________.
4. Christianity has three major groups: Catholicism, Protestantism and ________.
5. St. Paul Cathedral, the biggest and most well_known church in London is a typical example of the architecture of ________.
6. In 1803, the United States took advantage of the European War and purchased the vast area of.
7. The symbol of Valentine is a picture with ________.
8. In U. K. comprehensive secondary schools were established before 1960. Pupils at 18 take an examination of G. C. E. "A" level. Here G. C. E. "A" level refers to ________.
9. The most important denomination in English religion is the Anglican Church which has ________ as its spiritual leader.
10. In the mid_1950s in America, a new form of music came out -"rock-and-roll", a quite popular music. Then came out many rock super stars, among whom ________ is the most outstanding, and he is known as "King of the Pop".

Ⅱ. In each of the following questions there are four choices. Choose the correct one. (20%)

1. About ________ of the people of Quebec are French descents.
   A. 30%　　B. 50%　　C. 80%　　D. 90%
2. The backbone of Canada's economy is ________.
   A. manufacturing　　B. cereal export　　C. crude oil　　D. timber
3. Louis Riel was ________.
   A. the leader of the Indians in Canada
   B. the leader of Metis in their first revolt

C. the leader of the French_speaking people in Quebec
D. one of the Canadian prime ministers

4. Queensland is ________ of Australia.
A. the second smallest state B. the smallest state
C. the second and youngest state D. the second and oldest state

5. The governor general of Australia on the advice of ________ reflects the cabinet from among the members of Federal Parliament.
A. Prime Minister B. the British Queen
C. British Prime Minister D. his own adviser

6. Early childhood education centers in New Zealand include kindergarten, play centers, children centers and ________.
A. night school B. senior centers
C. nursery school D. community playgroups

7. Maritanga now becomes ________.
A. a hostile target of New Zealand people
B. an inseparable part of rich heritage of New Zealand
C. an unacceptable culture in New Zealand
D. an inconceivable culture in New Zealand

8. Andrew Jackson was the first president who developed the power of ________ into one of the means of making laws.
A. winner_take_all B. veto
C. signing signature D. repealing

9. The symbol of the U. S. Republican Party is ________.
A. elephant B. eagle C. donkey D. hawk

11. In America the judicial is headed by ________.
A. President B. Congress
C. the Supreme Court D. the Secretary General

12. Lexington Fire was the ________ of American War of Independence. .
A. turning point B. ending C. cause D. prelude

13. The first major feature film made in America was ________.
A. Gone with the Wind B. the Sound of Music
C. Birth of Nation D. the Blue Bird

14. Sears Tower is in ________.
A. Boston B. New York C. Chicago D. Los Angeles

15. Marriage in America is considered ________.
A. rather burdensome B. a pure individual matter

C. a pure religious affair　　　　D. more important to the parents

16. Gaelic is mainly spoken in ________.

A. Scotland　　B. Wales　　C. England　　D. Northern Ireland

17. The English Parliament is originated from ________.

A. Model Parliament　　　　B. All Estates Parliament

C. Great Council　　　　D. Long Parliament

18. Christianity consists of the following except ________.

A. Catholicism　　B. East Orthodox　　C. Jewish Church　D. Protestantism

19. Which of the following holiday is observed only in Northern Ireland?

A. St. Patrick Day　　B. Boxing Day　　C. Bank Holiday　D. Halloween

20. Which city is the gateway to two of Australia's major tourist playgrounds, the Gold Coast and the Great Barriers Reef?

A. Sydney　　B. Brisbane　　C. Melbourne　　D. Perth

Ⅲ. Explain the following terms. (30%)

1. the Wars of the Roses
2. Magna Carta
3. Monroe Doctrine
4. The New Deal
5. NAFTA
6. Vancouver

Ⅳ. Answer the following questions. (20%)

1. Give a brief account of the U. S. overseas invasion and expansion in the 20th Century
2. What are the prerequisites for the English Industrial Revolution?

Ⅴ. Analysis and comments. (20%)

1. Write an outline of the growth and decline of Britain,s feudalism.
2. Analyze the similarities and differences in the political systems of U. K. and U. S. A. and make comments on them.

自测题四

(Britain, America, Canada, Australia and New Zealand)

Ⅰ. In each of the following questions, there are four choices. Choose the correct one. (50%)

1. The British Isles are made up ________ large islands and hundreds of small ones.
   A. five　B. two　C. three　D. four
2. Wales is in the ________ of Great Britain.
   A. south-west　B. north-west　C. north-east　D. south-east
3. The English are mainly descendants of ________.
   A. Celts　B. Anglo-Saxons　C. the Danes　D. the Normans
4. The very first known settlers of Britain were ________.
   A. the Celts　B. the Anglo-Saxons
   C. Romans　D. the Iberians
5. Who should be the national hero during the fighting against Danes?
   A. Edgar　B. Edward　C. Award　D. Alfred
6. On the Christmas Day of 1066, ________ was crowned King of England.
   A. Edward　B. Harold　C. Edgar　D. William
7. The struggle between Henry Ⅱ and Thomas Becket was over the ________.
   A. Church of England　B. Jury trial
   C. reform of the Bishop's courts　D. Reformation
8. Which of the following Statements about the Magna Charta was NOT true?
   A. It was long been popular regarded as the foundation of English liberties.
   B. It was as statement of the feudal and legal relationship between the crown and the barons.
   C. It was a guarantee of the freedom of the church and the limitation of the powers of the King.
   D. It confirmed the principle of parliamentary supremacy and guaranteed free speech within both the House of Lords and the House of Commons.
9. It is generally believed that feudalism in England ended with ________.
   A. the Wars of the Roses　B. Watt Tyler's Rising
   C. the Black Death　D. the Hundred's Year's War

10. The Glorious Revolution marked the ________.
   A. beginning of the crown supremacy
   B. end of the civil war
   C. failure of parliament
   D. beginning of the constitutional monarchy
11. The head of the Church of England is the ________.
   A. Pope　B. Bishop　C. Parliament　D. King
12. The first tow political parties in Britain were the ________ and ________.
   A. Liberals; Conservatives　B. Lollards; Puritans
   C. Roundheads; Protestants　D. Whigs; Tories
13. Margaret Thatcher carried out the economic policy of ________ to revitalize British economy in the 1980s.
   A. collectivization　B. privatization
   C. nationalization　D. government control
14. A group of young people from Liverpool caused a pop music revolution in Britain. They called themselves ________.
   A. Beatles　B. Modern Singers
   C. Musicians　D. The lost generation
15. From the ending of the WW Ⅱ to 1979, the English economic policy was based on the economic theory put forward by ________.
   A. Adams　B. Monetarists　C. Keynes　D. Imperialists
16. Westminster Abbey includes a well-known burial ground for famous English poets and the ground is known as ________.
   A. literary ground　B. the Muses　C. Poets' Corner D. the Poet Laureate
17. The British Industrial Revolution began with ________ industry.
   A. steam engine　B. ship building　C. textile　D. electricity
18. The House of Commons is composed of members ________.
   A. indirectly elected by British people　B. elected by the two major parties
   C. nominated by the two parties　D. directly exacted by British adults
19. Britain practices compulsory full-time education free charge for all children form the age of ________.
   A. 7 to 15　B. 5 to 16　C. 8 to 18　D. 7 to 12
20. In Britain, the highest judicial appointments are made by the Queen on the advice of ________.
   A. the Lord Chancellor　B. the Prime Minister
   C. the Speaker　D. the House of Commons

21. To the west of mainland America lies the ________.
A. Atlantic Ocean B. Pacific Ocean
C. Indian Ocean D. Artic Ocean
22. In America, "Father of Waters" refers to ________.
A. Mississippi River B. Hudson River
C. Columbia River D. Colorado River
23. The largest freshwater in the world is ________.
A. lake Superior B. Lake Erie C. Lake Ontario D. Lake Michigan
24. The largest seaport of the USA is ________.
A. Baltimore B. Boston C. New York D. San Francisco
25. "The motor city" is ________ of the USA
A. San Francisco B. Detroit C. Boston D. Philadelphia
26. Who is the first American to achieve international literary reputation, called "Father of American Literature"?
A. Washington Irving B. Walt Whiteman
C. Mark Twin D. Earnest Hemingway
27. ________ is believed to be the discoverer of America.
A. Christopher Columbus B. Amerigo Vespucci
C. Vasco da Gama D. Ferdinand Magellan
28. The main purpose of Thomas Paine's Common Sense was to ________.
A. call on the people to take up arms to fight against for independence
B. declare war with England
C. ask help from France
D. expose the evils of capitalism
29. Those who supported the Constitution and preferred a strong national government were called ________.
A. anti-federalists B. nationalists C. democrats D. federalists
30. During the Westward Movement the United States witnessed ________.
A. a rapid growth of its industry in the west
B. great expansion of its territory to the west
C. tremendous changes in the living conditions in California
D. an increase in the prices of milk and eggs
31. It was the dispute over ________ that touched off the American Civil War.
A. the spoils system B. the serf system
C. the Negro slavery D. federalism
32. The United States government declared war on ________ on April 6, 1917.

A. Italy B. France C. Spain D. Germany

33. On December 7, ________, Japan attacked a US naval base at Pearl Harbor in Hawa Ⅱ. This made America formally enter the WW Ⅱ.

A. 1939 B. 1942 C. 1941 D. 1943

34. On June 5th, 1947, ________ suggested that the US should offer economic aid to Western Europe so as to protect the region from Soviet expansion.

A. George Marshall B. Franklin D. Roosevelt

C. George Kennan D. Harry Truman

35. Right before the end of the WW Ⅱ, the US achieved prominent breakthrough in the following fields, except ________.

A. atomic energy B. electronic computers

C. space navigation D. clone

36. President ________ visited China in February 1972 while the US established normal diplomatic ties with China in January 1979.

A. Carter B. Reagan C. Nixon D. Johnson

37. An outstanding leader of the Civil Rights Movement was ________.

A. Martin Luther King B. John Brown

C. Mrs. Stowe D. Rosa Parks

38. ________ is the spokesman of the US foreign policy.

A. The State Secretary B. The President

C. The Vice President D. The Chief of the White House Staff

39. The symbol of the Republican Party is ________.

A. a bear B. a lion C. an ox D. an elephant

40. The US federal government has three branches: the legislative, the executive and ________.

A. the administration B. the presidency

C. the congress D. the judicial

41. In Australia, the leader of the majority party or the coalition heads the government as ________.

A. premier B. prime minister

C. chief executive D. governor-general

42. The capital of Australia is ________.

A. Canberra B. Melbourne C. Sydney D. Brisbane

43. The written Constitution came into effect when the six colonies federated to form the Commonwealth of Australia in ________.

A. 1901 B. 1902 C. 1903 D. 1904

44. ________ is the capital of Canada.
A. Vancouver　　B. Toronto　　C. Ottawa　　D. Montreal

45. The Parliament of Canada is made up of all the following except ________.
A. the Crown　　B. the Senate
C. the House of Commons　　D. the National Assembly

46. Canada ranks ________ in land area in the world.
A. second　　B. first　　C. third　　D. fourth

47. ________ are the two official languages in Canada.
A. French and Indian　　B. English and French
C. English and Italian　　D. Italian and French

48. ________ is the Capital of New Zealand.
A. Auckland　　B. Wellington　　C. Dunedin　　D. Christchurch

49. The first European to visit New Zealand was a/ an ________, Abel Tasman.
A. Englishman　　B. Frenchman　　C. Dutchman　　D. Montreal

50. New Zealand consists of two main lands: ________.
A. North Island and South Island　　B. Steward Island and Long Island
C. West Island and East Island　　D. Victorian island and Tasman Island

Ⅱ. Read the following statements carefully and decide if each of them is True of False. 10%

________ 51. The Romans brought the new religion, Christianity to Britain in the late 6th century.

________ 52. Henry Ⅷ did little to the religious reform of the Church.

________ 53. the Labor Party of Britain is an independent political party of the proletariat.

________ 54. Every five years a general election is held in Britain.

________ 55. The American government has always been playing an unimportant role in the development of American economy.

________ 56. On Sept 16, 1620, the ship "Mayflower" set off from Plymouth, England on its journey to the New World.

________ 57. The US-Spanish War was the first imperialist war for redividing the world.

________ 58. The distinctive feature of the American educational system is its emphasis on education of intellectuals.

________ 59. Canada entered WWI and won the right to sign the Peace Treaty of 1919 in its own name.

________ 60. Until the end of WWⅡ, the Australian and American forces fought the Japanese in many areas of the Pacific and Southeast Asia, close to Australia.

Ⅲ. Fill in each of the following blanks with relevant information. 10%

61. Along with the Normans came ________, which would be the language of the court and upper classes.
62. ________ is the center of the British financial system.
63. In April the peasants' collective digging and ploughing soil appeared on St. George's Hill. These peasants were called ________.
64. ________ is the highest mountain in the U. K.
65. In January 1919, Treaty of Versailles was signed and ________ was also established.
66. In May 1862, Lincoln issued the ________, which stimulated the development of capitalist agriculture in the south.
67. In the 1930's, President Roosevelt's "________" had a certain historical importance, which relaxed the economic crisis.
68. The ________ refers to the mixture of Europe and Indian bloods, living in Manitoba Province. 69. Besides English, ________ is also the official language of New Zealand.
70. The national anthem of Australia is ________.

Ⅳ. Translate the following terms into Chinese 10%

71. Invisible Trade
72. Heptarchy
73. Harrow School
74. the Fabian Society
75. IRA
76. Monroe Doctrine
77. Watergate
78. NATO
79. Jazz music
80. New York Times

Ⅳ. Analyze the following materials and answer questions. (20%)

81. " *the great progressive revolution the man kind had so far experienced, a time which called for giants and produced giants—— giants in power of thought, passion and character, in universality and learning*"

—— *Engels*

1) What does the "revolution" refer to? (2%)

2) What do you know about the "revolution" in Britain? (8%)

82. "*That these United colonies are, and of right ought to be, Free and Independent States, that they are Absolved from all Allegiance to the British Crown, and that all political connection between them and the State of Great Britain is, and ought to be, totally dissolved All men are created equal; they are endowed by their Creator with certain unalienable rights; among these are life, liberty, and the pursuit of happiness.*"

1) What is the name of this document? (2%)

2) Who is the chief writer of this document? (2%)

3) What was the date when the document was drawn up? (2%)

4) What is the historic significance of this document? (4%)

自测题五

(Britain, America, Canada, Australia and New Zealand)

Ⅰ. In each of the following questions, there are four choices. Choose the correct one. (50%)

1. Great Britain is separated from the rest of Europe by the ________.
   A. Atlantic Ocean　　B. North Sea
   C. English Channel　　D. Chunnel
2. Scotland is in the ________ of Britain.
   A. north　　B. south　　C. east　　D. south-east
3. The longest river in the UK is the ________.
   A. Thames River　　B. Severn River　　C. Clyde River　　D. Tyne River
4. The very first known settlers of Britain were ________.
   A. the Celts　　B. the Anglo-Saxons
   C. Romans　　D. the Iberians
5. During the 1970s, Britain began producing petroleum from ________.
   A. the Irish Sea　　B. the North Sea　　C. the Dover Sea　D. the Cambrians
6. The real Roman conquest of Britain began in ________
   A. 55 BC　　B. 54 BC　　C 43 AD　　D. 96 AD
7. The greatest achievement of William the Conqueror was ________.
   A. the establishment of the legal system
   B. the introduction of the feudalism
   C. the spreading of Norman-French
   D. the compiling of the Domesday Book
8. The ________ was established soon after Henry Ⅱ succeeded to the throne.
   A. House of York　　B. House of Plantagenet
   C. House of Normandy　　D. House of Tudor
9. In 1264, ________ called the All Estates Parliament, which is generally considered the beginning of Parliament.
   A. Simon de Montfort　　B. Thomas Becket
   C. Walter Raleigh　　D. Francis Drake
10. The war of Roses was so called because ________.

A. it was fought during the seasons of roses

B. the fighting two sides both used the rose as their badge

C. it was fought over dispute of a rose

D. none of the above

11. The chief demand of the peasants during Tyler's Rising of 1381 was ________.

A. to punish the layers B. to raise wages

C. to free villains D. to reform the church

12. The Middle Ages in England ended with ________.

A. the Norman Conquest

B. the beginning of the Tudor Monarchy

C. the beginning of the Parliament

D. the Peasant Uprising

13. During his reign, Henry Ⅷ carried out the ________ reforms.

A. religious B. judicial C. land D. language

14. Chartered companies were established during the time of Queen Elizabeth Ⅰ. They were ________.

A. government companies under the control of an appointed agent.

B. established with private capital used for overseas expansion under the Queen's permission.

C. owned by the big noble families.

D. granted by the queen to her close friends.

15. James I clung to the theory of the "________".

A. trial by ordeal B. Divine Right of Kings

C. rule by law D. separation of powers

16. In the Civil war, the supporters of the king were generally called ________.

A. Roundheads B. Conservatives C. Zealots D. Cavaliers

17. Which of the following is incorrect to describe Cromwell?

A. He led the New Model Army and defeated the king's troops.

B. He worked well with the Rump Parliament.

C. He dissolved the Rump.

D. He became the Lord Protector the Commonwealth of England, Scotland and Ireland.

18. Britain declared war on Germany in August 1914, when Germany invaded ________.

A. France B. Poland C. Belgium D. Serbia

19. In March 1945, the Allies crossed ________. On May, Germany surrendered

unconditionally.

A. the Maginot Line B. the Rhine C. Dunkirk D. Germany

20. ________ is the primary opposition to the Conservatives.

A. The Liberal party B. The Social Democratic Party

C. The Labor Party D. The Liberal Democrat Party

21. Every ________ years a general election is held in Britain.

A. five C. four C. three D. two

22. The national anthem of Britain praises ________.

A. God B. the land C. the army D. the monarch

23. ________, in eastern California is the highest mountain range in the continental United States.

A. Rocky Mountains B. Cascades C. Coast Range D. Sierra Nevada

24. The Niagara Falls is located on the Us and Canadian boundary between Lake ________ and Lake ________.

A. Superior Huron B. Michigan Huron

C. Huron Erie D. Erie Ontario

25. ________ is the lowest point in the whole of North America.

A. Colorado Valley B. the Death Valley C. Lake Huron D. Great Salt Lake

26. The term "Big Apple" refers to ________.

A. Washington DC B. Boston

C. New York City D. Los Angles

27. In the early explorations, England claimed ________.

A. the Southern part of North America and the whole of South America except Brazil

B. the Eastern shores of the present United States

C. the whole Mississippi Valley and the Great Lakes

D. the western shores of the present United States

28. Which of the following statements is not TRUE about the Stamp Act?

A. It aimed to collect more taxes form the colonies.

B. It provided the stamp paper must be used for all legal documents.

C. It did not violate the interests of the most powerful and influential people.

D. It was adopted by the English Parliament in 1765.

29. Which of the following is NOT true about the 2nd Continental Congress?

A. The Congress lasted throughout the whole war.

B. The Congress made a decision to form a regular army.

C. George Washington was made commander-in-chief of the continental army by the Congress.

D. It was held in Boston just before the War of Independence was fired.

30. The first American President who inaugurated in Washington City was ________.

A. George Washington　　B. Thomas Jefferson

C. John Adams　　D. Andrew Jackson

31. Which of the following statements ins NOT included in the Monroe Doctrine?

A. Any foreign interference with the Latin American nations that had achieved independence would be considered as an unfriendly act by the United States.

B. All still existing colonies in the New World would not be interfered with by the US.

C. The New World is open to further colonization by any foreign powers.

D. The United States should not take part in any European wars over issues exclusively European.

32. The military leader of the Southern army during the American Civil War was ________.

A. General Grant　　B. General Lee

C. Abraham Lincoln　　D. Jefferson Davis

33. The US convened the first ________ Conference in order to establish its control in Lain America.

A. Paris　　B. Pan-American　　C. Potsdam　　D. Yalta

34. In 1898, the US took the advantage of the national liberation war in ________, and the Congress declared war on Spain.

A. Mexico　　B. Cuba　　C. Spain　　D. Portugal

35. In Chicago in 1880's, there took place an event known as ________, during which some strikers were killed and four leading men executed, thus the labor union was hurt greatly.

A. Haymarket Massacre　　B. Pullman Strike

C. Chicago Strike　　D. Homestead Strike

36. The aim of Wilson's neutral policy was to ________.

A. compel Germany to seek an armistice

B. make a profit from the warring countries

C. adhere to the fourteen-point program

D. make preparations for the War

37. Junior college in America is ________.

A. two-year college B. four-year college

. three-year college D. five-year college

38. The largest public library in the US is ________.

A. Library of Harvard B. Library of Congress

C. Franklin Library D. Roosevelt Library

39. Hemingway's masterwork was ________.

A. The Sketch Book B. The Adventures of Huckleberry Fin

C. Nature D. The Old Man and the Sea

40. The symbol of the Democratic Party is ________.

A. a donkey B. a lion C. an ox D. an elephant

41. The US federal government has three branches: the legislative, the executive and ________.

A. the administration B. the presidency

C. the congress D. the judicial

42. The capital of Australia is ________.

A. Canberra B. Melbourne C. Sydney D. Brisbane

43. Almost half land area of Canada is covered by ________.

A. forests B. deserts C. swamps D. bogs

44. The majority of French-speaking Canadians live in ________.

A. New Brunswick B. Ontario C. Quebec D. Nova Scotia

45. The Parliament of Canada is made up of all the following except ________.

A. the Crown B. the Senate

C. the House of Commons D. the National Assembly

46. The first white settlement in Australia was set up on January 26, ________.

A. 1778 B. 1788 C. 1878 D. 1888

47. In Australia, the leader of the majority party or the coalition heads the governments should be ________.

A. premier B. prime minister

C. chief executive D. governor-general

48. In Australia ________ has the country's richest farmland and the best grazing land.

A. the Great Western Plateau B. the eastern Highlands

C. the Central Eastern Lowlands D. the Outback

49. Which of the following about New Zealand is true?

A. New Zealand is a republic.

B. Queen Elizabeth Ⅱ is represented in New Zealand by the Governor-

General.

C. New Zealand has a bicameral parliament.

D. New Zealand has three major political parties.

50. New Zealand's highest peak is ________ in the mountain range called the central Southern Alps.

A. Mount Ngauruhoe B. Mount Tongariro

C. Mount Cook D. Mount Taranaki

Ⅱ. Read the following statements carefully and decide if each of them is True of False. (10%)

________ 51. In Britain, differences in regional characters and speech can hardly been seen and heard. F

________ 52. Actually, the English Civil War was a conflict between the economic interests of the urban middle classes and the traditional economic interests of the Crown. T

________ 53. James Watt— the famous inventor who created a steam engine in 1769. T

________ 54. NATO, the North Atlantic Treaty Organization, was established in 1950. F

________ 55. The Statue of Liberty was presented to the US by Spain on Oct 28, 1886. F

________ 56. Martin Luther King was an American clergyman, Nobel Prize winner, one of the principal leaders of the American Civil Rights Movement. T

________ 57. American president is elected directly by the voters of the nation. F

________ 58. The distinctive feature of the American education system is its emphasis on education of masses. T

________ 59. The history of Canada is generally believed to be a history of immigration. T

________ 60. After Federation in 1901, Australia is independent but still has constitutional links with Britain. T

Ⅲ. Fill in each of the following blanks with relevant information. (10%)

61. ________ is the highest mountain in the U. K.

62. The English Parliament originated from ________.

63. The House of ________ is the House where the real power lies in Britain.

64. Now the Prime Minister of Great Britain is ________.

65. ________ is the headquarters of all the branches of the American federal

system: Congress, the Supreme Court and the Presidency.

66. In the autumn of 1620 some English Puritans sailed to America on a ship called ________.

67. After the outbreak of the War of Independence, America sent a special messenger, ________, to Europe to get help from other country.

68. The ________ refers to the mixture of Europe and Indian bloods, living in Manitoba Province.

69. Besides English, ________ is also the official language of New Zealand.

70. The national anthem of Australia is ________.

Ⅳ. Translate the following terms into Chinese. (10%)

71. The Bank of England
72. The Black Death
73. the Scotland Yard
74. the Reformation
75. Common Law
76. Wall Street
77. Hearings
78. Ku Klux Klan
79. Ping-Pong Diplomacy
80. Indian Reservation

Ⅴ. Analyze the following materials and answer questions. (20%)

81. *That on the first day of January, in the year of our Lord one thousand eight hundred and sixty-three, all persons held as slaves within any State or designated part of a State, the people whereof shall then be in rebellion against the United States, shall be then, thenceforward, and forever free; and the Executive Government of the United States, including the military and naval authority thereof, will recognize and maintain the freedom of such persons, and will do no act or acts to repress such persons, or any of them, in any efforts they may make for their actual freedom."*

1) What is the name of this document? (2%)

2) Who issued this document? (2%)

3) What is the historic significance of this document? (6%)

82. *"No tax not aid shall be imposed on our kingdom, unless by common counsel of our kingdom,*
No freemen shall be taken or imprisoned or exiled or in any way destroyed, nor will we go upon him nor send upon him, except by the lawful judgment

of his peers or by the law of the land

All merchants shall have safe and secure exit from England, and entry to England, with the right to tarry there and to move about as well by land as by water, for buying and selling by the ancient and right customs, quit from all evil tolls, except (in time of war) such merchants as are of the land at war with us."

1) What is the name of this document? (2%)

2) Who signed this document? (2%)

3) When was it signed? (2%)

4) What is the historic significance of this document? (4%)

参考答案

自测题一

Ⅰ.

1. A　2. B　3. B　4. C　5. C　6. C　7. B　8. A　9. B　10. B　11. B　12. A　13. D
14. C　15. A　16. A　17. C 1 8. B　19. A　20. B　21. C　22. C　23. C　24. D
25. B　26. D　27. A　28. A　29. C　30. A3　1. C　32. C　33. B　34. C　35. A
36. A　37. B　38. B　39. B　40. D　41. A　42. B　43. B　44. C　45. C　46. B
47. A　48. B　49. D　50. A

Ⅱ.

1. Utopia: It is 16th century English writer Thomas More's masterpiece. It was written in two books. The first book contains a long conversation on the social condition of England; the second one describes in detail a communist society of Utopia. In this book Thomas More exposes the poverty of the labouring people and the greed and luxury of the rich. He also points out the principle of Utopia - "From everyone according to his capacities, to every one according to his needs." Now the word "Utopia" often refers to something that can not be realized.
2. the Enclosure Movement: By the end of the 15th century the cloth industry had developed in England, and it increased the value of wool. Raising sheep became more profitable. This encouraged the landlords to convert arable land. Later some of the nobility and merchants who had bought up manors in the countryside started to enclose the land too. Large areas of land were often hedged or fenced without any warning to the peasants. This was known in history as "Enclosure Movement".
3. the English Renaissance: "Renainssance" means "rebirth", referring to European people's rediscorering its origins in the culture of ancient Greek and Rome. It was a cultural movement that arose with the rise of the bourgeoisie. The English Renaissance started in the 16th century. It was largely literary, and achieved its finest expression in the Elizabethan drama. The outstanding representatives were Sir Thomas More Christopher Malowe, Ben Johnson and William

Shakespeare. They advocated humanism and power of the man.

4. the Cavaliers: The Civil War(1642-1646) divided England into two parts : the west and north supported King Charles; the sea ports and the prosperous southeast stood for Parliament. King Charles and Parliament were in the great conflict. Feudal nobles and their followers, the Anglican clergy, and parts of the peasantry in the back ground northwest, but the extensive groups of the bourgeoisie, plebeians in cities , and most of the peasants supported Parliament. The supporters of Parliament were called Roundheads, and the supporters of King Charles were called Cavaliers.
5. Westminster: Westminster is in the West End of London. It is the area of central government administration. It includes Westminster Abbey and the Houses of Parliament. The name "Westminster" is often used to mean Parliament. The Palace of Westminster is the Parliament building, designed in the neo_Gothic style and built in 1840-1867 on the site of the old royal palace.
6. The East Indian Company: The company was formed by the end of the 16th century. The East Indian Company was given the monopoly trade in the East. The chartered company allowed greater enterprise and resulted in greater accumulation of capital. It served as a tool of British Empire to seek overseas expansion. In the 18th century, under Clive, it fought the French and became the ruler of a large part of India. Then 1857 the Crown took over the government of Indian and the East Indian Company was dissolved.

Ⅲ.

1. Tell briefly the situation of Thatcher government in 1980s.

— Mrs Margaret Thatcher became Britain's Prime Minister in 1979 and she was the first woman prime minister in British history. She served two terms and ended the "Thatcher Era" in 1989 ruled for ten years . So 1980s is called "Thatcher Era". She carried a tight control of Britain's money policy. She also lay emphasis on "self-help" to encourage private enterprise. In 1982 when Argentina invaded the Faukland Islands, Prime Minister Thatcher sent a task force to recapture the islands, and they won. Mrs. Thatcher was regarded as something of a national herofor the time. She kept her policies of tight economic control, the privatization of industry and "dismantling" of the Welfare State. Privatization of British Gas, British Telecom, the Water Authorities, British Airways and the electricity industry really gave revenues to the government and also created a new class of British shareholders. The 1980's were a decade of prosperity. Mrs. Thatcher gained her reputation as the "iron lady".

2. How was the Two_party System established in Britain?

— In Britain today there are two major parties: the Conservative Party and the Labour Party. They have been in powerr by turns since 1945. British parties developed in the 17th century . By1679 there were two groups: the Tories and the whigs. The Tories supported the future king James Ⅱ, and the Whigs opposed him. The Tories held power from 1760 almost continuously until 1830. In 1833 the Tory Party split into two and its name was changed from Tory to Conservative. The Whigs supported the development of inudustry, religious toleration and parliamentary reform. These policies were successful in 1832, with the passing of the first Reform Bill. The Whigs then took the name "Liberal" in 1900. But the party was controlled by the rich. The working class became more and more unwilling to follow it. They wanted to have their own party. So the trade unions formed a new party, that is, the Labour Party. So after 1922 the Labour Party took the place of the Liberal Party. Then the Conservative Party and the Lebour Party became the two major parties and they run the government by turns.

自测题二

Ⅰ.

1. B 2. A 3. B 4. C 5. A 6. C 7. B 8. B 9. C 10. D 11. B 12. B 13. C 14. D 15. A 16. B 17. C 18. B 19. B 20. D 21. C 22. A 23. A 24. B 25. A 26. A 27. D 28. C 29. A 30. A 31. C 32. B 33. C 34. D 35. D 36. B 37. D 38. B 39. B 40. B 41. C 42. D 43. D 44. D 45. A 46. C 47. B 48. B 49. D 50. D

Ⅱ.

1. the Boston Massacre: The Boston Massacre took place before the American War of Independence. In 1768 some English troops under General Gage were sent to the colonies to help tax_collectors. The people of the colonies hated these soldiers. In the spring of 1770 in Boston, some boys pelted a soldier with snowballs. Other soldiers were called out. Then a crowd gathered. A soldier was hit by a club and at last some of the troops fired and killed four people, with many wounded. This is known as Boston Massacre. After the event, Boston was in an uproar. A big meetng was called, demanding that the English troops should be removed. This showed that the people in the colonies began

their struggle against the British rule.

2. "winner_take_all" principle: This is a kind of principle in American Presidential election. If the voters of a state choose presidential electors, they have to choose between a Domocratic list and a Republican list because of the American two_party system. If the candidates of a party for "eletors" in a given state receive a majority of the total vote, then the party is entitled to have all the electoral votes for that state, even though a presidential receives only slightly more than electoral votes of that state. This system is known as the "winner-take-all" principle. Take New York as an example. If New York has 39 electoral votes, it will have to elect 39 "electors" in the coming November eletions. If the poll shows that the Republican candidates for "electors" have received more than one_half of the total vote cast in the state of New York, then all the "electors" from New York will be Republicans and there will be no Democrats. That is, the Republic Party will have all the 39 electoral votes of New York.
3. Checks and balances in American political system: The American Constitution divides the powers of the government into three branches - the Executive, the Legislative and the Jndicial. According to the Constitution the powers of the three branches should be separated and kept balanced. The Constitntion limits the powers of each branch and prevents any one branch from gaining undue power. This balance is always kept among the three branches and this is called the "system of checks and balances".
4. the People's Temple: It was a small religious group in America. This group once declared there were about two millon followers. The founder was Jones. He took advantage of the superstition of his men who lacked spiritual ballast. He tried all means to control his men. Once people joined this group, they could not come out. They would be under the control of Jones. In this group there were very strange rules. If a husband and a wife want to live together, they had to get a permission from him. But Jones could cohabit freely with any woman. In order to keep all this inside story, Jones, in 1974, moved the People's Temple to a wood near Georgetown, capital of Guiana in 1977. Someone accused Jones of kidnapping and violating people's own will. When Jones felt the People's Temple would come to an end, he ordered all his members to commit suicide. Then altogether 914 people including Jones, his wife and children, committed collective suicide.
5. the American Civil Rights Movement: It mainly refers to the American black

People's struggle against the racial discrimination in 1960s. As early as in 1950s, the black people once struggled against segregation in schools. In 1960, the blacks in 20 states held a large-scale sit-in demonstration protesting against racial segregation. In 1961 the blacks held a freedom_rides against segregation on buses. Under the out_standing leader Martin Luther King, the Civil Rights Movement went still further in mid_1960s. There was a march on Washington for"Jobs and Freedom". So in 1964 the Civil Rights Act was passed. This movement shows the American black people's bravery and confidence in their struggles for equal rights and liberty.

6. Wall Street: It is a street in lower Manhattan, New York. Wall Street was the northern limit of New York in 1653, when the Dutch built a wooden palisade here to protect the colony from Indian attack. Now it is the center of one of the most important financial districts in the world, and the name Wall Street is often used to mean the Stock Exchange or American finance in general. Wall Street is the symbol of American monopoly capitalism.

Ⅲ.

1. What important measures did Abraham Lincoln take during the Civil War? How do you evaluate them?

— During American Civil War, Abraham Lincoln took two important measures, one is the "Homestead Bill", the other is the "Emancipation Proclamation". During the first stage of the war from 1861 to 1862, the North was in an unfavorable condition. The North army could not get much support from farmers and Negroes, because many farmers had not got enough land and Negroes had been still enslaved. So they had no interest in the war. In order to get support from the broad masses, Lincoln took these two measures. In May 1862 Lincoln issued the Homestead Bill, and this stimulated the development of capitalist agriculture in the South, greatly encouraged farmers. In September 1962, Lincoln issued the famous "Emancipation Proclamation", freeing a great number of the slaves in the South and permitting them to join the armed forces of the North. After issuing the two measures, Lincoln's army became much stonger and got more support from the broad masses. Finally Lincoln won the war.

2. What are the three branches of the U. S. government? What are the main functions of the three branches?

— In the U. S. government there are three branches: the executive, the legislative and the judicial branches. The executive branch is headed by the

President, consists of eleven departments and many independent agencies, including the postal service. The President, as the chief executive, performs many functions. He is the head of the government and chief of state. The President can negotiate foreign treaties, appoint government officials, command the armed forces, send and receive diplomatic officials. In fact he makes foreign policy. He also in each year submits to Congress a "State of the Union Message", budget message and other reports. He may introduce legislative bill to Congress. The President has great power in the government. The legislative branch refers to Congress. Only Congress has the right to make laws. It is the supreme legislative body of the nation. It is made of two houses - the senate and the House of the Representatives. The judicial branch refers to the Supreme Court and some inferior courts. The Supreme Court is the highest court of the whole land and has the sole right to interpret the Constitution and review laws to see whether they are in agreement with the Constitation. The Supreme Court is headed by a Chief Justice and eight other justices.

自测题三

Ⅰ.

1. Reuters 2. Harvard 3. the end of American Civil War 4. Orthodox Eastern Church 5. the Renaissance 6. Louisiana 7. arrow and heart 8. General Certificate of Education for the Advanced Level 9. the Archbishop of Canterbury 10. Michael Jackson

Ⅱ.

1. C 2. A 3. B 4. C 5. A 6. D 7. B 8. B 9. A 10. A 11. C 12. D 13. C 14. C 15. B 16. A 17. C 18. C 19. A 20. B

Ⅲ.

1. the Wars of Roses: It was the civil wars in Britain between the houses of Lancaster and York, from 1455-1485. The Lancastrians used the red roses as their badge, while the Yorkists the white roses. The Yorkists deposed Henry Ⅱ in 1461 and made Edward Ⅳ King. Henry was King again in 1470-1471, but Edward won the throne back from him. In 1483 Richard Ⅲ took the throne from his young nephew Edward Ⅴ, but he was defeated and killed by Henry of Richmond, who became Henry Ⅶ, Henry, a Lancastrian, married Elizabeth of York, daughter of Edward Ⅳ, so united the two houses. The Wars of the Roses were the wars of feudal lords. The thirty years wars finally weakened the fendal

nobility.

2. Magna Carta: Magna Carta is also called the" Great Charter", a very important feudal document, signed by King John. This document was made in the interests of the feudal lords, either great or small. However it had a progressive significance. It granted to the townspeople freedom of trade and self-government. The merchants and craftsmen in England for the first fime appeared as a new political force. But the basic mass of peasantry, the great majority of the population was not taken into consideration. This document resulted from the conflict between the king and his vassals. King John at last compromised and signed the document.
3. Monroe Doctrine: Monroe Doctrine was a kind of American foreign policy made by President James Monroe in 1823. Soon after the war of 1812, some European colonies in South America began to revolt and many of them got independent. So some European countries formed a group called the Holy Alliance which seemed ready to put down the South America revolutions. The United States thought it was unfavorable to her if the Holy Alliance extended its influnence in South America. So in 1823 President James Monroe sent a message to Congress. This is known as"Monroe Doctrice". One of the main points says " The European Countries ought not start any new colonies in Northe or South America." As a result, it stopped the Holy Alliance's program and also revealed the United States'desire of overseas expansion.
4. the New Deal: When Franklin D. Rooselvelf was elected American President in 1982, American was in the Great Depression. In order to save the situation, he made a program to deal with the economic emergency. This program is known as the" New Deal". According to the" New Deal", Roosevelt took efforts to cosolidate the old marker at abroad and also to conquer new ones. At home, many public project, were launched to create employment through a huge increase in government responsibility. Crops were destroyed and agriculture production was cut down to stabilize the falling farm prices. The big industries were compelled to make reforms. Roosevelt also took some measures of" social security", paying pension to the old, unemployed and the injured. The "New Deal" relaxed the economic crisis, made some concessions to the working people. The more importmant thing is that the Roosevelt Government carried out a progressive foreign policy against fascist aggression and wars.
5. NAFTA: It stands for the North American Free Trade Agreement. It was signed in 1994 between Canada and the U. S. A. Before it in 1989 Canada and the U.

S. A. had signed a Free Trade Agreement by which the bilateral trade increased about 50 percent. But there had been some barriers in some areas, such as agriculture, energy and investment. NAFTA took place of FTA and demolished those barriers. Since then NAFTA has made the North America become the largest trading area in the world. Canada is the second largest agricultual market for the U. S. A. while the U. S. A. is the largest agricultural market for Canada. Canada is also the largest energy supplier to the U. S. A. So this agreement has promoted trading between the two countries.

6. Sydney: Sydney is the capital of New South Wales, Australia. It is the oldest and largest city in Australia. In 1788, Captain Arthur Phillip settled at port Jackson and named it Sydney after Lord Sydney who was British Home Secretary of that time. Now the city has 3.6 million people. It has the greatest concentration of commerce and industry. There are many famous buildings such as the state Parliament House, the old Mint building, St. James Church, the Hyde Park Barracks, etc. The most spectacular one is the Opera House, which is claimed as one of the greatest buildings in the world.

Ⅳ.

1. Give a brief account of the U. S. overseas invasion and expansion in the 20th century.

   — By the end of the 19th century the United States had grown into a highly developed industrial country and reached the stage of imperialism. Then it began its overseas expansion. As early as 1899, the United State, took East Samoa as her colony. And Hawaii fell into her control in 1893. In 1898 U. S. Congress declared war on Spain. In 1903 the U. S. A. grabbed a big slice of the Panama territory in the U. S. controlled canal zone. It invaded China by means of both force and culture. In 1906 it put down the Cuban uprising. During the two world wars, the U. S. also extented its economic and military influences over Far East, Europe and the Pacific Region. After the war, the U. S. started its "Cold War", and established NATO against the Soviet Union. In 1950 it invaded Korea. In 1964 the U. S. started long year's Vietnam War. In 1970 it cast its troops to Cambodia. In 1990s the U. S. attacked Iraq and Kosovo. In a word, the United States never stops its aggression and expansion.

2. What are the prerequisite for the English Industrial Revolution?

   — The Industrial Revolntion first started in Britain because Britain had several special conditions. Britain's population grew faster and this helped account for the increased labour supply and consumer demand. Britain had built a powerful navy and a huge merchant fleet. British merchants greatly increased their foreign trade and reaped large profits. Britain had created a world_wide market for its goods and its colonies supplied raw materials. And capitalist farms were also built in rural areas. Many landless farmers went to towns and became unskilled workers. All of these factors sped up a primitive accumulation and provided an important prerequisite for the Industrial Revolution.

V.

1. Write an outline of the growth and decline of Britain's feudalism.

— The Outline

(Ⅰ) The Norman Conquest (1066—1154)

(1) Harold became King and killed at Hastings (1066)

(2) William, Duke of Normandy, conquered England and crowned on Christmas Day, 1066 as King William I

(Ⅱ) The CoNsolidation of Monarchy (1154—1337)

(1) Henry Ⅱ began the House of Anjou (1154)

(2) Magna Carta (1215): weakening King's power

(3) Beginning of Parliament (1265)

(4) The start of the Hundred Year's War (1337)

(Ⅲ) The Hundred Years' War (1337—1453)

(1) The Black Death (1348)

(2) Wat Tyler's Uprising (1381)

(3) Henry Ⅳ began the House of Lancaster

(Ⅳ) Declining — the Wars of the Roses (1455—1485)

(1) Edward Ⅳ began the House of York (1461)

(2) The end of the wars: the weakening of the old feudal nobility

(3) Henry Ⅶ began the House of Tudor (1485)

2. Analyze the similarities and differences in the political systems of U. K. and U. S. A. and make comments on them.

— There are some similarities and differences in the political systems of U. K. and U. S. A.

Similarities: Both have two-party systems. In U. K. now the Conservative and the Labour take power by turns; in U. S. A. the Democratic and Republic take power by turns. Both have the separation of powers. In U. K. Parliament is the law-making body, with two houses , the Lords and the Commons. In U. S. A. Congress is the Law-making body also with two houses , the Senate, and the Representatives.

Differences: U. K. is a Constitutional Monarchy, Queen is chief of state, head of the nation; while U. S. A. is a nation of federalism, republic. President is the head of the nation. Though there are differences in these two countries. the nature is the same. Both U. K. and U. S. A. are capitalist countries, ruled by big monopolists.

自测题四

Ⅰ.

1. C 2. A 3. B 4. D 5. D 6. D 7. C 8. D 9. A 10. D 11. D 12. D 13. B 14. A 15. C 16. C 17. C 18. D 19. B 20. B 21. B 22. A 23. A 24. C 25. B 26. A 27. A 28. A 29. D 30. B 31. C 32. D 33. C 34. A 35. D 36. C 37. A 38. C 39. D 40. D 41. B 42. A 43. A 44. C 45. D 46. B 47. B 48. B 49. C 50. A

Ⅱ.

51. T 52. F 53. F 54. T 55. F 56. T 57. T 58. F 59. T 60. T

Ⅲ.

61. French 62. the Bank of England 63. Diggers 64. Ben Nevis 65. the League of Nations 66. Homestead Bill 67. New Deal 68. Metis 69. Maori 70. Advanced Australia Fair

Ⅳ.

71. 无影贸易 72. 七国时期(七国争雄) 73. 哈罗公学 74. 费边社 75. 爱尔兰共和军 76. 门罗主义 77. 水门事件 78. 北大西洋公约组织 79. 爵士乐 80. 《纽约时报》

Ⅴ.

81. 1) The Renaissance

2) Renaissance means "rebirth"—— Europe rediscovering its origins in the cultures of ancient Greek and Rome. It was a cultural movement that arose with rise of the bourgeoisie. They were disintegrating movements, but also liberating ones, and they were consistently related, by cause and effect, to liberating move in politics, commerce, and society in every country. The thinkers who worked for freedom and enlightenment were called humanists. The Great English humanist was Sir Thomas More, who wrote his masterpiece "Utopia". The English Renaissance was largely literary. Shakespeare was the greatest dramatist of the age. Besides that, the Reformation was just a product of the Renaissance.

82. 1) *the Declaration of Independence*
   2) Thomas Jefferson
   3) On July 4th, 1776
   4) The document greatly encouraged the struggling people, making them think that they should be independent and have the right to enjoy liberty. As a result, they were beginning to show more interests in a common cause. All doubts in their mind had now cleared and they decided that they must go ahead to win their independence by war. The *Declaration* had not only a great influence on the course of the war but also had a far-reaching influence in world history as well.

自测题五

Ⅰ.

1. B　2. A　3. B　4. D　5. B.　6. C　7. B　8. B　9. A　10. B　11. C
12. B　13. A　14. B　15. B　16. D　17. B　18. C　19. B　20. C　21. A
22. D　23. D　24. D　25. B　26. C　27. B　28. C　29. D　30. B　31. C
32. B　33. B　34. B　35. A　36. B　37. A　38. B　39. D　40. A　41. B
42. A　43. A　44. C　45. D　46. B　47. B　48. C　49. B　50. C

Ⅱ.

51. F　52. T　53. T　54. F　55. F　56. T　57. F　58. T　59. T　60. T

Ⅲ.

61. Ben Nevis　62. the Great Council　63. Commons　64. Gordon Brown　65. Washington DC　66. Mayflower　67. Benjamin Franklin　68. Metis　69. Maori　70. Advanced Australia Fair

Ⅳ.

71. 英格兰银行　72. 黑死病　73. 苏格兰场　74. 宗教改革　75.《普通法》　76. 华尔街　77. 听证会　78. 三K党　79. 乒乓外交　80. 印第安保留地

Ⅴ.

81. 1) *The Emancipation Proclamation*
   2) Abraham Lincoln
   3) *The Emancipation Proclamation* was of great importance. It was a progressive event, helping to end the war sooner. After it was issued many Negroes actually took part in the war and made great contributions to the victory of the North. The North began to gain advantage in the war. Karl Marx said it was "the most important document in American history since

the founding to the United States."

82. 1) *Great Charter/ Magna Carta*

2) King John

3) In 1215

4) *The Great Charter* was essentially a feudal document. It was made in the interests of the feudal lords, great and small. Nevertheless, it had a progressive significance. It granted to the townspeople freedom of trade and self-government. The merchants and craftsmen in England appeared for the first time as a new political force. Needless to say, the basic mass of peasantry, who constituted five-sixths of the population, was not taken into consideration.

